“一带一路”推进过程中日本的角色分析

杨伯江　刘瑞◎等著

An Analysis of Japan's Role
in Promoting the Belt and Road Initiative

中国社会科学出版社

图书在版编目（CIP）数据

“一带一路”推进过程中日本的角色分析 / 杨伯江等著．—北京：中国社会科学出版社，2023．12

ISBN 978 - 7 - 5227 - 2933 - 6

Ⅰ．①一…　Ⅱ．①杨…　Ⅲ．①“一带一路”—国际合作—研究—中国、日本　Ⅳ．①F125．531．3

中国国家版本馆 CIP 数据核字（2023）第 248470 号

出 版 人　赵剑英
责任编辑　侯聪睿
责任校对　王佳玉
责任印制　王　超

出　　版　中国社会科学出版社
社　　址　北京鼓楼西大街甲 158 号
邮　　编　100720
网　　址　http://www.csspw.cn
发 行 部　010 - 84083685
门 市 部　010 - 84029450
经　　销　新华书店及其他书店

印　　刷　北京明恒达印务有限公司
装　　订　廊坊市广阳区广增装订厂
版　　次　2023 年 12 月第 1 版
印　　次　2023 年 12 月第 1 次印刷

开　　本　710 × 1000　1/16
印　　张　24
插　　页　2
字　　数　369 千字
定　　价　119．00 元

作者简介

（按章节写作顺序排列）

杨伯江 法学博士，中国社会科学院日本研究所所长、东海问题研究中心主任，研究员，博士生导师，中华日本学会常务副会长（法人代表），中国亚洲太平洋学会副会长，中国太平洋学会常务理事，亚太安全合作理事会中国委员会委员。主要研究方向为大国关系、亚太地区安全、日本问题。近年主要研究成果：《平成日本：战后历史流变中的国家战略转型》、《中日邦交正常化与台湾问题处理再考》、《中日关系50年发展演变与未来走势——兼论日本战略因素及其规定性作用》、《中日韩合作战“疫”与东北亚区域治理》、《从尼克松到特朗普：国际战略视角下两场“冲击”的历史比较与日本因应路径分析》、《日本参与“一带一路”合作：转变动因与前景分析》、《日本国家战略转型：认知重构与路径选择》、《构建中日新型国家关系：双轮驱动下的合作共赢》、《国际权力转移与日本的战略回应》、《新时代中美日关系：新态势、新课题、新机遇》、《“一带一路”推进过程中的日本因素》（主编）、《习近平国际战略思想与对日外交实践》（合著）、《美国对日政策内在矛盾及地区战略影响分析》、《日本强化介入南海：战略动机、政策路径与制约因素》、《美国战略调整背景下日本“全面正常化”走向探析》、《日本自民党政治走向历史性衰退》、《从总体趋势中把握中美日三边关系》、《当前日本社会思潮与“新民族主义”》等。

刘　瑞 经济学博士，中国社会科学院日本所研究员。研究方向为金融理论与政策、日本经济等。近年主要研究成果：《金融危机下的日本金融政策：困境与挑战》（专著）、《“一带一路”推进过程中的日本因素》（主编）、《日本的海外金融资产：现状、特点、影响及启示》、《日本央行数字货币的制度设计及政策考量》、《中日金融合作：进程、障碍与前景》、《基础设施出口战略博弈下的中日竞争与合作》、《日本的广域经济合作战略：新动向、新课题》、《新形势下日本对华投资变化影响分析》等。

卢　昊　法学博士，中国社会科学院日本研究所综合战略研究室主任、副研究员、中国社会科学院东海问题研究中心秘书长。兼任中国亚非学会理事、全国日本经济学会理事。主要研究方向为日本外交安全、地缘战略、亚太国际关系。承担并完成多项国家高端智库课题及中央部委交办课题，发表个人专著1部、合著多部，相关学术论文30余篇，曾获中国社会科学院青年拔尖人才、优秀信息对策奖等荣誉称号及奖项。

朱清秀　法学博士，中国社会科学院日本研究所副研究员。研究方向为东亚安全、海洋治理及日本政治与外交等。主持一项国家社科基金项目，承担及参与多项中央部委及中国社会科学院国情调研重大项目。出版专著《战后日本选举与政治资金问题研究》，并在《国际安全研究》《东北亚论坛》《亚太安全与海洋研究》及《日本学刊》等期刊发表数十篇学术论文。

孟晓旭　历史学博士，中国社会科学院日本研究所研究员，综合战略研究室副主任。研究方向为日本政治与外交。主持多项国家社科基金项目及其他省部级项目，参加多项国家社科基金重大项目及社科院院级重大项目。出版著作《认知、政策与互动：战后中日安全关系研究》等，主编合著《国际安全治理的困境与出路》《中国崛起与国际体系》等。在《国际问题研究》、《现代国际关系》、《国际安全研究》、《日本学刊》、*East Asian Review* 等国内外学术期刊发表论文数十篇。

李清如　经济学博士，中国社会科学院日本研究所副研究员，日本经济研究室副主任。研究方向为世界经济、国际贸易等。曾主持和参与多项国家部委和社科基金项目，在 *China & World Economy*，*Journal of Organizational and End User Computing*，《财贸经济》《日本学刊》《经济问题探索》《妇女研究论丛》《现代日本经济》《税务研究》《国际税收》《中国金融》等核心期刊发表多篇学术论文。

常思纯　法学博士，经济学博士后，中国社会科学院日本研究所副研究员，日本外交研究室副主任。研究方向为国际政治经济学、日本经济外交等。曾参与多项国家部委和北京市社科基金、中国社会科学院国情调研重大项目，在《日本学刊》《当代美国评论》《现代日本经济》《河南师范大学学报（社会科学版）》《中国青年社会科学》等核心期刊发表多篇学术论文。

周旭海　经济学博士，中国社会科学院日本研究所助理研究员。研究方向为日本经济、世界经济等。在《亚太经济》《湖南农业大学学报（社会科学版）》等核心期刊发表多篇学术论文。

张晓磊　法学博士，中国社会科学院日本研究所副研究员，日本政治研究室副主任，中国亚非学会理事。研究方向为日本政治、日本安全战略、日本宪法与安保法等。近期主持并完成部级课题（国家民委）1 项，作为主要参与人完成中央及省部级课题 12 项（包括中宣部、中央外办、中国海警局、外交部、商务部、国家民委、国家体育总局等）。出版专著《民主的法治化路径》，并在《中国行政管理》《亚太安全与海洋研究》《日本学刊》《太平洋学报》等核心（CSSCI）期刊发表数十篇学术论文。

邓美薇　经济学博士，中国社会科学院日本研究所助理研究员。研究方向为日本对外经济关系、世界经济等。曾参与国家社科基金一般项目、国家社科基金后期资助项目等，在《现代日本经济》《工业技术经济》等核心期刊发表多篇学术论文。

目　录

序　言

2023年，中国“一带一路”倡议迎来十周年。2013年9月，习近平主席在出访中亚期间提出共建“丝绸之路经济带”，10月出访东南亚期间又提出共建“21世纪海上丝绸之路”。十年来，共建“一带一路”倡议从愿景到现实，从蓝图到实践，持续造福沿途各国人民，为世界和平发展提供了新机遇。正如党的二十大报告所指出的，“一带一路”倡议成为深受欢迎的国际公共产品和国际合作平台，我国也成为140多个国家和地区的主要贸易伙伴，货物贸易总额居世界第一，吸引外资和对外投资居世界前列，形成更大范围、更宽领域、更深层次对外开放格局。推动共建“一带一路”高质量发展，既是我国高水平对外开放的需要，也契合全球可持续发展目标，为促进世界共同发展繁荣、推动构建人类命运共同体注入强大动力，释放积极信号。截至2023年1月，中国已与151个国家和32个国际组织签署200余份合作文件，涵盖互联互通、贸易、投资、金融、社会、海洋、电子商务、科技、民生、人文等领域。

作为我国重要邻邦，日本对“一带一路”倡议持续密切关注。日本经济体量居全球第三，属于传统发达国家，中日之间经济合作频密，政治安全关系复杂，日本对“一带一路”的认知变化、战略布局和政策选择，值得高度重视和深入分析。在中国社会科学院领导和科研局大力支持下，作为中国社会科学院“一带一路”国情调研重大项目子课题成果，日本研究所课题组基于基础理论研究，通过实地调研和学理分析，于2016年出版了《“一带一路”推进过程中的日本因素》，全面剖析日本作为“一带一路”推进过程中重要干预变量的经济、政治和社会文化角色。此后，伴随中美战略博弈持续，日美同盟合作强化，中日竞合关系凸显，潜在风险挑战增多，课题组持续跟踪和分析研究日本涉“一带一路”新动向、新布局，作为对2016年一书的深化，现时隔七年推出其姊妹篇《“一带一路”推进过程中日本的角色分析》这一系统性研究成果。

一　本书研究背景及研究意义

近年来，全球政治经济格局发生剧烈变化，我国面临更加复杂严峻的国际环境。特别是2017年特朗普就任美国总统，推行“美国优先”“美国第一”政策，鼓动民粹主义，对外发动贸易战，挑起并不断升级与中国的贸易摩擦。2021年拜登政府执政以来，战略上高度聚焦“中国挑战”，将中国视为“唯一既有意图又有能力重塑国际秩序的竞争者”，同时将联盟视为“美国力量的源泉”，联合盟友不断推出遏制中国发展的经济、军事和安全政策。在新冠疫情、乌克兰危机对全球政经形势叠加影响下，美国对华打压、多边制衡不断升级，中美战略博弈向纵深发展。

与此同时，日本官方对“一带一路”的态度和政策也发生了重要变化。2016年，中日两国领导人在中日韩领导人首尔峰会及二十国集团（G20）杭州峰会期间两度会面，两国逐步恢复高层交往和各层级对话。2017年5月，中国举办首届“一带一路”国际合作高峰论坛，时任日本自民党干事长二阶俊博作为安倍首相特使，携安倍亲笔信率团访华并参加论坛。2018年5月，李克强总理访日期间，两国签署了《关于中日第三方市场合作备忘录》，明确将第三方市场合作作为两国“一带一路”合作基本方式，并决定设立中日第三方市场合作工作机制。同年9月，中日第三方市场合作工作机制第一次会议在北京举行，10月安倍访华期间，首届“中日第三方市场合作论坛”在北京成功举办，两国地方政府、企业之间签署了52项合作协议，总规模超过180亿美元。2019年6月，习近平主席出席G20大阪峰会并与安倍会谈，双方就构建“契合新时代要求的中日关系”、加强多领域双边经济合作及第三方市场合作达成共识。12月，习近平主席在会见来华出席第八次中日韩领导人会议的安倍首相时指出，双方要拓展务实合作，推进高质量共建“一带一路”和第三方市场合作。在两国政府支持、推动下，中日企业陆续启动“一带一路”特别是第三方市场合作项目，在能源环保、物流、设备制造领域积极试水合作。

进入2020年，随着新冠疫情暴发，以及美国加强对华遏制打压，中日关系改善势头减弱。2020年8月安倍宣布辞去首相职务，后继菅义伟、岸田文雄两届内阁总体沿袭安倍外交路线，一方面维持对华协调合作立场，另一方面广泛联合“志同道合国家”谋求对华制衡，凸显对华政策两面性。2021年拜登政府上台后，更加注重盟友作用，美日同盟趋于巩固。在中美战略竞争日益加剧背景下，日本积极加入美国主导的遏华联盟，主动协美推进“印太战略”，借力美国对华政策追求自身利益最大化，对我国安全发展环境形成挑战，也给“一带一路”倡议带来消极影响，中日合作节奏明显放缓。

与此同时，日本不断加强针对“一带一路”的制衡性布局，主要表现一是积极参与、持续强化“印太战略”。日本力图借助美日印澳四边安全机制（QUAD）、“印太经济框架”（IPEF）等平台，不断扩大与印太“民主国家”战略合作，提升在区域秩序建设中的影响力。二是迎合美国在贸易、科技、供应链等领域打压中国的战略意图，以防止供应链产业链过度依赖中国为名，持续加大对华防范，推动日企撤回日本或向东南亚等地转移。2021年，美国通过“2021年迎接中国挑战法”“2021年美国创新与竞争法”，瞄准对华科技竞争。2022年3月，美国提出美日韩及中国台湾省组成芯片联盟（CHIP4），同年8月，拜登签署“2022芯片和科学法”，在半导体领域遏制中国高科技发展。2023年3月，日本政府宣布修改《外汇及对外贸易法》（以下简称“外汇法”），同年5月，日本经济产业省公布了新版“外汇法”，将六类23个品类尖端半导体制造设备列入出口管理限制对象名单，与美国等西方国家一道形成对华技术封锁包围圈。三是持续加强投入，在基础设施领域强化对华竞争态势，并恶意炒作和抹黑中国对外投资模式。针对中国企业日益活跃的海外经济活动，尤其是基础设施项目投资领域，日本强化基础设施出口战略，突出其“高质量”叙事，加强在东南亚、非洲等地基础设施建设。同时，日本与美欧等罔顾事实，在G20、七国集团（G7）等国际场合恶意制造所谓“债务陷阱”话题，抹黑中国“一带一路”建设成果，以此对冲中国在“一带一路”推进重点地区乃至全球所做的努力和贡献。

在中美博弈持续加剧、中日竞合关系凸显的背景下，日本对“一带一路”总体上形成了合作与制衡并举的应对思路。中日围绕“一带一路”的合作面临诸多挑战，但仍具有发展潜力，呈现不少合作亮点。如在节能环保领域，2021 年 7 月，中日促进绿色低碳第三方市场合作研讨会在湖北武汉召开，并发布《中日第三方市场合作示范项目案例集》，汇总 2018 年首届第三方市场合作论坛以来的 18 个重点示范项目，涉及基础设施、绿色低碳、绿色金融、装备制造、交通物流和矿产资源等领域，为未来中日在更广领域、更深层次、更高水平开展第三方市场合作提供了鲜活的案例借鉴。

2023 年正值《中日和平友好条约》缔结 45 周年。1978 年缔结的该条约以法律形式确认了 1972 年《中日联合声明》的各项原则，为中日关系发展树立了法律规范。2023 年也是 1998 年《中日关于建立致力于和平与发展的友好合作伙伴关系的联合宣言》发表 25 周年，2008 年《中日关于全面推进战略互惠关系的联合声明》发表 15 周年。中日间四个政治文件共同构成中日关系发展的政治基础，引领、规范了中日关系半个多世纪的和平共处与互利合作。中日应以和约缔结 45 周年为契机，以第三届“一带一路”国际合作高峰论坛的成功举办为契机，发挥互补优势，拓展合作空间，共同推动高质量“一带一路”建设进程，在第三方市场实现三方共赢，为地区和世界经济健康发展做出贡献。

二　本书研究框架及主要内容

本书除序言外，包含八章正文及数据附表，围绕“‘一带一路’推进过程中日本的角色分析”这一主题，从三个维度进行深入研究。

一是厘清日本对我国“一带一路”的认知变化及战略反应，尤其是日本“印太战略”对“一带一路”的影响，以及与“一带一路”的竞合关系。二是分析评估日本在“一带一路”推进重点地区的政经布局，主要包括日本对“丝绸之路经济带”“海上丝绸之路”和“冰上丝绸之路”相关重点地区的关注，以及日本在这些地区的政治、经济影响及最新动向。其中，中亚、非洲、东南亚、南亚、北极及其周边海域既是我国推进“一带一路”的重要区域，也是日本强化外交关系、提升经济影响力的战略重点。三是基于现实路径选择的视角，结合当前全球发展背景及日本对“一带一路”的现实关切，分析日本推进高质量基础设施合作伙伴关系与我国高质量共建“一带一路”竞合关系，同时密切关注全球经济形势与地缘政治格局演变下，日本产业链供应链调整对“一带一路”建设的影响。在合作领域，中日第三方市场合作取得阶段性成果，在新形势下其合作前景值得进一步深入研究。具体内容如下：

第一章通过动态战略评估的方法，分析了日本对“一带一路”的战略认知与对策变化。2013 年，自我国提出“一带一路”倡议以来，日本官民对“一带一路”的战略内涵、经济价值及对日本的影响各有解读。总体来看，日本对“一带一路”的认知与对策经历了相对曲折的变化过程，主要表现为从忽视低估、消极抗拒，转向积极接触、参与合作，近期又出现了消极性有所上升的轨迹。这一过程与近十年中日关系的起伏变化同步。在国际博弈深化复杂、中日关系竞争与合作并存的背景下，日本针对“一带一路”总体形成了合作与制衡并举的应对思路。当前，中日关系处于敏感复杂时期，中日围绕“一带一路”合作亦面临挑战阻碍，但仍有可观发展潜力。作为在世界主要经济体与亚洲大国，以及在中国周边具有重要影响力的国家，日本与“一带一路”已经形成了密切关联性。

第二章重点关注日本“印太构想”的战略推进及与“一带一路”的关系。自 2016 年时任日本首相安倍晋三在非洲开发会议上正式提出“印太构想”以来，其经历了从概念、理念向包含具体内涵的外交战略转变。经过多年实践，日本的“印太构想”逐步演变为制衡中国不断提升的影响力的政策工具，也成为与中国在“一带一路”沿线开展竞争的重要战略抓手。当前日本的“印太构想”一方面强调与中国的“一带一路”在地缘政治、地缘安全等领域展开竞争，通过“硬制衡”来达到牵制中国的目的；另一方面，日本也在努力推动供应链改革，积极强化在数字经济领域的主导性，意图利用“软制衡”的方式与中国在经济贸易、供应链等领域开展竞争。但是，伴随中国国力的提升以及“一带一路”建设的顺利推进，仅强调对华竞争不仅不利于中日关系的改善，并且还会对日本经济的复苏产生严重的冲击。为此，日本不断调整和完善“印太构想”的框架，试图将“印太构想”打造成既包含对抗，同时也强调合作的综合型及复合型的外交构想。

第三章以空间区域作为研究视角，分析日本在“丝绸之路经济带”沿线的政经布局，重点选取中亚、非洲等地区和相关国家为研究区域。在“一带一路”倡议中，尤其是“丝绸之路经济带”倡议中，哈萨克斯坦、吉尔吉斯斯坦、塔吉克斯坦、土库曼斯坦和乌兹别克斯坦等中亚各国由于地理位置极为重要，不仅是中国周边外交战略的优先方向之一，也是“丝绸之路经济带”的必经之地，成为我国推进“一带一路”倡议的重点方向。作为日本开展“资源外交”的对象，日本对中亚国家的战略重视程度不断加深。此外，作为世界政治舞台重要一极的非洲，在中国外交战略中是仅次于“周边”的重要地区，很多非洲国家都是推动“一带一路”倡议的重要参与国。近年来，日本积极推进以东京非洲发展国际会议为核心的对非外交，并以援助带动日非经贸关系加速发展。从短期来看，日本在中亚、非洲的政经影响对中国推进“一带一路”倡议难以形成挑战或制约。但日本在这些地区的长期战略布局，必然对中国“一带一路”建设推进构成一定的竞争关系，需要积极予以应对。

第四章主要分析日本在“海上丝绸之路”沿线的战略关注及政经布局，其中东南亚和南亚是最为重要的方向和区域。在“21世纪海上丝绸之路”倡议中，东南亚是我国落实“一带一路”倡议的重点和优先方向，是共建“21世纪海上丝绸之路”的重要合作伙伴。第二次世界大战后，日本将东南亚作为其对外政经布局中的重要地区，不断强化其在该地区的影响力。而印度、巴基斯坦、孟加拉国等南亚各国，由于地理位置特殊，既是中国周边外交战略的重点方向之一，又处于“一带”和“一路”倡议所辐射的地域之间，也成为我国推进“一带一路”倡议的重要区域。2012年安倍晋三再次担任日本首相以来，大力加强与以印度为首的南亚各国的外交关系，在极力拉拢南亚各国的同时，也依托这些国家借机扩大日本的国际影响。近年来，日本以安保合作和经济援助为两轮，加大对东南亚、南亚的战略投入。日本在“海上丝绸之路”沿线的长期战略布局从外交、安全和经济等多个方面与中国形成竞争态势，成为中国在相关地区推进“一带一路”倡议过程中不容忽视的重要因素。

第五章重点观察日本对“冰上丝绸之路”的战略关注与布局。“冰上丝绸之路”是“一带一路”倡议在“海上丝绸之路”的延伸发展，是与北极开发国际合作对接的重要成果。作为中国近邻且同为“近北极国家”，日本从自身国家利益及发展战略，特别是海洋战略定位方针出发，长期对北极保持关注，对该地区战略价值的研究认知不断深入，并在近年加强了战略布局与政策行动。在中方推进“冰上丝绸之路”构想过程中，日本亦表现出密切关注姿态。日本对北极及“冰上丝绸之路”的战略关注，以及推进北极航道及资源开发的战略行动，与其追求战略自主性与自我利益主张的对外战略及政策方针保持高度一致。这也使得日本成为北极国际治理与区域开发中的重要影响变量，对我国“一带一路”推进亦产生不可忽视的影响。

第六章选取高质量基础设施领域为研究对象，分析日本进一步调整和升级高质量基础设施合作伙伴关系战略的背景、动向及对“一带一路”建设的影响。近年来，在追求经济与安全两立的背景下，日本调整了高质量基础设施合作伙伴关系战略，主要表现为五方面内容：加强卫生医疗等社会基础设施出口；积极推进数字基础设施出口；加大“脱碳”绿色基础设施出口；采取迅速灵活的内部支持机制；与伙伴国加强第三方合作，推动构建“弹性供应链”等。面对中国“一带一路”倡议的顺利推进，出于自身战略定位考量，日本在基础设施出口领域与中国竞争加剧。尤其是调整后的新战略，以追求经济增长和国际拓展为目标，在合作内容、合作机制及外部合作等方面都进行了升级，对“一带一路”及周边安全环境构成一定挑战。

第七章梳理了“一带一路”框架下中日第三方市场合作的内容、进展、难点及突破点。“第三方市场合作”作为“一带一路”建设中创新性的国际合作模式，在国际上获得了积极支持和响应。2018 年以来，第三方市场合作成为中日经贸关系发展中的亮点之一。但在复杂严峻的国际环境下，中日第三方市场合作在取得初步成果的同时仍面临诸多挑战。一方面，新冠疫情叠加贸易保护主义升级，全球产业链、供应链遭遇严重破坏，中日第三方市场合作项目受到冲击。另一方面，作为美国在亚太地区的重要盟友，日本充当美国遏制中国的先锋，强化科技、投资等领域管制，推动国际供应链重构。同时，日本强化经济安全，增设国家安全保障局（NSS）经济组，将第三方市场合作项目划分为安保领域和非安保领域，这在客观上对中日经贸合作和第三方市场合作形成阻碍。与此同时也应认识到，发挥互补优势，加强第三方市场合作，在第三方市场实现 1 + 1 + 1 >3，不仅有利于中日两国利益，也有助于包括第三国在内的本地区和国际社会的稳定和发展。

第八章聚焦日本海外投资及产业供应链调整对我国“一带一路”建设的影响。在中美博弈加剧、全球疫情冲击、日本国内经济长期低迷等内外因素的综合作用下，日本强化经济安全战略，将其作为国家安全战略的重要组成部分，并以此为背景进行新一轮海外投资及产业链调整。2020 年，日本成立国家安全保障局经济组，从体制上强化官邸主导与行政指导。伴随中国在“一带一路”沿线国家的政治经济影响力不断提升，近年来日本也愈加重视在“一带一路”沿线国家的经济利益与外交成果需求，并着手调整其在“一带一路”沿线国家的直接投资和产业供应链布局，如加速亚太区域经济合作拓展其产业供应链布局空间，重视加强联盟对冲中国在“一带一路”推进重点地区的产业供应链延伸，多举措构筑灵活、强韧的产业供应链等。当前，日本的产业供应链调整出现如下新特点：推动关键产品生产回归本土、防范关键技术外流；适当缩短长距离供应链，从离岸生产转向近岸、在岸生产；分散化生产以管控供应链风险，海外生产向东南亚地区聚焦等。未来，日本在“一带一路”沿线国家或地区的产业布局可能会进一步加速，我国应加以防范和应对。

附表部分汇总了日本对“一带一路”沿线国家经济布局，包括 20 世纪 60 年代至今的日本经济概况、日本对“一带一路”沿线国家的商品贸易、外商直接投资和政府开发援助数据等内容，其中不仅整理了东南亚、南亚、中亚、欧洲、近北极地区等区域性总体数据，还以国别为对象，重点关注“一带一路”沿线与日本经济往来较为密切的25个国家。观察这些国家和地区的长期序列统计数据，有助于我们精准分析日本在“一带一路”沿线国家和区域的经济考量，为深入剖析中日两国在“一带一路”的竞争与合作提供完整、准确的事实依据。

三　本书研究特色及今后课题

作为《“一带一路”推进过程中的日本因素》的姊妹篇，本书在研究内容、研究方法和团队建设等方面均有一定突破，显示出跨学科、多领域、系统性和专业性等特点。

在研究内容上，本书具有一定的前沿性、动态性和系统性。2016年《“一带一路”推进过程中的日本因素》出版至今，“一带一路”建设取得长足进展。但与此同时，世界格局酝酿深度调整，全球政治经济局势以及中日关系自身都在经历着剧烈波动，“一带一路”国际合作推进也面临诸多课题和巨大挑战。结合形势变化，在前部成果基础上，本书在选题内容和结构体系等方面进行了大幅调整，主要表现在三方面：一是将研究范围从东南亚、南亚、中亚拓展到“丝绸之路经济带”“海上丝绸之路”和“冰上丝绸之路”，增加非洲、近北极圈等“一带一路”重点区域，全面系统地展现“一带一路”持续促进国际合作、发挥全球公共平台功能的努力和成果。二是对日本版“印太构想”给予重点关注。作为对冲、对抗“一带一路”的重要战略工具，自2016年日本提出“印太构想”以来，不断强化其战略内涵和制度安排。本书在深入分析日本对“一带一路”倡议的战略认知和对策变化的同时，观察其中的代表性因素，反映出基础性与专业性相结合的特征。三是关注的具体领域涵盖从基础设施出口到日本高质量基础设施伙伴关系战略、中日第三方市场及产业链供应链调整对中国“一带一路”建设的影响等议题，体现出中国“一带一路”的重大进展和影响中日合作的关键性调整要素，具有综合性和战略性特点。

在研究方法上，本书继续采用基础理论研究与实地调研相结合的方式。课题组在注重深化与国内相关机构交流合作的同时，不断拓宽视野，除日本外，课题组成员不仅再度前往东南亚，赴印尼、泰国等“一带一路”倡议的重要伙伴国家进行实地调研，还赴美与相关机构座谈、交流。受新冠疫情等特殊情况影响，课题组仍克服困难，通过线上会议、座谈或查阅资料文献等形式，获取第一手研究资料。在此基础上，本书以马克思主义唯物辩证法为指导，进一步印证国际贸易理论、国际投资理论、安全理论、国际合作理论、对外决策理论、博弈论等基础理论，从理论构建与实证分析相结合的角度，持续跟踪和深入研究“一带一路”推进过程中的日本因素、日本角色，力争为我国“一带一路”建设和扩大深化对外开放、构建开放发展新格局提供理论支持和现实参考。

为全面展现日本在“一带一路”推进过程中发挥的作用及扮演的角色，课题组继续沿袭跨学科交叉融合的研究方式，对研究对象进行整合性研究，专业领域涉及区域国别学、国际关系、政治学、理论经济学、应用经济学、管理学、法学、战略学、社会学等。课题组成员在发挥自身专长的同时，强化合作交流与共同研究，充分发挥集体智慧，使本书更具有专业性和系统性。同时，课题组更加注重老中青结合的研究梯队建设，形成优势互补的代际合作，特别是推出中青年学者的前沿学术成果，展现出科研队伍的活力和竞争力。

本书在设计时框架清晰，分工明确，力图发挥每一位课题组成员的研究专长。作为一部以国别研究为基础的跨学科融创科研实践成果，本书在写作过程中，相关章节在内容上或有部分重合之处，但这并未影响全书整体结构的科学性。围绕“一带一路”推进过程中的日本作用这一主题，各章节之间既相互独立又相互关联，既互为补充又互为印证，共同构成了这样一部系统性研究成果。

本书写作分工如下：

序　言　　杨伯江、刘瑞
第一章　　卢昊
第二章　　朱清秀、孟晓旭
第三章　　李清如、常思纯

第四章　　常思纯、李清如

第五章　　卢昊

第六章　　刘瑞、孟晓旭、周旭海

第七章　　杨伯江、刘瑞、周旭海

第八章　　杨伯江、张晓磊、邓美薇

附表数据　李清如

当今世界正处于“百年未有之大变局”，作为推动我国高水平对外开放、构建新发展格局的实践平台，共建“一带一路”进一步向高标准、高质量方向发展。作为我国近邻，日本在“一带一路”推进过程中发挥建设性作用，既有利于中日两国共同营造良好的外部发展环境，也有利于促进地区的稳定和繁荣，推动构建更加公正合理的国际秩序。目前在严峻复杂的国际变局中，中日关系面临障碍和挑战，未来两国关系也将处于“干扰长期化、波动常态化”的局面，并呈现“合作竞争并存、寓竞争于合作”的发展基调。作为“一带一路”推进过程中的重要干预变量，我们将继续跟踪和分析其中的日本因素、日本作用和日本角色，从中提炼和印证具有学理性和规律性的理论、观点和实践，为我国推动共建“一带一路”高质量发展提供政策参考。

受作者水平所限，加之形势不断发展变化，本书难免存在疏漏和不妥之处，在此敬请读者及各界同人批评指正。

（杨伯江　刘　瑞）

第一章

日本对“一带一路”的战略认知与对策变化

“一带一路”建设启动至今，对中国乃至世界发展意义日益重大。2023年是“一带一路”倡议提出10周年。在此期间，该倡议已经成为促进中国对外开放和对外经济合作的管总规划，以及推动构建人类命运共同体的实践平台。作为中国近邻，自中方提出“一带一路”倡议以来，日本对其关注持续提升，认知与对策经历了曲折变化，日本官民对“一带一路”的战略内涵、经济价值及对日本的影响各有解读。在国际博弈深化复杂、中日关系竞争与合作并存的背景下，日本针对“一带一路”总体上形成了合作与制衡并举的应对思路。当前，中日关系处于敏感复杂时期，中日围绕“一带一路”合作亦面临挑战阻碍，但仍有可观发展潜力。作为在世界主要经济体与亚洲大国，以及在中国周边具有重要影响力的国家，日本与“一带一路”已经形成了密切关联性。在日本中日围绕“一带一路”的互动也将持续下去。①

第一节　日本对“一带一路”认知及应对的变化过程

自2013年下半年中国领导人对外正式提出共建“丝绸之路经济带”和“21世纪海上丝绸之路”倡议至今，日本对“一带一路”的认知与对

---

① 卢昊：《“一带一路”推进背景下的日本角色与中日关系》，《日语学习与研究》2022年第6期。

策经历了相对曲折的变化过程，总体上体现为从忽视低估、消极抗拒，转向积极接触、参与合作，近期消极性又有所上升的轨迹。这一过程与近十年中日关系的起伏变化同步，同时伴随着两国外交互动，“一带一路”逐步成为中日关系中的重要议程内容。具体来说，日本对“一带一路”战略认知及应对经历了以下几个阶段。

第一阶段：忽视、低估与抗拒（2013 年下半年至 2015 年上半年）。这一时期，中日关系因 2012 年日本对钓鱼岛所谓“国有化”而严重受挫。尽管 2014 年 11 月，中日高层就处理和改善两国关系达成四点原则共识，习近平主席当月月底在亚太经济合作组织（APEC）北京峰会期间应约会见时任日本首相安倍晋三，进行了短暂会谈，但中日关系仍处于 21 世纪以来的最低谷。这一时期，安倍政府积极配合美国奥巴马政府“亚太再平衡”政策，通过多边外交手段积极推动对华制衡，乃至积极构建所谓“对华包围网”。中日政治安全互信受到严重打击，各种历史遗留问题与结构性矛盾突出，原本作为中日关系“压舱石”的经济对话合作也受到很大冲击。

在此背景下，“一带一路”提出之初，日本对于中方倡议的关注有限，认为该倡议的内容偏向宏观与模糊，且中日在当时恶劣关系气氛下难以合作。直到 2014 年下半年，21 国在北京签署亚投行筹建备忘录，此后中国又在亚太经济合作组织（APEC）峰会上宣布成立“丝路基金”，安倍政府才意识到中方倡议行动的现实性，并开始通过一些渠道调查中方计划，与中方亚投行高层接触。但是外务省、财务省有关部门对中方力推的亚投行方案持有较深偏见与抵触，其报告直接影响了首相官邸的判断。安倍政府认为，中方这一倡议不会得到太多国际支持，特别是很难得到西方阵营响应，因此日本没有必要参与。

2015 年初，随着亚投行意向成员不断增多，特别是英、法、德、意等欧洲大国陆续宣布加入亚投行，误判形势的安倍政府陷入被动。[①] 2015 年 3 月底亚投行创始国申请截止，日本政府在经历一番反复纠结后，最终宣布放弃成为亚投行创始成员国。4 月，安倍在雅加达亚非领导人会议上向

① 「アジア投資銀、幻の日本人副総裁」、『日本経済新聞』、2015 年 4 月 15 日。

习近平主席表示，愿就中日围绕亚投行合作进行“积极探讨”。但此后安倍又在访美时向美国总统奥巴马表示，在亚投行问题上日本将与美国保持一致立场，即不加入亚投行。[①] 在亚投行问题上，安倍政府的应对失措，引发朝野乃至执政党联盟内部的批评，促使决策层开始正视中方的倡议。同时，受到中方推动建设亚投行的“刺激”，日本政界、经济界及学术研究界对“一带一路”的关注与研讨迅速升温，并达到了第一个高峰。这也为日本此后调整其对“一带一路”的政策埋下了伏笔。

第二阶段：局外观望与初步接触（2015 年下半年至 2017 年初）。这一时期，中日关系正处于从最低谷向重归正轨的复苏阶段。尽管两国历史、领土问题对立与安全矛盾仍较尖锐，但 2016 年，中日领导人依然在首尔的中日韩领导人峰会以及二十国集团（G20）杭州峰会上见面，高层交流及各层级对话逐步恢复。同时，日本在积极配合美国“亚太再平衡”、构筑“对华包围网”的过程中多次受挫，意识到对华坚持强硬对抗的不可持续性。特别是，2017 年美国特朗普政府上台后，立即宣布退出《跨太平洋伙伴关系协定》（TPP），大幅扭转奥巴马政府亚太战略方向，对盟友更加倾向于强硬施压，促使其承担更大责任及成本。“特朗普冲击”也给日美关系造成冲击，导致安倍政府不得不调整对外战略，在争取维持日美同盟稳定同时摸索对华协调合作。

在此背景下，日本国内围绕亚投行的争议暂时平息后，日本政府开始以局外观望的姿态，保持对“一带一路”的关注，乃至开展有限合作。比如，尽管日本始终未正式加入亚投行，2015 年 6 月底，在时隔 3 年 2 个月再度举办的中日财长对话上，双方在推进亚开行与亚投行融资合作的方针上“达成一致”。2016 年 5 月，在法兰克福举行的亚投行年会上，亚投行行长金立群与亚开行行长中尾武彦签署备忘录，确认亚投行与亚开行在多个领域启动合作融资。[②] 这一时期，日本官方及民间经济机构发表了一系列政策报告，关注中方在“一带一路”框架内推动基建项目出口、支持企

① 「日米首脳、アジア投資銀『公正な統治必要』」、『日本経済新聞』、2015 年 4 月 30 日。
② 「対 AIIB、戦略に変化　ADBは協調融資」、『朝日新聞』、2016 年 5 月 7 日。

业扩大海外投资的进展。日本经济界人士陆续访华，开始探询“一带一路”的进展及中日可能的合作渠道。不过总体上，日本政府对本国民间企业参与“一带一路”合作仍持不鼓励态度，导致后者对中方合作倡议处于观望状态。而且，2015 年下半年在印尼雅万高铁项目竞标中，日本因输给中国而导致竞争心理激增，由此在基建项目出口、参与“一带一路”沿线国家地区开发项目方面开始持续发力，与中国加强竞争。①

第三阶段：积极合作，制衡并行（2017 年上半年至 2019 年底）。这一时期，中日关系在双方建设性互动下重回正轨并趋向改善。在中日急需以务实合作项目为抓手、推动关系改善的情况下，“一带一路”合作成为这一阶段中日关系打破僵局的突破口。2017 年 5 月，日本自民党干事长二阶俊博作为首相特使携带安倍亲笔信访华，参加首届“一带一路”高峰论坛。这被视为日方谋求改善对华关系的“突破性举措”。② 此后在 2018 年，中日两国总理实现互访，达成了一系列合作协议，2019 年 6 月下旬习近平主席访日出席 G20 大阪峰会，并与安倍会谈，双方同意构建“契合新时代要求的中日关系”，明确提出中日关系十点共识。其中，日方明确指出“一带一路”倡议是联结多样化地区的富有潜力的构想。中方欢迎日方积极参与高质量共建“一带一路”。中日友好合作气氛达到一个阶段性高峰。③ 但与此同时，中日间历史、领土争端及安全矛盾远未解决，加上中美博弈趋向深化，对中日关系产生影响，制约着中日政治安全互信的重建及具体合作的展开。

在此背景下，日本政府对“一带一路”态度总体转向积极。安倍除派遣二阶出席“一带一路”峰会，本人及其幕僚多次正面评价“一带一路”。日本国内对“一带一路”的关注与讨论也再度升温，达到了第二个高峰。④

---

① 卢昊：《“一带一路”推进背景下的日本角色与中日关系》，《日语学习与研究》2022 年第 6 期。

② 「中国の一带一路構想『積極的に協力する決意』　二階氏」、『日本経済新聞』、2017 年 5 月 15 日。

③ 卢昊：《日本对“一带一路”倡议的政策：变化，特征与动因分析》，《日本学刊》2018 年第 3 期。

④ 「日中、関係改善手探り　首脳会談で一帯一路に協力表明」、『朝日新聞』、2017 年 7 月 8 日。

进入2018年，中日明确将第三方市场合作定位为两国“一带一路”合作基本方式。2018年5月，李克强总理访日，中日签署了《关于中日第三方市场合作备忘录》，同意设立中日第三方市场合作工作机制。9月，该工作机制正式启动。10月下旬安倍访华期间，中日在北京召开首届“第三方市场合作论坛”，签署52项合作协议，总计金额180多亿美元。2019年6月习近平主席访日期间，双方同意深化两国利益交融，加强多领域双边经济合作及第三方市场合作。2019年9月，中日在东京召开第二届“第三方市场合作论坛”。2019年12月，习近平主席在会见来华出席中日韩领导人峰会的安倍时表示，双方要拓展务实合作，推进高质量共建“一带一路”和中日第三方市场合作。在两国政府支持下，中日企业不仅加强双边合作，还开始在东南亚、中亚乃至欧洲国家陆续启动第三方市场合作项目，特别是在能源环保、物流、设备制造领域积极试水合作。

与此同时，日本明显加大了在“一带一路”沿线各国的经济乃至战略投入，对“一带一路”的竞争心理及制衡行动日益突出。特别是这一时期，安倍大幅强化“印太战略”，将其作为日本对外战略的支柱之一，重视并提升与印太各国的安全与经济合作。但也有一些日方人士提出，“印太战略”应与“一带一路”协调对接。为减轻该战略的地缘对抗色彩，日本于2018年前后开始改称其为“印太构想”，后又进一步称其为“自由开放的印太（构想）”。但在具体操作中，日方日趋倾向于将“印太战略”作为对华体系性、长期化制衡工具，一方面积极加强对印太新兴国家的战略投入与外交拉拢，另一方面主动策动建构基于西方价值观的印太秩序理念及具体规则，逐步加剧了本地区的意识形态割裂与阵营力量对立。日本国内战略界承认，日本这一时期“基于日益增长的竞争意识”，进一步将东南亚和南亚视为与中国竞争影响力的最关键战场。①

第四阶段：合作放缓，制衡加码（2020年初以来）。中日关系改善势头自2020年起趋向减速，友好互动明显减弱，矛盾摩擦重新抬头。一方

① 庄司智孝、「『一帯一路』と『自由で開かれたインド太平洋』の間で：地域秩序をめぐる競争とASEANの対応」、『防衛研究所紀要』、2020年1月号、第21—22頁。

面，新冠疫情的暴发与延续阻碍了中日各领域交流、包括高层访问的实施。另一方面，基于对中国“最大战略对手”的定位，美国显著加强对华遏制态势，并积极调动日本参与美国战略部署，重新加强对华制衡施压。2020年中期安倍下台后，其后继者菅义伟与岸田文雄在外交政策上总体沿袭“安倍路线”，一方面维持对华协调合作基本立场；另一方面强调在对华交涉中的“自我主张”，并公开声称将广泛联合“志同道合国家”共同制约中方行动，对华两面性继续凸显的同时，其中的消极面明显增长。2021年拜登政府上台后，更加重视调动盟友积极性，美日同盟趋向巩固，日本在美国牵引及自身对华警戒心理的驱动下，尽管仍然声言坚持对华协调，但“联美制华”的战略倾向进一步强化，在军事防务、经济安全等领域针对中国开展部署，在台湾等敏感问题上屡次越线，中日矛盾进一步凸显，双边关系风险及不确定性显著增强。

在此背景下，中日围绕“一带一路”的合作共识尽管得以基本维持，但合作节奏明显放缓，日方在合作积极性上有较大“退坡”，甚至有意搁置现有合作。中日半官方及民间围绕“一带一路”的机制性对话大多得到保留，但合作气氛及新增项目数不及2018年至2019年间。有日本政府相关人士称，这一阶段日本推动第三方市场合作的方针是“将主导权逐步交给企业”。[①] 但在政府支持力度不足的情况下，民间资本的活跃度也不可避免地出现下降。目前，中日企业第三方市场合作整体处于协议状态或起步阶段，在两国企业推动下，已启动项目中不少正在产生经济效应，但也有项目因为海外疫情或一些经济、政治原因陷入停滞状态，或中止合作模式而改由中日其中一方承担。[②]

与此同时，日本针对“一带一路”的制衡措施布局却在加强。一方面，日本更加积极地推动“印太战略”，支持强化美日印澳四边安全机制（QUAD）以及与东盟的战略伙伴关系，特别是不断扩大与印太“民主盟

① 「外交、米中対立次第で難局も新政権の課題 インド太平洋構想とは経済・安保両面で協力」、『日本経済新聞』、2020年10月7日。

② 卢昊：《“一带一路”推进背景下的日本角色与中日关系》，《日语学习与研究》2022年第6期。

国”的经济合作。针对新冠疫情下经济安全保障问题的凸显，日本以摆脱对“特定国家经济依赖”、实现供应链多元化部署为名，出台切实政策，推动在华日企将生产线撤回日本或转向东盟等新兴发展中国家，同时积极与美、印、澳乃至欧洲国家组建供应链合作网络，强化投资审查和尖端技术出口管理，与美国等西方国家构建排斥中国的高科技产业垄断同盟。①另一方面，针对中国企业日益活跃的海外经济活动特别是基建项目出口，日本在持续加强自身投入、开展海外公关的同时，更为频繁高调地宣扬所谓“债务陷阱论”“经济胁迫论”，恶意抨击中国对外经济活动及商务模式，借此进一步对冲中国海外经济影响力的增长。②

第二节 日本对“一带一路”认知应对的基本特征

随着“一带一路”的推进以及中日关系的变化，日本对“一带一路”的认知逐步成形具体化，并基于认知，根据中日关系形势不断调整应对。在上述不同阶段，日本针对“一带一路”的认知应对有其特定倾向或侧重，但总体上有以下的基本特征。

（一）日本官方倾向以战略视角审视“一带一路”，对其发展态势及对日影响持警惕姿态

尽管“一带一路”强调共商、共建、共享的理念和开放的区域经济合作，但日本官方仍基本上从战略视角看待“一带一路”，强调中方倡议是具有明确政治目的，乃至大战略色彩的行动，或所谓高度服从本国利益的战略工具，而非仅限于经济领域的合作倡议。2015 年即日本国内关注“一带一路”的第一次高峰期时，日本政府人士、官方学者明确表示，“一带

① 「包囲網でも譲らぬ中国　日米欧の協調、重み増す」、『日本経済新聞』、2021 年 6 月 17 日；「日米豪印、5G・半導体の技術利用に共同原則　対中国念頭」、『日本経済新聞』、2021 年 9 月 25 日。

② 「一帯一路関連『隠れ債務』途上国の見えざる脅威」、『日本経済新聞』、2021 年 9 月 30 日。

一路”是“旨在彰显与提升中国全球实力的中长期战略”，是“具有地缘战略色彩的国家性计划”。[①] 2018年后，即日本关注“一带一路”的第二次高峰期时，日本进一步将中美博弈与“一带一路”结合起来，认定中国正运用“一带一路”，与美国进行地区乃至全球性战略影响力竞争，“一带一路”的战略色彩并未减弱，反而进一步增强。[②] 在中日围绕“一带一路”互动过程中，日本官方及与之关系密切的主流战略学界逐步形成了以下的基本观点：第一，“一带一路”是中华民族伟大复兴计划的外在表现与实现手段，其范围势必从区域拓展到全球，体现了中国对外战略的主动性及“扩张性”；第二，“一带一路”以倡导新式的、对中国有利的国际秩序及规制为根本目标，且其所倡导的国际秩序规则与现有秩序规则“存在矛盾”，换言之，中方推进“一带一路”的举措将不可避免地引起国际及区域秩序的波动；[③] 第三，在推动“一带一路”时，中方谋求通过战略手段“拉拢”“控制”邻国及其他发展中国家，为其战略利益服务；第四，在推动“一带一路”时，中方由政府主导具体项目推动，且更重视政治收益而轻视经济收益。[④] 日本官方的上述认知反映出，一方面，随着“一带一路”的推进，日方逐步认识到该倡议内容、议程及影响力的不断发展，特别是获得了日益广泛的国际支持；另一方面，相当多日方人士尚不能充分理性地认清“一带一路”发展壮大的现实，且长期固守“中国威胁论”的逻辑话语，因而其认知偏离客观事实，并高度聚焦、渲染夸大乃至恶意揣测中方合作倡议背后的所谓政治与战略意图，乃至为“一带一路”贴上“大国野心”“战略扩张”“挑战国际秩序”等负面标签。

在以战略视角审视“一带一路”的同时，日本政界及官方学界对于“一带一路”的发展态势特别是对日本的影响日益持消极看法，保持警惕

---

① 山本吉宣、「一帯一路構想とアジアの国際秩序」、『CRCC研究会講演録』、2015年号、第177—183頁。

② 屋山太郎、「『一帯一路』構想の実態：新冷戦時代始まる」、『日本戦略研究フォーラム季報』、2018年10月号、第3—8頁。

③ 川上高司、「中国の「一帯一路」と日本の戦略」、『インテリジェンス・レポート』、2018年8月号、第88—90頁。

④ 天児慧、「政治から読み解く『一帯一路』」、『運輸と経済』、2018年12月号、第40頁。

姿态。换言之，相比民间经济界，官方更倾向认为中日围绕“一带一路”倡议互动近似于竞争性的零和博弈，而非包含合作收益的非零和博弈；即使参与“一带一路”合作，也更关注并计较于日本单方面的相对收益，而非合作产生的绝对收益。正如不少观察者指出的，“即使在中日（围绕‘一带一路’）合作气氛最好的时期，日本的危机感与警惕心也从未放松”。[①] 日方的考量基于以下逻辑：第一，中日在国际秩序及地缘政治方面“存在重大矛盾及竞争关系”，“一带一路”所倡导及志在实现的国际秩序与地缘格局并不利于日本，反而会破坏日本发展依赖的稳定外部环境；[②] 第二，在中日“一带一路”合作中，中国将依托相比日本更强的财力，以及更强硬的手段主动谋求优势，导致日本在合作中处于不利地位；第三，考虑到中日政治安全矛盾错综复杂且难以短期内解决，如两国关系再度严重恶化，中国可能利用“一带一路”及其所获得的战略资产来打压日本，甚至使日本的国家安全利益面临“重大威胁”。在中日交涉中，国力体量处于弱势的日本将不可避免地处于下风。[③] 日方的上述认知反映出，在将“一带一路”视为中方“战略工具”的前提下，日本始终担心自己在这一框架中受到中方的政治、战略压力，导致自身利益受到损害，在所谓对华博弈中丧失主动权。这也折射出日方长期固化的对华战略竞争心理、担忧“受制于华”的危机感，以及很大程度上由此导致的中日政治、战略互信的相对薄弱。

（二）民间特别是经济界相对重视“一带一路”价值，但亦持有显而易见的顾虑与担忧

相比官方坚持战略视角、对“一带一路”保持较高警惕，日本民间特

---

① 「中国が掲げる広域経済圏構想『一带一路』に対抗する思惑」、『日本経済新聞』、2021年8月1日。

② 山崎恭平、「『一带一路』構想と『インド太平洋』戦略：中国の進出脅威に日米印豪が協力連携へ」、『国際貿易と投資』、2018年12月号、第108—128頁；加茂具樹、「日中関係の転換点：中国は国力をどう使うのか」、『東亜』、2022年1月号、第18—25頁。

③ 新治毅、「中国の一带一路と日本の安全保障」、『治安フォーラム』、2017年12月号、第51頁。

别是经济界对“一带一路”的看法总体更趋务实，且聚焦其经济价值。“一带一路”提出后，日本民间经济团体积极关注中方构想，试图解析其中商业机遇。一些日本民间人士组建“一带一路”研究机构或民间论坛，与中方接洽合作。综合日本民间智库专家们的分析，其对“一带一路”的价值认同集中在以下四个方面：第一，“一带一路”以推动发展中国家基建开发为重心，支持能源、物流设施建设，有可能改善投资环境，并更好支持日本在当地的生产投资活动，换言之，实际上发挥了公共产品作用；第二，“一带一路”下中方大规模海外投资可能刺激当地产业发展和消费需求增长，进而改善投资国宏观经济环境，这也有助于日企共享成果，扩大收益；① 第三，中日第三方市场合作有助于中日企业分别发挥其资本与技术优势，通过互补性合作，产生超过单方投资效益；第四，通过“一带一路”合作，中日经济关系将更趋紧密强化，从而有助于日企继续确保并巩固在华市场份额及影响力，持续从中国经济增长中获得稳定红利。② 总体上，尽管存在信息误差，但日本经济界对“一带一路”的评估更接近客观现实。在推动日本政府参与“一带一路”合作方面，日本经济界发挥了重要作用，但日本民间投资活动难以完全摆脱政府干预，或者说必须“充分考虑政府的政策倾向”。在政治与经济问题难以完全切割的情况下，民间经济界人士对“一带一路”的看法，难免受到官方日趋强化的、对“一带一路”的偏向性看法的影响。

围绕“一带一路”，日本经济界在要求合作的同时，顾虑和担忧也趋向凸显。这些担忧中有一些是基于经济意义的、相对合理的原因，另一些则带有明显政治色彩乃至意识形态偏见。其中代表性的包括：第一，认为在第三国的投资风险过高，且难以控制。日方认为“一带一路”以基建投资为重心，具有周期长、预算大、风险高特征，加上作为投资对象的发展中国家中大部分政治治理状况、安全局势不佳，政策法制及投资配套设施

---

① 江原規由、「世界と向き合う『中国智慧』と『中国方案』」、『国際貿易と投資』、2018年6月号、第60—65頁。

② 篠田邦彦、「中国の一帯一路構想の現状と日本としての経済交流のあり方について」、『日中経協ジャーナル』、2017年7月号、第26頁。

仍有较大欠缺，投资环境具有很大不稳定性，“（中日）如何在环境极为复杂的对象国控制投资风险，目前尚无很有效办法”；[①] 第二，认为中日企业在经济上的相互竞争性日益超越互补性，因此合作空间日趋受到限制。日方主张，由于中国产业技术发展，在全球价值链中的位置上升，中日企业在海外市场所提供的产品与服务种类、等级及质量日益趋同，相互竞争更趋激烈。为了应对与中企的竞争，日企在技术、管理方面倾向于有所防备保留，因此与中方合作的动力明显不足；[②] 第三，对中国经济及海外商务模式的负面看法增强，包括批评中方由国家主导的经济发展模式，认为政府对企业海外行为的支持“有违公平”，中企海外商务活动“缺乏透明度”，在当地行为“忽视法制规则”等；第四，认同日本官方关于“一带一路”的“战略性解读”。特别是，在日本政府倾向将经济问题泛安全化、泛意识形态化的情况下，民间经济界亦开始将中日经济合作与所谓“国家安全威胁”以及“价值观问题”挂钩，强调中日在制度体制、意识形态上的差异阻碍了两国经济合作，且这种差异性难以弥合。这也显示出，中日在政治乃至战略层面上的矛盾正对经济合作的民意基础产生持续冲击。

（三）秉持高度现实主义思维，主张以合作与制衡相结合的方式应对“一带一路”

在应对“一带一路”时，日本的认知思维是高度现实主义、功利主义的。一方面，日本政府借“一带一路”合作议题牵引中日关系，从中获得经济及政治利益；另一方面，设法规避相关风险损失，争取相对战略主动，由此在应对策略上体现出“有限度合作”与“多角度制衡”结合的对冲性特征。这也与日本近一个阶段对华政策的两面性相符合。

“有限度合作”意味着，即使在日本积极谋求改善对华关系阶段，日本在对“一带一路”政策上体现出合作性的同时，亦为具体合作设定较多

---

① 伊藤季代子、藏田大輔、「中国『一带一路』構想と日本の第三国市場協力」、『日中経協ジャーナル』、2019 年 7 月号、第 7 頁。

② 東郷和彦、「『一帯一路』構想と日本外交」、『京都産業大学世界問題研究所紀要』、2018 年 3 月号、第 54 頁。

前提界限。这些措施主要体现在：第一，在合作方式上坚持非直接参与，主张“民间主导”，即以第三方市场合作替代“一带一路”合作，乃至否认两者之间的逻辑关系。排斥官方主导“一揽子合作”，而主张以民间为主的“个案推进”。第二，为中日合作设定一系列所谓“前提条件”。2017年中期，安倍即提出中日第三方市场合作应遵循财政健全性、开放性、透明性、经济合理性四个前提，此后日本政府又逐步附加所谓法制性、尊重“基本价值”等条件，作为中日合作的前提。第三，严格限定合作领域。日本政府设定环保、民生相关制造业和物流作为中日“推荐合作项目”，对除此之外的项目，特别是可能具备军民两用特性、涉及尖端技术的项目则保持高度警惕，并敦促日企对项目进行“筛选”，乃至为合作制造障碍。[①] 当前，日本借强化经济安全对策，进一步对日企参与“一带一路”第三国项目的投资加强“管理”，阻止其参与涉及高科技产业、战略物资供应等“敏感领域”的合作。上述对策反映出，日本政府对参与“一带一路”合作的态度总体保守，尽可能地在合作中争取主动权，并为可能调整乃至撤出合作保留政策弹性与行动余地。

“多角度制衡”意味着，在“一带一路”推进全过程中，日本政府试图运用针对性的政策框架或工具，避免中方经济乃至战略影响力占据明显优势，并根据政策需要随时调整制衡手段、重点。这些政策框架和工具主要包括：第一，推广“高质量基建”项目出口及规则标准。自2015年安倍政府公布“高质量基础设施合作伙伴关系战略”以来，从经济性、安全性、强韧性、环境和社会友好性等角度界定“高质量基建”，陆续推出政策，放宽融资条件，普及“日本模式”，争夺国际标准，并针对性开展对华竞争；[②] 第二，构建“高标准自贸机制”并确保日本的主导地位。日本通过主导构建《全面与进步跨太平洋伙伴关系协定》（CPTPP），推动构建《区域全面经济伙伴关系协定》（RCEP），与美国及欧盟、英国等签署新双边经贸协定乃至

---

① 卢昊：《日本对“一带一路”倡议的政策：变化、特征与动因分析》，《日本学刊》2018年第3期。

② 清水聡、「中国の一帯一路構想と『質の高いインフラ投資』の意義」、『国際金融』、2020年3月号、第52—53頁。

经济伙伴协定（EPA）等，力争将自身打造为国际自贸体系的“枢纽”，并推广有利于己的经贸规则标准；第三，积极参与地区开发。协助东南亚、南亚及非洲发展中国家构筑国内或跨区域的产业走廊和经济网络；第四，加强供应链合作与技术出口管制，与印太“民主盟国”共同构建区域供应链闭环与高科技垄断联盟；第五，在印太构建“海权同盟”，与该区域国家强化以海上安全为首的防务合作。日本将上述政策手段集成并入“印太战略”，高调宣扬构建“人、物与制度的连接性”即日本版“互联互通”，强调“基于自由开放法制的海洋秩序”及海上安保合作。上述对策反映出日本基于“既用且防”的心理，期望利用体系化的地缘竞争战略、依托盟国及“伙伴国家”力量，对“一带一路”积极开展外部制衡。

（四）认知应对受中美日三边互动形势影响，体现出明显的摇摆性

日本对“一带一路”对策变化历程显示，日本对中方的态度及应对除基于对“一带一路”是否符合自身利益的战略评估外，也与这一时期中美日三边关系的复杂互动有直接关系。一方面，中日关系的改善与日本参与“一带一路”合作具有相互促进、互为因果的关系，而中日关系出现波动，也直接影响到双方“一带一路”合作状态；另一方面，中日之外的“第三方因素”即美国的战略也在制约日本的行动。作为美国的盟友，日本身处美日同盟体系内，其对外行动乃至国内政治深受美国的制约与影响；同时，战略主体意识增长的日本也有利用与美国的同盟关系实现自身利益的打算与行动。“一带一路”提出以来，美国对中方的倡议的戒备及阻挠逐步升级，认为“一带一路”将加速中国的崛起并威胁美国的霸权。在此前提下，美国除自身强化对华竞争战略外，也在积极牵引日本，促其服务于美国战略方针。当前，日本对外战略的首要问题是如何应对中美博弈，并在其中保持有利地位。日本无法忽视中国的影响，但目前为止在日本看来，以现有的国际秩序与地缘安全环境为前提，争取美国的战略支持对日本而言更为重要。①

① 細谷雄一、「リベラルな国際秩序と日本外交」、『国際問題』、2020年4月号、第11—12頁。

在应对“一带一路”时，日本态度的摇摆，很大程度上是在中美间“调整站位”、争取利益最大化的体现。总体上，日本的行动逻辑是：第一，在美国加强制衡中国，特别是倾向调动盟友力量，利用多边战略框架开展行动时，日本会积极响应美方，并与“一带一路”拉开距离。这在奥巴马政府及目前拜登政府时期有较充分体现。第二，在美国试图与中国缓和关系、或忽视日本等盟友诉求时，日本会主动谋求对华协调，缓和对华制衡，为“一带一路”合作创造空间。在特朗普政府前半期即是如此。第三，日本期望利用中美共同关注的议题如“一带一路”，将自己的灵活立场作为与中、美外交博弈的筹码，谋求随时调整以“两边取利”。第四，基于对美国主导价值体系的认同及对华竞争心理，日本支持并协助美国谋划提出“一带一路”的替代方案，比如此前参与奥巴马政府推动的《跨太平洋伙伴关系协定》（TPP），后来参与拜登政府推动的“重建更美好世界”计划（B3W）、“印太经济框架”（IPEF）等，但同时，日本亦将参与“一带一路”作为中长期对冲手段，以应对未来亚太地区可能出现的“美退中进”局面。

第三节　当前“一带一路”推进背景下的中日关系

围绕“一带一路”的中日互动既是两国关系的重要一环，也与国际及亚太地区形势的发展密不可分。当前，国际权力转移加速、大国竞合博弈深化、国际秩序规则重构，成为国际上“百年未有之大变局”的主基调，加上乌克兰危机爆发引起的安全形势动荡，导致国际战略环境更趋复杂易变，并集中反映在亚太地区。在各国争相强化自身力量、以自助方式确保安全与利益的情况下，逆全球化、保护主义、单边主义思潮强势，国际及地区合作面临严峻考验。同时，美国对华战略竞争下的中美博弈继续作为现今国际形势主要矛盾，对其他各方战略选择产生重要影响。在外部压力下，日本的危机意识、国际博弈意识与战略主体意识受到刺激，日本不仅对外战略活跃度进一步提升，还在积极酝酿推动本国安全战略乃至国家总体战略转型，日益成为当前亚太格局秩序变化中的不确定因素。

需要看到，在国际形势震荡、各种不利因素凸显的情况下，“一带一路”倡议仍不断取得进展。截至 2022 年 3 月底，中国已与 149 个国家、32 个国际组织签署了 200 余份共建“一带一路”合作文件。与“一带一路”沿线国家货物贸易额累计超过 10 万亿美元，对沿线国家非金融类直接投资超过 1300 亿美元。作为日益获得各国支持的国际公共产品和国际合作平台，“一带一路”在促进经济增长、改善民生及消除贫困方面的国际贡献得到国际社会广泛认可，其理念和主张进入联合国等国际组织、多边机制成果文件，反映出它强大的生命力。下一阶段“一带一路”的深化推进，既需要坚持高质量发展思路，在“硬联通”“软联通”“心联通”各方面苦练内功，丰富政策手段与配套设施，也需要充分评估并应对外部环境的机遇风险，为我国合作倡议的进一步展开创造有利条件。在此情况下，如何客观、准确把握当前“一带一路”中的日本因素，以及“一带一路”推进背景下的中日关系，成为一个重要问题。

（一）“一带一路”中的日本因素值得重视，并且有必要促其向建设性方向发展

在“一带一路”国际合作格局中，日本属于后加入者，合作深度及机制化程度也不及很多与中国关系密切的周边国家，且日本在合作体系中的保守性与摇摆性，以及在合作体系外的对华制衡倾向，都让中日相关合作处于不稳定状态。但即使不考虑日本参与“一带一路”合作的实际情况，日本也已与“一带一路”形成了密切关联。无论在经济还是战略层面，日本都有突出的对外依赖性。而“一带一路”不仅覆盖了日本周边的亚洲经济圈，特别是作为日本海外利益重地的东北亚、东南亚、南亚乃至中亚地区，也涵盖了日本全球范围内的大部分主要经济伙伴。更重要的是，“一带一路”已经在需求巨大的亚洲基建市场中占据了重要份额，且成为亚洲经贸与金融体制中不可缺少的组成部分。正如有日本经济学家指出的，“一带一路”已为区域经济合作搭建了新的合作平台和融资体制，并吸引

了广泛参与者。日本如完全置身其外，则面临着与其他国家经济纽带被削弱，失去投资机会的危险。[①] 对于高度依赖外部经济环境、在“一带一路”沿线拥有广泛利益诉求、将亚洲作为经济及外交战略根据地的日本而言，“一带一路”倡议已经成为必须面对且参与其中的现实，区别只是在于参与的程度与方式。

从另一个角度看，日本作为世界第三大经济体和亚洲发达经济体，其经济影响力及文化软实力辐射重心与“一带一路”大部重合，尤其在“21 世纪海上丝绸之路”沿线的东南亚、南亚，日本在该地长期经营，投入巨大。仅对外援助一项，目前，日本政府开发援助（ODA）总额中超过 55%、ODA 有偿贷款的超过 70% 投向东南亚和南亚。[②] 通过 ODA 援助、经贸投资及文化输出等方式，日本不仅与东盟、南亚各国广泛构建了战略伙伴关系，还一定程度上收获了当地社会及民众的好感。同时，日本致力于提升在亚太安全事务中的影响力。除依托美日同盟维持军事威慑力外，日本还推进外交政策的“安全化”，与东盟及印、澳等国加强多领域、机制化防务合作，以推动核不扩散、维护海上通道安全、应对非传统安全问题等为由介入地区多边安全事务。日本还以推动“印太战略”开放性合作为名，积极将欧洲大国战略力量引入本地区，拓展战略合作对象范围。总之，日本在亚太地区的经济、文化乃至安全影响力较为可观，且在努力提升战略活跃度。尽管中日实力对比已今非昔比，但日本仍是影响中国周边环境及对外合作的重要因素。基于集中应对中美博弈这一“主要目标”，以及为“一带一路”倡议创造稳定发展环境的目标，确保日本发挥建设性作用，或至少尽量抑制其破坏性作用，是非常必要的。

---

① 瀬口清之、「日中互恵協力は持続可能な経済成長の基礎」、『公明』、2020 年 2 月号、第 45 頁。

② 2021 年，日本政府开发援助（ODA）总额中的 28.5%（48.26 亿美元）投向东南亚，26.4%（44.64 亿美元）投向南亚。另外，除去无偿援助，ODA 有偿贷款总额中的 72.93% 投向东南亚与南亚。参见外務省『開発協力白書・ODA 白書（各年版）』、https://www.mofa.go.jp/mofaj/gaiko/oda/shiryo/hakusyo.html。

（二）当前中日关系形势下，中日围绕“一带一路”深化合作面临较多挑战，但机遇仍不容忽视

2022年，中日迎来邦交正常化50周年。理论上这是中日关系稳定发展乃至开创未来关系新局面的良机，但实际情况并非如此。当前，岸田政府宣称推动“新时代现实主义外交”，而其对华政策正是这一外交方针的集中体现，即日本在对华外交中要更加关注并强势应对新时代国际力量对比变化，特别是中国国力及国际影响力的增强，并更加强调日本自身的主体意识、战略意识以及博弈手段的多元化。① 另外，岸田基于巩固执政基础考虑，倾向迎合国内保守政治势力诉求，推动保守政治议程，从强化自主能力、自助能力、先制能力目标出发，加速外交与安全战略转型。尽管岸田并未从根本上改变对华协调路线，但其所推动的战略调整将给中日关系带来以下负面影响：第一，日本安全乃至国家战略更明确聚焦与“对标”中方，强化警惕防范态势；第二，日本国家战略中的地缘政治、军事要素凸显，持续激化中日安全结构性矛盾，乃至使矛盾蔓延到经济产业、供应链、高科技等领域；第三，在拜登政府同盟战略牵引下，日本更倾向依托以美国为首的西方阵营，与美国的对华竞争战略绑定有加深趋势，为此不惜挑战中日关系中的“敏感禁区”，比如台湾问题；第四，日本对外战略中的意识形态因素显著上升，其“价值观外交”日益成为对华制衡工具，加剧了两国国民认知与社会舆情的割裂。总之，目前中日关系面临更多障碍和挑战，日趋陷入“干扰长期化、波动常态化”的局面。而这种状况下，中日围绕“一带一路”的经济合作，很可能因为缺乏政治协调、互信情境与合作气氛，不仅难以取得新的突破，如何维护已有的合作机制与项目、使其免受中日关系可能恶化的冲击，也将是一个重要问题。

在正视风险挑战的同时，也需看到，仍存在着有利于维护发展中日关系、推动中日“一带一路”合作的机遇条件。其中最为重要的，就是中日间仍然强韧且持续发展的经济依存关系。即使日本响应美国号召、通过供应链调整

---

① 中评网：《中评深度：杨伯江论亚太局势与中日关系走向》，http://gb.crntt.com/doc/1064/0/4/3/106404373_5.html? coluid=93&docid=106404373。

等手段谋求与中国“经济脱钩”，但日本也很清楚这种脱钩只能是局部的、有限的，且难以长期维持。事实上，新冠疫情暴发以来，日本经济进一步陷入内需疲软、增长乏力的困境，对外需依赖持续上升，而中国则成为日本最为重要且稳定的外需来源。2021 年，中日双边贸易总额达 3714 亿美元，同比增长 17.1%。自 2018 年以来连续四年保持 3000 亿美元以上规模。中国连续 14 年稳居日本第一大贸易伙伴地位。① 2021 年，日本在华新设企业 998 家，新增投资同比增长 16.0%。有 72.2% 的在华日企实现盈利，其中制造业为 70.9%，是近 10 年以来最高水平。在日本经济界看来，对于日本的优势产业而言中国是极为重要的出口市场，中国拥有全世界最为完备的工业部门，具备供应链上的优势，且中日在创新经济发展上具有良好互补性。② 尽管日本政府通过补贴等方式引导企业转移在华基地，但根据日本媒体近期调查，大部分主要日企仍期望维持或扩大在华投资。③ 日本对华经济依赖的不断加深，加之岸田对任内经济业绩的高度渴求，成为改善中日经济关系乃至政治关系的有利条件，也为中日“一带一路”合作的重振乃至加强提供了潜在机遇。

（三）中日“一带一路”合作成果可观，且仍有较大潜力空间，需加以继续挖掘并排除外部干扰

过去几年里，中日“一带一路”合作尽管进程曲折，但在双方特别是实务部门和企业的努力下，仍积累了较多成功案例。正如日方经济专家指出的，经过不断摸索，中日第三方市场合作模式已趋向多样化，比如中日企业共同接受订单，共同运营基础设施；日本企业接受订单，中国企业提供工程承包、机器设备；中日合资企业的产品销往第三方市场；日本企业

---

① 海关总署：《统计快讯》，http://www.customs.gov.cn/customs/302249/zfxxgk/2799825/302274/302275/4122070/index.html。

② 参见日本贸易振兴机构（JETRO）亚洲研究所研究员丁可 2022 年 5 月 26 日在“制造业外企在华投资前景与发展国际论坛”上的发言。

③ 比如：2021 年底，日本产经新闻社对日本 118 家主要企业进行调查，70.3% 的企业表示将继续开展乃至扩大在华业务，仅有 1 家企业表示将逐渐缩小在华业务，无人表示要退出中国市场。参见海外网《日媒：七成日本主要企业将继续推进在华业务》，https://baijiahao.baidu.com/s?id=1721266988526280453&wfr=spider&for=pc。

将零部件等供给中国企业，并将制品销往第三方；日本企业运用中方的铁路等基础设施扩大物流服务，中日企业合作向第三方输出共同认可的商业模式，并共享商业信息，等等。[①] 这意味着两国企业可以因地制宜，采取多种合作方式。同时，中日双边金融合作机制，以及亚投行与亚开行的合作融资机制也在逐步推进，为中日企业合作提供了更优惠、更有力的财务保障。这些存量成果与成功经验，对于“一带一路”及中日经济合作的未来发展而言无疑是一笔宝贵财富。

除此之外，中日“一带一路”合作中亦有相当多潜力增长点，至少可从以下角度加以考虑：第一，中日两国当前经济战略发展方向趋同、存在积极对接合作可能。当前，中国政府积极构建“双循环”新发展格局，岸田政府也提出了兼顾增长与分配的新经济理念，在加速经济结构转型、推动高质量增长方面，中日有相似思路与广泛共识，有利于开展经验交流和务实合作。同时，中日两国政府尤其关注并积极投资发展数字经济、绿色经济、健康经济等新业态，而健康、绿色、数字、创新等领域也成为“一带一路”合作新的增长点，这为中日在上述领域加强新兴经济产业项目合作创造了重要基础；第二，中日供应链的调整方向有利于第三方市场合作。当前形势下，东亚区域内供应链调整加速，中日两国从确保供应链安全角度考虑，均将东盟国家作为向海外转移供应链的重要目的地。在中日供应链合作依然强韧的情况下，中日加强对东盟投资，推动在当地产业布局，有助于将两国合作重心从中国市场进一步扩大到“一带一路”沿线的第三方市场；第三，中日在维护多边经济机制、推动区域自由贸易方面仍有较强的共同关切与利益。特别是2022年RCEP生效实施，对于中日双方均是重大机遇。在中日两国加强经贸规制协调、积极弥合技术分歧的前提下，两国可围绕拓展深化RCEP机制、构建数字经济贸易规则、构建以中日韩为核心的东北亚自贸区等议题加强对话合作，从而推动“一带一路”进一步与地区经贸机制深度融合，并发挥相乘效应，惠及包括中日在内的亚洲各国。

---

① 杉田定大、「日中第三国市場協力」、『日中経協ジャーナル』、2018年8月号、第16—19頁。

总体上，中日“一带一路”合作的现有成果及经验来之不易，需加以珍惜，而其潜力空间则需继续加以挖掘，使其真正转化为惠及各方的现实成果与效益。当然这一切的重要前提是中日关系保持稳定与发展态势。回顾此前历程，可以看到，2017 年以来的中日“一带一路”合作主要由双方政府主导，通过高层沟通和政策指导，推动双方企业“进场”参与合作项目。接下来，中日民间特别是经济界势必在深化“一带一路”合作中发挥主要作用，但两国政府仍需在此过程中积极发挥“保驾护航”作用。除了维护双边关系稳定、妥善管控政治安全方面的分歧矛盾外，还需尽量为合作创造平台机制及积极气氛。在这方面，日方尤其需要摆脱零和博弈思维，转换以往对“一带一路”进行“战略性解读”、并不断加以警惕防范的思路，推动对华政策基调由制衡竞争向协调合作转化。另外，中日“一带一路”合作还需尽量排除外部干扰，特别是各种非经济、非理性因素的影响，以及来自美国对华竞争战略的干预。对于日本而言，美国的战略影响难以回避，但仍有可能最大限度地基于自身利益及中日合作的互惠前景，与中国积极开展合作，特别是在修复中日两国互信方面采取更具建设性的行动。①

第四节　结语

世界正处于“百年未有之大变局”，无论是“一带一路”国际合作的推进，还是中日关系的发展，都面临着前所未有的课题。目前看，竞争与合作并存已成为中日关系的现实常态，且竞争性因素的显著强化正在动摇两国关系的稳定基础。但正如日方有识之士指出，即使在竞争合作并存的情况下，中日关系仍有可能建立起稳定的、协调性的战略合作关系。② 这不仅要求中日两国恪守已有政治共识及原则，努力管控乃至化解两国关系

① 江藤名保子、「日中関係の未来を開くのは『信頼醸成』」、『潮』、2022 年 4 月号、第 84—90 頁。

② 江藤名保子、「日中関係の再考：競合を前提とした協調戦略の展開」、『フィナンシャル・レビュー』、2019 年 3 月号、第 131—132 頁。

中的深层次、结构性矛盾，还要从中长期角度，为中日关系的可持续发展培育“内生动力”，即将中日两国在各自经济社会发展过程中所产生出来的利益诉求，转化为两国间相互合作的需求，进而推动两国关系发展。在这方面，围绕“一带一路”的经济合作与人文交流，将为中日关系发展动力的培育源源不断地提供养分，有助于中日两国更理智、更透彻地把握关系发展正确方向，最终实现互不构成威胁、互为合作伙伴的理想定位。与此同时，“一带一路”倡议进一步向高标准、高质量的方向纵深发展，也需要日本在其中发挥建设性作用。由此，有必要也有可能将“一带一路”与中日关系的发展紧密结合起来，使其在构建开放性经济秩序，乃至更合理的国际及地区秩序方面取得“双赢”结果。目前，这一过程势必充满变数与挑战，前景亦存在较大不确定性。但如果中日两国能实现这一前景，不仅将在合作中实现自我完善和持续发展，还将有力地履行各自肩负的国际责任，为亚洲乃至全球人类命运共同体的构建做出贡献。

第二章

日本"印太构想"的战略推进及与"一带一路"的关系

自从2016年时任日本首相安倍晋三在非洲开发会议上正式提出"印太构想"以来，作为地缘政治产物的"印太构想"从概念、理念向包含具体内涵的外交战略转变。安倍利用外交出访及与外国领导人会面的机会不断推销"印太构想"，使得"印太构想"具有浓厚的与中国"一带一路"倡议进行对抗的色彩。经过多年实践，日本的"印太构想"逐步成为制衡中国不断增长的影响力、与中国在"一带一路"沿线开展竞争的重要战略抓手。日本在战略推进"印太构想"的过程中，不断依据地区形势、大国博弈以及中日关系的发展变化为"印太构想"注入新的内涵，使得原先强调对抗与制衡的"印太构想"开始向重视合作与协调的方向转变。2020年8月，日本首相安倍晋三辞职，其后任菅义伟及岸田文雄继承和延续了安倍倡导的具有竞争与协调两面性的"印太构想"。基于日美同盟和自身战略认知调整等因素，岸田政府更加突出经济安全保障议题，强化对华战略博弈，其对"一带一路"建设的影响值得关注。

第一节　日本"印太构想"的缘起

一　安倍的"印太"认知及日本"印太构想"的缘起

日本前首相安倍大力倡导的"自由与开放的印太构想"，其主要内容实际是由"价值观外交"与"地缘竞争"所构成。事实上，早在2006年安倍第一次担任日本首相期间就已经意识到印度以及印度洋在日本外交战略中的重要战略价值，“自由与繁荣之弧”的价值观外交更是将印度置于围堵中国的关键节点上，成为连接太平洋与印度洋的重要枢纽。2007 年 8 月 22 日，日本首相安倍在印度国会发表演讲，其指出“连接太平洋与印度洋使其成为自由与繁荣之海，促进突破地理界限的大亚洲框架的形成……将美国及澳大利亚吸收进印度与日本紧密联系形成的‘大亚洲’，进而建立覆盖太平洋地区的关系网络”①。安倍第一任期仅维持一年，因此未能进一步就日印关系及日美印澳“大亚洲”框架的内涵展开论述，但从其第二次执政后的表现来看，安倍对于联合印度、构建日美印澳四方框架的认知是一以贯之的。2012 年，安倍第二次担任日本首相之后，开始更为具体和全面地阐释其关于“印太”的认知。安倍第二次担任日本首相之后发表了一篇英文文章，强调通过联合美国、澳大利亚及印度构建“菱形安保体系”来抗衡中国。安倍在文中表示“太平洋的和平、安全及航行自由与印度洋的和平、安全与航行自由密切相关，日本作为亚洲最为古老的海洋民主国家，应在维护印度洋及太平洋地区的和平、安全及航行自由方面发挥重要的作用”②。2013 年 2 月，安倍访问美国，并在美国国际战略研究中心（CSIS）发表演讲，在演讲中安倍首次将“印太”和“亚太”当作并列的概念来使用，强调日本应联合美国、印度、澳大利亚及韩国等“海洋民主国家”，维护作为世界公共产品的海洋。③ 此后，安倍利用各种国际场合积极向世界各国宣介其关于太平洋与印度洋的地区秩序安排以及游说各国共同制衡中国日益崛起的国际影响力。通过长时期的铺垫和准备，日本的“印太构想”逐渐成形。2016 年 8 月，日本首相安倍在内罗毕举行的第六届日本·非洲国际开发会议上正式提出了“自由开放的印太”的概念，这标志着作为安倍执政时期日本外交战略中的重要组成部分的“印太构想”已经成形。安倍在演讲中表示“日本有责任将太平洋与印度洋、亚

① 安倍晋三：『二つの海の交わり』、http://www.mofa.go.jp/mofaj/press/enzetsu/19/eabe_0822.html、2007-08-22。

② SHINZO ABE，“Asia's Democratic Security Diamond”，Project-Syndicate，http://www.project-syndicate.org/commentary/a-strategic-alliance-for-japan-and-india-by-shinzo-abe，2015-08-18.

③ 安倍晋三：『日本は戻ってきました』、http://www.kantei.go.jp/jp/96_abe/statement/2013/0223speech.html、2013-02-23。

洲与非洲相交之处塑造成一个不受强力和压迫影响、重视自由、法治和市场经济的区域，并让这里变得繁荣”。[①] 事实上，日本外务省曾公开阐释日本推进“印太构想”的战略思考。首先，推进“印太构想”是为了战略应对权力转移以及国际秩序走向的复杂化及不确定性。其次，印太地区在国际社会中的影响力日益提升，日本希望推行“印太构想”进而为印太地区的发展提供国际公共产品。最后，日本的“印太构想”是开放且包容的，不会和现有的地区合作框架进行竞争，日本希望通过推行“印太构想”来与具有相同价值观的国家共同推动印太地区的发展。[②]

二　从“印太战略”到“印太构想”的转变

自从安倍正式提出“印太战略”后，为了充实其战略内涵以及加快落实，日本政府利用各种国际场合不断宣传和强调该概念。2017 年 1 月，日本时任首相安倍在访问菲律宾、澳大利亚、印度尼西亚及越南四国时，持续宣传其提出的“印太战略”。在强调日本应在“印太战略”中承担重大的责任及角色的同时，也希望日本能与上述各国加强在地区安全等领域的合作，以“印太战略”为抓手构筑制衡中国的国际“朋友圈”。2017 年 9 月，安倍在访问印度时一方面继续宣扬“印太战略”，另一方面希望日本的“印太战略”与印度的“东进政策”能够在战略和安全防务方面有更深层次的合作。事实上，安倍尤为看重印度在日本“印太战略”中的重要地位。在 2017 年 9 月 18 日在美国纽约举行的日美印三国外长会议上，日本外长河野太郎积极向印度和美国推销“印太战略”，希望日美印三国在“印太战略”框架下，推动三方在海上安全领域的合作。

尽管日本积极拉拢、游说美国、印度以及相关国家共同联合推进安倍提出的“印太战略”，但从实际效果来看，除了美国、澳大利亚有了明确表态和支持外，大多数的国家总体上不愿意加入以牵制中国为主要目标的

① 远藤贡：《第六届非洲开发会议，展示日本新外教战略》，“Nippon. com”，https://www.nippon. com/cn/currents/d00242/? pnum = 3。

② 日本外務省、『自由で開かれたインド太平洋に向けた日本の取り組み』、https://www.mofa. go. jp/mofaj/files/100056238. pdf。

日本“印太战略”。尤其值得注意的是，日本积极拉拢的东盟各国对于加入“印太战略”表现出较为警惕的心理。2018 年 11 月 6 日，日本首相安倍在与马来西亚总理举行会谈之际首次在公开场合将“印太战略”改为“印太构想”，这使得原先过于强调对抗与对立的“印太战略”开始向重视合作与协调的方向转变。将“印太战略”改为“印太构想”表明安倍不断依据国际形势及地区合作状态来调整和修正其外交政策与理念，尤其在中日关系转圜的大背景下，以制衡中国为重要内容的“印太战略”实际上已经跟不上当前中日关系发展的步伐。中日关系的改善也成为安倍将“印太战略”改为“印太构想”的重要原因。

首先，中日关系逐渐好转、两国关系重回正轨是安倍将“印太战略”改为“印太构想”的重要原因。自 2012 年安倍第二次担任日本首相以来，中日关系的发展长期处于停滞状态。甚至在 2013 年 12 月 26 日，安倍不顾世界主要舆论的反对，在其第二次执政一周年之际参拜靖国神社，使得中日关系“雪上加霜”。尽管如此，中日双方也在为两国关系的正常化做着各种努力。2014 年 11 月，日本国家安全保障局局长谷内正太郎访华，并与中国国务委员杨洁篪举行会谈，双方就改善中日关系达成四点原则共识。[①] 在中日四点原则共识的推动下，中日两国政府部门间的沟通和交流日益频繁，这为中日两国关系的缓和奠定了基础。2017 年 11 月 20 日，由日本 250 人组成的高级经济代表团访问中国，双方经济界人士围绕如何推进在“一带一路”领域的合作展开较为密切的交流。2017 年 12 月，日本自民党干事长二阶俊博率代表团访问中国。日方代表团除了在北京参加与中方定期举行的“中日执政党交流机制会议”外，还与中国就中日合作推动“一带一路”倡议展开讨论。2018 年 5 月，中国总理赴日出席中日韩领导人会议。日方对于李克强总理的访日不仅给予“公宾”级别的礼遇，日

① 中日四点原则共识包括：一、双方确认将遵守中日四个政治文件的各项原则和精神，继续发展中日战略互惠关系。二、双方本着“正视历史、面向未来”的精神，就克服影响两国关系政治障碍达成一些共识。三、双方认识到围绕钓鱼岛等东海海域近年来出现的紧张局势存在不同主张，同意通过对话磋商防止局势恶化，建立危机管控机制，避免发生不测事态。四、双方同意利用各种多双边渠道逐步重启政治、外交和安全对话，努力构建政治互信。

本首相更是陪李克强总理造访北海道。事实上，日本首相甚少陪同外国首脑到东京以外的地区，这预示着此次访问将成为中日关系改善的重要节点。2018 年 10 月，日本首相安倍晋三成功访华，中日双方就加强经贸合作达成共识。2019 年 6 月，中国领导人赴日参加在大阪举行的 G20 峰会。会议期间，中日双方领导人举行会谈，并就发展中日关系达成十点共识。①事实上，随着中日两国关系重回正轨，针对中国且突出地缘竞争的“印太战略”已经难以适应快速发展中的中日关系。为此将“印太战略”改为“印太构想”也是日方顺应中日关系发展的大趋势，改变以往片面强调中日竞争的战略性调整。

其次，中国影响力的快速提升使得强调竞争的“印太战略”难以获得其他国家的呼应。中国实力的快速增长使得中国成为维护印太地区和平、发展、稳定与繁荣的重要力量，针对中国“一带一路”倡议提出、且暗含制衡中国的日本“印太战略”不仅难以“落地”，而且也处于“失道者寡助”的境地。自 2013 年中国提出“新丝绸之路经济带”和“21 世纪海上丝绸之路”的合作倡议以来，截至 2023 年 6 月，已有 152 个国家和 32 个国际组织与我国签署了 200 余份共建“一带一路”合作文件②，签订协议

① 中日十点共识：一、两国领导人积极评价当前中日关系改善发展的良好势头；二、两国领导人重申，恪守中日四个政治文件确立的各项原则，践行中日互为合作伙伴、互不构成威胁的政治共识，本着化竞争为协调的精神，推动中日关系沿着正确轨道持续向前发展；三、两国领导人同意保持密切沟通，加强高层引领，不断增进政治互信；四、两国领导人同意，进一步深化两国利益交融，加强在科技创新、知识产权保护、经贸投资、财政金融、医疗康养、养老照护、节能环保、旅游观光等广泛领域互利合作；五、两国领导人强调，中日都是亚洲文明发展的重要贡献者，应传承弘扬亚洲文明成果，倡导不同文明间开展平等对话、交流互鉴；应以深厚的历史文化渊源为纽带，持续加强人文领域交流合作；六、两国领导人同意，积极开展中日民间友好交流，增进相互理解，促进民心相通；七、两国领导人重申，中日将坚持走和平发展道路，共做和平发展的伙伴；八、两国领导人同意，妥善处理敏感问题，建设性管控矛盾分歧；九、两国领导人认为，中日同为亚洲重要国家和世界主要经济体，应共同维护多边主义和自由贸易体制，积极引领区域一体化，推动构建开放型世界经济，促进世界各国共同发展；十、两国领导人认为，中日应积极履行国际责任，共同应对各种全球性挑战，着力加强在发展援助、气候变化、军控裁军、卫生保健等国际事务中的沟通与协调，携手为世界和平稳定发展做出积极贡献。参见《人民网》，《习近平会见安倍晋三中日双方达成十点共识》，http://world. people. com. cn/n1/2019/0628/c1002-31200493. html。

② 中国一带一路网：《已同中国签订共建“一带一路”合作文件的国家一览》，2023 年 6 月 26 日，http://www. yidaiyilu. gov. cn/p/77298. html? eqid = be32701d000164c10000000664912415。

的国家由亚欧地区延伸至非洲、拉美、南太平洋及西欧等国家。中国的“一带一路”倡议为世界地区各国间的经贸合作与人文交流提供了强有力的支持与保障。强调地缘安全与政治的日本“印太战略”不仅在合作项目上缺乏吸引力，同时还会让印太地区的国家面临“选边站队”的困扰。甚至印度也不支持日本版的“印太战略”，在莫迪政府发布的印度版“印太战略”中，“包容性”多次被提到，这与针对“一带一路”倡议，排挤中国的日本版“印太战略”存在很大差异。在当前日本综合实力整体下降的背景下，印太地区的很多国家对日本是否有能力和决心推进“印太战略”产生质疑。因此，安倍将“印太战略”改为“印太构想”表面上是为了避免与中国对抗，缓和两国关系，实际上是在试图解决日本“印太战略”在贯彻落实阶段遇到的“落地难”问题。

再次，处于印太地区中心的东盟各国反对日本推行具有排他性的制度安排。东盟作为印太与亚太交会的地区，在日本力推的“印太战略”中具有重要的示范作用，能否获得东盟各国的支持是日本“印太战略”能否有效实行的重要一环。安倍多次利用与东盟地区领导人会晤的机会向其兜售“印太战略”，但东盟各国对于其强调与中国竞争、牵制中国的内容深表忧虑。东盟不仅对日本的“印太战略”表现消极，对于美国、印度等国的“印太战略”也表现出忧虑。东盟作为印太地区一支重要的地缘政治力量，十分在意在该地区架构中的主导地位。冷战结束以来，东盟一直推行大国平衡战略，通过将世界主要大国引入东南亚地区，利用大国间的相互制衡，实现东盟在东南亚地区秩序中的主导地位。然而，美日推行的“印太战略”不仅有损东盟在东南亚地区秩序中的中心地位，甚至有可能将东盟地区变为大国角力的主战场。为了防止“选边站队”，也为了回应日美等国提出的地区秩序构想，2019 年 6 月东盟发布了《东盟印太展望》的文件，其强调的包容与多元理念某种程度上约束了美国和日本推行的“印太战略”。

最后，安倍将“印太战略”改为“印太构想”也有服务于国内政治的需要。安倍在 2018 年自民党总裁选举中曾公开喊出“战后外交总决算”的口号，意图施行战略性外交，一举解决战后日本外交遗留问题中的日俄、日朝等“难点”，为此，如何推动日俄及日朝关系有进一步的发展将成为未来安倍战略性外交的重要方向。一方面，在日俄关系方面，安倍一直在寻求与普京建立亲密的私人关系，并意图利用经济手段来软化俄罗斯在领土问题上的强硬姿态。然而，双方在领土问题上分歧甚大，安倍的不懈努力并未换来日俄关系的突破。另一方面，在日朝关系方面，安倍一直积极主动接触朝鲜，并多次在公开场合表示愿意无条件与朝鲜进行对话。甚至2019年11月的《朝鲜日报》报道，在2019年5—9月，日本首相安倍曾三次秘密派遣国家安全保障局局长谷内正太郎以特使的身份赴朝鲜向金正恩递送亲笔信。[①] 尽管日本政府否定有此行动，但2019年安倍多次提议举行日朝间不设条件的首脑会谈。此外，日本虽然与印度在双边军事合作领域进展迅速，甚至日印将于2019年内签订《军需相互支援协定》，但日印在协调对华关系方面并不一致，对于安倍大力推动的“印太战略”，印度更是表示难以接受。日美关系受特朗普“美国第一”主义的影响也时刻处在需要日本小心维护的状态。因此，对于安倍而言，一旦日俄、日朝关系难以顺利推进，日本与东盟间关系又因为是否加入日本“印太战略”而出现恶化的话，安倍的“战后外交总决算”真的只能是一句口号。为此，日本将“印太战略”改为“印太构想”既回应了东盟各国对于日本“印太战略”的担忧，同时也为中日关系的进一步发展扫清障碍。

第二节　后安倍时期“印太构想”的发展与战略推进

2020年8月28日下午，创造日本最长执政纪录的安倍晋三正式宣布辞去日本首相职务。9月16日，在自民党总裁选举中胜出的菅义伟当选日本第99任首相。2021年9月29日，岸田文雄当选并就任自民党总裁，10月4日被日本国会指名为第100任首相。作为安倍的政治遗产，“印太构

① 李焕宇：《韩媒称安倍派国安高官带亲笔信秘密访问朝鲜　日本否认》，《观察者网》，https://www.guancha.cn/internation/2019_11_13_525068.shtml。

想”在后安倍时期得到继承和强化。

一　菅义伟政府与“印太构想”

菅义伟内阁总体上继承了安倍“印太构想”的主要理念和政策，但在具体领域又赋予日本“印太构想”新的内容。在 2020 年 11 月 14 日举行的东盟首脑会后的记者招待会中，菅义伟面对记者提问时表示“希望共同创造和平与繁荣的印太”,[①] 其表述与安倍的“印太构想”具有较大的差异，未带有“自由且繁荣”的前缀。实际上，安倍所推崇的“自由且开放的印太构想”其本质是由“价值观外交”和地缘政治所组成，其中“自由且开放”的价值观是安倍联合美国、印度以及澳大利亚等民主国家构建围堵中国的民主国家联盟的重要“指南”。安倍正是打着“自由且开放”的幌子，通过价值观外交来推进其“印太构想”。可以说，安倍“印太构想”的精髓就在于“自由且开放”的价值观外交。菅义伟在记者招待会中未使用“自由且开放”的词汇，一方面有可能是语言表述的习惯，想以简洁明快的词语回答提问；另一方面则可能是其并不认可安倍“印太构想”中所包含的价值观理念，其更务实、稳重的性格促使他更看重经济发展。菅义伟未提“自由且开放”的发言一经公布即引发日本国内舆论争论，从这可以看出日本国内十分关注后安倍时期日本“印太构想”的走向。毕竟面对综合国力日益增强的中国，日本很难在地缘政治竞争中占据优势，而“打价值观牌”，利用自由、民主等价值观理念来联合美国、印度等民主国家构筑围堵中国的民主国家联盟则被日本认为是在与中国竞争中占据优势的更为有效的手段。因此，后安倍时期菅义伟的“印太构想”总体上继承安倍“印太构想”的主要框架，但在具体落实方面与安倍时期的“印太构想”存在差异。

第一，淡化“印太构想”在军事安保领域制衡中国方面的内涵，不主张公开对抗，更加强调协调与合作的“印太构想”。2020 年 9 月 12 日，菅

① 『千葉日報』、「首相、『自由で開かれた』使わず　インド太平洋政策巡り波紋」、2020 年 11 月 16 日、https://www.chibanippo.co.jp/newspack/20201116/740406。

义伟在日本记者俱乐部举办的公开辩论会上，较为详尽地对个人外交理念进行阐述。菅义伟强调“日中之间存在各种各样的难题，但重要的是继续灵活运用高层对话的机会，来逐一解决这些难题。并且，菅义伟还明确表示无意构建‘亚洲版北约’，拒绝建立‘反华包围圈’，认为这可能在亚洲制造敌人”。① 甚至在东盟与中日韩领导人峰会上，为了避免引起中国的反对，菅义伟都未提“印太构想”。而对于东盟担心的在大国竞争中丧失独立性及地区主导权问题，菅义伟强调坚持以东盟为中心，并以现有的地区合作机制为基础，不创设新的合作框架。

第二，经济安全在“印太构想”中的重要性提升。在淡化“印太构想”地缘竞争属性的同时，积极构筑以“经济安全”为主要议题的对华博弈模式。新冠疫情的冲击让日本对供应链安全有了更为深刻的认识，为了分散风险，防止对中国的过分依赖，安倍执政时期，日本政府就已经制定了相关方案，鼓励日企将在华的生产线迁回日本或向东南亚地区转移。同时 2020 年 9 月 1 日，日印澳三国经济部长举行视频会议，就强化在印太框架下构建供应链联盟达成一致。事实上，此供应链联盟的方案最早是由日本提出，而日本已经成为该供应链联盟的实际主导者。为此，在疫情对日本经济、社会持续产生冲击的背景下，“供应链”的安全成为后安倍时期日本“印太构想”需要解决的重要课题。

第三，扩大在相同价值观基础上的安全合作，积极拉拢英、法等民主国家在印太地区的合作。在淡化军事安全领域的对抗之外，菅义伟的“印太构想”依然继承了安倍“印太构想”对自由、民主等价值观的重视。在中日综合实力差距日益拉大的背景下，利用民主、自由及国际规范等价值观对中国实行“软制衡”，成为后安倍时期日本对华战略的一个重要方向。目前，日本正不断强化和扩展“菱形安保体系”，在强化日美印澳四边安保合作的基础上，积极拉拢英国、法国等国介入亚太地区事务，增强对华的战略威慑。

---

① 八牧浩行、『菅氏、アジア版 NATOに反対「敵味方を作り反中包囲網になる」= 日中関係強化を一総裁選討論会』、『Record China』、2020 年 9 月 12 日（土）、https://www.recordchina.co.jp/b835175-s0-c10-d0053.html。

二　岸田政府与“印太构想”

接任菅义伟出任日本首相的岸田文雄依然十分重视“印太构想”，2022 年 6 月 10 日，在香格里拉对话会上，岸田首次提出以自己名字命名、由五大支柱构成的“岸田和平愿景”，其中“第一大支柱”是“着力推动自由开放的印太”，并宣布将在 2023 年公布一项合作重点放在经济安全保障等领域的“印太和平计划”。[①] 与安倍及菅义伟时期相比，岸田政府推行的“印太战略”更具浓厚的经济安全指向性。2022 年 5 月 23 日，岸田在启动“印太经济框架”（IPEF）的致辞中表示：“为实现‘印太战略’，日本与美国和区域伙伴合作以巩固和加强基本价值观和原则、追求经济繁荣、确保和平与稳定这三大支柱为中心开展”[②]，突出经济问题在岸田政府“印太战略”中的重要位置。在美国强化“印太战略”并持续在经济领域对华开展博弈的新形势下，日本“印太战略”对经济安全的重视及其与美国对外战略产生的联动影响值得我们加以关注。

在乌克兰危机背景下，岸田政府更加重视印太地区的秩序问题，进一步深化“印太战略”，并注重对外开展战略合作。2022 年 5 月 23 日，日美首脑联合声明中在涉及“印太战略”的部分表示：“尽管欧洲危机仍在继续，但两位领导人重申印太地区对全球和平、安全和繁荣至关重要，面临着对基于规则的国际秩序日益严重的战略挑战。”[③] 同时，岸田政府更是利用“印太战略”开展欧洲—印太的联动外交，以在变动形势下引起其他各国多方的战略共鸣，通过集体性联合制衡共同加强维护自由主义国际秩序。

美国拜登政府上台后积极推进“印太战略”，并将之作为对华开展竞争的重要手段。为防止具有“宏池会”背景的岸田倾向“友华政策”而造成

---

① 「シャングリラ・ダイアローグ（アジア安全保障会議）における岸田総理基調講演」、令和 4 年 6 月 10 日、https://www.kantei.go.jp/jp/101_kishida/statement/2022/0610speech.html。

② 「インド太平洋経済枠組みの立上げ岸田総理大臣による挨拶」、令和 4 年 5 月 23 日、https://www.mofa.go.jp/mofaj/files/100347433.pdf。

③ “Japan-U.S. Joint Leaders’ Statement: Strengthening the Free and Open International Order”, Ministry of Foreign Affairs of Japan, May 23, 2022, https://www.mofa.go.jp/mofaj/files/100347252.pdf.

美国“印太战略”出现“短板”，美国要求岸田政府在“印太战略”上配合美国。在岸田政府刚完成组阁的第二天，在日美首脑首次电话会谈中就确认“共同努力实现自由开放的印太”。[①] 2022 年 7 月 9 日，在提出“印太战略”的日本前首相安倍遇刺身亡的第二天，日美首脑电话会谈中拜登强调安倍主张的“印太战略”要持续下去。[②] 9 月 2 日，美国驻日本大使伊曼纽尔在题为“我们联盟未来”的演讲中，强调美日同盟从“盟友保护时代”进入“向印太地区同盟投射的时代”，称“美日两国战略愿景从未像现在这样契合”。[③]

深化“印太战略”也是岸田政府迎合国内政治需求的政策。日本提出的“印太战略”在国际上被诸多国家特别是被美国、印度、澳大利亚和欧洲国家接受，令日本在国际上的自信心大为提升，并将之视为重要的“外交资产”。岸田认识到“日本迄今推进自由开放的印度太平洋愿景在国际社会日趋赢得广泛的支持”，“放眼全世界，美国、澳大利亚、印度、英国、法国、德国、意大利、荷兰与欧盟等各行为体都提出了与印度太平洋相关的愿景”。[④] 作为在安倍政府内长期担任过外相的岸田，囿于党内小派阀的现实制约，也愿意在“路径依赖”下利用“印太战略”继续展示外交成绩，争取保守层支持。毕竟“日本政治右倾化和右翼势力的助推”是日本构建“印太战略”的重要“动因”。[⑤] 岸田的政治意图就是提升政府支持度，意在维持长期执政。

岸田政府的“印太战略”与安倍政府、菅义伟政府的“印太战略”相

① 「組閣翌日の心境等についての会見」、令和 3 年 10 月 5 日、https://www.kantei.go.jp/jp/100_kishida/statement/2021/1005kaiken.html。

② “Statement by President Biden on the Killing of Former Japanese Prime Minister Abe Shinzo”, July 8, 2022, The White House, https://www.whitehouse.gov/briefing-room/statements-releases/2022/07/08/statement-by-president-biden-on-the-killing-of-former-japanese-prime-minister-abe-shinzo/.

③ “U.S. ambassador: Japan-U.S. alliance has entered era of ‘projection’ into Indo-Pacific”, September 3, 2022, Times of Japan, https://timesofjp.com/business/u-s-ambassador-japan-u-s-alliance-has-entered-era-of-projection-into-indo-pacific/.

④ 「シャングリラ・ダイアローグ（アジア安全保障会議）における岸田総理基調講演」、令和 4 年 6 月 10 日、https://www.kantei.go.jp/jp/101_kishida/statement/2022/0610speech.html。

⑤ 葛建华：《试析日本的“印太战略”》，《日本学刊》2018 年第 1 期。

比，其更重视经济安全。一方面是因为经济安全在岸田政府的战略视野中具有特殊重要的地位，岸田政府重视推进经济安全战略。2021 年 10 月 8 日，在首次施政演说中，岸田就修改《国家安全保障战略》称将“果断推进经济安保等新时代课题”，强调日本增长战略的“第三个支柱”就是经济安全保障，提出要“实施确保战略性物资、防止技术外流的举措，构建自律型经济结构。制定相关法案，打造牢固的供应链，推进日本经济安全保障”①。而经济安全战略的一个主要方向就是对外维持基于规则的经济安全环境。另一方面，更重要的是大国竞争下经济领域成为美国重点争夺的战略领域，美国“印太战略”重视经济安全，并要求日本在地区上配合以及发挥盟友“力量倍增器”作用。

同时，面对中国的经济崛起，日本也想利用自身的经济优势和地区经济合作基础，配合美国在经济领域削弱竞争对手，并增强自身在印太地区的话语权和影响力。这表现为以下几点：一是利用美日印澳四方安全对话（QUAD）机制这个“印太战略”核心框架，深入推进印太经济安全合作。2022 年 5 月 24 日，在东京举办的 QUAD 峰会发布的《联合声明》确认，在基础设施领域未来五年将提供超过 500 亿美元的援助与投资，构筑“四方债务管理资源门户”（QDMRP）平台，促进债务的可持续性及透明性，强化相关国家应对债务问题的能力。在关键和新兴技术领域，强调要利用互补优势以实现多样化和竞争性的半导体市场，并发布《关键技术供应链原则共同声明》，推进在半导体和其他关键技术方面的合作，确保印太地区的技术发展以共同的“民主价值观”为指导，并与行业伙伴建立联系，扩大关键和新兴技术资本。② 7 月 13 日，日美澳印举行能源部长会谈，四国就合作应对能源安全问题达成一致。

QUAD 的其他成员国是日本“印太战略”最重要的战略合作伙伴。在双多边的经济安全合作上，日本更侧重与美国和澳大利亚的经济安全合

① 「第二百五回国会における岸田内閣総理大臣所信表明演説」、2021 年 10 月 8 日、https://www.kantei.go.jp/jp/100_ kishida/statement/2021/1008shoshinhyomei.html。

② 「日米豪印首脳会合共同声明」、令和 4 年 5 月 24 日、https://www.mofa.go.jp/mofaj/fp/nsp/page1_ 001188.html。

作，战略合作更加深入和广泛。

2022 年 5 月 23 日，日美《联合声明》确认，将在“保护和促进关键技术方面进行合作，包括通过使用出口管制，支持各自的竞争优势并确保供应链的弹性”。日美还同意成立一个联合工作组探索下一代半导体的发展。[①] 2022 年 6 月，日美创设名为“矿物资源安保伙伴关系”的新型国际框架，保障稀土等重要矿物资源的稳定供应，降低经济安保方面的风险。为强化经济安全合作，日美还创设经济版“2 + 2”部长级磋商机制。2022 年 7 月 29 日，林芳正在首次会议上提出在经济对外交、安全保障产生强烈影响的当下，日美与同志国合作对确保经济安全保障非常重要，会议主要讨论了通过基于规则的经济秩序实现和平与繁荣，对抗经济威压和不公正不透明的贷款惯例，促进和保护重要、新兴技术和重要基础设施，强化供应链的韧性等经济安全问题。[②]

日澳两国多次在双边层面确认经济安全合作的重要性，2022 年 10 月，日澳首脑《联合声明》就经济安全提出三方面的合作：（1）解决和应对“经济胁迫”，加强信息共享，并探索应对挑战的方法；（2）提升关键和新兴技术方面的合作，支持促进共同价值观的技术设计、开发、保护、治理和使用；（3）将利用关键和新兴技术，建立有弹性和安全的电信网络。[③] 新签订的《日澳安全合作宣言》表示，合作推动“以规则为基础、以市场为导向的贸易和投资体系，以及多样化和有弹性的供应链，继续推进区域经济一体化”，促进经济安全的方式包括建立有弹性的供应链，促进高质量基础设施和透明可持续的贷款做法，加强对关键基础设施的保护包括电信安全和复原力，解决强迫技术转让问题包括手段更为复杂的技术转让，

① “Japan-U. S. Joint Leaders’ Statement: Strengthening the Free and Open International Order”, May 23, 2022, Ministry of Foreign Affairs of Japan, https://www. mofa. go. jp/mofaj/files/100347252. pdf.

② 「日米経済政策協議委員会」、令和 4 年 7 月 29 日、https://www. mofa. go. jp/mofaj/na/na2/us/page6_ 000720. html。

③ “Australia-Japan Leaders’ Meeting Joint Statement”, October 22, 2022, Ministry of Foreign Affairs of Japan, https://www. mofa. go. jp/mofaj/files/100410296. pdf.

加强边境和执法合作，抵制经济胁迫和虚假信息。①

日本除了与美国、澳大利亚有双边合作外，与美、澳、印还建立了三边合作关系。2021 年 12 月，日美澳就基础设施和重要矿物领域的合作达成协议。② 2022 年 10 月，日美澳三方升级三边基础设施伙伴关系（TIP），强调提升项目的公平性和透明度。③ 日澳印三边则主要致力于构建弹性供应链。2022 年 3 月 15 日，日本、澳大利亚、印度三国举行贸易部长级会议并发表共同声明。三国一致同意，将尽快制定“供应链原则”，重视可持续发展、环境和人权，确保数据的透明性和可信赖性，以强化印太地区的供应链。

二是积极加入美国主导的“印太经济框架”（IPEF），谋取共同主导经济规则的制定，鼓励和支持美国对印太地区的经济参与，巩固日美经济安全合作和谋求共同主导印太经济安全秩序。IPEF 强调加强经济竞争力和合作以及确保关键供应链的重要性，重视利用技术、促进创新和参与数字经济等能力对经济竞争力的重要影响，主张深化合作伙伴之间的经济安全接触。岸田就“印太经济框架”强调，在供应链弹性、脱碳和清洁能源以及数字经济方面开展合作非常重要，主张在这个框架下共同构建经济秩序。④ 日本认为，IPEF 有利于“维持和加强基于规则的经济秩序，并促进该地区法治和包容性的经济增长”。⑤“印太经济框架联合声明”关注四大领域，包括在贸易领域强调“寻求建立高标准、包容性、自由和公平的贸易”，承诺促进可持续和包容性的经济增长。在供应链领域强调，致力于提高供

① “Japan-Australia Joint Declaration On Security Cooperation”, October 22, 2022 , Ministry of Foreign Affairs of Japan, https://www.mofa.go.jp/mofaj/files/100410299.pdf.

② 「日米豪3か国協力（インフラ、重要鉱物）に関する協議」、令和 3 年 12 月 14 日、https://www.mofa.go.jp/mofaj/a_o/ocn/page25_002069.html。

③ “Joint Statement by the United States, Japan, and Australia on the Renewal of the Trilateral Infrastructure Partnership”, October 16, 2022, U.S. International Development Finance Corporation, https://www.dfc.gov/media/press-releases/joint-statement-united-states-japan-and-australia-renewal-trilateral.

④ 「インド太平洋経済枠組みの立上げ岸田総理大臣による挨拶」、令和 4 年 5 月 23 日、https://www.mofa.go.jp/mofaj/files/100347433.pdf。

⑤ “Australia-Japan Leaders’ Meeting Joint Statement”, October 22, 2022, Ministry of Foreign Affairs of Japan, https://www.mofa.go.jp/mofaj/files/100410296.pdf.

应链的透明度、多样性、安全性和可持续性，使其更具弹性和整合性，确保获得半导体和关键矿物等。在清洁能源、脱碳和基础设施领域提出，支持可持续性基础设施的发展以及提供技术援助，寻求提高竞争力和加强连通性。在税收和反腐败领域提出，促进公平竞争，根据现有的多边义务、标准和协议，制定和执行有效而强大的税收、反洗钱和反贿赂制度，以遏制印太地区的逃税和腐败，并推进负责任和透明的制度。[①] 2022 年 9 月 9 日，IPEF 部长级会议进一步具体化"四大领域"的经济安全合作，包括各国将任命负责信息收集的协调人以尽早掌握供应链断裂状况，强调普及降低对化石燃料依赖度的技术，推进通关手续顺畅化和保护劳动者权利及致力于防止贪污和逃税等。

三是乌克兰危机背景下侧重与欧洲国家及 G7 国家在"印太战略"下加强经济安全合作。岸田在与欧洲首脑会谈中多次强调印太安全与欧洲安全密不可分，这更是日美的共识。日美首脑《联合声明》强调"与欧洲和加拿大等其他区域志同道合的伙伴合作的重要性"。[②] 2022 年 2 月 22 日，林芳正在由法国和欧盟联合举办的"印太合作部长级会议"上，呼吁日欧要在经济安全领域开展合作以实现"自由开放的印太"，并陈述欧洲遭受的网络攻击和"经济胁迫"，强调在乌克兰危机下包括印太在内的各地区，权力的逻辑正日益明显并动摇国际秩序，提出与志同道合的国家合作，维持和巩固基于规则、自由和开放的国际经济秩序。林芳正专门强调他所说的"权力"不仅涉及军事实力，还涉及经济和技术影响力。林芳正主张，"志同道合"的日欧需加强合作，制定有关数据流的共同国际规则，强调实现经济安全至关重要，通过减少基础设施和供应链的脆弱性提高自主性，并通过防止尖端技术

① "Statement on Indo-Pacific Economic Framework for Prosperity", May 23, 2022, Ministry of Foreign Affairs of Japan, https://www.mofa.go.jp/mofaj/files/100347421.pdf.

② "Japan-U.S. Joint Leaders' Statement: Strengthening the Free and Open International Order", May 23, 2022, Ministry of Foreign Affairs of Japan, https://www.mofa.go.jp/mofaj/files/100347252.pdf.

外流保持优势，在拥有实力的基础上阻止经济胁迫。[①] 5 月 12 日，日本欧盟首脑《联合声明》表示，通过包容性合作建设“自由开放的印太”，强调促进经济安全，应对或缓解过度依赖的风险，以应对半导体和原材料等关键全球供应链的风险，确保关键基础设施安全，加强日本欧盟“经济复原力对话”，反对“经济胁迫”，并宣称将“通过在相关领域制定新的标准、规则或规范来加强全球经济体系，以支持我们的共同价值观”[②]。日本欧盟首脑还就创设新合作机制“数字伙伴关系”达成共识，促进数据自由流通等。[③] 7 月 20 日，日本爱尔兰首脑会谈在谴责俄罗斯的基础上，决定合作应对粮食安全问题，实现“自由开放的印太”。2022 年 10 月，日加达成“为自由开放的印太地区作出贡献的日加行动计划”，强调加强经济安全，努力提高供应链的弹性以促进可持续和可预测的贸易，鼓励在人工智能和量子技术等新兴技术方面加强双边合作，包括支持技术设计、开发、保护、治理和使用，并通过全球人工智能伙伴关系（GPAI）等国际倡议促进两国共同的价值观，强调共同应对“经济胁迫”，承诺共同努力，识别、预防、威慑和应对经济胁迫，分享有关经济胁迫的信息，并探索开发新的外交和经济工具以应对挑战。[④]

四是对小国重点就提升经济安全能力开展支援性合作，构筑印太经济安全秩序环境。岸田政府的“印太战略”关注小国尤其是东南亚国家，日本认为东南亚是大国“竞相扩大影响力”的重要外交舞台，在地缘政治不确定性增强的形势下与东盟开展协调合作十分重要。2022 年 10 月 3 日，岸田在施政方针演说中表示，为推进“印太战略”将“加强与东盟（ASEAN）、欧

---

① “Statement by Foreign Minister Hayashiat the Ministerial Forum for Cooperation in the Indo-Pacific”, February 22, 2022, Ministry of Foreign Affairs of Japan, https://www.mofa.go.jp/mofaj/files/100305121.pdf.

② “Japan-EU Summit 2022 Joint Statemen”, May 12, 2022, Ministry of Foreign Affairs of Japan, https://www.mofa.go.jp/mofaj/files/100343125.pdf.

③ “Japan-Eu Digital Partnership”, Ministry of Foreign Affairs of Japan, May 27, 2021, https://www.mofa.go.jp/mofaj/files/100343128.pdf.

④ “Japan-Canada Action Plan for contributing to a free and open Indo-Pacific region”, Ministry of Foreign Affairs of Japan, October 11, 2022, https://www.mofa.go.jp/mofaj/files/100404845.pdf.

洲、大洋洲等志同道合国家间的合作，我将为此制定新的计划”，① 将东盟排在了第一位。“岸田和平愿景”也强调：“在印太地区与东盟的合作不可或缺”，“太平洋岛屿国家也同东盟国家一样，都是日本非常重要的伙伴”②。岸田就任首相后最先访问的国家就是东盟轮值主席国柬埔寨，其后访问的是印尼、越南和泰国等东南亚国家。2022 年 5 月 2 日，日泰首脑会谈商定为实现“自由开放的印度太平洋”而合作，并就经济合作与经济安全交换了意见。6 月 11 日，日本新加坡首脑会谈确认将通过举办旨在强化供应链的研修活动等方式扩大两国在经济安全领域的合作，并商定尽快召开数字领域的专家会议。9 月 18 日，日本经济产业大臣西村康稔在柬埔寨举行的东盟经济部长会议上提出双方开展新经济合作项目，双方企业积极共享库存和物流等数据信息，加强供应链安全合作。在与太平洋岛国的经济安全合作方面，5 月 24 日，QUAD 峰会《联合声明》强调，“将单边与集体行动相结合，强化与太平洋岛屿国家的合作，以提高其经济福祉、卫生基础设施和环境恢复能力，改善海洋安全和维持渔业，提供可持续的基础设施”③。9 月 9 日，日本帕劳首脑会谈后就合作实现“自由开放的印度太平洋”构想达成共识，日本承诺为完善帕劳电网提供最高 21.4 亿日元的无偿资金援助。2021 年 12 月，日美澳宣布共同出资开发海底光缆项目，为瑙鲁、基里巴斯和密克罗尼西亚联邦 3 个太平洋岛国提供更快的互联网服务，应对“地区面临的前所未有的经济和战略挑战”。

第三节 日本“印太构想”对“一带一路”建设的影响

一 日本“印太构想”的主要特点

作为当前日本最为重要的外交政策，日本“印太构想”在塑造地区形

① 「第二百十回国会における岸田内閣総理大臣所信表明演説」、令和 4 年 10 月 3 日、https://www.kantei.go.jp/jp/101_kishida/statement/2022/1003shoshinhyomei.html。

② 「シャングリラ・ダイアローグ（アジア安全保障会議）における岸田総理基調講演」、令和 4 年 6 月 10 日、https://www.kantei.go.jp/jp/101_kishida/statement/2022/0610speech.html。

③ 「日米豪印首脑会合共同声明」、令和 4 年 5 月 24 日、https://www.mofa.go.jp/mofaj/fp/nsp/page1_001188.html。

势、牵制中国以及追求日本国家利益方面发挥着非常重要的作用。从日本外务省发布的“印太构想”的框架来看，日本“印太构想”是日本前首相安倍施行的“俯瞰地球仪外交”和倡导的“积极的和平主义”理念的衍生和发展，通过推动亚非大陆的交融和实现太平洋与印度洋的交汇，为日本外交开拓新的篇章，而作为“印太构想”三大支柱的法律支配、追求繁荣及确保和平稳定则具有丰富的内涵。

首先，法律支配、航行自由及推动自由贸易需要日本同具有“自由且开放的印太理念”的国家共同合作；其次，追求经济繁荣，一方面需要日本加快高质量基础设施计划的施行，推动印太地区国家的基础设施联通，另一方面也需要日本加快与经济伙伴就构建高质量的贸易投资协定展开磋商；最后，确保和平稳定则需要日本协助印太沿岸国家构筑较强的海上执法能力及人才培养机制，进而推动印太地区各国在人道救援、反海盗等领域开展合作。① 在日本看来，推进“印太构想”是日本在全球权力转移背景下，面对充满不确定性及复杂多变的国际秩序的战略之举，同时也是日本认识到印太地区在世界政治经济中的重要性日益提升的现实选择。②

从日本“印太构想”多年的实践来看，其具有以下特点：

首先，“印太构想”是日本牵制中国、与中国在亚太开展战略竞争的重要工具。随着中国实力的不断增长，以及海上力量的持续增强，日本对中国的警惕和防范心理也在不断上升。尤其是2010年中国GDP超过日本成为世界第二大经济体之后，日本更是难以适应与一个日渐强大的中国进行相处。中国外交部长王毅在出席第四届世界和平论坛时曾指出“中日关系问题从根本上讲，在于日本能不能真心接受和欢迎最大的邻国中国重新发展和崛起”。③ 此外，2010年发生中日东海撞船事件，更是进一步加剧

---

① 日本外務省、『自由で開かれたインド太平洋』、https://www.mofa.go.jp/mofaj/files/000430631.pdf。

② 日本外務省、『自由で開かれたインド太平洋に向けた日本の取組』、https://www.mofa.go.jp/mofaj/files/100056238.pdf。

③ 王毅：《中日关系的根本问题是日本能否真心接受中国发展和崛起》，新华网，http://news.xinhuanet.com/2015-06/27/c_127958137.htm。

日本对华的战略疑虑。2012 年安倍上台之后，一方面坚持鼓吹价值观外交，打出“海洋民主国家联盟”的旗号；另一方面在强化日美同盟的基础上，积极谋求与印度及澳大利亚开展安保合作，构建围堵中国的地缘政治联盟。2015 年，中国“一带一路”倡议提出之后，安倍更是加快推动“印太构想”的落实，希望用“印太构想”来与中国的“一带一路”倡议开展竞争。于是，2016 年安倍正式提出“印太构想”，并怂恿刚当选为美国总统的特朗普，希望日美共同主张“印太构想”来对抗中国。因此，安倍倡导的“印太构想”从“出生”那一刻起就以制衡中国、与中国在印太地区开展竞争为主要目标。

其次，强调自由民主的价值观，以价值观为基础构建联盟体系牵制中国。安倍在首次担任日本首相期间就曾提出强调自由民主价值观的“自由与繁荣之弧”的外交构想。在 2017 年 1 月举行的施政演讲中，安倍强调“日本要和拥有自由、民主、人权及法制等价值观的国家合作，与东盟、澳大利亚及印度等自由民主国家携手巩固和维护印太地区的和平与稳定”。① 安倍对自由民主价值理念的重视也使得日本的“印太构想”坚持“价值观挂帅”，优先与共享自由民主价值理念的国家开展安全、防卫及经贸合作，并以此为准绳构筑“民主国家联盟”来牵制中国。而强化与印度、澳大利亚及东盟等国的合作则是日本以价值观划线来推进“印太构想”的具体实践。实际上，自从日本“印太构想”诞生以来，安倍一直强调“印太构想”的价值观属性，尤其是在南海问题愈演愈烈的背景下。日本力图将“印太构想”塑造成维护航行自由、国际法及地区海洋秩序的重要工具，并借此分化和离间中国与东盟各国间的关系。

再次，日本的“印太构想”具有明显的以海洋为中心的倾向。日本作为海洋国家，主要通过海洋与世界各国进行交流与贸易。因此，维护海上通道的自由、开放及安全对于维系日本国家的发展具有重要的意义。日本

① 安倍晋三、「第百九十三回国会における安倍内閣総理大臣施政方針演説」、平成 29 年 1 月 20 日、http://www.kantei.go.jp/jp/97_ abe/statement2/20170120siseihousin.html。

的"印太构想"横跨太平洋与印度洋两个大洋，而连接两个大洋的从霍尔木兹海峡到马六甲海峡的印度洋航线及从南海穿过台湾海洋或巴士海峡到日本的太平洋航线是关系到日本国家发展的"海上生命线"。如何保障海上交通线的安全及自由开放的海洋秩序是日本"印太构想"想要实现的主要目标之一。事实上，随着中国海上力量的不断增强，中国海军不断跨越所谓"第一岛链"走向大洋的频率也在增加，中国海军舰艇编队多次穿越宫古海峡、对马海峡赴西太平洋地区开展海上军事训练。同时，中国海军远赴印度洋地区打击亚丁湾海盗，维护印度洋航线安全的行为更是加深了日本对中国的猜疑。日本政府担心中国在印度洋地区日益增长的海上力量有可能会威胁到日本印度洋航线的安全。为此，强化自由且开放的海洋秩序、保障航行自由及基于规则的地区秩序成为支撑日本"印太构想"的三大支柱之一。

此外，日本在"印太构想"的指引下，通过开展"印太派遣训练"的方式持续加大对南海争端的介入力度。"印太派遣训练"是日本政府在"印太构想"正式提出之后开展的海外军事行动，通过派遣自卫队赴海外军事训练，持续提升日本自卫队在印太地区的影响力和存在感。日本的"印太派遣训练"已实施四年，其具有以下特点：第一，南海成为"印太派遣训练"的重要区域，南海周边国家更是成为派遣编队的重点访问对象。第二，"印太派遣训练"成为日本迎合美国战略需求，强化日美同盟关系的重要举措。第三，"印太派遣训练"呈现常态化、制度化的趋势，日益成为日本塑造印太地缘形势、打造印太秩序的战略工具。[①] 2020 年世界深陷新冠疫情危机，日本在深受疫情冲击的情况下依然于 9 月派出"航母编队"赴印太地区开展海外军事训练。

同时，岸田政府的"印太战略"在维持基于规则的国际秩序视野下秉持综合安全观，其关注的经济安全合作既涉及新兴技术、关键供应链和重要基础设施等具体合作领域，还包含坚持公正的经济规则和反对所谓"经济胁迫"等经济安全环境构筑问题，以及提升小国经济能力应对地区经济

---

① 朱清秀：《印太视阈下日本的南海政策》，《日本问题研究》2020 年第 5 期。

安全发展脆弱性等一系列与经济安全秩序密切相关的领域。2022年1月17日，岸田在国会演说中表示，“印太战略”下还将在为实现数字时代的基于信任的跨境数据流动（DFFT）的国际规则制定中发挥核心作用，将数字经济也纳入其中。[①] 同时，在乌克兰危机背景下，日本“印太战略”还关注能源安全和粮食安全等广义经济安全问题。

最后，日本的“印太构想”是综合型、复合型的外交构想，其自身既主张对抗、制衡的地缘政治斗争，同时也具有强调区域经贸合作的协调理念。日本的“印太构想”强调经略海洋、以海洋为中心，但其目标则是以海制陆，通过联合澳大利亚、美国、印度等国家来牵制综合实力日益提升的中国。然而，随着中国影响力的不断提升以及“一带一路”建设在海外的顺利推进，强调斗争与制衡的“印太构想”已经日益显露出力不从心的一面，尤其在中国市场对日本经济发展的重要性日益显现的背景下，仅强调对华竞争不仅不利于中日关系的改善，并且还会对日本经济的复苏产生严重的冲击。为此，日本不断调整和完善“印太构想”的框架，试图将“印太构想”打造成既包含对抗，同时也强调合作的综合型及复合型的外交构想。

二　日本“印太构想”对“一带一路”的影响

日本“印太构想”对于规则和法律支配下的地区秩序的强调，以及对于海上安全等地缘竞争的重视，将会对“一带一路”倡议的推进产生负面冲击。尽管菅义伟内阁已经在一定程度上淡化了日本“印太构想”与中国“一带一路”倡议的竞争关系。但日本“印太构想”作为价值观和地缘政治复合体的本质并未发生根本改变，甚至其更强调“印太构想”在战略竞争领域的针对性和在安保领域的竞争性。后安倍时期的日本“印太构想”将改变安倍“印太构想”过于强硬的一面，可能会采用“软制衡”的形式给中国“一带一路”的推进带来新的阻力。

① 「第二百八回国会における岸田内閣総理大臣施政方針演説」、令和4年1月17日、https://www.kantei.go.jp/jp/101_kishida/statement/2022/0117shiseihoshin.html。

第一，"一带一路"推进重点地区的地缘形势将会恶化，日本加大对南海问题的介入力度，利用地缘政治热点干扰和破坏"一带一路"项目的实施，牵制中国"一带一路"建设的推进。南海是中国"21世纪海上丝绸之路"的起点，南海周边国家是中国"一带一路"倡议的重点推进地区。自从安倍正式提出"印太构想"以来，日本对南海问题的介入已经呈现出军事化的倾向。日本持续强化在南海地区的军事存在，不仅会怂恿部分南海周边国家在南海问题中采取挑衅举动，同时也会鼓励其不断向中国抬高要价，干扰及破坏南海地区和平机制的建设。事实上，伴随日本"印太构想"的落地，中日在东盟以及南海周边国家间的竞争已经从地缘安全向基础设施、经贸合作等领域扩张，尤其在高铁项目领域①，中日之间的竞争日趋白热化。因此，为了干扰中国"一带一路"项目在东南亚及南海周边国家落地，并与中国争夺东南亚地区的市场份额及经济影响力，日本深度介入南海问题，通过维持南海问题的热度，激化南海地区的安全形势，进而达到离间和分化中国与东盟关系的目的。

第二，以经济安全为由重构供应链，挤压中国与"一带一路"沿线国家在供应链、经贸领域的合作空间。此次新冠疫情不仅让世界各国重新思考人与自然的关系，同时也让各国意识到在疫情大暴发的情况下稳定坚韧的供应链的重要性。事实上，日本对经济安全的关注可以追溯到20世纪70年代的石油危机，石油价格的暴涨对日本经济造成了严重的冲击。此时日本经济安全的核心内容为保障以石油为代表的海外战略物资的稳定供应。

新冠疫情暴发以来，日本国内较为依赖从中国进口汽车、电子等零部件的企业深受冲击，同时以口罩、呼吸机等为代表的防疫物资的短缺严重制约日本抗击新冠疫情的能力。为了构建稳定坚韧的供应链，2020年3月5日，日本召开未来投资会议，就新冠疫情对日本经济的影响展开讨论。安倍首相出席会议，并指出"基于中国受疫情影响而减少对日

---

① 自从中国高铁"走出去"以来，中日在东南亚地区展开激烈的高铁竞争，2015年10月，中国拿下总价逾50亿美元的印尼雅万高铁项目。2016年，日本与泰国签下了曼谷到清迈的全长700千米、总价120亿美元的项目，中国则拿下泰国曼谷到呵叻的全长250千米的中泰高铁项目。

本出口对日本经济产生的冲击，我们应支持将严重依赖一个国家的产品及具有高附加值的产品的生产转移回日本。对于那些附加值不高的产品，遵循生产地多元化原则，考虑将生产向东盟国家分散，以此强化供应链"。① 4月7日，安倍内阁出台"新型冠状病毒感染症紧急经济对策"，用以减缓新冠疫情对日本经济的冲击。在改革供应链方面，日本政府将对搬迁及转移供应链的企业进行援助，"将对某一国依存度较高的零部件及商品的生产线迁回国内，以及向东南亚国家转移，进而实现生产基地的多元化，对此日本政府将对其中的中小企业提供三分之二的搬迁补助，对大企业提供二分之一的搬迁补助"②。最终日本政府拨出2435亿日元的经费，用来支持日本企业转移生产基地，其中支持日本企业将生产线迁回国内的有2200亿日元，剩下的235亿日元则支持日本企业将生产基地向东南亚等第三国迁移③。

与此同时，日本政府除了支持和鼓励日本企业将生产基地从中国迁移回日本或东南亚等第三方国家外，为了进一步降低对中国供应链的依赖，削弱中国在全球供应链中的地位和影响，日本联合印度和澳大利亚制订了"供应链弹性计划"。2020年8月19日，日本、印度及澳大利亚开始就启动"供应链弹性计划"进行讨论，意图通过三方的合作来寻找替代方案，从而降低对中国供应链的依赖。该倡议最早由日本提出，希望以日本和印度现有的双边供应链网络为基础，待日本、印度及澳大利亚三国就构建供

---

① NHK、「『わが国への生産拠点の回帰を図る』安倍首相」、2020年3月5日、https://www.nhk.or.jp/politics/articles/statement/31339.html。

② 内閣決定、『「新型コロナウイルス感染症緊急経済対策」について』、令和2年4月7日、https://www5.cao.go.jp/keizai1/keizaitaisaku/2020/20200407_taisaku.pdf。关于供应链改革方面还包括：(1) 将对一国的零部件及半成品依存度高的企业迁回或转移生产基地的，日本政府给予中小企业2/3的搬迁补助，大企业给予1/2，同时，口罩、消毒酒精、防护服、呼吸机等与国民健康紧密相关的产品，政府将对迁移该产品生产基地的中小企业给予3/4的搬迁补助，大企业给予2/3的补助；(2) 对海外药品原材料依存度高及需要整备国内医药生产设备的企业，日本政府将给予1/2费用的补助；(3) 为了降低对某一国产品的依存度，应通过信息数据分享的方式尽快找到有效的替代产品，并且为了构建稳定坚韧的供应链，应强化相关技术的研发。该经济对策的其他内容参见日本经产省网站，https://www5.cao.go.jp/keizai1/keizaitaisaku/2020/20200407_taisaku.pdf。

③ 瀬口清之、『コロナでも日本企業が中国から撤退しない理由』、BIGLOBEニュース、2020年12月18日、https://news.biglobe.ne.jp/international/1218/jbp_201218_0269154065.html。

应链等问题达成一致后，拉拢东盟等第四方国家加入。日本之所以主动向印度提出建立“供应链弹性计划”，一方面是希望能够帮助日本及印度吸引海外投资，将“印太”打造成强大的经济体；另一方面是希望协助伙伴国发展供应链，建立各国供应链的互补关系，降低对中国供应链的依赖程度。事实上，日本在向印度提出建立“供应链弹性计划”之前，已经和印度于 2019 年 12 月确立了“工业竞争力合作伙伴关系”[①]，日本通过帮助印度改善营商环境，进而协助日本构建多元及互补的全球供应链体系。因此，日本近期强化经济安全政策，很大程度上仍然延续安倍第二次上台以来的“地缘经济学”路线，即以政治制度和意识形态划界，拉拢“价值观同盟”排挤中国，牵制“一带一路”影响力。[②]

第三，日本强化“印太构想”框架下的日美印澳四国机制，将会恶化“一带一路”沿线的安全环境，制造新的地缘风险。在“印太构想”正式提出之前，日美印澳四国即在 2007 年的东盟地区论坛会议期间举行过首次安全对话。之后该机制基本停止运作，直到 2017 年特朗普担任美国总统后，该机制才得以重启。2019 年 9 月，在美国的呼吁下，日美印澳在美国举行首次外长会议，标志着原先仅限于司局级的外交对话机制正式升级为部长级的对话机制。2020 年 10 月，在新冠疫情大规模扩散的背景下，日本仍积极举办日美印澳线下实体对话会议，凸显日本希望在四国机制中发挥主动性作用。日本有意升级日美印澳四国机制，使得该机制有可能成为未来日本推行“印太构想”的重要载体，成为日美防范和遏制中国的多边安保机制。日美印澳四国机制的强化，不可避免地会对中国“一带一路”建设的推进带来新的地缘风险，加剧地区紧张局势。一方面，日美印澳四国机制的升级，将会促使各国加大在中国周边及“一带一路”共建国家的战略关注，强化各国介入“一带一路”共建国家内政的决心和意志。并在

---

① 日印工业竞争力合作伙伴关系是日本为了帮助印度打造供应链、削减物流成本、便捷政府许可等一揽子的方案，其主要目的是提升印度国内营商环境，增强印度在全球供应链中的地位，帮助日本打造多元的供应链体系。主要内容参见日本经产省网站，https://www.meti.go.jp/press/2019/12/20191210003/20191210003-4.pdf。

② 孙文竹：《当前日本经济安全政策剖析》，《和平与发展》2020 年第 4 期。

此基础上，鼓励和怂恿沿线国家与中国对抗，甚至有可能利用“和平演变”的方式颠覆“一带一路”共建国家的友华政权，制造地区不稳定因素；另一方面，将为“一带一路”共建国家开展平衡外交及施行两面下注的外交政策提供空间和机会。这又将会加大中国与共建国家在“一带一路”框架下开展合作的成本，为其与中国进行讨价还价提供了可能性，这一定程度上会延缓“一带一路”相关项目的推进。

除了恶化“一带一路”沿线国家的安全环境外，“一带一路”倡议推进过程中面临的竞争将加剧，中国与沿线国家在“一带一路”倡议下推进经贸合作的难度加大。事实上，日美印澳四国机制不仅强化四国在地缘安全领域的合作，在供应链、高质量基础设施以及经贸领域也在寻求协作。目前，日美印澳四国就决心在“印太构想”框架下推进高质量基础设施建设，并建立医疗卫生及数字经济领域的国际规则。各国加大在“一带一路”沿线国家地区的基础设施建设投入必将会与中国的“一带一路”倡议进行竞争，尤其会进一步激化中日在东南亚地区围绕铁路、港口、高速路等基础设施领域的竞争。

此外，日本将在“印太构想”框架下与中国在国际经贸规则领域展开竞争。日本的“印太构想”坚持自由且开放的原则，其强调在自由、公正的国际经贸规则下开展国际经济合作。尤其在数字经济领域①，日本强调“数据在可信任条件下的自由流动原则”，重点突出数据流动的自由性、安全性及完整性。为了推广日本在数字经济领域的理念，日本政府利用国际场合，反复宣传和强调日本推行数字经济的理念和内容，积极抢占全球数字经济的规则制定权。可以预计，日本的“印太构想”将会纳入数字经济的有关理念和原则，并在“印太构想”框架下与中国就数字经济规则的制定权展开竞争。

---

① 日本争夺数字经济领域的规则制定权方面的内容可以参考陈友骏《数字经济变局下的日本“大国梦”》，腾讯网，https://new. qq. com/omn/20200910/20200910A0221800. html? pc。

第四节 “印太构想”与“一带一路”倡议的竞合关系

当前日本的“印太构想”一方面强调与中国的“一带一路”倡议在地缘政治、地缘安全等领域展开竞争，通过“硬制衡”来达到牵制中国的目的；另一方面，日本也在努力推动供应链改革，积极强化在数字经济领域的主导性，意图利用“软制衡”的方式与中国在经济贸易、供应链等领域开展竞争。尽管日本的“印太构想”有与中国“一带一路”倡议竞争的一面，但随着日本国内对中国“一带一路”倡议认知的变化，日本也在努力探索通过中日“第三方市场合作”来实现“印太构想”与“一带一路”倡议的对接。因此，日本的“印太构想”既具有强调对华“竞争战略”的一面，也有“合作战略”的一面。[①] 日本“印太构想”的复杂结构可以被视为“为了实现竞争战略而开展的合作战略”。[②]

一 政治及安保领域

虽然日本将“印太战略”改为“印太构想”，但其作为价值观外交和地缘政治复合体的本质并未改变，其关注的重点依然集中于法律支配下的地区秩序构建以及南海争端。尤其在中美围绕南海问题的博弈日趋激化的背景下，南海问题在日本“印太构想”中的重要性正日益显现。

首先，日本持续强化对南海问题的介入力度，通过各种方式深度介入。例如，日本积极参与和组织各类在南海海域的军事演习和训练，不断扩大海上自卫队在南海地区的活动范围和影响力。2019 年 6 月，日本海上自卫队的准航母“出云号”与美国核动力航母“里根号”在中国南海举行联合演习。日媒称，其目的就是要向中国展示日本在海上的威慑能力。[③]

---

① 神保謙、「『インド太平洋』構想の射程と課題」、『国際安全保障』第 46 巻第 3 号（2018 年 12 月）、第 4—5 頁。

② 神谷万丈、「『競争戦略』のための『協力戦略』——日本の『自由で開かれたインド太平洋』戦略（構想）の複合的構造—」、http://ssdpaki.la.coocan.jp/proposals/26.html。

③ 「海自『いずも』と米空母『ロナルド・レーガン』が南シナ海で共同訓練」、『産経新聞』2019 年 6 月 12 日。

2020年7月，日本联合美国、澳大利亚在南海举行联合训练，进一步增强其在南海的影响力。[①] 此外，日本还通过培养“代理人”的方式，向越南、菲律宾、印度尼西亚等与中国在南海地区存在争端的国家出售军事装备，完善双边安保防卫合作、人才培养和学术交流等机制，积极协助南海周边各国提升海上实力。

其次，将“印太派遣训练”机制化、制度化，并努力将“印太派遣训练”打造成日本与印太地区国家开展海上安全合作的重要抓手。日本海上自卫队的“印太派遣训练”从2017年开始行动，其训练目的是“通过与‘印太’地区各国海军的共同训练，提高自身的战术技能并加强与各国海军的合作；促进地区和平与稳定，增进与各国的相互理解，加强互信关系”。该训练具有持续时间长、覆盖范围广、活动类型丰富的特点，并逐渐常态化和机制化。可以预见，“印太派遣训练”将成为日本“印太构想”框架下防范和牵制中国的重要工具，也将成为日本联合印太地区国家，构建海上围堵中国的有力武器。

最后，在“印太构想”框架下升级日美印澳安全合作机制，并积极拉拢英国、法国等国家，构建“日美印澳+X”的多边安保合作机制。随着中国海上力量不断增强，日美开始探索构建“日美印澳四国机制+X”的多边安保合作框架。2020年3月，时任美国副国务卿史蒂芬·贝根与印度、日本、澳大利亚、越南、韩国和新西兰政府发起了每周一次的在线会议，以交换意见并协调各方分歧。在会上，美国曾拉拢韩国和越南参与日美印澳四国机制，但韩国和越南因担心过分刺激中国而婉拒。在日美的积极推动下，四国机制向“日美印澳+X”的大多边安全合作机制方向发展的可能性日益增加。四国正在争取弥合分歧、扩展成员，以“印太”为合作的地理范围、以中国为战略牵制对象，构建基于规则的、自由、开放的印太地区秩序。

---

① 「日米豪、西太平洋・南シナ海で共同訓練　中国を牽制」、『産経新聞』2020年7月22日。

二　经济贸易领域

日本的“印太构想”，将改善在物理（高质量基础设施建设）、人力（教育、职业培训及友好关系）、制度（签订 EPA/FTA，统一规则）三个层面的连接性作为追求经济繁荣的手段。[①] 日本一方面积极以“高质量基础设施建设”“高标准区域经济合作协定”“战略性对外经济援助”（ODA）等理念，谋求在对外经贸合作中加大对华竞争优势，争取谋求地区秩序构建及国际规则制定的主导权和话语权；另一方面日本又希望与中国在经贸合作领域实现优势互补，拓展中日在第三方市场合作的机遇。因此，日本的“印太构想”与中国“一带一路”倡议在经贸领域的“竞争”与“合作”将长期存在。

第一，日本积极向国际社会宣传和推介“高质量基础设施”的理念，意图通过高质量的国际标准和规则来完善印太地区的基础设施投资，进而实现印太地区的连通性。为了向国际社会宣传日本“高质量基础设施”的理念和内容，日本在多个场合并利用主场外交的便利，先后在 2016 年的 G7 伊势志摩峰会和 2019 年的 G20 大阪峰会上推动与会各国通过了《推动高质量基础设施投资的 G7 伊势志摩原则》和《G20 高质量基础设施投资原则》，将日本一贯针对中国所提出的“开放性、透明性、财政可持续性和经济合理性”等原则融入其中。2019 年在日本召开的第七届东京非洲发展国家会议（TICAD）峰会上通过的《横滨宣言》和《横滨行动计划》，进一步强调要基于《G20 高质量基础设施投资原则》，通过高质量基础设施投资加强连接性。[②]

第二，在经贸投资领域，日本坚持以“自由贸易旗手”自居，努力“向全球推广自由、公正的经济圈”，[③] 并积极将供应链从亚太地区推广至印太地

---

① 「自由で開かれたインド大平洋」、外務省、https://www.mofa.go.jp/mofaj/files/000430631.pdf。

② 「横浜行動計画 2019」、外務省、https://www.mofa.go.jp/mofaj/area/ticad/ticad7/pdf/yokohama_action_plan_ja.pdf。

③ 「第百九十八回国会における安倍内閣総理大臣施政方針演説」、日本首相官邸ホームページ、http://www.kantei.go.jp/jp/98_abe/statement2/20190128siseihousin.html。

区。自2018年底兼具所谓“高标准”与“全面性”的《全面与进步跨太平洋伙伴关系协定》（CPTPP）（日本主导）正式生效，日本即借机将符合其自身利益的规则体系向亚太甚至全球推广，试图主导新的亚太经济合作。日本政府在2019年6月21日公布的《成长战略执行计划》中强调，“日本要作为自由贸易的旗手，通过缔结、扩大高质量的EPA，争取成为全面、平衡和高质量的世界规则制定的引领者”①。同年9月美日达成《数字贸易协议》，进一步明确行业高标准，试图继续主导数字信息等新贸易领域中国际规则的制定。另一方面，日本不遗余力地促使印度重返《区域全面经济伙伴关系协定》（RCEP），并与印度共建“产业竞争力伙伴关系”（IJICP）②，试图通过提高印度产业竞争力推动其重返RCEP。此外，日本还积极通过联合印度及澳大利亚，在现有双边供应链网络的基础上各取所长，在“印太”地区共同构建包括东盟各国在内的产品和零部件供应链。③

第三，重视政府开发援助（ODA）的战略意义，推动辅助重点地区由“亚太”向“印太”倾斜。在2017年版《ODA白皮书》中日本首次写入“印太战略”，明确指出未来将通过ODA加强“印太”地区的联结性，推动高质量基础设施的完善。④ 近来，日本进一步提出“开发援助领域发挥领导作用”，特别是为了实现“印太构想”，要在反海盗、反恐及应对自然灾害等领域，战略性地活用ODA。⑤ 2020年日本外务省ODA预算的主要内容之一就是要为实现“自由开放的‘印太’而主导规则和标准的制定与实践”，其中三项主要内容是：对发展中国家的法律制度和能力构筑的援助，海洋安全保障能力的提高，通过“高质量基础设施”加强连接性和自立性。外务省还

---

① 「成長戦略実行計画案」、日本首相官邸、https://www.kantei.go.jp/jp/singi/keizaisaisei/dai29/siryou1.pdf。

② 「『日印産業競争力パートナーシップ』の立ち上げについて」、https://www.meti.go.jp/press/2019/12/20191210003/20191210003-4.pdf。

③ 「日豪印、強固な供給網構築へ共同声明　安定調達目指す」、『日本経済新聞』、2020年9月1日。

④ 「2017年版開発協力白書」、日本外務省、https://www.mofa.go.jp/mofaj/gaiko/oda/files/000336398.pdf。

⑤ 「ODA、インド太平洋構想に活用　19年版開発協力白書」、『日本経済新聞』、2020年3月11日。

提出援助要向太平洋岛屿国家扩展，并加强对非洲国家的和平与稳定的援助。①

第五节　结语

自新冠疫情暴发以来，中日两国关系改善的势头基本停滞不前。日本的“印太构想”在日本未来对华关系中的地位将持续得到提升，日本依然会以“印太构想”为抓手，打造制衡中国的安保机制。一方面，日美印澳四国在安保及经贸领域的合作不断深化，这将十分有利于在“印太”框架下深化四国在军事安保领域的合作。2020 年 9 月 10 日，日印两国政府宣布双方已经签署日本自卫队和印度武装部队相互使用物资和服务的《相互提供物资劳务协定》，该协议签署后，日印将可以相互使用对方的海军基地，日本海上自卫队可以名正言顺将势力抵近印度洋地区。2009 年 6 月，印度和澳大利亚之间就已经签署《后勤相互保障协定》，该协定的签署将印澳关系正式提升为全面战略伙伴关系。日美印澳进一步强化在军事及地缘安全领域的合作将会激发印太地区不稳定的因素，恶化该地区的地缘安全环境。另一方面，日本通过利用“印太构想”框架，积极拉拢英国、德国等自由民主国家介入亚太事务。2020 年 8 月，日本时任外相茂木敏充冒着感染新冠疫情的风险访问英国，此次访问推动了英国与日本在“印太框架”下进一步扩大合作，增进了双边关系。9 月 22 日，时任日本首相菅义伟与德国总理默克尔进行电话会谈，一致确认为了实现“自由且开放的印太”，双方应加强进一步的合作。② 2021 年岸田文雄政府执政后，在外交及安保领域，“印太构想”依然是其任内推进日本大国外交、重塑地区秩序的重要工具。

事实上，中国的“一带一路”倡议与日本的“印太构想”之间依然存

---

① 「令和 2 年度政府開発援助（ODA）予算」、https://www.sangiin.go.jp/japanese/annai/chousa/rippou_chousa/backnumber/2020pdf/20200207074.pdf。

② NHK、「菅首相が独首相と電話会談新型コロナ対策などで連携確認」、https://www3.nhk.or.jp/news/html/20200922/k10012630121000.html。

在合作的空间，中日作为世界重要的经济体，应共同维护多边主义和全球自由贸易体制，积极推动区域一体化的发展，构建开放型的世界经济。尤其在疫情冲击下，中日经贸合作对日本经济的恢复具有重要的拉动作用。中日可以推动“一带一路”倡议与“印太构想”在第三方基础设施建设、能源、环保等领域开展合作。此外，日本的官方话语不断将“印太”与“国际公共产品”联系在一起，日益将“印太构想”定位为国际公共产品的提供手段。[①] 另一方面，中国提出的“一带一路”倡议也立足于“向世界提供互联互通、金融机构、共同发展、全球治理等物质和理念上的公共产品”。[②] 因此，后疫情时代，中日双方在开展抗疫合作、维护地区公共卫生安全、防灾减灾等非传统安全问题领域存在广阔的合作空间。

总之，如果日本能够抑制“印太构想”中对华“竞争战略”的对抗因素，改善对华负面认知，减轻地缘政治竞争，积极扩大对华“合作战略”的积极因素，那么“一带一路”倡议与“印太构想”在第三方市场开展合作的可能性就会增加，日本“印太构想”与中国“一带一路”倡议的竞争与合作的关系才会成立。

---

① 卢昊：《日本外交与“印太构想”——基于国际公共产品角度的评析》，《日本学刊》2019 年第 6 期。

② 郑东超、张权：《“一带一路”为世界提供四大公共产品》，人民网，http://world.people.com.cn/n1/2017/0516/c1002-29279199.html。

第三章

日本在“丝绸之路经济带”沿线的战略关注及布局

2013 年 9 月和 10 月，国家主席习近平在访问中亚四国和印度尼西亚期间，分别提出了建设“丝绸之路经济带”和“21 世纪海上丝绸之路”的倡议。在党的十八届三中全会上，建设“丝绸之路经济带”和“21 世纪海上丝绸之路”（简称“一带一路”）被正式写入《中共中央关于全面深化改革若干重大问题的决定》，从而上升为国家政策。随后，“一带一路”倡议成为我国近年来最重要的外交构想和实践。2015 年 3 月，我国政府正式公布《推动共建丝绸之路经济带和 21 世纪海上丝绸之路的愿景与行动》（以下简称《愿景与行动》）。“一带一路”连接了亚太经济圈和欧洲经济圈，被认为是“世界上最长、最具有发展潜力的经济大走廊”。

在我国的“一带一路”倡议中，尤其是“丝绸之路经济带”倡议中，哈萨克斯坦、吉尔吉斯斯坦、塔吉克斯坦、土库曼斯坦和乌兹别克斯坦等中亚国家由于地理位置极为重要，不仅是中国周边外交战略的优先方向之一，也是“丝绸之路经济带”的必经之地，成为我国推进“一带一路”倡议的重点方向。另一方面，作为世界政治舞台重要一极的非洲在中国外交战略中是仅次于“周边”的重要地区，很多非洲国家都是“一带一路”建设的重要参与国。

第一节　中国"丝绸之路经济带"在中亚、非洲的发展现状

一　中亚与非洲在世界格局中的重要地位

（一）中亚地区是大国博弈的重要舞台

中亚位于欧亚大陆的中央，历史上就是古丝绸之路的必经之地，是发展东西方贸易、汇聚东西方文明的重要地区，同时也是大国觊觎的战略要地。早在20世纪之初，英国著名地缘政治学家麦金德就认为，"中亚不仅协助了欧亚大陆心脏地带的形成，更是世界帝国安身立命的枢纽"，并指出"统治中心地带者，必将统领世界岛；统治世界岛者，必将统领世界"①。冷战结束后，随着苏联解体，中亚五国相继独立，导致世界政治格局发生重大变化，"欧亚大陆就成了为争夺全球首要地位而继续进行斗争的棋盘"②。重要的地缘政治位置和丰富的能源资源储备使中亚地区日益引起世界主要大国的关注，这一"权力真空"地带成为大国博弈的重要舞台。

近年来，主要大国都针对中亚地区提出了加强合作的战略构想。如美国提出"新丝绸之路"战略，其核心是以阿富汗为中心，通过建立广泛的地区交通和经济的联系网络，将中亚和南亚连接起来。2015年11月，美国与中亚五国决定建立六国外长就共同关心的问题举行定期政治对话的"C5+1"新机制。俄罗斯则提出"欧亚联盟"战略，在建立关税联盟、欧亚经济联盟的基础上，逐渐成立类似于欧盟的具有综合性质的欧亚联盟，也可以称为欧洲的第二个欧盟。欧洲各国则在积极推进"欧洲—高加索—亚洲运输走廊"构想（TRACECA），致力于打造欧洲—黑海—高加索—里海—中亚运输通道。2013年9月7日，中国国家主席习近平在哈萨克斯坦纳扎尔巴耶夫大学演讲时，正式提出用"五通"（政策沟通、设施联通、贸易畅通、货币流通、

---

① ［美］卡普兰：《即将到来的地缘战争》，涵朴译，广东人民出版社2013年版，第76、87页。

② ［美］布热津斯基：《大棋局：美国的首要地位及其地缘战略》，中国国际问题研究所译，上海人民出版社2007年版，第2页。

民心相通）共建“丝绸之路经济带”的倡议。[①] 此外，土耳其、印度、日本等国也都表现出加强与中亚各国关系的热情。

在2015年3月中国政府公布的“一带一路”规划中，明确指出“丝绸之路经济带重点畅通中国经中亚、俄罗斯至欧洲（波罗的海）；中国经中亚、西亚至波斯湾、地中海”。“陆上依托国际大通道，以沿线中心城市为支撑，以重点经贸产业园区为合作平台，共同打造新亚欧大陆桥、中蒙俄、中国—中亚—西亚、中国—中南半岛等国际经济合作走廊”。[②] 可以说，中亚各国均为丝绸之路沿线重要国家，是“丝绸之路经济带”自我国向西延展的首站，具有重要的枢纽作用，是建设“丝绸之路经济带”的重要一环。

（二）非洲在世界政治经济舞台上地位不断提升

进入21世纪以来，非洲大部分国家进入相对稳定的发展时期，在世界政治、经济格局中的地位不断提升。时任中国国务院总理李克强在2014年访问非洲时发表演讲，指出“今天的非洲，是生机勃勃的非洲，在世界政治经济格局中举足轻重。在我看来，非洲堪称‘三个一极’”。[③] 李克强认为，非洲不仅是世界政治舞台的重要一极，也是全球经济增长新的一极和人类文明的多彩一极。

尤其是近年来撒哈拉以南非洲地区的经济增长迅速，成为全球最具经济活力的地区之一。2010—2016年，撒哈拉以南非洲的实际GDP增长率平均达到4.6%，如果不包括尼日利亚和南非，这一数据则达到5.5%。尽管2017年以来，撒哈拉以南非洲经济增速略有放缓，但也都达到了平均3.1%以上的实际GDP增长率，2019年实际GDP增长率平均达到3.2%，其中，卢旺达达到9.4%，埃塞俄比亚达到9.0%。[④] 同时，

① 习近平：《弘扬人民友谊 共创美好未来——在纳扎尔巴耶夫大学的演讲》，《人民日报》2013年9月8日第3版。

② 国家发展改革委、外交部、商务部：《推动共建丝绸之路经济带和21世纪海上丝绸之路的愿景与行动》，《人民日报》2015年3月29日第4版。

③ 《李克强的非洲观：世界政治经济格局中的三个一极》，搜狐网，http://news.sohu.com/20140506/n399221096.shtml? recsyssohu=2。

④ 国际货币基金组织：《地区经济展望——撒哈拉以南非洲 艰难的复苏之路》（2020年10月），https://www.imf.org/-/media/Files/Publications/REO/AFR/2020/October/Chinese/text.ashx。

非洲人口增长迅速，据国际机构预测，至21世纪60年代，非洲人口将会赶超中国和印度人口的总和，且与面临人口老龄化与人口负增长等问题的亚洲地区不同，非洲国家人口构成偏向年轻化，可作为劳动力和主要消费群体的年轻人口还在持续增加。[①] 经济提速和人口增加催生了巨大的消费市场和投资需求，也提供了丰富的劳动力，非洲因此被很多国家视为“最后的巨大市场”或“最后的待开垦边疆”。2019年7月，非洲大陆自贸区（AfCFTA）正式成立，并于2021年1月1日正式启动，这意味着一个涵盖54个国家、13亿人口和3.4万亿美元GDP的非洲单一市场正式建立。[②] 通过消除非洲贸易壁垒，促进内部贸易，到2035年非洲有望增加4500亿美元收入，使3000万人摆脱极端贫困，6800万人摆脱中度贫困。[③] 非洲大陆自贸区建设的前景非常广阔，中非经贸合作的未来也值得期待。

二 “丝绸之路经济带”建设契合中亚、非洲发展需求

中亚各国自1991年独立以来，在经历了1991—1995年连续五年的严重滑坡、1996—1999年的恢复性增长阶段后，从2000年起，经济开始步入快速增长阶段。[④] 但是，在取得持续经济发展的同时，中亚各国经济发展也面临着诸多困难。其中一个重要因素在于经济结构不合理，过度依赖能源资源，造成经济增长易受大宗商品价格波动的影响。同时，中亚各国基础设施发展缓慢，交通和物流问题对经济增长形成重大制约。根据亚洲开发银行（ADB）2017年出版的《满足亚洲基础设施建设需求》报告显

---

① United Nations, *2015 Revision of World Population Prospects*, https://esa.un.org/unpd/wpp/.

② World Bank, *Making the Most of the African Continental Free Trade Area: Leveraging Trade and Foreign Direct Investment to Boost Growth and Reduce Poverty*, https://openknowledge.worldbank.org/bitstreams/91585eee-eab1-5141-b2f0-031af56e860b/download.

③ African Union, *Powering trade through AfCFTA: a People-driven wholesome Development Agenda in extreme poverty by*, https://au.int/en/pressreleases/20230215/powering-trade-through-afcfta-people-driven-wholesome-development-agenda.

④ 段秀芳：《中亚国家市场潜力分析——以我国新疆为例》，《国际贸易问题》2007年第8期。

示[①]，中亚地区如果能够保持现有的经济增长势头、消除贫困以及应对气候变化挑战，2016—2030年，中亚地区基础设施投资需求将达到4920亿美元（年均330亿美元）。如果将气候变化减缓及适应成本考虑在内，此预测数据将提高至5650亿美元（年均380亿美元），占亚太地区气候调整总投资需求的2.2%。按GDP百分比来讲，到2030年，中亚所需投资占其GDP的7.8%，大大高于亚太发展中国家5.9%的平均水平。

而非洲地区的基础设施相对于其他地区更是比较落后，并阻碍了该地区的经济发展。据非洲开发银行（AFDB）估计，目前，非洲地区的基础设施需求大约为1300亿至1700亿美元，而实际的融资缺口高达每年676亿至1075亿美元，而这还仅仅是各国维持经济、人口、收入水平增长并改造老旧基础设施的最低资金需求。[②] 目前，非洲铁路、公路密度都非常低，大部分国家电力严重缺乏，水和卫生设施极为欠缺。而据世界银行预测，到2025年非洲将新增1.87亿城镇人口，这进一步加剧了非洲基础设施建设和民生工程的需求。

在此背景下，近年来中亚各国政府均提出了国家的中长期发展战略，将加速经济结构改革和加快基础设施建设作为重要目标。非洲首脑会议也在2013年通过《2063年议程》，并于2015年6月通过第一个十年（2014—2023年）规划，非洲各国都认可中国是非洲实现《2063年议程》不可或缺的合作伙伴。目前，中国的“一带一路”倡议不仅与中亚各国经济发展的实际需求和未来的发展战略高度契合，而且与非盟《2063年议程》的愿景一致且高度契合，推进本地区互联互通和贸易投资便利化，加深双方的利益融合。

三 共建“一带一路”取得“早期收获”

截至2023年1月底，中国已经同中亚五国及52个非洲国家签署共建

---

① ADB, *Meeting Asia's infrastructure needs*, https://www.adb.org/sites/default/files/publication/227496/special-report-infrastructure.pdf.

② AFDB, *African Economic Outlook* 2018, https://www.afdb.org/fileadmin/uploads/afdb/Documents/Publications/2018AEO/African_Economic_Outlook_2018_-_EN_Chapter3.pdf.

"一带一路"合作文件，共建"一带一路"的国际共识不断扩大。

（一）中亚地区

目前，共建"丝绸之路经济带"的共识均纳入我国同中亚五国签署的联合宣言和发展规划等政治文件中。其中，作为中亚最大且最富有的国家，哈萨克斯坦对中国政府提出的"丝绸之路经济带"倡议给予了积极的支持，中哈两国在共建"丝绸之路经济带"方面的先试先行，已经取得丰硕成果。

2014 年 5 月，时任哈萨克斯坦总统纳扎尔巴耶夫访华，在中哈两国元首见证下，双方签署了包括加工工业领域在内的一系列合作项目文件，总额超过 100 亿美元。[①] 习近平主席和纳扎尔巴耶夫总统还共同出席了中哈连云港物流场站项目远程投产仪式。作为"一带一路"国际经贸合作首个落地的实体平台项目，截至 2023 年 3 月 14 日，中哈（连云港）物流合作基地已累积到发中欧班列 5000 列，完成运量超 44 万标箱，其中西行过境完成 15.7 万标箱，居于全国领先行列。班列线路从中亚五国逐步拓展到土耳其、德国、俄罗斯、蒙古等国家共计 6 条，覆盖了 104 个国际货运站点。[②]

目前，中哈共建"一带一路"务实合作涵盖各个领域。除中哈连云港物流合作基地外，"霍尔果斯—东大门"无水港、里海沿岸阿克套港、"哈萨克斯坦—土库曼斯坦—伊朗"新铁路走廊、"中国西部—欧洲西部"国际运输走廊等基础设施大项目已投入运营。2022 年 9 月 13 日，习近平主席在受邀对哈萨克斯坦进行国事访问前夕，在《哈萨克斯坦真理报》发表题为《推动中哈关系在继往开来中实现更大发展》的署名文章，指出中哈率先开展产能和投资合作，形成涵盖 52 个项目、总金额逾 212 亿美元的项目清单，已建成的札纳塔斯 100 兆瓦风电、江淮汽车生产线、奇姆肯特炼厂现代化改造等大型战略项目，为哈萨克斯坦经济社会发展提供强大助

---

① 《哈萨克斯坦总统访华期间中哈签署合作文件总额 100 多亿美元》，中国商务部，http://www.mofcom.gov.cn/article/i/jyjl/e/201405/20140500596708.shtml。

② 张伟伦：《"一带一路"十周年：蓝图变实景　未来更可期》，《中国贸易报》2023 年 3 月 16 日。

力，实实在在造福了两国人民。[①] 在两国首脑会谈后发布的《联合声明》中，双方表示愿继续积极推动中方共建“一带一路”倡议同哈萨克斯坦“光明之路”新经济政策对接，为两国跨境货物和服务贸易提供强大助力，造福两国人民。双方宣布，“丝绸之路”合作理念涵盖面广，为加强各领域合作开辟广阔前景，支持继续共同落实建设“绿色通道”“数字丝绸之路”等倡议，深化中欧班列和跨里海国际运输走廊务实合作。[②] 2020 年 7 月 16 日，“中国 + 中亚五国”首次外长会晤通过视频方式举行，外长们支持“一带一路”倡议同中亚多国发展战略对接，推进地区互联互通，支持建立人员“快捷通道”和货物“绿色通道”。2022 年 1 月 25 日，在中国同中亚五国建交 30 周年视频峰会上，习近平发表题为《携手共命运　一起向未来》的重要讲话，倡议建立中国—中亚五国电子商务合作对话机制，并适时举办中国—中亚国家产业与投资合作论坛。在会后发表的联合声明中，与会领导人一致同意将深化共建“一带一路”倡议同中亚五国发展战略对接，提升贸易和投资便利化水平，扩大相互投资和贸易规模，深化产能、能源、农业、数字经济等领域合作，确保重点合作项目顺利推进。[③] 2023 年 2 月 16 日，首届“中国 + 中亚五国”产业与投资合作论坛在中国举行，主题为“互利共赢、携手推进区域经济高质量发展”，习近平致贺信并表示，中国同中亚五国深化产业与投资合作将有力维护区域产业链供应链稳定，提升地区国家产业发展水平和全球经济参与度，促进共同发展繁荣。[④]

由此可见，“一带一路”倡议在中亚方向已经率先取得收获，这将对后续的合作产生良好的示范效应。

---

① 《习近平在哈萨克斯坦媒体发表署名文章　推动中哈关系在继往开来中实现更大发展》，《人民日报》2022 年 9 月 14 日第 1 版。

② 《中华人民共和国和哈萨克斯坦共和国建交 30 周年联合声明》，新华网，http://m.news.cn/2022-09/15/c_ 1129002887.htm。

③ 《习近平主持中国同中亚五国建交 30 周年视频峰会　强调携手构建更加紧密的中国—中亚命运共同体》，《人民日报》2022 年 1 月 26 日第 1 版。

④ 《习近平向“中国 + 中亚五国”产业与投资合作论坛致贺信》，《人民日报》2023 年 2 月 17 日第 1 版。

（二）非洲地区

近十年来，中非携手共建“一带一路”，为双方合作注入新活力。2000年以来，中国在非洲修建了超过6000千米的铁路、6000千米的公路、近20个港口、80多个大型电力设施，援建了130多个医院和诊所、170多所学校、45个体育场馆、500多个农业项目。[①] 目前非洲是“一带一路”合作最积极的方向，也是成果最显著的方向之一。

2018年1月正式投入商业运营的亚吉铁路是非洲大陆的第一条跨国电气化铁路，全长752千米，连接埃塞俄比亚首都亚的斯亚贝巴和吉布提港口，被誉为“新时期的坦赞铁路”，也是“一带一路”倡议的重要早期收获，已成为中非合作的典范以及共建“一带一路”倡议的缩影。进入商业运营五年来，亚吉铁路运输收入保持年均35%以上的高增速。从建设到运营，铁路为埃塞俄比亚和吉布提两国提供就业5.5万人次，培养了3000多名铁路方面的专业技术人才。[②]

肯尼亚是“一带一路”倡议项目落地最集中、最具旗舰意义的国家之一。由中交集团承建的肯尼亚东部港口蒙巴萨至首都内罗毕的蒙内铁路，正线全长472千米，是“一带一路”倡议在非洲的早期收获项目之一，也是肯尼亚实现2030年国家发展愿景的“旗舰项目”。该铁路于2014年12月12日正式开工，2017年5月31日正式开通旅客列车，2018年1月1日正式开通货运列车。蒙内铁路开通运营5年来，累计发送旅客930万人次，发送货物2350万吨，成为肯尼亚经济发展的“大动脉”。[③] 此外，由中国路桥公司和肯尼亚政府合作开发的内罗毕快速路，全长27.13千米，从2020年9月全面启动施工建设，到2022年5月14日启动试运营，只用了大约19个月的时间，生动演绎了“中国速度”和中国的负责任精神。内罗毕快速路大幅缩短了机场至市区的通行时间，显著降低物流及民众通勤成本，可为肯尼亚提供6000多个工作岗位，并

---

① 《中国外长33载新年首访非洲续写传统友谊》，新华网，http://www.news.cn/world/2023-01/16/c_1211718984.htm。

② 张凡：《亚吉铁路运营五周年：经济大动脉作用凸显》，《中国贸易报》2023年3月14日。

③ 《十年成果丰硕　走向更深更实》，《北京日报》2023年3月9日。

与超过200家当地分包商开展广泛合作，将助力内罗毕成为东非商业、贸易乃至外交中心。①

此外，非洲最大经济体尼日利亚也是中国重要战略伙伴，中国与尼日利亚在基础设施建设和产能投资合作领域也取得丰硕成果。2023年1月，由中国企业承建的尼日利亚莱基深水港（以下简称“莱基港”）正式启用。作为第二届“一带一路”国际合作高峰论坛成果之一，以及中法第三方市场合作示范项目，莱基港由中国港湾工程有限责任公司投资建设运营，2020年6月开工建设，特许经营期45年，总投资10.44亿美元，是几内亚湾首个由中资企业控股的现代化深水港，也是西非地区最大的港口之一。莱基港可停靠1.8万标箱集装箱船，港口年设计吞吐量为120万标准箱。在特许经营期内，将为尼日利亚创造17万个直接和间接的就业机会，带来3610亿美元的总体经济效益。② 2023年1月24日，由中企承建的尼日利亚拉各斯轻轨蓝线项目一期举行通车仪式。该项目2010年7月开工，2022年12月竣工，全长13千米，将配备独立供电系统，实现绿色与低碳目标，正式运营后最大旅客输送量可达每小时2.5万人次。③

“一带一路”倡议下的合作在非洲日益深化，几乎所有非盟成员国都与中国签署协议，成为这项国际合作倡议的一分子。2018年在北京举行的中非合作论坛，几乎所有非洲国家都派出代表团参会。论坛上习近平主席表示，中国在上一届中非合作论坛上承诺提供的600亿美元资金支持都已兑现或作出安排，其中很大一部分将用于解决非洲庞大的基础设施短板。未来，中国将再向非洲提供600亿美元支持，推动产业促进行动、设施联

---

① 《中企承建内罗毕交通大动脉》，人民网，http://world.people.com.cn/n1/2023/0214/c1002-32623110.html。

② 《中企承建尼日利亚莱基港举行开港典礼》，人民网，http://world.people.com.cn/n1/2023/0126/c1002-32612373.html。

③ 《中企承建尼日利亚拉各斯轻轨蓝线项目一期正式通车》，新华网，http://www.news.cn/2023-01/25/c_1129311797.htm。

通行动等“八大行动”的实施。[①] 2021 年 11 月 29—30 日，中非合作论坛第八届部长级会议在塞内加尔首都达喀尔举行，会议通过了《中非合作 2035 年愿景》，致力于实现中非各自发展规划的精准对接。

目前，非洲各国政府正努力加强整个非洲大陆的贸易和利于经济增长的基础设施建设，而中国是参与非洲基础设施建设最引人瞩目的国家之一。通过“一带一路”倡议，非洲大陆获得了大量投资，港口、铁路、公路、电信和能源设施等基础设施也得到升级。中国海油参建乌干达首个大型油田、三峡集团设计施工几内亚凯乐塔水电站、中国电建承建埃塞俄比亚阿达玛 204MW 风电项目……中国技术、清洁电力已成为推动各国经济发展的重要动力源。[②] 可以说共建“一带一路”正在为中非务实合作不断注入强大动力，中非合作也将迎来更多机遇。

第二节　日本在中亚的政经布局

1991 年 12 月 26 日，苏联宣告解体，日本在 12 月 28 日宣布承认中亚五国等新独立国家，成为最早承认中亚五国的国家之一。此后，日本于 1992 年 1—4 月，分别与中亚五国建立了外交关系。从最初的经济援助到“丝绸之路外交”时期的政治、经济、安全三个领域的双边外交往来，再到“中亚 + 日本”机制下的全方位的多边合作，日本同中亚国家的交往联系不断加深，日本的中亚政策不断升级。[③] 目前，日本对中亚外交主要采取双轨并行，一方面依托“中亚 + 日本”对话机制，将中亚地区视为一个整体加强对话和合作；另一方面，则力争通过首脑外交直接加强与中亚各国的双边关系。

中亚地区蕴含丰富的石油、天然气、铀、稀有金属等能源和矿产资

---

① 习近平：《携手共命运　同心促发展——在二〇一八年中非合作论坛北京峰会开幕式上的主旨讲话》，《人民日报》2018 年 9 月 4 日第 2 版。

② 《中非共建“一带一路”合作取得新进展》，新华网，http://m.news.cn/2022-08/20/c_1128930695.htm。

③ 王疆婷：《日本的中亚政策演变及其原因》，《国际论坛》2014 年第 1 期。

源，与中国、俄罗斯、南亚、中东和欧洲邻接，地缘政治的战略地位十分重要。日本在中亚的经济布局以政府开发援助为突破点和推动力，重视经贸关系和能源合作的发展，以此提高其在中亚的战略存在。2015 年 10 月，日本首相安倍晋三访问中亚五国，与中亚各国发表了一系列深化双边关系的联合声明，进一步提出在政治、经济、科技和文化等各个领域加强合作。

一　依托多边机制和首脑外交加强政治往来

（一）依托多边机制加强协调合作

2004 年 8 月 26—31 日，时任日本外务大臣的川口顺子访问中亚的乌兹别克斯坦、哈萨克斯坦、塔吉克斯坦和吉尔吉斯斯坦四国，并在访问的第一站乌兹别克斯坦发表日本对中亚的政策演讲。川口顺子指出，今后日本与中亚各国关系将双轨并行，即在进一步加强日本与中亚各国双边关系的同时，将中亚地区视为一个整体并与之开展对话，并提出对话的三项基本原则是“尊重多样性”“竞争与协调”“开放型合作”。[①] 8 月 28 日，首届“中亚 + 日本”外长会议在哈萨克斯坦的阿斯塔纳举行，正式确立“中亚 + 日本”对话机制，并就相互间的经济与安全合作达成共识。从此，日本的中亚外交进入了多边化与制度化并举的新阶段。

截至 2023 年 3 月，在“中亚 + 日本”对话机制下，日本与中亚之间共召开了九届外长会议、十四届高级官员会议、七届专家会议、十二届东京对话，建立了不同级别的多边会谈与交流机制（参见表 3 - 1）。双方合作内容也逐渐从政治、经济领域向反恐、禁毒、防止核扩散等安全领域延伸。目前，“中亚 + 日本”对话机制已成为日本积极采取措施，深化与中亚地区政治对话、加强与该地区合作关系的重要纽带，也成为日本对中亚地区施加影响的重要平台。

① 「新たな次元へ：中央アジア + 日本」、日本外務省ホームページ、http://www.mofa.go.jp/mofaj/press/enzetsu/16/ekw_0826.html。

表 3－1　　"中亚＋日本"对话机制下的主要会议

	各国参加人员	开会次数 （2004 年 8 月至 2023 年 3 月）
外长会议	日本：外务大臣 中亚各国：外交部长	9 届
高级官员会议	日本：外务省及其他相关省厅高级官员 中亚各国：外交部及其他部委高级官员	14 届
专家会议	日本：外务省及相关省厅管理人员、JICA、学者 中亚各国：相关问题负责部门的专家、管理人员	7 届
东京对话	日本：学者、外务省官员 中亚各国：学者	12 届

自 2004 年 8 月举行首次"中亚＋日本"外长会议以来，日本与中亚五国之间每两年召开一次外长会议，共同探讨日本与中亚各国开展合作的主要领域及推进方式（参见表 3－2）。在 2014 年 7 月 16 日举行的第五届"中亚＋日本"外长会议上，会议主席国吉尔吉斯斯坦的外长阿布德尔达耶夫表示，"中亚＋日本"对话已迎来十周年纪念，不同层次的对话和各种领域的合作都实现稳健进展，该对话机制已成为中亚与日本解决可持续发展问题、扩大经贸合作和共同应对各种现实挑战的重要平台。会后，日本与中亚各国发表联合声明，总结了"中亚＋日本"对话开始以来的十年进程，并一致同意今后不仅要在农业等具体领域推进地区合作，还将在和平解决争端、裁军与防止核扩散等国际场合加强合作。双方还就在农业领域的合作方针制定并公布"路线图"。日本外务大臣岸田文雄在会后表示，"中亚＋日本"对话机制已开始转向务实合作。① 在 2017 年以来的"中亚＋日本"外长会议上，日本更加积极推动区域运输和物流合作，与中亚各国确定了《运输、物流领域地区合作路线图》，2019 年的第七届外长会上还将观光、运输物流和农业三大领域的合作确定为优先合作领域。受到新冠疫情的影响，第八届外长会议延期至 2022 年 4 月，并以在线视频会议的形式举行，双方仅简单就加强双边合作和地区形势进行了交流。由于

① 「岸田外務大臣のキルギス訪問」、日本外務省ホームページ、http://www.mofa.go.jp/mofaj/erp/ca_c/kg/page23_000963.html#section1。

2022年是日本与中亚五国建交三十周年，12月24日在日本东京举行了第九届外长会议，这也是中亚五国外长首次共同访日。日本以牵制中俄在该地区影响力为重要目标，提出在人力资源开发和脱碳技术开发等领域向中亚提供可持续发展的支援措施，并反复向中亚各国强调合作维护与加强基于法治的国际秩序的重要性。①

表3－2　“中亚＋日本”外长会议的主要进展

会议时间	会议地点	主要成果
第一届 2004年8月28日	哈萨克斯坦 阿斯塔纳	确定日本与中亚对话的三项基本原则： 尊重多样性 竞争与协调 开放型合作
第二届 2006年6月5日	日本 东京	制定“行动计划”，确定具体合作的五大支柱： 政治对话 地区合作（反恐与禁毒、扫雷、扶贫、医疗保健、环境保护、防灾、能源与水资源、贸易与投资、运输） 经济振兴 学者对话 文化交流与人员交流
第三届 2010年8月7日	乌兹别克斯坦 塔什干	《关于“行动计划”进展状况的报告》
第四届 2012年11月10日	日本 东京	《关于构建日本与中亚新伙伴关系的联合声明》 确定地区合作的五大支柱： 贸易与投资 环境、节能、可再生能源 实现千年发展目标（MDGs）和消除贫困差距 合作促进阿富汗的稳定 防灾合作
第五届 2014年7月16日	吉尔吉斯斯坦 比什凯克	《关于未来十年合作的联合声明》 《“中亚＋日本”对话机制下农业领域地区合作的路线图》
第六届 2017年5月1日	土库曼斯坦 阿什哈巴德	《运输、物流合作倡议》 《运输、物流领域地区合作路线图》

① 「『中央アジア＋日本』対話・第9回外相会合の開催（結果）」、日本外務省ホームページ、https://www.mofa.go.jp/mofaj/press/release/press4_009575.html。

续表

会议时间	会议地点	主要成果
第七届 2019 年 5 月 18 日	塔吉克斯坦 杜尚别	《实践合作优先领域的地区合作行动计划》 观光 运输、物流 农业
第八届 2022 年 4 月 15 日	在线举行	加强中亚各国与日本合作 讨论了包括乌克兰与阿富汗在内的地区形势
第九届 2022 年 12 月 24 日	日本 东京	《联合声明》

（二）通过首脑外交发展双边关系

与中亚五国建交后，日本通过增加对中亚各国经济援助、推动中亚各国高层访日、加强与中亚经济联系等方式，希望提升与中亚各国双边关系的水平，但成效甚微。日本仅于 1996 年在乌兹别克斯坦和哈萨克斯坦设立了驻当地的大使馆，而未在其余三国设立大使馆。“9・11”事件后，中亚地区在世界地缘政治格局中的重要地位日益凸显，日本也更加重视发展与中亚各国关系。2004 年 4 月，日本在吉尔吉斯斯坦正式开设大使馆，此后又分别于 2007 年和 2013 年在塔吉克斯坦和土库曼斯坦开设大使馆。此外，为加强日本与中亚各国关系，2004 年 8 月，日本将隶属外务省欧洲局的“新独立国家（NIS）室”改为“中亚・高加索室”。同时，2004 年版的日本外务省《外交蓝皮书》中，也将过去的“NIS 各国形势与日本外交”部分改为“中亚与高加索”，显示出对中亚各国的重视程度有所提升。

随着 2004 年“中亚 + 日本”对话机制的确立，日本与中亚各国之间的高层国际交往也日益频繁，中亚各国的总统及政府高官多次访问日本。如塔吉克斯坦总统拉赫蒙于 2007 年 12 月和 2018 年 10 月、时任哈萨克斯坦总统纳扎尔巴耶夫于 2008 年 6 月和 2016 年 11 月分别访问日本。历任乌兹别克斯坦总统卡里莫夫和米尔济约耶夫分别于 2011 年 2 月和 2019 年 12 月正式访问日本。历任吉尔吉斯斯坦总统阿卡耶夫、巴基耶夫和阿坦巴耶夫分别于 2004 年 4 月、2007 年 11 月和 2013 年 2 月正式访问日本。土库曼斯坦总统别尔德穆哈梅多夫于 2009 年 12 月、2013 年 9 月和 2015 年 3 月先后三次访问日本。2019 年 10 月日本新天皇即位典礼上，时任土库曼斯坦总统别尔德穆哈梅多夫、吉尔吉斯斯坦总统耶恩别科夫、哈萨克斯坦首任总统纳扎尔巴耶夫以及乌兹别克斯坦和塔吉克斯坦上院议长都前往日本观礼。

2006 年 8 月底，时任日本首相小泉纯一郎访问哈萨克斯坦和乌兹别克斯坦，成为首位访问中亚地区的日本现任首相。小泉纯一郎访哈期间，两国首脑就推进定期政治对话，落实双方在能源、基础设施、人才培育等领域的合作以及加强双方在多边及国际场合的合作，发表了《联合声明》，并签署了《促进日哈两国和平利用核能合作的备忘录》，就日本民间企业参与哈铀矿开放项目达成协议。此外，日乌两国首脑也发表了关于推进政治、经济合作、加强国际协调的《新闻公报》。总的来说，小泉纯一郎以首相身份首次访问中亚，其象征意义远大于实际成果，是其在卸任首相前的一次“谢幕演出”，同时，也向世界传递出日本打算积极介入中亚的信号。

小泉纯一郎卸任后的日本政坛几乎以“一年一相”的频率更换首相，从 2006—2012 年短短六年多的时间里，日本经历了六任首相，直至 2012 年底安倍晋三再次出任首相，才实现了执政的长期化与稳固化。由于前面几任执政者上台时间过短，在外交上都“心有余而力不足”，因而无暇顾及中亚。直至 2015 年 10 月，安倍晋三才作为日本首相时隔九年再次访问中亚，并首次遍访中亚五国。如果说小泉访问中亚的主要意图在于获取中亚的能源资源和争取中亚各国对日本加入联合国安理会常任理事国的支持，那么安倍的此次中亚之行则在上述意图之外，有了更多的政治诉求。安倍要借此机会向中亚乃至世界彰显日本在中亚的“存在感”，通过增强日本在中亚事务中的发言权，全力拓展日本在中亚的影响力，争取在该地区的大国博弈中谋得一席之地。①

在启程前往此次中亚之行首站土库曼斯坦前，安倍晋三在机场对记者表示，中亚“处于亚洲的中心位置，在地缘政治上意义非凡”，希望实现与该地区关系的“飞跃式强化”，并表示“中亚各国需要高质量的基础设

① 本文部分内容参见常思纯《安倍遍访中亚，欲有所作为》，《世界知识》2015 年第 22 期。

施，而日本可以发挥重要作用”。[①] 由此可见，为日本企业在中亚争抢基建订单、推动日企进军中亚和强化日本与中亚各国双边合作、提升日本政治形象正是安倍此行的重要意图所在。在中亚访问期间，安倍不仅分别与五国首脑举行会谈，就发展双边关系、维护地区安全和加强国际合作等问题进行了广泛讨论，还分别发表了旨在深化和扩大双边关系的联合声明，内容不仅涉及日本与中亚各国在双边政治、经济、文化领域的交流与合作，而且还包括双方在反恐、禁毒和加强边境管理等地区层面乃至全球层面的合作。安倍打着“积极和平主义”的旗号，向中亚各国宣传日本的新安保法，寻求各国的理解和支持。同时，安倍还高调宣传日本在促进环保、加强防灾和推进核裁军与核不扩散等问题上发挥的积极作用，试图以中亚为舞台，向世界展示出一个讲和平、负责任、有贡献的国际形象。在此基础上，安倍逐个劝说中亚各国支持日本成为联合国常任理事国，并得到了除土库曼斯坦之外其余四国的表态支持。

在中亚之行的最后一站哈萨克斯坦，安倍晋三发表了日本对中亚的政策性演讲，提出未来日本与中亚发展关系的三个支柱。首先，日本要彻底加强与中亚各国的关系。为此，日本将以产业升级为目标，援助中亚各国培养产业高级人才；其次，日本将会更为积极地参与中亚地区共同问题的解决。例如，日本将在防治虫灾、耕种引水等农业领域加强与中亚各国的合作，并着手应对中亚地区在发展过程中不可或缺的运输及物流问题。在此基础上，安倍提出将在基础设施建设和人才培养方面提供援助，并为中亚地区创造超过 3 万亿日元的商机。最后，进一步深化日本与中亚各国在世界舞台上的合作。安倍提出要与中亚各国在核裁军与核不扩散以及联合国安理会改革等问题上加强合作。[②]

总体来说，安倍本人对此次中亚之行期待颇高，全程极为高调，展示出一种势在必得的姿态。日本各大媒体也全程追踪报道，凸显成果，营造

---

① 「首相、中央アジア歴訪へ出発　関係強化、中国けん制も」、『日本経済新聞』、2015 年 10 月 22 日。

② 「安倍総理大臣の中央アジア政策スピーチ」、日本外務省ホームページ、http://www.mofa.go.jp/mofaj/erp/ca_c/kz/page1_000148.html。

出良好的舆论氛围。不过鉴于日本在中亚的经济和政治影响力都还十分有限，短期内日本想要全面加强与中亚各国关系，尤其是增加本国在该地区政治影响力的意图难以实现。

二　以政府开发援助和能源投资拓展经济关系

（一）日本对中亚的政府开发援助

日本与中亚各国建立外交关系后，将政府开发援助作为对中亚政经布局的突破点和推动力，采取派遣技术专家、接收研修人员、提供无偿资金援助和日元贷款等多种方式，对中亚国家实施政府开发援助项目，以此推动双边和多边关系的进展。1992 年 10 月，在援助苏联国家的东京会议上，日本承诺向苏联新独立国家提供 1 亿美元的人道援助，在 1993 年 4 月举行的西方七国集团部长会议上，日本再次承诺提供 1 亿美元的人道援助和 1. 2 亿美元的改革援助，这些援助有一部分投入了中亚地区。此后，日本逐渐对中亚各国开展了日元贷款、无偿资金和技术援助等多种方式的政府开发援助项目。根据日本外务省的统计数据，截至 2020 年度，日本对中亚五国的政府开发援助累计 7931. 66 亿日元。

表 3 - 3　　日本对中亚的政府开发援助　　单位：亿日元

国家	日元贷款	无偿资金	技术合作	合计
乌兹别克斯坦	4795. 20	281. 23	195. 85	5272. 28
哈萨克斯坦	951. 49	68. 24	137. 08	1156. 81
吉尔吉斯斯坦	375. 80	333. 06	207. 75	916. 61
塔吉克斯坦	/	420. 72	97. 44	518. 16
土库曼斯坦	45. 05	9. 41	13. 34	67. 80
合计	6167. 54	1112. 66	651. 46	7931. 66

说明：表中数据为截至 2020 年度的累计数值。年度为日本财政年度。

资料来源：日本外務省、「政府開発援助（ODA）国別データ集（2021 年度版）」、https://www. mofa. go. jp/mofaj/gaiko/oda/shiryo/kuni. html。

其中，按类别划分，如表3－3所示，截至2020年度，日本对中亚五国的日元贷款6167.54亿日元，占比77.76%，是日本对中亚援助的主要形式；无偿资金援助1112.66亿日元，占比14.03%；技术合作651.46亿日元，占比8.21%。按国别划分，日本对乌兹别克斯坦援助累计5272.28亿日元，占日本对中亚援助总额的66.47%，是日本在中亚开展政府开发援助最多的国家；对哈萨克斯坦援助累计1156.81亿日元，占日本对中亚援助总额的14.58%；对吉尔吉斯斯坦援助累计916.61亿日元，占日本对中亚援助总额的11.56%；对塔吉克斯坦援助累计518.16亿日元，占日本对中亚援助总额的6.53%；对土库曼斯坦援助累计67.80亿日元，占日本对中亚援助总额的0.85%。

日本对中亚的日元贷款项目主要集中在能源、农业、交通等基础设施建设领域。2013年8月，日本与乌兹别克斯坦签订贷款额度为348.77亿日元的“纳沃伊（Navoi）火力发电站现代化项目”，主要用于乌兹别克斯坦纳沃伊火力发电站更换陈旧的发电设备，提高能源使用效率和现代化运营水平。2014年11月至2015年10月，针对电力基础设施建设，日本与乌兹别克斯坦先后签订“电力部门贷款项目”的三个子项目，分别是图拉库尔甘（Turakurgan）火力发电站建设项目（贷款额度718.39亿日元）、电力部门能力强化项目（贷款额度30.00亿日元），以及塔什干（Tashkent）热电站建设项目（贷款额度120.00亿日元）。

2015年1月，日本与乌兹别克斯坦签订贷款额度为118.72亿日元的“阿姆—布哈拉（Amu-Bukhara）灌溉设施改造项目”，通过与亚洲开发银行（ADB）共同融资的方式，对乌兹别克斯坦用水量最大的农业灌溉区阿姆—布哈拉进行农业设施改造，更新灌溉水泵，减少电力消耗，提高供水能力。2015年10月，日本与吉尔吉斯斯坦签订贷款额度为119.15亿日元的“国际干线道路改善项目”，对吉尔吉斯斯坦南部三个主要城市奥什—巴特肯—伊斯法纳（Osh-Batken-Isfana）之间的国际干线道路进行整修，并对比什凯克和奥什之间的国际干线道路进行防灾设施建设。

2019年12月，日本与乌兹别克斯坦签订“纳沃伊火力发电站现代化第二阶段项目”（贷款额度1282.46亿日元）、“电力部门能力强化第二阶段项目”（贷款额度366.21亿日元）、“园艺作物价值链强化项目”（贷款额度230.23亿日元）三个项目，用于能源基础设施建设和农业农村开发。以上这些日元贷款项目偿还期限一般在25—40年，利率也较低，一般在0.1%—1.4%。[①]

相对于日元贷款，日本对中亚的无偿资金和技术援助单项金额较小，但是基本上每年度均会签订数项援助项目，连续性较强。无偿资金主要投入医疗、教育、文化、农业、防灾抗灾和粮食供给等领域；技术援助主要包括派遣技术专家、调查团和志愿者，接收研修人员和留学生，提供机械设备等。

（二）日本对中亚的能源投资

能源和矿物资源丰富且地缘位置重要的中亚地区对日本政府和企业都具有吸引力。哈萨克斯坦作为中亚面积最大的国家，蕴藏着丰富的石油、天然气和有色金属等能源和矿物资源。根据BP（British Petroleum）公司的统计，2019年末，哈萨克斯坦石油储量达到300亿桶，占世界总量的1.7%；天然气埋藏量2.7兆立方米，占世界总量的1.3%。[②] 在矿产资源方面，哈萨克斯坦的铬埋藏量为世界第一位，镉、铜、锌等矿产埋藏量也排名世界前列。[③] 乌兹别克斯坦作为中亚人口最多的国家，天然气和金属矿产资源等自然资源也较为丰富。土库曼斯坦则具有充足的天然气资源，根据BP公司的统计，2019年末，土库曼斯坦天然气埋藏量为19.5兆立方米，占世界总量的9.8%。[④]

在“中亚+日本”多边合作机制下，能源合作是日本对中亚经济布局

---

① 「ODA（政府開発援助）中央アジア及びコーカサス地域」、日本外務省、https://www.mofa.go.jp/mofaj/gaiko/oda/region/caucasus/index.html。

② BP (British Petroleum), *Statistical Review of World Energy 2020*, https://www.bp.com/content/dam/bp/business-sites/en/global/corporate/pdfs/energy-economics/statistical-review/bp-stats-review-2020-full-report.pdf.

③ USGS, *Mineral Commodity Summaries 2020*, https://pubs.usgs.gov/periodicals/mcs2020/mcs2020.pdf.

④ BP (British Petroleum), *Statistical Review of World Energy 2020*, https://www.bp.com/content/dam/bp/business-sites/en/global/corporate/pdfs/energy-economics/statistical-review/bp-stats-review-2020-full-report.pdf.

的重点。2006年8月，时任日本首相小泉纯一郎访问哈萨克斯坦和乌兹别克斯坦，提出进一步强化日本与哈萨克斯坦和乌兹别克斯坦在石油和铀矿等自然资源的开发、加工和利用等方面的合作。2007年4月，日本经济产业大臣甘利明访问哈萨克斯坦和乌兹别克斯坦，就促进石油、天然气、铀资源的勘探和开发签署了一系列合作协议。2015年，日本首相安倍晋三访问中亚五国，提出今后进一步增加日本企业对中亚的投资，在核能开发方面提供技术支持，在铀矿的采掘和燃料加工方面加强合作。

除了通过政府开发援助为日本在中亚的资源和能源开发创造有利条件，日本政府还鼓励民间企业进入中亚能源和制造业领域，并在资金和投资环境等方面提供支持。2008年8月，日本与乌兹别克斯坦签订投资协定，以保护和促进日本在乌兹别克斯坦的投资。同年12月，日本与哈萨克斯坦签订租税协定，以规避双重课税，强化经贸合作。2010年3月，日本与哈萨克斯坦开始就投资协定展开交涉，经过五个回合的谈判，于2015年10月签订了《日本与哈萨克斯坦促进及保护投资协定》，为日本对哈萨克斯坦的投资提供法制方面的保障。日本国际协力银行（JBIC）和日本贸易保险（NEXI）等机构则为日本企业对中亚能源投资提供融资支持。

日本对中亚能源投资比较典型的案例是日本国际石油开发帝石公司（INPEX CORPORATION）对哈萨克斯坦北里海近海油田的开发项目。1998年，日本国际石油开发帝石公司设立子公司INPEX北里海石油株式会社，并获得哈萨克斯坦北里海近海矿区7.56%的权益。INPEX北里海石油株式会社由日本国际石油开发帝石公司出资45%，日本经济产业省所辖独立行政法人石油天然气·金属矿物资源机构（JOGMEC）出资50%并提供债务担保，石油资源开发株式会社和三菱商事株式会社各出资2.5%。[①] 2000年，哈萨克斯坦北里海近海矿区卡沙干油田勘测成功，成为世界上首屈一

① 参见国際石油開発帝石株式会社「カザフスタン共和国 カシャガン油田の原油生産開始について」、www.inpex.co.jp/news/pdf/2013/20130912.pdf。独立行政法人石油天然ガス・金属鉱物資源機構（JOGMEC）「インペックス北カスピ海石油（株）のカザフスタン共和国カシャガン油田における生産開始について」、http://www.jogmec.go.jp/news/release/news_08_000007.html。

指的巨大油田之一。卡沙干油田原始埋藏量350亿桶，可开采量90亿—130亿桶，经过开发建设工程，于2013年9月起正式开始生产原油。① 除卡沙干油田外，在北里海近海矿区，卡拉姆卡斯（Kalamkas）、阿克陶（Aktote）、卡伊兰（Kairan），以及卡沙干西南（Kashagan Southwest）也在陆续勘测中，将来北里海近海矿区的生产量有可能进一步扩大。②

除了日本国际石油开发帝石公司对哈萨克斯坦北里海近海油田的开发项目，日本企业还积极参与铀矿和稀土等资源的开发。例如，住友商事、关西电力与哈萨克斯坦国家原子能公司（Kazatomprom）于2006年在哈萨克斯坦当地组建合资公司，对哈萨克斯坦的铀矿进行开发。③ 2010年，由住友商事出资49%，哈萨克斯坦国家原子能公司出资51%，共同设立新的合资公司SARECO（Summit Atom Rare Earth Company），对铀矿残渣进行处理，从中提取稀土混合物，以期为日本提供新的稀土供给源。④ 2015年，日本原子能发电株式会社和丸红株式会社与哈萨克斯坦国家原子能公司签订核电站建设相关技术合作协议，在核电站建设计划制订、建设资金筹措以及人才培养等方面进行合作。⑤

第三节　日本在非洲的政经布局

一　以东京非洲发展国际会议为核心的对非外交

冷战结束后，日本充当“政治大国”的欲望逐渐膨胀，积极推进与非

① 参见日本経済新聞「国際石油開発帝石、カザフの油田生産開始 世界最大級」、http://www.nikkei.com/article/DGXNASDD110UD_ R10C13A9TJ0000/。

② INPEX CORPORATION, *Kazakhstan: Offshore North Caspian Sea Contract Area (Kashagan Oil Field and others)*, http://www.inpex.co.jp/english/business/nis.html.

③ 関西電力株式会社、「カザフスタン共和国における新規ウラン鉱山開発プロジェクトへの参画について」、https://www.kepco.co.jp/corporate/pr/2006/0123-2j.html。

④ 住友商事、「カザフスタン共和国におけるレアアース回収事業 国営原子力公社カザトムプロムと『Summit Atom Rare Earth Company』設立」、https://www.sumitomocorp.com/ja/jp/news/release/2010/group/20100324。

⑤ 産経ニュース、「日本原電・丸紅　カザフ原発建設に協力」、https://www.sankei.com/economy/news/151028/ecn1510280020-n1.html。

洲国家的政治和经济联系，并将对非政策作为其调整整体外交战略、强化国际影响力的一个重要环节。在1991年联合国大会上，日本提出举办为促进非洲可持续发展的政策对话国际会议。此后，东京非洲发展会议（TICAD）成为日本加强对非外交的重要合作机制（参见表3-4）。1993年，第一届东京非洲发展国际会议（TICAD I）在日本东京召开，来自48个非洲国家、12个援助国、欧共体及8个国际组织，以及以观察员身份出席的其他国家和组织的约1000名代表参会。在这次会议上，日本表达了援助非洲的积极立场，承诺支援非洲各国的政治经济改革、人力资源培养和环境改善，同时提出，要构建日本与非洲各国超出援助国与被援助国范畴的良好伙伴关系。此外，非洲有54个国家，约占世界的1/4，被称为联合国的“大票仓”。日本迫切希望成为安理会常任理事国，实现政治大国地位，非洲国家的支持不可或缺。“入常”是日本援助非洲的重要动机，也是一直以来东京非洲发展国际会议日本方面的重点诉求。1998年10月，第二届东京非洲发展国际会议（TICAD Ⅱ）召开，参会国家和组织的数量大幅增加，日非关系进一步强化。这一时期，日本成为世界最大的援助国，对非援助亦随之扩大，在1993年TICAD I召开后的十年间，日本对非援助共计约120亿美元，成为非洲主要的援助国之一。①

进入21世纪之后，非洲经济进入快速增长时期，在国际战略格局中的地位显著上升，日本不断提高对非洲的重视程度，在经济和政治等各个领域全面加大战略投入。2001年1月，时任日本首相森喜朗出访南非、肯尼亚和尼日利亚，这是日本首相首次访问撒哈拉以南非洲国家，也是其21世纪第一次海外访问。日本外务省称此次访问“展示了日本解决非洲问题的决心，有利于增强日非关系和日本在国际社会的影响力”。② 其后，2006年4—5月间，小泉纯一郎成为第二位访问撒哈拉以南非洲国家的日本首

---

① 1991—2000年，日本以美元计算的实际政府开发援助额连续10年占世界第一位。参见佐藤誠「日本のアフリカ外交—歴史にみるその特質」、『成長するアフリカ—日本と中国の視点』（報告集）、アジア経済研究所、2007年9月。日本外務省「第3回アフリカ開発会議における小泉総理大臣基調演説」、http://www.mofa.go.jp/mofaj/press/enzetsu/15/ekoi_0929.html。

② Ministry of Foreign Affairs of Japan, *Prime Minister Yoshiro Mori's Visit to African Nations* (*Overview and Evaluation*), http://www.mofa.go.jp/region/africa/pmv0101/overview.html.

相，除了到访埃塞俄比亚和加纳两国以外，还在位于埃塞俄比亚首都亚的斯亚贝巴的非洲联盟总部发表了对非政策演讲，彰显日本对非洲的重视态度。

2003 年和 2008 年，第三届和第四届东京非洲发展国际会议分别在东京和横滨召开，日本对非政策逐渐清晰和系统。在第三届东京非洲发展国际会议上，日本提出对非支援的三个基本方针，即“以人为中心、通过经济发展减轻贫困、巩固和平”，承诺五年内在医疗卫生、饮食和教育等领域向非洲提供 10 亿美元的无偿资金援助，同时豁免贫穷重债务国总额约 30 亿美元的日元借款债务。第四届会议则以“为了振兴的非洲——希望与机遇的大陆”为主题，承诺至 2012 年日本对非洲 ODA 增加一倍，其中对非洲的两国间无偿援助增加一倍。这一时期，受经济形势和财政赤字的影响，日本整体对外援助开始收缩，ODA 预算逐年削减，但是，对非洲的援助仍在不断增加。[①]

2012 年底，安倍晋三出任日本首相，非洲成为其“俯瞰地球仪外交”的重要支点。2013 年 6 月，以“携手活力非洲”为主题的第五届东京非洲发展国际会议在日本横滨召开，51 个非洲国家的代表，其中包括 39 名非洲国家领导人，以及其他国家、国际和地区组织、民间机构和社会团体的代表，约 4500 人参会。安倍首相在基调发言中承诺 5 年内为非洲提供包括 140 亿美元 ODA 在内的最多约 320 亿美元的资金援助，同时，强调对非洲的基础设施建设和人才培养，促进民间贸易和投资。在基础上，2014 年，安倍访问科特迪瓦、莫桑比克和埃塞俄比亚，这是时隔 8 年日本首相对非洲的正式访问，日本民间团体、社会组织和学界代表同行，旨在助力日本企业抢滩非洲市场。其间，在非盟总部的政策演说中，安倍强调“以人才为最宝贵资源”的日本特色对非援助和投资理念，提出日本正是非洲国家

① Takahashi Motoki, *Owa Masumi*, *Last frontier of Japan's ODA? Peculiarity, potentials and pitfalls of her cooperation for African development*, Kobe University, https://www.jica.go.jp/uk/english/office/topics/pdf/topics101007_01.pdf.

理应选择的真正伙伴。① 其战略意图可见一斑。

2016 年 8 月 27—28 日，第六届东京非洲发展国际会议（TICAD VI）在肯尼亚首都内罗毕召开。与以往各届不同，这是该会议首次在非洲国家举行，且距离 2013 年的第五届仅隔三年，时任日本首相安倍晋三亲赴肯尼亚并发表主旨演讲，宣称以 TICAD VI 为契机开启日本与非洲各国关系的新篇章。在本次东京非洲发展国际会议上，日本除了承诺对非洲经济层面的援助，还试图以海洋安全合作为突破口，拉近与非洲国家的关系。安倍在基调发言中提出，“连接亚洲和非洲的是海洋之路，日本将把太平洋和印度洋、亚洲和非洲的交汇处，培育成与武力和威慑无缘的重视自由、法治和市场经济的繁荣之地，日本将会承担起这一责任，愿与非洲国家共勉”。日本媒体称，安倍首相在基调发言中所提出的“自由开放的印度洋太平洋战略”，表明了日本对非洲在经济合作的基础上将会更加重视安保合作的新外交意向。② 其意图即在于将印度洋西海岸的非洲大陆纳入日本海洋国际战略中，加强日本介入非洲乃至国际安全事务的力度，以海洋安全合作为名，实质是把亚洲问题带到非洲，牵制中国正当实施海洋维权。③ 从政治方面来说，日本将对非外交纳入其全球战略布局中。除了在“入常”问题上急需得到非洲国家的支持之外，日本还试图通过强化与非洲的联系，将经贸合作扩展至军事和安全合作。以打击海盗、保护来往船舶为名，日本在非洲东部战略重地吉布提启动首个海外军事基地，扼印度洋和地中海要道。同时，积极派遣自卫队参与联合国在非洲的维和行动，培训当地工兵重机械操作技术，扩展日本自卫队的活动范围。将非洲作为舞台，日本一方面宣扬其在世界上的经济和安全贡献，提升国家形象，获取国际认同，另一方面为日本进行海外

---

① 「安倍総理大臣のアフリカ訪問（概要と成果）」、日本外務省ホームページ、http://www.mofa.go.jp/mofaj/af/af1/page18_000172.html。

② 朝日新聞「首相、日・アフリカの関係強化を訴え　TICAD 開幕」、http://www.asahi.com/articles/ASJ8W5FD2J8WUHBI00R.html；每日新聞、「対アフリカ新戦略　首相、安全保障重視」、http://mainichi.jp/articles/20160828/ddm/001/010/152000c。

③ 吕耀东：《从〈内罗毕宣言〉看日本在非洲利益的深化及其战略意图》，《西亚非洲》2016 年第 6 期。

军事活动提供一个突破口。

2019 年 8 月 28—30 日，第七届东京非洲发展国际会议（TICAD Ⅶ）在日本横滨举行。会议通过了《横滨宣言》和《横滨行动计划 2019》，确定日非合作的三大支柱为：（1）通过加强创新和私营部门的参与来促进经济结构转型并改善商业环境；（2）实现可持续发展，强化社会韧性；（3）强化和平与稳定。[①] 从中可以看到，第一，日本对非经济外交进一步强调民间企业的参与，安倍要尽力帮助日本企业进军非洲；第二，对非援助更加注重战略性，并积极宣扬日本的质量优势；第三，日本对非合作强调改善民生，强化医疗保健及其他领域人才培养；第四，在政治安全层面“重视非洲拥有的重要地缘政治影响力，把非洲作为扩展地缘影响力触角的跳板”。[②] 本次会议凸显出日本对非外交从重视经济利益进一步转向重视战略利益，《横滨宣言》中首次写进了安倍极力推动的“自由开放的印太”构想有关的表述，强调要基于规则来维护海洋秩序，将对非关系纳入“印太”构想。本次会议安倍也再次确认了促进包括安理会在内的联合国组织改革的决心，反映出日本不仅要在非洲拓展经济利益，还要借发展对非关系，提升政治大国地位的野心。

2020 年 7 月 16 日，日本正式宣布预定于 2022 年召开第八届东京非洲发展国际会议（TICAD Ⅸ），将由非洲的突尼斯共和国主办，这也是继 2016 年肯尼亚之后，TICAD 会议第二次在非洲举行。日本提出将基于“人的安全”理念，推动非洲实现“全民健康覆盖”（UHC）的目标。2020 年 9 月 26 日，日本新首相菅义伟在第 75 届联合国大会上发表电视演讲表示，要大力支援非洲各国的保健医疗设施建设，特别是在非洲援建疾病预防管理中心，通过 TICAD 帮助非洲培养保健领域的人才和完善相关设施。菅义伟还宣布将通过日本在加纳援建的野口英世纪念医学研究所，承担加纳

---

① 「横浜宣言 2019」、日本外務省ホームページ、https://www.mofa.go.jp/mofaj/area/ticad/ticad7/pdf/yokohama_declaration_ja.pdf。

② 庞中鹏：《日本拉拢非洲的真实意图》，《世界知识》2019 年第 19 期。

80%的新冠病毒核酸检测（PCR），将该研究所建成应对新冠病毒的据点。①

2022年8月27—28日，TICAD Ⅸ在突尼斯共和国首都突尼斯举行。但是原定参会的日本首相岸田文雄因感染新冠病毒而未能如期赴突参会，改派外务大臣林芳正作为特使出席会议。再加上新冠疫情的影响，本次会议规模与前几次相比大幅缩水，最终参会的仅有48个非洲国家，其中仅有20位首脑。岸田文雄通过在线视频的方式在开幕式上发表演讲，表示要与非洲成为“共同成长的伙伴”。岸田强调要聚焦对“人”的培育，推动日本式的支援方式。岸田承诺未来3年内通过官民合作，向非洲开展规模300亿美元的投资，并为非洲培养30万人才。② 会议通过了《突尼斯宣言》，强调“对人的投资”的重要性，并重申日非合作三大支柱：争取实现可持续经济增长和发展的结构性转型；构建强韧且可持续性的社会；实现可持续的和平与稳定。此外，会议确定将于2025年在日本举行第九届东京非洲发展国际会议。③

表3－4　第一届至第八届东京非洲发展国际会议（TICAD Ⅰ－TICAD Ⅸ）

TICAD	时间/地点	时任日本首相	参加国家与组织	成果文书	主要内容
Ⅰ	1993年10月5—6日/日本东京	细川护熙	48个非洲国家、12个援助国、欧共体及8个国际组织的代表，以及以观察员身份参会的其他国家和组织，约1000人	《面向21世纪非洲发展东京宣言》	表达日本援助非洲的积极立场，承诺支援非洲各国的政治经济改革、人力资源培养和环境改善，构建日本与非洲各国超出援助国与被援助国的良好伙伴关系

① 「新型コロナウイルスとの闘い～TICADを通じた日本の貢献～」、日本外務省ホームページ、https://www.mofa.go.jp/mofaj/files/100124478.pdf。

② 「第8回アフリカ開発会議（TICAD8）共同記者会見における岸田総理大臣冒頭発言」、日本外務省ホームページ、https://www.mofa.go.jp/mofaj/afr/af2/page1_001299.html。

③ 「TICAD8チュニス宣言」、日本外務省ホームページ、https://www.mofa.go.jp/mofaj/files/100386627.pdf。

续表

TICAD	时间/地点	时任日本首相	参加国家与组织	成果文书	主要内容
II	1998年10月19—21日/日本东京	小渊惠三	51个非洲国家、29个其他国家、40个国际组织和地区组织、22个非政府组织的代表	《面向21世纪非洲发展东京行动计划》	以“减少贫困与融入全球经济”为会议主题，以社会发展（主要包括教育、卫生和扶贫支援等），经济发展（主要包括私营部门、工业和农业发展等），基础发展（主要包括优化政府治理、预防和应对冲突等）为优先领域，强调日本继续对非援助的立场
III	2003年9月29日—10月1日/日本东京	小泉纯一郎	50个非洲国家、39个其他国家、47个国际组织和地区组织的代表，约1000人	《TICAD10周年宣言》《TICADIII会议主席概要》	明确以“以人为中心、通过经济发展减轻贫困、巩固和平”为三大支柱的日本对非援助方针，承诺日本五年内在医疗卫生、饮食和教育等领域向非洲提供10亿美元的无偿资金援助，豁免贫穷重债务国总额约30亿美元的日元借款债务
IV	2008年5月28—30日/日本横滨	福田康夫	51个国家非洲、34个其他国家、74个国际组织和地区组织，以及民间机构和社会团体的代表，约3000人	《横滨宣言》《横滨行动计划》《TICAD后续推进机制》	以“为了振兴的非洲——希望与机遇的大陆”为会议主题，以加速经济增长、保障人的安全和健康、解决环境和气候变化问题为重点议题，承诺至2012年日本对非洲ODA增加一倍
V	2013年6月1—3日/日本横滨	安倍晋三	51个非洲国家、31个其他国家、72个国际组织和地区组织，以及民间机构和社会团体的代表，约4500人	《横滨宣言2013》《横滨行动计划2013—2017》	以“携手活力非洲”为会议主题，以实现稳健和持续经济增长、构建包容和弹性社会、保障和平和稳定为重点议题，承诺5年内日本对非洲提供包括140亿美元ODA在内的最多约320亿美元的资金援助

续表

TICAD	时间/地点	时任日本首相	参加国家与组织	成果文书	主要内容
Ⅵ	2016 年 8 月 27—28 日/肯尼亚首都内罗毕	安倍晋三	53 个非洲国家、52 个其他国家、74 个国际机构和地区机构，以及日本和非洲民间机构和社会团体的代表，约 11000 人	《内罗毕宣言》《内罗毕实施计划》	以通过经济多元化和产业化促进经济结构转型、促进强韧健康系统提高生活质量、促进社会稳定共享繁荣为三大优先议题，构建 TICAD 伙伴关系。承诺未来三年日本向非洲提供总额约 300 亿美元的官方援助和民间投资，实现约 1000 万人的人力资源开发
Ⅶ	2019 年 8 月 28—30 日/日本横滨	安倍晋三	53 个非洲国家、52 个其他国家、108 个国际机构和地区机构，以及日本和非洲民间机构和社会团体的代表，约 10000 人	《横滨宣言》《横滨行动计划 2019》	以“通过人力、技术和创新推动非洲发展”为主题，日本承诺未来 3 年向非洲提供超过 200 亿美元的民间投资，未来 6 年为非洲培育 3000 名产业人才，支援非洲留学生在日企就业，以及根据“G20 质量基础设施投资原则”，以完成总体规划的三大重点地区（东非北部走廊、纳卡拉走廊、西非增长圈）为基础，促进高质量基础设施投资
Ⅸ	2022 年 8 月 27—28 日/突尼斯共和国首都突尼斯	岸田文雄	48 个非洲国家代表（20 个国家首脑）、国际机构、民间企业和社会团体代表参加	《突尼斯宣言》	日本要与非洲成为“共同成长的伙伴”，聚焦对“人”的培养，承诺未来 3 年官民合作向非洲提供 300 亿美元投资，为非洲培养 30 万人才。重申日非合作三大支柱：争取实现可持续经济增长和发展的结构性转型；构建强韧且可持续性的社会；实现可持续的和平与稳定

资料来源：笔者根据日本外務省「『TICADプロセスを通じた対アフリカ支援の取り組み』の評価 報告書」、http://www.mofa.go.jp/mofaj/gaiko/oda/shiryo/hyouka/kunibetu/gai/ticad/jk07_01_index.html；日本外務省「アフリカ開発会議（TICAD）」、http://www.mofa.go.jp/mofaj/area/ticad/index.html 资料整理。

二　以援助带动经贸关系的加速发展

（一）日本对非洲的政府开发援助

对非援助是历次东京非洲发展国际会议的重要内容，也是日本提升与非洲关系的重要手段。例如，在肯尼亚内罗毕召开的第六届会议上，日本承诺未来三年向非洲提供总额约 300 亿美元的官方援助和民间投资，实现约 1000 万人的人力资源开发，并将此举称为“投资于非洲的未来”。在这一框架下，日本将与非洲开发银行合作投入 100 亿美元基础设施建设资金，主要用于：（1）综合地区开发，以日本企业最为关注的蒙巴萨·北部交通走廊、纳卡拉经济走廊、西非成长带为重点区域；（2）资源和能源开发，如地热和高效发电等；（3）城市开发，如城市交通建设等。特别是电力方面，通过官民合作，提高发电容量 2000 兆瓦，并在 2022 年之前，增加地热发电覆盖率，满足 300 万用户的需求。

日本积极对非洲实施政府开发援助，除要在“入常”问题上寻求非洲国家的支持外，获取能源是另外一个重要动机。非洲具有丰富的能源和资源，不仅石油和天然气储量丰富，还拥有储量可观的稀有金属，例如，南非的铂族金属储量约占世界的 91.3%，铬储量约占世界的 35.1%，南非、马达加斯加和刚果民主共和国的钴储量合计约占世界的 53.9%。[①] 这对于资源匮乏和能源短缺的日本来说，具有不小的吸引力。因此，日本对非洲基础设施进行援助和投资的一个重要目的，就在于保证能源和资源的开发。特别是对电力系统、道路交通系统和临海港口的建设，旨在为日本开发和获取非洲能源和资源提供便利，将非洲打造成日本能源安全的保障基地。

近年来，日本尤为注重宣传“高质量”的援助理念。按照日本政府的宣传，“高质量非洲”包括三个构成要素，其一是基础设施建设，主要包括电力和城市交通系统等，其中，为了开发非洲资源，道路和港口的建设是重

① USGS, *Mineral Commodity Summaries 2020*, https://pubs.usgs.gov/periodicals/mcs2020/mcs2020.pdf.

点；其二是人力资源开发，着重培养未来的工人领班和工厂管理者，将专业培养工程师的日本高等教育系统引入非洲；其三是号称日本企业哲学的“kaizen”，即持续改善，通过生产线工人的创意和能力，提高生产率，降低次品率，日本将会在非洲推广这一理念。日本对肯尼亚的日元贷款地热发电项目和蒙巴萨港开发项目、对坦桑尼亚的肯耶拉兹（Kinyerezi）燃气热电站建设项目、对摩洛哥的萨菲（Safi）高效燃煤电站建设项目等，均被选入日本外务省编的《“高质量基础设施投资”案例集》，成为宣传典型。①

除了对非援助，日本也希望能够进一步扩大与非洲的经贸往来。早期日本对非洲的经济外交，一直以援助为主。但是，鉴于非洲的经济增长速度和发展潜力，日本政府和经济界逐渐意识到，不应将非洲仅作为援助对象，而应将其作为投资对象来考量。因此，在第四届东京非洲发展国际会议上，打出了“对非民间投资倍增”口号。其后第五届会议通过了《横滨宣言2013》，明确提出“以民间部门为主导促进经济成长”。2014年安倍访问非洲，这一趋向性更加明显。这次访问的一个重要目的，就在于为日本企业创造投资机会，所选择的三个访问对象国家科特迪瓦、莫桑比克和埃塞俄比亚，皆具有资源丰富，经济增长迅速，地理位置重要等特点，是日本企业进军非洲的潜在目的地。此后，在第六届会议上，日本强调官民合作，促进日本民间企业对非投资；第七届会议则提出要在未来三年内推动日本民间投资达到200亿美元以上。

（二）日本对非洲的贸易和投资

进入21世纪以来，日本对非洲的贸易额和投资额均有所上升。如图3-1所示，2001—2021年，日本对非洲的商品贸易出口额由44.5亿美元上升至96.4亿美元，进口额由45.6亿美元上升至139.3亿美元，进出口贸易总额由90.1亿美元上升至235.7亿美元。其中，南非是日本在非洲最重要的贸易伙伴。2021年，日本对南非的出口额为23.6亿美元，进口额为101.1亿美元，进出口总额为124.7亿美元，在日本对非洲整体进出

① 「『質の高いインフラ投資』事例集」、日本外務省ホームページ、https://www.mofa.go.jp/mofaj/gaiko/oda/files/000083884.pdf。

口贸易总额中所占的比重达到52.9%。①

从行业来看，日本对非洲的出口主要集中在机动车和船舶等运输设备，2021年，运输设备占日本对非洲出口的比重达到60.8%。此外，工业制成品和一般机械也是日本对非出口的主要商品。进口主要集中在原材料、矿物燃料和工业制成品，其中，2021年，有色金属进口占日本对非洲进口总额的比重达到59.2%。②

如图3-2所示，日本对非洲的投资余额由1996年末的4.41亿美元上升至2021年末的57.67亿美元。其中，对南非的投资余额由1996年末的0.48亿美元上升至2021年末的35.73亿美元。2021年末，日本对南非的投资余额占日本对非洲投资总余额的比重为61.96%。

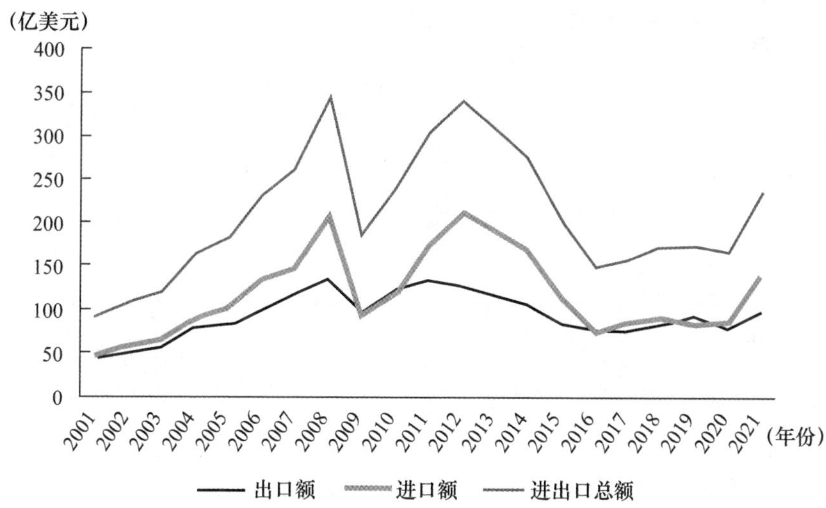

图3-1　日本对非洲的商品贸易概况（2001—2021年）

说明：出口额为日本对非洲的商品贸易出口额，进口额为日本对非洲的商品贸易进口额，进出口总额为出口额与进口额之和。

资料来源：日本貿易振興機構（JETRO）、https://www.jetro.go.jp/world/japan/stats/trade/。

① 参见附表。

② 参见附表。

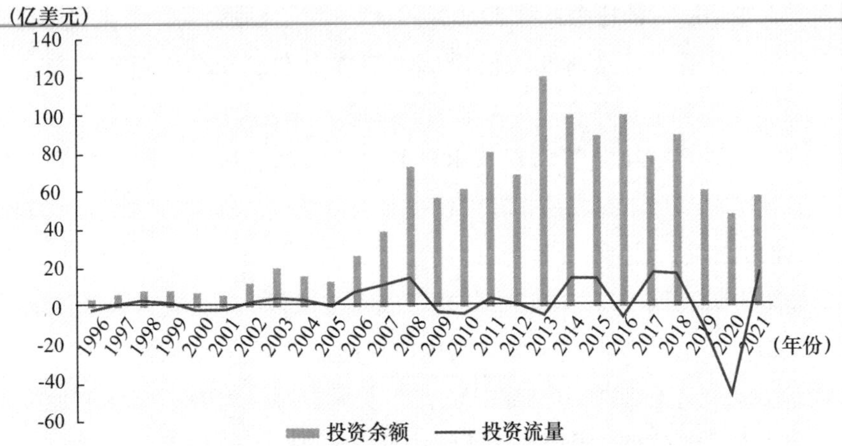

图 3－2　日本对非洲的外商直接投资（1996—2021 年）

说明：外商直接投资流量为净流量，外商直接投资余额为年末余额。

资料来源：日本貿易振興機構（JETRO）、https://www.jetro.go.jp/world/japan/stats/fdi/。

虽然日本对非洲的贸易额和投资额有所上升，但波动非常大，在日本对外贸易和投资总额中的占比也比较低。如图 3－1 和图 3－2 所示，日本对非洲的进出口贸易总额曾在 2008 年和 2012 年达到接近 350 亿美元，2013 年以后迅速下降，2016 年跌至谷底，2020 年以后虽然有所恢复，但数额仍然不高；投资余额也呈现波动状态，投资净流量时正时负，说明日本对非洲的贸易和投资并不稳定。2001—2021 年，日本对非洲的出口占日本对世界出口总额的比重，最低的年份仅有 1.08%，最高的年份也只有 1.72%；对非洲的进口占对世界进口总额的比重则在 1.17%—2.75% 之间；并且，随着时间的推移，出口比重和进口比重均没有出现上升趋势。截至 2021 年末，日本对非投资余额占日本对世界外商直接投资总余额的比重仅有 0.29%。

第四节　日本的战略关注对中国推进“一带一路”的影响

自日本与中亚各国建交之初，中亚地区就因富含石油、天然气、天然铀等能源资源和稀有金属等矿产资源，成为日本开展“资源外交”的对象。从1997年桥本龙太郎提出“欧亚大陆外交”战略，到2002年小泉纯一郎建议“关注中亚”，提出“日本丝绸之路能源计划”，都体现出了日本对中亚能源资源的强烈觊觎。“9·11”事件后，美国以“反恐”之名，军事进驻中亚，日本也借机加强了对中亚地区的渗透，日本对中亚外交随之进入新阶段。日本不仅希望能够在中亚的能源资源争夺战中分到一杯羹，更希望在大国争夺中亚的博弈中占据一席之地。从2004年“中亚+日本”对话机制正式启动，到2006年提出“自由与繁荣之弧”构想，再到2009年提出“欧亚十字通道”构想，日本对中亚的外交战略逐渐与其政治大国化战略相呼应，即要在追求经济利益的同时，向中亚辐射影响力，积极谋求大国地位并提升国际话语权。日本的做法将加大中国西部所面临的战略压力，也对中国的“一带一路”倡议形成竞争。

另一方面，出自经济利益、能源需求和政治意图，日本正不断加强对非经济外交。从其发展趋势来看，强调官方援助和民间投资并行，逐步由援助非洲转向投资非洲，攫取经济利益；宣扬日式发展理念和经营哲学，刻意显示日本的独特性，培养亲日势力；通过强化与非洲国家的经济联系，推动政治和安保合作，提高其在非洲大陆乃至整个国际社会中的存在感和话语权；利益争夺的激烈化和政治意图的显性化构成了日本对非经济外交的基本趋势，制衡中国的意图表现得更加露骨。

一　推行“价值观外交”，意图牵制中国

（一）中亚地区

早在2004年日本主导建立“中亚+日本”对话机制时，就被各界认为是要在政治上与上海合作组织分庭抗礼，日本欲借此平台获得中亚国家在国际舞台上的政治支持，并使得中俄两国在该地区的政治影响力有所削弱。[①] 2006年11月，时任日本外务大臣的麻生太郎在题为《创建“自由

① 沈旭辉、刘鹏：《从援助型外交走向战略型外交——日本中亚外交政策的演变浅析》，《日本学刊》2007年第2期。

与繁荣之弧”——拓展日本外交地平线》的演讲中，提出要开展“价值观外交”，沿欧亚大陆外围构建一条“自由与繁荣之弧”，而中亚地区则正处于这条弧线的必经之路上。[①] 在此前不久，麻生太郎在另一场题为《将中亚作为“和平与稳定的走廊”》的演讲中，向世界宣告“日本将积极参与中亚事务”，并提出未来日本对中亚外交的三大指针，即：（1）从全局看地区；（2）推动“开放的地区合作”；（3）构建基于共同“普遍价值”的伙伴关系。[②] 中亚地区成为日本推行“价值观外交”，制衡中国影响的重要地区。

安倍晋三于2012年底第二次担任日本首相后，重提“价值观外交”，以共享“普遍价值”为由抢占道德制高点，拉拢中亚各国，提升日本在亚洲地区的存在感和影响力，并借机鼓动包括中亚在内的周边国家联合起来，防范和牵制中国，共同应对中国崛起。在2014年7月的第五届“中亚+日本”外长会议上，日本外长岸田文雄一方面积极兜售安倍政府提出的“积极和平主义”，另一方面则力促中亚各国外长共同发表《联合声明》，其中包含要求“放弃武力威胁及在国际关系中使用武力”“遵守联合国宪章及国际法基本规范”等内容，而上述内容是日本在针对中国海洋活动时常常采用的语句，也因此被日本多家报社认为是“牵制中国的声明”。[③]

2015年10月，安倍晋三遍访中亚五国。据日本媒体报道，在与乌兹别克斯坦总统举行会谈时，安倍对中国海警船在钓鱼岛海域的正常巡航提出指责，并表示“将继续冷静并毅然采取措施应对”。[④] 另外，在日本与土库曼斯坦、吉尔吉斯斯坦和哈萨克斯坦发表的联合声明中，都提到双方同意“反对任何试图通过武力单方面改变现状的行动”，并表示应该“尊重

① 「『自由と繁栄の弧』をつくる——拡がる日本外交の地平」、日本外務省ホームページ、http://www.mofa.go.jp/mofaj/press/enzetsu/18/easo_1130.html。

② 「中央アジアを『平和と安定の回廊』に」、日本外務省ホームページ、http://www.mofa.go.jp/mofaj/press/enzetsu/18/easo_0601.html。

③ 「『中央アジア+日本』外相会合　アフガン情勢に危機感」、『産経新聞』、2014年7月17日。

④ 「首相『中国に毅然と対応』　ウズベキスタン首脳会談で」、『朝日新聞』、2015年10月26日。

法律支配”，暗含指责中国之意。日本多家媒体也直接表示安倍此行就是要抗衡中国的“一带一路”倡议，实现制衡中国的效果。如《日本经济新闻》报道称，安倍访问中亚的背景是“通过加强经济关系确保资源的稳定供应，同时也意在牵制在该地区影响力不断增强的中国”。① 《每日新闻》则报道称，安倍此行是为了在中亚地区“显示日本的存在感，并牵制中俄两国”。②

2021 年 10 月上台的岸田文雄不仅曾作为外务大臣参加过 2014 年第五届“中亚 + 日本”外长会议，其担任日本首相后，对中亚方向的外交也颇为重视。2022 年 12 月，在第九届“中亚 + 日本”外长会议期间，岸田与中亚五国外相在东京展开会谈，强调在多领域加强日本与中亚的战略伙伴关系。会后，日本与中亚五国发表联合声明称，日本与中亚将合作维持和强化“自由开放”的国际秩序，在经济安保领域加强合作。

（二）非洲地区

日本致力于宣扬日式发展理念和经营哲学，刻意显示日本的独特性，培养亲日势力。在对非经济外交中，日本刻意宣传所谓的日式哲学和发展理念，以显示区别于其他国家的独特性。例如，2014 年安倍在非盟总部的政策演说中，提出“以人才为最宝贵资源”的日本特色对非援助和投资理念，在 2016 年第六届 TICAD 会议上中，又强调日本企业“为质量献身，珍视每一人”的制造哲学。而“kaizen”一词，本意为“改善”，引申为日本制造业以实地生产工人为中心的经营思想，在第六届会议上也作为日本企业的强项和特色进行宣传。注重软实力输出，强调日本的优越性，对其他国家进行思想渗透，是日本的惯用手法，特别是在与东南亚和南亚等亚洲国家的交往中，尤其擅长此道。日本正在逐渐将其对亚洲国家经济外交的一些经验，引用到非洲。在 2022 年 8 月举行的第八届 TICAD 会议上，日本首相岸田文雄则强调聚焦对“人”的培养，承诺未来 3 年通过官民合作向非洲提供 300 亿美元投资，为非洲培养 30 万人才。

① 「首相、中央アジア5カ国歴訪　資源確保・中国けん制狙う」、『日本経済新聞』、2015 年 10 月 24 日。

② 「安倍首相：中央アジア歴訪　中露をけん制」、『毎日新聞』、2015 年 10 月 28 日。

通过软实力输出，日本积极培养非洲知日派和亲日派。针对非洲年轻群体，日本启动了面向非洲青年的商业教育倡议（African Business Education Initiative for Youth），简称为ABE倡议。而“ABE”恰好又与“安倍”的日文发音相同，这成为安倍着力进行宣传的一个项目。在第六届TICAD会议上，这一项目被进一步扩展。2016年8—9月间，ABE倡议第三期开始启动，48个非洲国家的353名人员赴日研修。日本计划通过这一项目，选拔优秀的非洲年轻人，进入日本大学或研究生院学习，并提供在日本企业的实习机会，使其深入地理解日本企业的先进技术和经营理念。这些经过选拔的优秀青年未来很有可能成为非洲民间企业或政府部门的领导者，由此即可培养一批对日本具有认同感且具有发展潜力的高层次亲日派。此外，日本还制定了对非洲技术和职业人员，以及教职和科研人员的培养计划，主要涉及资源开发、运输设备、电子技术、理工基础科学等领域，并计划建立人才动态信息数据库，发展潜在亲日势力，构筑日本在非洲政经各界的人脉网络。

二 瞄准中亚、非洲基建市场，加强与中国竞争

（一）中亚地区

从总体规模来看，日本与中亚的贸易体量仍然较小，在日本贸易总额中所占的比重不高，中亚地区尚不是日本主要的贸易伙伴；日本对中亚的投资主要在于能源和制造业领域，但是相对于日本对东南亚和南亚等地区的投资，日本对中亚的投资额并不高。尤其是由于中亚地区法律税收体系不完善、基础设施不健全、投资环境不稳定等因素的影响，进驻中亚的日本企业数量也非常有限。但是，从长期趋势来看，从“丝绸之路外交”到“中亚+日本”对话机制，日本与中亚的关系呈递进式发展态势，特别是安倍晋三再次上台后，更加重视对中亚的经济布局，日本对中亚能源合作项目和政府开发援助项目的数量和金额大增，贸易额也呈现扩大的趋势。

在中国政府正式公布“一带一路”倡议后不久，2015年5月，日本政府抛出了“高质量的基础设施伙伴关系”计划，宣布将在今后5年内向亚洲地区各国提供1100亿美元（13亿日元）援助，用于建设高质量的基础

设施，展现出与中国竞争之势。同年 11 月在土库曼斯坦首都阿什哈巴德举行的第十届“中亚 + 日本”高官会上，首次将“运输与物流合作”作为议题之一进行讨论，日本与中亚各国一致同意将该领域作为未来加强双方合作的优先领域，中亚各国代表还提出了本国在运输与物流领域的关心及需求，双方就今后加强合作的可能性进行了积极的讨论。①

2015 年 10 月安倍晋三访问中亚期间，也分别与多国签署经济援助协议，多项涉及基础设施建设。如吉尔吉斯斯坦的“国际干线道路改善项目”和“马纳斯国际机场机械设备改善计划”。同年 12 月，土库曼斯坦铁道部长阿纳梅列多夫受邀访日，日本外务副大臣武藤容治与他举行会谈，双方就两国今后在铁路运输领域开展合作的可能性交换了意见。② 此外，日本内阁官房副长官世耕弘成在与阿纳梅列多夫举行会谈时表示，日土两国在铁路领域的合作具有潜力，日本政府将尽可能在技术与经验方面向土提供援助。阿纳梅列多夫则表示土方期待与日本在包括铁路领域等方面进一步加强合作。③ 另据日本媒体报道，为了降低中亚各国对俄罗斯和中国的依赖性，日本正在寻求与土耳其加强合作，共同在土库曼斯坦稳步开发推进超大型的工程项目。④

（二）非洲地区

相对其他国家，日本对非洲的投资相对滞后。特别是进入 21 世纪以来，中国与非洲的经贸合作进展迅速，对非洲的投资和贸易已经远远超过日本，日本国内对此相当介怀。近年来，日本加大了对非投资的宣传力度。自第六届 TICAD 会议开始，设置了由日非双方首脑和经济界人士参加的第一次官民经济论坛，专门讨论如何推动日本企业对非投资。作为周边

---

① 「『中央アジア + 日本』対話・第 10 回高級実務者会合（結果）」、日本外務省ホームページ、http://www. mofa. go. jp/mofaj/press/release/press4_ 002688. html。

② 「武藤外務副大臣とアンナメレドフ・トルクメニスタン鉄道運輸大臣との会談」、日本外務省ホームページ、http://www. mofa. go. jp/mofaj/press/release/press4_ 002688. html。

③ 「世耕内閣官房副長官とアンナメレドフ・トルクメニスタン鉄道運輸大臣との会談」、日本外務省ホームページ、http://www. mofa. go. jp/mofaj/erp/ca_ c/tm/page3_ 001523. html。

④ 「日本トルコ連合、中央アジアからインドへガス輸出」、『日本経済新聞』、2015 年 12 月 15 日。

会议之一，日本贸易振兴机构在内罗毕举办日本展览会，约百家日本企业和机构参展，成为迄今在非洲举行的最大规模相关展览会。在第七届 TICAD 会议上，不仅召开了第二次日非官民经济论坛，还成立非洲商业讨论会，“官民一体”联合推动对非投资。日本正以官方援助为支持，促进民间投资，官民并举争夺非洲市场，并在中长期逐步由援助非洲转向投资非洲。

尤其是日本近年来打出“技术”和“高质量”的口号，试图表明虽然日非经济合作较中非经济合作的规模差距很大，但是日本仍然具有优于中国的核心竞争力。同时，日本还提出要将亚洲至非洲一带，构筑成为“亚非成长与繁荣的大动脉”，直指中国“一带一路”倡议。在第七届 TICAD 会议上，日本提出向非洲财政情况恶化的国家派遣债务管理专家，打着关注非洲债务问题的旗号，试图从债务可持续性和透明性方面来标榜日本式援助的积极作用，并借机炒作“中国债务危机论”或“中国债务陷阱论”。2022 年，第八届 TICAD 会议上，日本首相岸田文雄特别提出，日本此次援助与中国不同，不会存在所谓“债务陷阱”，此举意图进一步将中国与“债务陷阱”捆绑，体现抗衡中国的政治意图。

总的来说，近年来日本通过政治和经济布局，逐渐提升日本与中亚、非洲的双边政治和外交关系，增进中亚、非洲民众对日本的好感，提高其在这些地区的战略存在，并制衡中国在这些地区的影响力。从短期来看，日本在中亚、非洲的政治经济影响对中国推进“一带一路”倡议难以形成挑战或制约。但是从长远看，日本的长期战略布局从外交和经济等方面必然对中国“一带一路”倡议在这些地区的推进构成一定的竞争关系，需要积极予以应对。

第四章

日本在“海上丝绸之路”沿线的战略关注及布局

在我国的“一带一路”倡议中，尤其是“21 世纪海上丝绸之路”倡议中，新加坡、泰国、越南、印度尼西亚等东南亚国家具有至关重要的地位。可以说，东南亚是我国落实“一带一路”倡议的重点地区和重要伙伴，是共建“21 世纪海上丝绸之路”的重要合作伙伴。毫无疑问，东南亚处于“一带一路”的枢纽和桥梁地位。此外，印度、巴基斯坦、孟加拉国等南亚国家，由于地理位置特殊，既是中国周边外交战略的重点方向之一，又处于“丝绸之路经济带”和“21 世纪海上丝绸之路”所辐射的地域之间，北上可与中亚相连，南下则接通广袤的印度洋，也成为我国推进“一带一路”倡议、共建“21 世纪海上丝绸之路”的重要区域。

第一节　“21 世纪海上丝绸之路”在东南亚和南亚的发展现状

一　东南亚和南亚地理位置的重要性

（一）东南亚地区

东南亚地区目前共有 11 个国家，包括印度尼西亚、马来西亚、泰国、菲律宾、新加坡、文莱、越南、老挝、缅甸、柬埔寨和东帝汶。该地区除老挝之外，其他国家都是沿海或者岛屿国家。因此，在地理上，东南亚明显分为陆地（半岛）和海岛两部分。越南、老挝、柬埔寨、泰国、缅甸五国为东南亚的“陆地国家”或“半岛国家”，马来西亚、新加坡、印度尼西亚、文莱、菲律宾、东帝汶则为东南亚的“海岛国家”。

从地缘位置看，东南亚地区位于亚欧大陆的东南部，由中南半岛向南延伸经马来半岛，至东印度尼西亚群岛。从海洋位置看，东南亚地区处于太平洋和印度洋、亚洲和大洋洲的十字路口，是世界海陆空的交通枢纽。位于马来半岛和印尼苏门答腊岛之间的马六甲海峡更是扮演重要的角色，有“海上生命线”之称，具有重要的战略地位。从陆地位置看，属于陆地东南亚的中南半岛，俗称黄金半岛，位于中国和南亚次大陆之间，西邻孟加拉湾，同样具有重要的战略意义。中南半岛地区是中国的南邻，扼印度洋和太平洋之间的交通要道，是连接中国和东南亚、南亚地区的陆路桥梁和纽带；同时，其拥有稠密的人口和丰富的自然资源，发展潜力巨大。更为重要的是，其与中国西南省份共享漫长的边境线，不仅是中国西南对外开放的门户，也是中国与国际连接重要的海上和陆地通道的接合部，如中国政府倡议的中缅能源管道、中南半岛陆上交通走廊等。

总之，无论从国家安全角度，还是从经济发展角度分析，东南亚地区对中国都有着十分重要的地缘战略意义。东南亚作为海上和陆上交通要道，在地缘位置上具有独特性和重要性，加之还是世界经济发展和地区经济一体化的集中地，必然对中国倡议的“21 世纪海上丝绸之路”的建设具有重要意义。

（二）南亚地区

南亚地区目前共有 7 个国家，包括印度、巴基斯坦、孟加拉国、尼泊尔、不丹、斯里兰卡和马尔代夫。南亚地处喜马拉雅山南侧和印度洋之间，东面、西面和南面三面分别为孟加拉湾、阿拉伯海和印度洋所环绕，在地理上形成相对独立的单元，因而又被称为“南亚次大陆”。印度、斯里兰卡和马尔代夫等国都位于中国古代海上丝绸之路的贸易范围内，而巴基斯坦、印度、尼泊尔、不丹等国均紧邻中国西南地区，与中国共享漫长的边界线。因此，无论是陆路还是海陆，南亚地区和印度洋都是中国自古以来重要的贸易通道。

在中国政府公布的《愿景与行动》中提到，“丝绸之路经济带”的方向之一就是“中国至东南亚、南亚、印度洋”，“21 世纪海上丝绸之路”

的重点方向之一是从“中国沿海港口过南海到印度洋，延伸至欧洲”。[①] 因此，我们可以看到，在中国政府提出的“一带一路”倡议中，南亚地区因其特殊的地理位置，将处于“一带”和“一路”的交汇点，成为“一带一路”的重要枢纽。

二　东南亚和南亚各国基建缺口巨大

近年来，在印度经济强劲增长的引领下，南亚成为世界上经济增速最快的地区。而东南亚各国随着经济的迅速发展和一体化进程的加速，成为当今世界发展最具活力的地区之一，并在未来的世界政治、经济格局中的战略地位日益提升。

但是根据亚洲开发银行（ADB）2017 年出版的《满足亚洲基础设施建设需求》报告显示[②]，南亚及东南亚地区如果能够保持现有的经济增长势头、消除贫困以及积极应对气候变化挑战，2016—2030 年，南亚地区基础设施投资需求将达到 54770 亿美元（年均约 3651 亿美元）。如果将气候变化减缓及适应成本考虑在内，此预测数据将提高至 63470 亿美元（年均约 4231 亿美元），占亚太地区气候调整总投资需求的 24. 3%。按 GDP 占比来讲，到 2030 年，南亚所需投资占其 GDP 的 8. 8%，大大高于亚太发展中国家 5. 9% 的平均水平。其中，仅印度所需的应对气候变化总投资就达到 51520 亿美元，占到南亚总投资需求的 94. 1%。而在东南亚地区，2016—2030 年，基础设施投资需求将达到 27590 亿美元（年均约 1839 亿美元）。如果将气候变化减缓及适应成本考虑在内，此预测数据将提高至 31470 亿美元（年均约 2098 亿美元），占亚太地区气候调整总投资需求的 12. 0%。按 GDP 占比来讲，到 2030 年，东南亚所需投资占其 GDP 的 5. 7%，略低于亚太发展中国家 5. 9% 的平均水平。其中，印度尼西亚是东南亚地区基础设施投资需求最大的国家，其所需的应对气候变化总投资达到 12290 亿

---

① 国家发展改革委、外交部、商务部：《推动共建丝绸之路经济带和 21 世纪海上丝绸之路的愿景与行动》，《人民日报》2015 年 3 月 29 日。

② ADB, *Meeting Asia's infrastructure needs*, https://www.adb.org/sites/default/files/publication/227496/special-report-infrastructure.pdf.

美元，占到东南亚总投资需求的39.1%。

由此可见，尽管南亚和东南亚地区强劲的经济增长使得该地区收入贫困大幅减少，生活水平日益提高，但是贫困与脆弱性问题依然存在，气候变化和灾害风险威胁不减，因此这些地区仍需要大量资源来改善目前基础设施缺乏的状况。

三　共建“一带一路”取得早期收获

截至2023年1月6日，中国已经同东南亚所有国家以及除印度与不丹外的南亚大多数国家签署了共建“一带一路”合作文件，达成了广泛的共建“一带一路”的国际共识。

目前，在共建“一带一路”优先方向的基础设施互联互通水平已大幅提升，特别是中国—中南半岛经济走廊、中巴经济走廊和孟中印缅经济走廊，这三大国际经济合作走廊将亚洲经济圈紧密联系起来，成为建设“一带一路”海上合作三条蓝色经济通道的重要纽带。

其中，中国—中南半岛经济走廊建设日趋完善，既是推动互联互通的物流通道，也是加速产业深度融合的经济走廊，为中国与东盟的产业链合作提供了基础保障。2022年11月1日，越共中央总书记阮富仲访华时，中越方面发表《关于进一步加强和深化中越全面战略伙伴关系的联合声明》，中越达成初步的铁路并轨意向，越南将升级境内铁路，使越南老街—河内—胡志明市线铁路全面与中国接轨。中老铁路于2021年12月3日开通运营，这是“一带一路”倡议提出后首条以中方为主投资建设、全线采用中国技术标准、使用中国设备并与中国铁路网直接联通的国际铁路。截至2023年2月，中老铁路发送旅客突破1045.71万人次，累计运输货物1450.47万吨，在中国和东盟间构建起一条内外联动、便捷高效的国际物流大通道，“黄金线路”作用持续扩大。[①] 中泰铁路自2017年开工以来，项目稳步推进，截至2023年1月中旬，一期（曼谷—呵叻段）工程总进度为16.72%，有望于2027年投运。二期工程将连通到泰国廊开府，接中老铁路终点万象，与中国云南昆明

① 廖兴阳：《货源地已覆盖南亚东南亚8个国家》，《昆明日报》2023年2月25日。

相通，预计于2024年开工，力争于2028年投入使用。[①]

中巴经济走廊被视为“一带一路”倡议的关键部分和旗舰项目，已进入高质量发展的新阶段。截至2021年9月，中巴经济走廊第一阶段的22个优先项目已基本完成，其中一半属于能源项目。如卡西姆港燃煤电站，自2018年4月进入商业运营以来，发电量约占巴基斯坦国家电网供电量的10%。截至2022年1月，中巴经济走廊框架下已完成的能源项目总产能达到532万千瓦。[②] 2022年5月7日，中巴经济走廊首个水电投资项目——巴基斯坦卡洛特水电站的2台机组正式并网发电，投产发电后年均发电量约32亿千瓦时，预计每年可减少二氧化碳排放350万吨，可满足当地约500万人用电需求，有效缓解电力短缺，促进当地经济社会发展。[③] 此外，走廊的基础设施建设项目也取得众多进展。2020年7月28日，中巴经济走廊重大交通项目喀喇昆仑公路二期（赫韦利扬—塔科特段）项目的曼塞赫拉至塔科特二级公路段正式通车，这标志着喀喇昆仑公路二期正式全线通车。[④] 瓜达尔新国际机场建设已完工，并于2023年7月27日举行揭牌仪式。

中越、中老、中缅国际通道高速公路境内段全线贯通，境外段中老高速万象—万荣段已建成通车。中缅油气管道投产运营，建成13条跨境电力联网通道。除几大经济走廊外，目前，“一带一路”的标志性项目，由中国承建的印尼雅万高铁自2018年6月全面开工建设以来，不断取得新进展。2020年11月15日，印尼雅万高铁7号隧道顺利贯通，这是中国中铁印尼雅万高铁项目首座全县贯通的千米以上隧道，是雅万高铁建设取得的又一重要阶段性进展。[⑤] 11月28日，中国出口印尼雅万高铁钢轨在北部湾

---

① 孙广勇：《东南亚国家稳步推进铁路互联互通》，《人民日报》2023年3月14日。

② 胡慧茵：《中巴经济走廊这九年：“一带一路”标志性工程逐步完善　诠释新时代的中巴情谊》，《21世纪经济报道》2022年4月18日。

③ 施普皓：《中巴经济走廊首个水电投资项目并网发电》，《经济日报》2022年5月17日。

④ 《中巴经济走廊重大交通项目喀喇昆仑公路二期（赫韦利扬—塔科特段）正式全线通车》，https://www.ndrc.gov.cn/fzggw/jgsj/gjs/sjdt/202008/t20200804_1235557.html。

⑤ 《印尼雅万高铁首座千米以上隧道顺利贯通》，人民日报海外网，http://paper.people.com.cn/rmrbwap/html/2020-11/17/nw.D110000renmrb_20201117_7-17.htm。

港防城港区启运，这也是中国高铁“整体出口”的第一单。2022 年 6 月 21 日，雅万高速铁路 2 号隧道顺利贯通，实现了全线 13 座隧道的全部贯通。11 月 16 日，雅万高铁试运行取得圆满成功。2023 年 2 月 15 日，雅万高铁全线无砟轨道板施工全部完成。随着各种运营准备工作有序展开，雅万高铁正力争于 6 月 30 日开通运营。

2020 年 11 月 15 日，由东盟十国主导、中日韩澳新共同参与的《区域全面经济伙伴关系协定》（RCEP）正式签署，一个涵盖了拥有 22 亿人口（占全球将近 30%）的市场、26.2 万亿美元 GDP（占全球约 30%）和将近 28% 的全球贸易（基于 2019 年数据）的全球最大自贸区正式诞生。① 2022 年 1 月 1 日，RCEP 正式生效。未来，相信 RCEP 与中国—东盟（“10 + 1”）合作机制、澜湄合作机制等其他地区合作机制会建设形成更大的规模效应和协同发展效应，提升海上丝绸之路沿线国家产业链、供应链的国际竞争力，借助自由贸易区建设，推动有关国家进一步深度融入共建“一带一路”的大格局。

第二节　日本在东南亚的政经布局

东南亚地区不仅资源丰富，而且战略位置非常重要，是日本一直高度关注的重点地区，在第二次世界大战后日本对外政治、经济布局中一直占据重要地位。第二次世界大战后初期，日本以经济援助和经济合作为中心，积极构建与东南亚各国的经济联系。1966 年，日本在第二次世界大战后第一次主持“东南亚开发部长级会议”，提出将每年拿出 GDP 的 1% 援助东南亚国家。从此，日本政府通过实施一系列的经济援助措施，改善日本在东南亚地区的形象。20 世纪 80 年代，日本实施了以产业梯次转移为核心政策的“雁行战略”，部分制造业开始向东南亚国家转移，进一步提升了日本在东南亚的经济存在。随着经济关系的深入发展，日本对东南亚的贸易和投资迅速扩大，与东南亚的合作也进一步扩展至政治和安全保障领域。东南亚成为日本重要

① “《区域全面经济伙伴关系协定》（RCEP）领导人联合声明”，中国商务部网站，http://www.mofcom.gov.cn/article/ae/ai/202011/20201103015906.shtml。

的外商投资目的地，工业制品和机械设备的出口市场，以及能源和资源的供给来源。

从20世纪90年代起，日本开始加大在政治和安全领域与东南亚国家的战略合作，继而扩大日本在该地区的政治与安全影响力。2012年12月安倍晋三第二次任日本首相后，更加致力于深化日本在东南亚地区的影响力。安倍政府一方面继续不断加大对东南亚的投资和援助，在致力于发展与东南亚各国双边经济关系的同时，推进多边和区域经济合作的进展，积极争取地区经济合作的主导权；另一方面展开一系列外交攻势，通过首脑外交、安保对话和人文交流等各种渠道和机制在东南亚地区进行政治布局，强化同东南亚国家的政治安全关系，增强日本在该地区的影响力。

菅义伟、岸田文雄先后接任日本首相后，也延续了安倍时代的主要外交方针，从经贸合作向安全与政治合作深化将是日本今后东南亚战略的一大趋势。

一　努力提升政治外交关系

近年来，日本对东南亚地区开展了积极的外交行动，一方面大力推行积极的首脑外交，密切与东南亚各国的双边关系，另一方面完善多边外交对话机制，巩固日本苦心深耕多年的东南亚，使双方的外交合作更加广泛和深入。

（一）大力推动双边首脑外交

2012年底，安倍晋三在第二次担任日本首相后不久，就提出了要打造亚洲“菱形安保圈”的外交理念，即“由澳大利亚、印度、日本和美国的夏威夷州组成一个菱形，以保卫从印度洋地区到西太平洋地区的公海”，抗衡实力日益增长的中国。[①] 而东南亚国家正好处于安倍所设想的“民主安全菱形”的中心。安倍重要外交安保顾问北冈伸一还建议，在中国政治、经济影响力不断提升的情况下，“日本应该加强与亚洲周边国家的合

① Shinzo Abe, *Asia's Democratic Security Diamond*, Dec. 27, 2012, http://www.project-syndicate.org/commentary/a-strategic-alliance-for-japan-and-india-by-shinzo-abe.

作”，为此，“日本应该通过强调自己在亚洲拥有较长的民主主义历史来争取周边国家的合作”。①

在此外交理念的指导下，2013 年以来，日本通过首脑外交全面加强对东南亚的外交攻势。日本首相及政府高官频繁出访东南亚，安倍本人遍访东南亚十国，对越南、印度尼西亚、菲律宾、新加坡等国还进行了多次访问。同时，日本也积极邀请东南亚各国首脑和政府领导人访问日本。自安倍第二次执政以来，东南亚国家的政府领导人几乎都受邀访问过日本，有的国家领导人还多次访问日本。此外，安倍及其内阁成员还利用各种多边外交场合，与东南亚国家的领导人会面交谈。在这一系列频繁的首脑互访、高层对话的背后，体现了安倍积极推行“价值观外交”、拉拢东南亚各国、制衡中国影响力的战略野心。

安倍第二任期的首次出访就选择了东南亚的越南、泰国和印度尼西亚三国，从东南亚国家迈出其开展“俯瞰地球仪”的战略外交的第一步。正如安倍在 2013 年 1 月 16 日启程飞往越南前对媒体所说，“我希望此次访问成为开展‘战略外交’的开端。加强日本与东盟国家的关系，既有助于地区和平与稳定，同时也关系到日本的国家利益”②。在访问印度尼西亚期间，安倍在联合记者会上确认与东盟的关系是日本外交“最重要的支柱”，并正式发表了关于日本对东盟外交的五项原则，重新阐述了日本对东南亚外交的定位及方针，这是继 1977 年“福田主义”后日本对东南亚政策的重大调整。这五项基本原则是：（1）日本愿与东盟各国共同努力维持并扩大自由、民主和基本人权等普遍价值观；（2）由法律而非力量支配的自由、开放的海洋是公共财产，日本愿与东盟各国全力维护海洋权益与航行自由，欢迎美国重视亚洲的政策；（3）促进与东盟国家的经贸合作，扩大投资，实现日本与东盟各国的共同繁荣；（4）共同保护并发展亚洲多样的文化与传统；（5）进一步增进年青一代的交流，促进

① 「北岡・国際大学学長『対中国、アジアで連携を』」、『日本経済新聞』、2013 年 9 月 24 日。

② 「安倍首相、初の外遊に出発　ベトナムなど3カ国訪問」、『朝日新聞』、2013 年 1 月 16 日。

相互理解。[1] 全新出炉的“安倍主义”旨在以日美同盟为基础，全面加强日本与东南亚各国的关系，以共同维护海洋权益为幌子，联合东南亚各国制衡中国。

接替安倍出任日本首相的菅义伟也同样选择了东南亚的越南和印度尼西亚两国作为自己上任后首次出访的目的地。菅义伟还在越日大学发表题为《日本与东盟——共创印度太平洋的未来》的演讲，强调日本和东盟是平等伙伴也是朋友，双方互联互通的关键在于数字化和供应链的可持续性。菅义伟还强调，日本和东盟对法制、自由、开放、透明和包容等基本原则持共有立场，应在此基础上加强合作。[2] 很明显，菅义伟的东南亚之行体现出日本外交政策中对东盟的重视，将继续加强日本与东盟各国的全面关系，尤其是要以东南亚地区为重心推进日本“自由开放的印太”构想。

岸田文雄任日本首相后，2022 年先后四次出访东南亚，分别访问了柬埔寨（3 月 20—21 日）、印度尼西亚、越南及泰国（4 月 29 日—5 月 2 日），新加坡（6 月 10—11 日），柬埔寨、印度尼西亚及泰国（11 月 12—19 日）。其中，柬埔寨、印度尼西亚和泰国分别是 2022 年东盟峰会、二十国集团（G20）峰会、亚太经合组织（APEC）领导人非正式会议的轮值主席国，岸田在一年内两次访问这三个国家，凸显对峰会外交的重视。由于岸田上台以来，将经济安全视为其招牌政策，他也积极向东南亚国家宣传经济安全政策，强调与东南亚国家共同维护供应链韧性。特别是在岸田 11 月访问东南亚国家期间，分别与泰国和柬埔寨将双边关系进一步升级为“全面战略伙伴关系”。2023 年，日本担任西方七国集团（G7）峰会轮值主席国，岸田邀请了东南亚国家中的印度尼西亚（G20 峰会轮值主席国）和越南领导人出席 5 月在广岛举行的 G7 扩大会议。

---

① 「開かれた、海の恵み　—日本外交の新たな5 原則—」、日本首相官邸ホームページ、http://www.kantei.go.jp/jp/96_ abe/statement/2013/20130118speech.html。

② 「共につくるインド太平洋の未来」、日本首相官邸ホームページ、https://www.mofa.go.jp/mofaj/s_ sa/sea1/vn/page3_ 002894.html。

（二）积极主导多边对话机制

现阶段，日本和东盟之间的多边合作对话机制主要包括：东亚峰会、“东盟 +1”、“东盟 +3”、东盟地区论坛（ARF）和东盟国防部长扩大会议（ADMM +），以及次区域合作机制：日本—湄公河国家峰会等。一般来说，东盟国家在这些对话机制中发挥主动和主导作用，但是，日本一直积极在这些地区多边的磋商和对话机制中，通过主导议题、设置议程和抢夺话语权来扩大和提升在东南亚地区事务中的政治影响力。两个最明显的例子就是日本与东盟特别首脑会议和日本—湄公河国家峰会。

1. 日本与东盟特别首脑会议

日本与东盟特别首脑会议一般是在每年一次的东盟、东亚峰会期间在东盟轮值主席国主办地举行。但是为了主导议题和抢夺话语权，日本邀请东盟首脑于 2013 年 12 月 13—15 日集体访日，在东京举行“日本 + 东盟”特别首脑会议。这是自 2003 年以来，东盟各国领导人首次被集体邀请到日本举行会晤。峰会的本来议题是加强经济和金融合作，但是从峰会一开始，日本首相安倍晋三就在会场内外推销日本所谓的“海洋安全”“中国威胁论”等论调，期望以经济合作为筹码，利用“金元外交”对东盟各国展开攻势，宣布今后 5 年日本将为东盟提供总计约 2 万亿日元（约合人民币 1176 亿元）的政府开发援助。①

在最后的峰会声明中，包括了旨在加强经济、防灾及安保等领域合作的内容：日本与东盟就缔结经济合作协定（EPA）达成实质性一致，今后将进一步扩大经贸合作；拓展在防灾、救援领域合作；呼吁用和平方式解决有关海洋安保领域的争端，同意加强在维护飞行自由和民航安全方面的合作；东盟期待日本为地区和平、稳定与发展做出积极贡献。但声明中并未出现日本先前希望写入的“中国防空识别区对亚太安保构成威胁”的表述。②

2023 年是日本东盟友好合作 50 周年，日本计划在 2023 年底邀请东盟

① 「ASEANへODA2 兆円　首相、特別首脳会議で表明へ」、『朝日新聞』、2013 年 12 月 14 日。
② 『「飛行の自由へ協力強化」　日・ASEAN 首脑声明』、『朝日新聞』、2013 年 12 月 14 日。

十国首脑齐聚东京举行特别首脑峰会，并发表未来十年双方合作新愿景，将日本东盟关系提升到新阶段。

2. 日本与湄公河流域国家首脑峰会

湄公河五国地处中南半岛，海上连通太平洋与印度洋，陆上连接中国、印度及东南亚其他各国等亚洲各大新兴经济体，战略位置极为重要。20 世纪 90 年代以来，随着全球冷战结束和地区局势日趋稳定，该地区逐渐焕发活力，成为当今世界经济发展最活跃和最具潜力的地区之一。日本在地理上尽管并非湄公河流域沿线国家，但是却长期花钱出力，积极谋求介入该地区事务。近年来，日本通过各种形式致力于加强与湄公河国家的合作力度，加大在该地区的渗透。日本—湄公河国家首脑峰会就是由日本主导的多边合作对话机制。

2008 年，日本与湄公河五国首次外长会议在东京举行，将“信任、发展、稳定”确定为日本与湄公河五国加强合作的关键词。2009 年，首届日本—湄公河国家峰会在东京召开，会议通过《东京宣言》，将湄公河地区综合发展、共同应对环境与气候变化、扩大合作交流定为日湄合作三大支柱，并确定今后每年举行首脑峰会且每三年由日本主办一次，每年举行外长会议和经济部长会议，并定期召开高级实务者会议，日湄合作走向机制化。此后，双方又先后通过了指导未来三年日湄合作的《东京战略 2012》《新东京战略 2015》及配套的行动计划、《东京战略 2018》。特别是 2018 年首脑峰会上通过的《东京战略 2018》，提出日湄合作新三大支柱，其语言更加简练的同时，内涵却更加丰富，分别是：（1）实现有效的联通性；（2）建设以人为中心的社会；（3）实现“绿色湄公河”。该战略还提出今后行动计划的落实要和联合国《2030 年可持续发展议程》、实现“自由开放的印太地区”、“伊洛瓦底江—湄南河—湄公河经济合作战略”协同发展。

2020 年 11 月 13 日，受新冠疫情的影响，日本与湄公河流域国家第十二次首脑峰会首次通过线上会议的方式举行，日本首相菅义伟表示将加强对湄公河流域国家在海洋安全保障和海洋权益保护等方面的支援，今后 1 年内，至少对 100 名当地工作人员提供执法能力的培训。同时，为了帮助湄公五国能够在缔结基础设施等合同方面有保障，日本将向各国派遣法律、财会方面的专家，提供法律援助。此外，日本还将在提高供应链的韧性等方面向湄公五国提供援助。

纵观日本—湄公河国家峰会十余年历程可知，日本结合国际战略环境的变化和本国政治经济发展战略的演变，不断调整、更新日本与湄公河五国的合作路径，其战略意图日益明确，就是要致力于全面加强日本在该地区的影响力，并以“高质量”“重环保”等关键词来凸显与中国的差异。目前，日本和有关国家基于“面向2030年的可持续发展的日湄倡议”，正努力争取在气候变动、防灾、海洋污染和水资源管理等方面确立日本标准，在地区合作中发挥主导作用。

二　积极拓展安全合作领域

2010年以来，在中日实力对比发生逆转、美国推行亚太再平衡战略和印太战略，以及日本国内加速“正常国家化”步伐等因素的共同影响下，日本大幅调整军事安全政策，提升东南亚各国在日本国家安全战略中的地位。尤其是安倍晋三在2012年底再次出任日本首相后，日本的“军事崛起”呈现正面突破、全面推进的特点，而积极参与地区安全事务，增强能力并扩大影响力成为日本谋求国防正常化和军事大国化的重要路径之一。安倍政府通过发表“安保三箭”，进一步明确日本对东南亚各国安全合作的战略定位，将东盟视为“占据日本海上通道要冲的传统伙伴”。在日本国家安全战略的排序中，东盟居于美国、韩国、澳大利亚之后的第四位。日本还将与包括东南亚国家在内的亚太国家加强双边和多边安全合作，将其作为构筑“统一机动防卫力量”的组成部分。① 这些都表明日本对亚太地区的安全战略重心进一步移向东南亚，同时将矛头直指中国。

这一阶段，日本积极插手和介入南海问题，利用各种双边和多边会谈的机会，鼓吹应依据国际法解决南海问题，鼓动东盟国家联手制衡中国。

① 「国家安全保障戦略」、日本内閣官房ホームページ、http://www.cas.go.jp/jp/siryou/131217anzenhoshou/nss-j.pdf。

同时，日本依托日美同盟，以南海声索国为重要战略支点国家，加大外交攻势。安倍对东南亚的外交活动富含军事要素，积极开展防务外交，致力于提升日本在地区安全事务中的发言权和影响力，并借机拉拢东南亚国家合纵连横制衡中国。日本通过武器装备出口与援助、人员培训和联合演习等多层援助体系，帮助相关国家提高海上安保能力，助推这些国家对中国采取强硬立场，借机加强日本在南海地区的政治、安全影响力。

近年来，日本主要从以下几个方面着手，努力深化对东南亚安全合作。

（一）大力推进战略性国际防卫合作

2015 年 12 月 16 日，安倍在自卫队高级干部会议训示时称，“希望大胆推进战略性的国际防卫合作”。为此，日本通过双边、多边两个层面积极推进与东南亚各国的防卫合作机制。

1. 日本通过积极的首脑外交，力促双边防务关系从简单的交流上升到机制化合作关系

近年来，安倍多次出访东南亚地区，打着“积极和平主义”的旗号，将加强防务合作作为会谈焦点。日本防卫大臣和自卫队高级官员也与东南亚各国军方高层互动频繁，互访和对话的级别与密度都是前所未有的。日本还积极推动与东南亚各国完善安全对话机制。2015 年，印度尼西亚成为东盟国家中首个与日本举行外长和防长“2 +2”磋商的国家。日本还谋求与东南亚各国将“2 +2”机制扩大到由外交、防卫、海洋安全相关部门官员参加会谈的“3 +3”机制。2022 年 4 月 9 日，日本与菲律宾举行首次“2 +2”会谈，菲律宾是继美、英、法、德等国后，第 9 个与日本建立了外长、防长“2 +2”会谈关系的国家，也是东盟内自印度尼西亚后第 2 个与日方进行此类高级别磋商的成员国。

2. 日本积极参与东南亚地区多边安全机制的构建，意图发挥主导作用

首先，日本积极利用东盟防长扩大会议（ADMM +）、ARF 等地区多边安全对话机制，在推动地区海上安全合作、为日本积极介入南海问题搭建平台的同时，借机推动南海问题国际化。

其次，日本防卫省牵头积极加强与东盟国防部门的多边对话。除年度

日本东盟副部长级防务会议外，2014 年 11 月，日本启动与东盟两年一次的防长会议，双方确认将在海洋安全和灾害救助等领域加强合作。在 2016 年的第二届日本与东盟防长会议上，时任日本防卫大臣的稻田朋美发表了对东南亚安全领域合作新倡议——“万象愿景”，将促进东盟与日本共享海空领域国际法认识、为东盟在海空领域加强能力建设和综合运用多种手段加强东盟“应对各种挑战”的能力三方面作为未来日本与东盟深化安全合作的方向。[①] 2019 年 11 月，在日本东盟防长会议上，时任防卫大臣的河野太郎向东盟各国防长发表了“万象愿景”的升级版“万象愿景 2.0”，意在进一步加强与东盟各国的防务合作。

再次，日本还积极参与以亚洲安全峰会（香格里拉对话）为代表的具有 1.5 轨性质的防务对话机制，拉拢东南亚各国共同制衡中国。

最后，2023 年 3 月，日本防卫副大臣井野俊郎出席日本与东盟防务部门人士会议时透露，防卫省加入了东盟成员国在国防部之间开设的紧急热线，日本成为首个加入该机制的东盟域外国家。双方可以在发生紧急事态时，通过保密线路保持顺畅联络。

（二）全面助力东南亚各国提升安保力量

在日本国内法制不断自我“解禁”，援助机制日益完善的情况下，积极推进与东南亚各国在防卫装备与技术转移、“能力建设”支援和联合军演等方面的实质性合作关系，是近年来日本间接介入南海局势，实现安全和外交领域海洋战略目标的重要手段。

1. 防卫装备和相关技术转移

首先，日本不断完善国内法制，采取各种措施加速向东南亚各国转移防卫装备与相关技术。自 2014 年以“防卫装备转移三原则”取代自 1967 年颁布的“武器出口三原则”、2015 年初通过新版《开发援助大纲》解禁对外国军队“非军事目的援助”以来，2017 年 5 月，日本又通过了修改后的《自卫队法》，允许自卫队所持的二手防卫装备可以免费

---

① 「ビエンチャン・ビジョン～日 ASEAN 防衛協力イニシアティブ～」、日本防衛省ホームページ、http://www.mod.go.jp/j/press/youjin/2016/11/16_1.pdf。

或低价转让给他国，为日本向东南亚各国援助二手防卫装备大开方便之门。此外，日本由防务省、外务省牵头，积极向以南海问题主要声索国为首的东南亚各国系统推介日本军事装备。2015 年 10 月 1 日，日本防卫省正式新设防卫装备厅，其功能是扩大日本国内防卫装备出口。2022 年 12 月，日本政府修改《国家安全保障战略》等三份安保政策文件，突破诸多战后禁忌，并计划进一步放宽“防卫装备转移三原则”及其运用指针，扩大武器对外出口。2023 年 2 月 10 日，日本政府在内阁会议上通过了支援防卫产业的生产基础强化法案，将创设基金，支持防卫装备出口。

在东南亚各国中，日本已先后与菲律宾、马来西亚、印度尼西亚、越南及泰国五国签署《防卫装备品与技术转移协定》，并于 2020 年签署首笔订单，由日本三菱电机公司向菲律宾国防部出售四台预警雷达。2022 年 10 月，日本防卫省宣布已完成一台雷达的生产，并在菲律宾空军在场的情况下，完成了出口前的检查，即将移交菲方。同时，10 月 4 日，日本航空自卫队还向菲律宾空军人员提供了使用该雷达的培训课程。[①] 日本自卫队还在国内外多次举办装备展销会，邀请东南亚各国防卫部门官员参加，积极推介日本的武器、防卫装备和防灾设备。

其次，日本以帮助东南亚各国提高海上执法能力为目标，积极向东南亚各国援助巡逻船和飞机。近年来，日本利用 ODA 向东南亚各国准军事力量，如越南海警、菲律宾海岸警卫队、印度尼西亚海上保安厅、马来西亚海上法令执行厅等提供了数十艘巡逻舰船，部分船只已陆续开始交付。尤其是 2017 年 1 月，日本向马来西亚交付 2 艘刚刚退役的大型巡逻船，这是日本海上保安厅首次直接向对象国提供巡逻船。此外，日本为帮助南海主权声索国提高空中监视能力，计划加大对东南亚各国的飞机援助。2016 年 9 月日菲达成协议，日本向菲律宾租借五架 TC－90 运输教练机，用于菲律宾海上巡逻。此后，日本不仅在海自德岛航空基地

---

① 「フィリピンへの警戒管制レーダーの移転について」、日本防衛省ホームページ、https://www.mod.go.jp/j/press/news/2022/10/03a.html。

培训菲律宾海军飞行员，还培训了菲律宾海军的设备维修人员。2017年8月时任日本外务大臣的河野太郎在美国参加"2+2"会谈后对记者宣称，日本将在今后三年向"印太"地区多国提供约5亿美元（550亿日元）的经济援助，用于帮助这些国家提高海上安保能力，其中越南等东南亚国家将是援助的重点对象。[①] 日本防卫省于2019年3月开始向菲律宾交付无偿转让的陆上自卫队UH-1H多功能直升机的零部件，并于2019年9月全部交付完毕。2020年1月初日本政府还宣布将与马来西亚政府在飞机部件制造方面开展合作，这也是日本与东盟国家间达成的首个双边国防工业合作协议。

2. "能力建设"支援

2012年以来，日本面向东南亚各国，加速提供在人道主义救援、救灾、PKO、扫雷、防卫医学、海洋安全保障等方面的"能力建设"支援。2017年4月，日本海上保安厅又成立专门机构，新设职位"海上保安国际合作推进官"，致力于帮助东南亚国家提升海上安全机构的执法能力。近年来，日本防卫省和自卫队突出海洋安全特色，一方面派遣教员直接赴东南亚各国提供人才培训。主要培训项目包括舰船维护、海洋学、海洋国际法、潜水医学、飞行安全、国际航空法、航空医学、航空气象、设施建设、人道主义救援与救灾、PKO、卫生等科目，大部分与海洋安全相关。其中对越南的培训项目最多，以潜水医学、航空医学、飞行安全等项目为主。另一方面，日本还直接邀请东南亚各国军方人员赴日观摩、研修自卫队的教育训练等。2020年1月26日至2月7日，日本国际协力机构邀请新加坡、文莱、东盟秘书处以及泰国东盟—日本网络安全能力建设中心的网络安全官员到东京学习，向他们介绍日本政府的信息安全管理方法，并加深了他们对网络安全标准化趋势的理解。

此外，日本还积极联手美澳等国，通过东南亚各国的"能力建设"支援，加强对南海的介入。2015年举行的日美澳三国防长会议上，三国确认将在海洋安全保障领域加强合作。此外，2016年1月，日英"2+2"会谈

---

① 「海洋安保能力の強化へ5億ドル 河野外相が表明」、『日本経済新聞』、2017年8月18日。

后发表联合声明，宣布将在支援东南亚各国能力建设方面进一步加强合作。随后，日英两国在菲律宾共同主办了面向东盟各国的救灾培训，以协助菲律宾等国提升军事能力。2017 年 2 月，稻田朋美与美国国防部长马蒂斯一致同意将通过“能力建设”支援，加强对南海的介入。[①] 截止到 2019 年 7 月，日本向东盟成员国及东盟共提供 89 次“能力建设”支援，其中对越南的支援项目最多，达到 24 次。[②]

3. 联合军演

近年来，日本以维护开放稳定的海洋秩序、确保海上交通安全、打击海盗、保护海外日侨、防灾救灾等理由，积极参与东南亚地区的多边和双边联合演习，帮助沿海国家提升军事力量的运用水平。2017 年 4 月 1 日至 2020 年 3 月 31 日，日本与东南亚各国的双边“亲善演习”达到 28 次，其中，与菲律宾海军的共同演习达到 11 次，与马来西亚海军的共同演习达到 6 次。[③] 2021 年 7 月 5—8 日，日本航空自卫队与菲律宾空军举行了空对空人道援助和救灾双边训练，这是两国首次举行空军联合演习。2023 年 2 月 9 日，访日的菲律宾总统马科斯与岸田举行会谈，双方签订一项关于自卫队人道主义援助和救灾行动安排的协议，菲方同意简化日本自卫队赴菲参与灾害救援与人道主义行动所需手续，双方表示将继续探讨推进防务合作的途径，包括加强日本自卫队与菲律宾军队联合训练等内容。[④]

三　加速发展贸易投资合作

东南亚在日本对外经济布局中一直占据重要的地位。第二次世界大战后，日本以经济援助为突破口，积极构建与东南亚各国的经济联系。随着经济关系的深入发展，日本对东南亚的贸易和投资迅速扩大，东南亚成为

---

① 「日米同盟を強めアジアの安定に貢献を」、『日本経済新聞』、2017 年 2 月 6 日。

② 『東アジア戦略概観 2020』、日本防衛研究所ホームページ、http://www. nids. mod. go. jp/publication/east-asian/pdf/eastasian2020/j07. pdf。

③ 『令和 2 年版防衛白書』、日本防衛省ホームページ、https:// www. mod. go. jp/j/publication/wp/wp2020/html/ns035000. html。

④ 「日・フィリピン首脳会談」、日本外務省ホームページ、https://www. mofa. go. jp/mofaj/s_ sa/sea2/ph/page 1_ 001505. html。

日本重要的外商投资目的地、工业制品和机械设备的出口市场，以及能源和资源的供给来源地。

（一）日本与东南亚的贸易格局

1. 东南亚是日本重要的出口目的地和进口来源地

在过去的几十年中，日本对东南亚的贸易规模显著增长。如图4－1所示，日本对东南亚的出口额由1976年的63.3亿美元增长至2022年的1182.1亿美元，进口额由90.3亿美元增长至1346.1亿美元。

从不同时间阶段来看，自20世纪80年代中期开始，日本对东南亚的出口和进口快速增长，这一趋势一直保持到20世纪90年代中期，并且出口的增长较进口更为显著。此后，受两次金融危机的影响，出口和进口均出现波动，但在2003—2008年间，仍然实现了连续的正增长。至2012年，日本对东南亚的出口和进口分别达到阶段性最高峰的1293.8亿美元和1291.7亿美元。此后日本对东南亚的贸易再次出现较大波动，2013—2016年间明显收缩，2017—2019年又有所恢复。2020年，受疫情冲击，日本对东南亚的出口和进口均出现大幅下降，2021—2022年又恢复增长。至2022年，日本对东南亚各年的出口和进口分别为1182.1亿美元和1346.1亿美元。

在贸易收支方面，1991—2000年间，日本对东南亚的贸易存在显著顺差，最高的年份能达到近300亿美元。2001年以后，顺差与逆差交替出现，且与进出口贸易额相比，大多数年份顺差或逆差额并不显著。2022年，日本对东南亚出现较大额度的逆差，逆差额为163.9亿美元，这主要由于国际政治局势紧张、供应链动荡带来能源、原材料进口价格上升的缘故。

东南亚在日本对外贸易中一直占有较高的份额。如图4－1所示，1991年以后，东南亚在日本出口总额中所占的比重基本保持在12%以上，而进口比重则一直保持在13%以上。近年来，东南亚在日本总出口和总进口中所占的份额维持在15%左右。

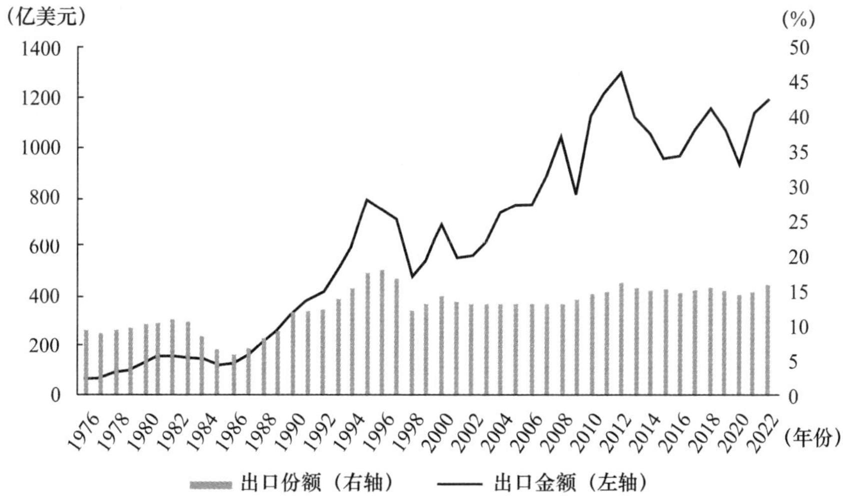

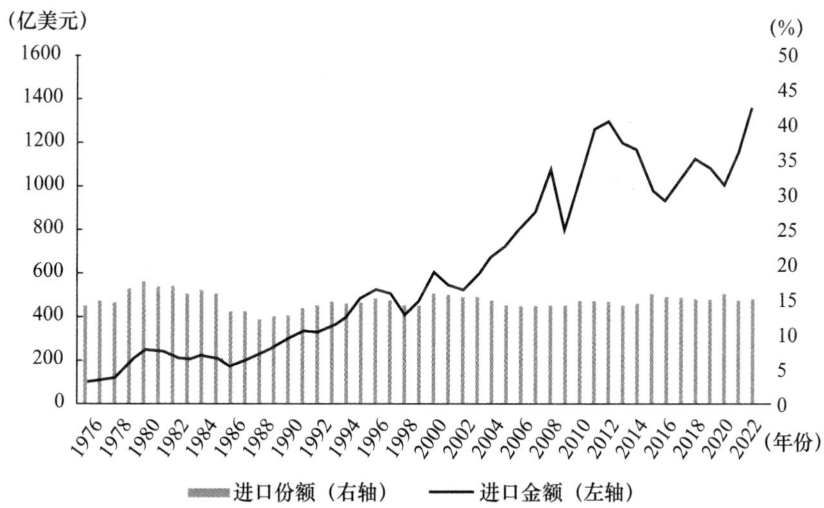

图4－1 日本对东南亚的商品贸易概况（1976—2022年）

说明：出口金额为日本对东南亚的商品贸易出口额，出口份额为其占日本对外贸易出口总额的比重；进口金额为日本对东南亚的商品贸易进口额，进口份额为其占日本对外贸易进口总额的比重。表中所统计的东南亚国家包括文莱、柬埔寨、印度尼西亚、老挝、马来西亚、缅甸、菲律宾、新加坡、泰国、越南，共十个国家。东帝汶由于数据缺失较多，没有列入。1976年日本对柬埔寨的出口数据缺失。

资料来源：UN Comtrade Database，http://comtradeplus. un. org/data/.

泰国、新加坡、印度尼西亚、马来西亚和菲律宾五个东盟创始成员国是日本在东南亚主要的贸易伙伴，日本与越南双边贸易额的迅速增长也十分引人注目。如图 4 –2 所示，2022 年，日本对泰国、越南、印度尼西亚、马来西亚、新加坡、菲律宾的进出口贸易额分别占日本对东南亚总贸易额的 23.4%、17.8%、17.3%、16.8%、12.7%、9.1%，合计为 97.1%。其中，越南在日本对东南亚整体贸易中所占的比重，从 2000 年的 3.6% 左右逐渐上升至 2022 年的 17.8%。

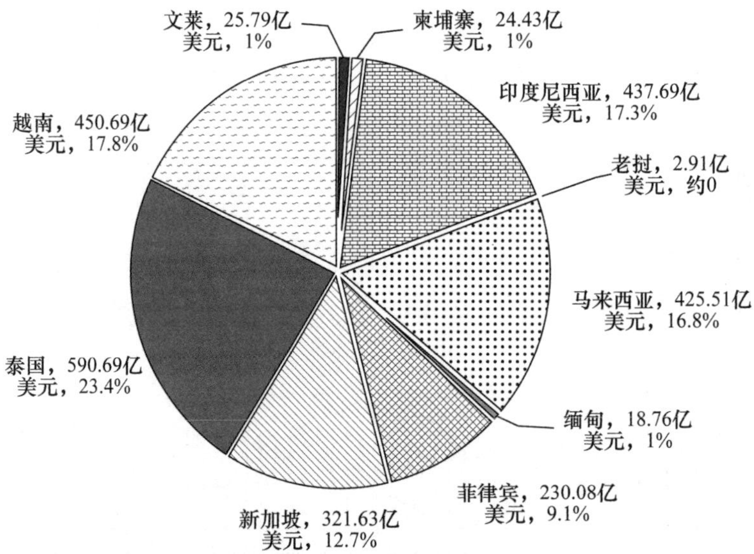

图 4 –2　日本对东南亚各国的商品贸易额（2022 年）

说明：图中数据为日本对东南亚各国的进出口贸易额，百分比为其占日本对东南亚整体贸易的比重。

资料来源：UN Comtrade Database，http://comtradeplus.un.org/data/.

2. 以工业制品和机械设备为主的出口结构

东南亚是日本重要的工业制品和机械设备出口市场。如表 4 –1 所示，2010 年以来，工业制成品在日本对东南亚出口总额中所占的比重保持在

17%—21%；一般机械的出口比重保持在17%—24%；电气设备的出口比重大部分年份在20%左右，比重较高的年份能够达到23%左右，其中，半导体等电子零部件、电路设备等是日本出口的主要商品；运输设备的出口比重为10%—15%，其中，汽车和汽车零部件是日本出口的主要商品。

表4－1　　日本对东南亚的出口结构（2010—2020年）　　单位:%

	2010	2011	2012	2013	2014	2015	2016	2017	2018	2019	2020
食品	0.53	0.60	0.61	0.74	0.76	0.86	0.90	0.91	1.02	1.15	1.43
原材料	1.16	1.22	1.26	1.46	1.65	1.69	1.63	1.63	1.61	2.17	2.97
矿物燃料	3.79	4.37	2.92	3.58	3.54	2.82	1.98	2.32	2.10	1.83	1.77
化学制品	8.36	8.45	7.45	8.14	8.74	8.58	8.86	9.05	9.33	9.74	10.97
工业制成品	18.92	19.39	19.40	20.69	20.18	18.94	18.30	18.23	18.94	17.99	17.23
一般机械	21.13	21.29	23.34	21.11	20.96	20.50	19.61	19.00	18.91	18.61	17.21
电气设备	22.20	19.92	20.14	19.32	19.82	19.45	20.05	20.01	20.45	20.52	23.36
运输设备	12.65	12.73	14.23	13.58	12.28	13.19	13.65	12.82	12.32	13.24	10.28
其他	11.28	12.02	10.66	11.39	12.07	13.98	15.02	16.03	15.33	14.74	14.79

说明：表中数字表示该项商品占日本对东南亚出口总额的比重。表中所统计的东南亚国家包括文莱、柬埔寨、印度尼西亚、老挝、马来西亚、缅甸、菲律宾、新加坡、泰国、越南，共十个国家。

资料来源：日本貿易振興機構（JETRO）、https://www.jetro.go.jp/world/japan/stats/trade/。

3. 矿物燃料在进口中占比下降，制造业生产网络进一步深化

食品、原材料和矿物燃料在日本对东南亚的进口中占有较大的份额，但近年来，矿物燃料的进口比重明显下降。如表4－2所示，2011—2014年间，矿物燃料在日本对东南亚进口总额中所占的比重均超过30%，此后迅速下降，至2020年，仅为9.54%；原材料的进口比重也由2010年的11.05%下降至2020年的7.19%。

与此相对应，工业制成品和一般机械的进口比重有所上升，电气设备的进口比重则由2010年的17.33%上升至2020年的22.98%，有比较明显的提高，这反映了日本与东南亚产业内贸易的增长，说明日本在东南亚的

生产网络进一步深化。此外，被归类为"其他"的服装及配饰，进口比重由2010年的2.32%逐渐上升至2020年的8.31%，反映了日本劳动密集型制造业产业链的调整。

表4－2　　日本对东南亚的进口结构（2010—2020年）　　单位:%

	2010	2011	2012	2013	2014	2015	2016	2017	2018	2019	2020
食品	7.68	7.81	7.63	7.52	7.55	8.45	9.05	8.50	7.99	8.42	8.80
原材料	11.05	9.73	7.09	6.71	6.97	7.55	7.53	7.51	7.91	6.42	7.19
矿物燃料	28.24	33.58	36.51	33.86	30.37	21.71	15.42	15.69	14.43	12.45	9.54
化学制品	5.49	5.64	5.95	5.73	5.87	6.17	7.25	6.87	7.57	7.21	7.76
工业制成品	8.43	8.53	7.93	8.80	9.11	9.94	10.54	9.92	10.23	10.63	10.02
一般机械	7.25	6.16	6.09	6.24	6.72	7.79	7.74	8.02	8.59	8.04	8.35
电气设备	17.33	14.67	14.03	14.95	15.62	17.84	19.51	21.64	20.76	22.27	22.98
运输设备	2.02	1.78	2.26	2.35	2.55	2.53	2.92	2.72	2.75	2.82	3.29
其他	12.52	12.09	12.50	13.84	15.24	18.02	20.04	19.12	19.77	21.74	22.08

说明：表中数字表示该项商品占日本对东南亚进口总额的比重。表中所统计的东南亚国家包括文莱、柬埔寨、印度尼西亚、老挝、马来西亚、缅甸、菲律宾、新加坡、泰国、越南，共十个国家。

资料来源：日本貿易振興機構（JETRO）、https://www.jetro.go.jp/world/japan/stats/trade/。

（二）日本对东南亚的外商直接投资

1. 东南亚是日本对外投资的重要对象

日本一直将东南亚视为重要的外商直接投资目的地。如图4－3所示，进入21世纪以来，日本对东南亚的外商直接投资余额不断累积。2001—2010年间，日本对东南亚的投资余额由283.93亿美元增长至907.49亿美元；2011年起，投资余额突破1100亿美元，并逐年上升至2014年的1599.33亿美元；2015年和2016年基本持平，2017年以后再次出现显著增长；至2021年，日本对东南亚的外商直接投资余额累积至2826.42亿美元，是2001年的约十倍。

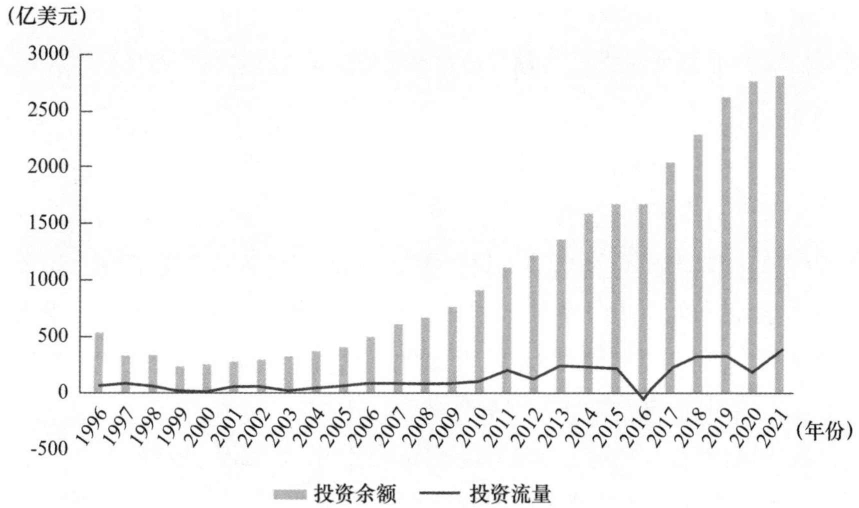

图 4－3　日本对东南亚的外商直接投资（1996—2021 年）

说明：外商直接投资流量为净流量，外商直接投资余额为年末余额。

资料来源：日本貿易振興機構（JETRO）、https://www.jetro.go.jp/world/japan/stats/fdi/。

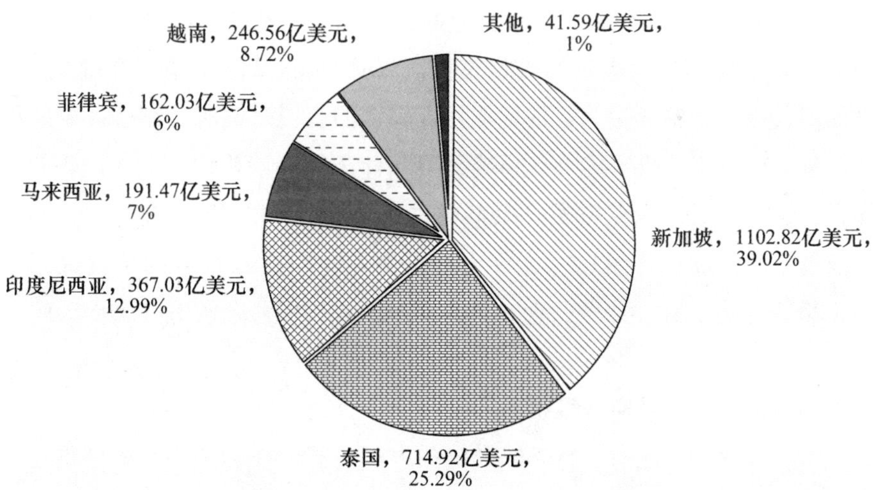

图 4－4　日本对东南亚各国的外商直接投资余额（2021 年）

说明：百分比为占日本对东南亚整体投资的比重。

资料来源：日本貿易振興機構（JETRO）、https://www.jetro.go.jp/world/japan/stats/fdi/。

日本对东南亚的投资集中在新加坡、泰国、印度尼西亚和越南，此外，马来西亚和菲律宾也占据一定份额。如图4－4所示，新加坡是日本在东南亚投资最多的国家，截至2021年末，日本对新加坡投资余额1102.82亿美元，占日本对东南亚投资总余额的39.02%；泰国排在第二位，2021年末，日本对泰国投资余额714.92亿美元，占日本对东南亚投资总余额的25.29%；印度尼西亚排在第三位，2021年末，日本对印度尼西亚投资余额367.03亿美元，占日本对东南亚投资总余额的12.99%。日本对越南的投资余额由2010年时仅有45.01亿美元迅速增长至2021年的246.56亿美元；2021年末，越南在日本对东南亚投资总余额中占比8.72%。

2. 非制造业占比超过制造业，机械设备仍是投资的重点行业

日本对东南亚的外商直接投资结构曾以制造业为主。截至2014年末，制造业在日本对东南亚的投资总余额中占比55.46%，非制造业占比44.54%。[①] 但是，近年来，日本对东南亚非制造业的投资大幅增加，到2021年末，制造业在日本对东南亚的投资总余额中占比48.20%，非制造业占比则上升至51.80%，非制造业的比重超过制造业。特别是投资余额最高的新加坡，非制造业的投资占比已经达到68.24%。在非制造业中，批发零售业、金融保险业等是日本投资较多的行业。同时，制造业中的机械设备等行业仍是投资的重点领域，2021年末，一般机械、电气设备和运输设备在日本对东南亚投资总余额中占比合计为20.77%。此外，在制造业投资方面，疫情暴发以来，日本对东南亚化学医药行业的投资大幅增加，2021年末，化学医药行业在日本对东南亚投资总余额中占比8.39%。

四　持续提供政府开发援助

第二次世界大战后，日本以经济援助和经济合作为中心，积极重建与东南亚各国的经济联系。在对东南亚实施政府开发援助（ODA）的过程中，日本逐渐形成了贸易、投资、援助“三位一体”的对外经济合作方

---

① 「国際収支統計（IMF国際収支マニュアル第6版ベース〈2014年1月取引分~〉）」、日本銀行、https://www.boj.or.jp/statistics/br/bop_06/index.htm/。本段下同。

式，将 ODA 与贸易投资结合起来。一方面，利用政府开发援助，促进贸易和投资的增长，开拓东南亚市场，确保能源和资源的供给；另一方面，积极争取东南亚各国在政治、安全和国际事务中对日本的支持。

自 20 世纪 50 年代中期开始，东南亚成为日本实施政府开发援助的优先对象。此后，随着日本 ODA 目标区域逐步扩大，东南亚在日本 ODA 总额中所占的份额相对缩小，但仍然是日本实施 ODA 的主要对象之一。根据日本外务省统计数据，2020 年，日本对东南亚政府开发援助支出总额为 48.26 亿美元，在日本对世界政府开发援助支出总额中占比为 28.54%。[①] 其中，印度尼西亚、菲律宾、缅甸和越南是日本对东南亚实施政府开发援助的重点国家，2020 年，日本对上述四国的 ODA 支出总额分别为 13.70 亿美元、11.51 亿美元、10.94 亿美元和 6.20 亿美元。

现阶段日本对东南亚政府开发援助的重点在于交通、电力、通信、物流，以及供水排水系统等基础设施建设项目。例如，日本对越南实施日元贷款项目，用于越南南北高速公路胡志明市—油曳路段、岘港—广义路段，以及边沥—隆城路段等的工程建设；日本对印度尼西亚的政府开发援助重点之一则在于以首都圈为中心，完善基础设施建设，在这一领域，日本与印度尼西亚签订数项日元贷款项目，用于雅加达都市高速铁路建设项目、雅加达首都圈铁路运输能力强化项目等。特别是近年来，日本着重强调“高质量基础设施”的理念，对基础设施更加关注。

除基础设施建设外，日本对东南亚的政府开发援助还包括农业和农村开发、技术和管理人才培训、教育和医疗设施改造、医疗保健和社会保障体制整备、贫困消减和粮食援助，以及环境问题和灾害防治等多个方面。

五　主动推进区域经济合作

（一）双边与区域经济伙伴关系深化发展

日本将东南亚作为发展双边和区域经济伙伴关系的优先对象。2002

---

① 「開発協力白書・ODA 白書」、日本外務省、https://www.mofa.go.jp/mofaj/gaiko/oda/shiryo/hakusyo.html。本段下同。

年，日本外务省发表题为《日本的 FTA（自由贸易协定）战略》的政策报告，提出日本构建 FTA 应优先考虑韩国和东盟主要成员国，并在中长期将中国和东亚其他国家，以及大洋洲国家考虑在内。① 2004 年，日本推出《关于今后推进 EPA（经济伙伴关系协定）的基本方针》，再次强调了东南亚在日本对外经济合作中的重要地位，提出通过缔结经济伙伴关系协定，促进东亚共同体的构建，形成对日本有利的国际环境。②

2002 年，日本与新加坡签订经济伙伴关系协定，成为日本签订的第一项双边 EPA。2006—2008 年间，日本分别与马来西亚、泰国、印度尼西亚、文莱和菲律宾签订双边经济伙伴关系协定，并于 2008 年 12 月成功签订了日本—东盟全面经济伙伴关系协定（AJCEP），成为日本第一个区域性 EPA，将尚未与日本缔结双边 EPA 的东盟国家柬埔寨、老挝、缅甸也涵盖在内。2009 年，日本—越南 EPA 签订，成为越南的第一项双边经济伙伴关系协定。此后，日本 FTA 战略的重点逐渐转向 TPP 和 RCEP 等广域自由贸易协定，而东南亚国家则是其中的重要成员。

（二）RCEP 的签署和生效

2011 年 8 月，在“ASEAN + 6”经济部长会议上，中国和日本共同提议设立贸易和投资自由化工作小组，基于中日共同提案，东盟在同年 11 月的东亚领导人会议 · ASEAN + 3 领导人会议上，提出了新的东亚全面经济伙伴关系（RCEP）构想，在 16 国之间设立关于贸易和投资自由化的三个工作小组，RCEP 框架下广域经济合作进入具体讨论阶段。2012 年 8 月，为推进政府间关于 RCEP 的讨论，第一次东盟与各 FTA 伙伴国经济部长会议召开，会议通过了《RCEP 谈判的基本方针与目标》，在同年 11 月东亚系列峰会上，RCEP 谈判正式启动。

经过八年的谈判，在印度退出的情况下，2020 年 11 月 15 日，涵盖 15 个成员国的《区域全面经济伙伴关系协定》正式签署。2022 年 1 月 1 日，RCEP 正式生效。作为全球覆盖人口最多、经贸规模最大的自由贸易区，

① 「日本のFTA 戦略」、日本外務省、http://www.mofa.go.jp/mofaj/gaiko/fta/senryaku.html。

② 「今後の経済連携協定の推進についての基本方針」、日本内閣府、http://www.mofa.go.jp/mofaj/gaiko/fta/hoshin_0412.html。

RCEP 的签署和生效对于区域供应链的健全和发展意义重大。同时，作为日本与中国、韩国间的首个自贸协定，RCEP 对于推动日本对外贸易和投资乃至宏观经济发展也有着积极意义。在 RCEP 框架下，中国对日本制造业产品免税的比例将由 RCEP 生效前的 8% 逐渐扩大到 86%，韩国将由 RCEP 生效前的 19% 逐渐扩大到 92%；特别是在汽车领域，汽车零部件等的关税将在最长 20 年左右的时间内逐步被废除，对于日本汽车产业是重要利好因素。同时，RCEP 的作用不仅在于降低关税，还在于贸易和投资规则的规范和统一。RCEP 的生效可以消除规则不统一的障碍，使区域内规则和手续共通化，提升通关便利性和商务活动的便利性，有利于跨国企业在整个区域内开展业务和进行布局。

（三）从 TPP 到 CPTPP

日本于 2013 年 7 月正式宣布参与美国主导的 TPP 谈判。2015 年 10 月 5 日，美国、日本、澳大利亚、文莱、加拿大、智利、马来西亚、墨西哥、新西兰、秘鲁、新加坡和越南 12 个谈判国就协议内容达成一致。2016 年 2 月 4 日，12 国在新西兰奥克兰正式签约，一旦协定生效，将成为占全球 GDP 总量约 40% 的全球最大自由贸易区。2017 年 1 月 20 日，日本政府内阁会议批准该协定，成为 12 个成员国中首个完成 TPP 国内批准程序的国家。然而，短短几天后的 1 月 23 日，美国总统特朗普签署行政命令，正式宣布美国退出 TPP。

在美国退出的情况下，日本安倍政府一方面仍极力说服特朗普重返 TPP，另一方面则积极游说其余 10 个国家，力主推进 11 国参与的 TPP 尽快生效。2017 年 3 月，美国宣布退出后的首次 TPP 部长级会议在智利举行，除美国外的 11 个 TPP 成员国发表共同声明，重申将继续推进该协议。2017 年 11 月，以日本为首的 11 国在越南岘港经过复杂谈判，终于达成框架协议，决定将 TPP 正式更名为 CPTPP。2018 年 1 月，在日本东京举行的首席谈判官会议上，与会各国就 CPTPP 的最终文本达成协议。同年 3 月，11 国在智利圣地亚哥正式签署新协议。2018 年 12 月 30 日，CPTPP 正式生效。

日本一改过去紧紧追随美国的做法，扮演"后来者居上"的角色，主导 CPTPP 的签署和成功生效，其主要战略动因在于：抢占区域合作战略先机，主导 21 世纪全球经贸规则制定；促进日本对外贸易与投资，在双边和区域贸易谈判中占据有利地位；积极拓展亚太市场，优化亚太产业链布局；提升日本在国际经贸领域的战略地位和国际形象，推动 CPTPP 成为高标准经贸规则的范本。生效后的 CPTPP 已经启动扩容谈判，不仅会影响亚太区域经济一体化进程，也为日本经济发展带来收益，推动日本对外经济战略目标的实现。

第三节　日本在南亚的政经布局

第二次世界大战后至冷战结束前，日本主要追随美国的南亚政策，通过经济外交与南亚各国发展经贸合作。冷战结束后，尤其是 1998 年印度和巴基斯坦相继进行核试验，成为公开拥有核武器的国家后，南亚次大陆在全球政治和安全中的重要性日益提高，日本也逐渐改变对南亚政策，不断提升对南亚各国的重视程度。2012 年安倍晋三再次担任日本首相以来，大力加强与以印度为首的南亚各国的外交关系，全面推进在该地区的政经布局，从政治、经济、安全保障、人文交流等多个层面，全方位发展与南亚各国的关系，在极力拉拢南亚各国的同时，也依托这些国家借机扩大日本的国际影响。

一　拓展外交关系、加强安保合作

（一）大力拓展外交关系

进入 21 世纪以来，日本从战略上逐渐重视南亚地区，在增加与南亚各国高层互访、大力提升双边关系层次的同时，积极参与南亚区域合作机制，力争通过多边场合发挥积极作用。

1. 通过高层互访提升关系层次

进入 21 世纪以来，日本改变过去几十年鲜有与南亚各国首脑互访的惯例，日本首相不仅多次访问南亚各国，而且还邀请南亚各国首脑多次访问日本。日本与南亚各国之间部级以上的高层互访次数更是大增。印度不仅是南亚地区最重要的国家，同时也是世界上正处于崛起中的大国。因此，加强对印外交成为日本南亚外交的重中之重。日印之间高层往来日益频繁，双边关系提升迅速。日本正通过大力发展对印外交关系，助推本国的南亚外交政策。

2000 年 8 月，时任日本首相森喜朗访问孟加拉国、印度、巴基斯坦和尼泊尔南亚四国，这是日本首相时隔十年再次访问南亚次大陆国家，同时也是日本首相首次访问尼泊尔，成为日本加强与南亚外交关系所迈出的重要一步。森喜朗一方面努力呼吁印、巴停止新的核试验，在《全面禁止核试验条约》上签字，并极力调停两国在克什米尔问题上的对立，力促两国开展对话；另一方面则极力拉拢南亚各国，游说各国支持日本成为联合国安理会常任理事国。在访问印度期间，森喜朗与时任印度总理瓦杰帕伊达成协议，共同构筑“21 世纪日印全球伙伴关系”，推动日印关系步入新阶段。

2005 年 4 月，时任日本首相的小泉纯一郎访问印度和巴基斯坦。小泉与时任印度总理辛格举行会谈并发表联合声明，确定“日印全球伙伴关系”的战略方向，决定加强双方高层交流的机制化建设，启动高层战略对话，全面加强经济合作，加强安全保障对话与合作，以及加强合作争取早日实现联合国改革、安理会改革。① 此后，小泉与时任巴基斯坦总理阿齐兹举行会谈，确认双方关系进入新阶段，将在“所有领域进一步加强合作”。两国首脑一致同意，将继续推动包括首脑会谈在内的高层交流，定期举行安全保障对话和高层经济对话。②

2006 年 12 月，时任印度总理辛格访问日本，两国决定共同构筑“日印战略性全球伙伴关系”，从政治、经济以及战略性角度加强双边关系，促进两国全面合作，将日印关系提升到一个新水平。根据日印首脑会谈后发表的联合声明显示，两国决定在双边、地区、多边乃至全球层面的各种

---

① 「アジア新時代における日印パートナーシップ」、日本外務省ホームページ、http://www.mofa.go.jp/mofaj/kaidan/s_koi/asia_europe_05/india_partner.html。

② 「日・パキスタン共同宣言」、日本外務省ホームページ、http://www.mofa.go.jp/mofaj/kaidan/s_koi/asia_europe_05/pakistan_kyodo.html。

问题上进一步加强政治、外交协调。同时，双方将加强合作，进一步推动全面经济关系的发展，确立更加稳固的防卫关系，扩大技术合作、文化纽带、教育合作及人员交流。① 2007 年 8 月，时任日本首相的安倍晋三访问印度，双方确定“日印战略性全球伙伴关系”的路线图。

此后，两国首脑实现年度互访，“日印战略性全球伙伴关系”的内涵不断得到深化，日印双边关系也日益密切。2012 年安倍再次上台后，日本更加重视发展与印度的外交关系。2013 年 5 月，时任印度总理辛格访问日本，与安倍再次确认“日印战略性全球伙伴关系”的发展，双方一致同意努力推动日印关系迈入新的发展阶段。同年 12 月，日本天皇夫妇历史性地首次访问印度，凸显日印关系进一步走近。2014 年 1 月，安倍对印度进行正式访问，并与时任印度总理辛格发表联合声明，进一步加强“日印战略性全球伙伴关系”，其中，尤为引人注目的是日印在安全保障领域的合作不断加强。

2014 年 8 月底到 9 月初，印度总理莫迪访问日本，受到日方高规格接待。此次访日也是莫迪任印度总理后首次正式访问主要国家。日印首脑举行会谈后发表联合声明，决定深化在经济、政治、文化和安全保障等领域的全面合作，并再次提升两国关系，成为“特别战略性全球伙伴关系”。2015 年 12 月安倍晋三访问印度，与印度总理莫迪举行会谈，双方决定进一步深化“日印特别战略性全球伙伴关系”，以 2025 年为目标，将双边关系逐渐过渡到反映双方长期政治、经济、战略目标的“深远、广泛、以行动为指向的伙伴关系”。② 2017 年 12 月，安倍晋三访问印度，与莫迪确认将推动日本“自由开放的印度太平洋战略”和印度“东向行动政策”这两大区域战略的对接与合作。2019 年 6 月，印度总理莫迪赴日参加 G20 峰会并与安倍会谈，安倍表示日印关系是世界上最有潜力的一组双边关系，要努力争取将日印关系提升到更高水平。

① 「日印戦略的グローバル・パートナーシップ」に向けた共同声明、日本外務省ホームページ、http://www.mofa.go.jp/mofaj/area/india/visit/0612_gps_k.html。

② 「日印ヴィジョン2025　特別戦略的グローバル・パートナーシップ」、日本外務省ホームページ、http://www.mofa.go.jp/mofaj/s_sa/sw/in/page3_001508.html。

2022 年 3 月，岸田文雄任首相后日印领导人首次进行双边访问，也是新冠疫情以来，时隔三年半日印领导人再次举行线下峰会。两国领导人共同发布名为《为和平、稳定与繁荣的后疫情时代的世界建立伙伴关系》的联合声明，重申日印之间的特别战略性全球伙伴关系，确认以日印建交 70 周年为契机，深化在政治、安全及经济领域的合作，并就地区和全球性问题交换意见。日本宣布向印度提供 3000 亿日元的 ODA，并承诺未来 5 年向印度投资 5 万亿日元，支持印度强化其产业竞争力。双方还希望将日印的合作项目进一步推广到东盟国家。① 此后，2022 年 5 月和 9 月，莫迪两次到访日本，分别参加了美日澳印四边会谈和日本前首相安倍晋三的葬礼。2023 年 3 月 19—21 日，岸田再次访问印度，并发布了印太构想新计划。提出印太构想新四大支柱为：坚持和平原则与繁荣规则；应对印太地区粮食危机、气候变迁、卫生健康等各种问题；通过多种平台实现“连接性”；确保从海域扩展到空域的安全。为实现上述目标，岸田承诺到 2030 年前，通过官民合作向印太地区投入 750 亿美元以上的资金，支持该地区的基础设施建设。② 岸田还与莫迪举行会谈，就国防装备、科技、贸易、卫生及半导体供应链等双边合作进行交流。岸田邀请莫迪出席 2023 年 5 月在日本广岛举行的 G7 首脑峰会（详见表 4－3）。

表 4－3　　　　2000—2023 年以来日印首脑互访情况

2000 年 8 月	日本首相森喜朗访问印度	构筑“21 世纪日印全球伙伴关系”
2001 年 11 月	印度总理瓦杰帕伊访问日本	基于“日印全球伙伴关系”，加强全面对话与合作
2005 年 4 月	日本首相小泉纯一郎访问印度	确定“日印全球伙伴关系”的战略方向
2006 年 12 月	印度总理辛格访问日本	决定构筑“日印战略性全球伙伴关系”
2007 年 8 月	日本首相安倍晋三访问印度	确定“日印战略性全球伙伴关系”路线图

① 「日印首脳共同声明：『平和で安定し、繁栄した新型コロナ後の世界のためのパートナーシップ』」、日本外務省ホームページ、https://www.mofa.go.jp/mofaj/files/100319655.pdf。

② 「インド太平洋の未来～『自由で開かれたインド太平洋』のための日本の新たなプラン～“必要不可欠なパートナーであるインドと共に”」、日本外務省ホームページ、https://www.mofa.go.jp/mofaj/files/100477774.pdf。

续表

2008 年 10 月	印度总理辛格访问日本	确认进一步推进“日印战略性全球伙伴关系”
2009 年 12 月	日本首相鸠山由纪夫访问印度	确认“日印战略性全球伙伴关系”进入新阶段
2010 年 10 月	印度总理辛格访问日本	联合声明《未来 10 年“日印战略性全球伙伴关系”的愿景》
2011 年 12 月	日本首相野田佳彦访问印度	联合声明《面向建交 60 周年加强“日印战略性全球伙伴关系”的愿景》
2013 年 5 月	印度总理辛格访问日本	联合声明《超越建交 60 周年加强“日印战略性全球伙伴关系”》
2014 年 1 月	日本首相安倍晋三访问印度	联合声明《加强“日印战略性全球伙伴关系”》
2014 年 8 月	印度总理莫迪访问日本	《东京宣言》，确定“日印特别战略性全球伙伴关系”
2015 年 12 月	日本首相安倍晋三访问印度	《日印 2025 年愿景　特别战略性全球伙伴关系为实现世界与印太地区和平与繁荣而合作》，宣告日印关系进入“新时代”
2016 年 11 月	印度总理莫迪访问日本	日印关系“新时代”取得大飞跃；签署《日印原子力协定》
2017 年 12 月	日本首相安倍晋三访问印度	双方同意对接日本“印太战略”与印度的“东向行动”政策这两大区域战略
2018 年 10 月	印度总理莫迪访问日本	签订 26 个领域合作协定及备忘录，标志着日印关系不仅特别而且涉及多层次合作
2019 年 6 月	印度总理莫迪访问日本	安倍声称要将“世界上最有潜力的日印关系提升到更高水平”
2022 年 3 月	日本首相岸田文雄访问印度	联合声明《为和平、稳定与繁荣的后疫情时代的世界建立伙伴关系》
2022 年 5 月	印度总理莫迪访问日本	参加美日澳印四边会谈
2022 年 9 月	印度总理莫迪访日	参加日本前首相安倍晋三葬礼
2023 年 3 月	日本首相岸田文雄访问印度	日印作为 G7 和 G20 轮值主席国应加强合作，岸田发表印太构想新计划

除日印首脑密切互动外，日本与南亚其他几国的首脑互访也逐渐增加。2014 年 9 月，日本首相安倍晋三访问孟加拉国和斯里兰卡，这是日本首相时隔 14 年访问孟加拉国，时隔 24 年访问斯里兰卡。安倍在与两国首脑举行会谈时，确认将在外交、安保和经济等广泛领域加强合作。

2007 年 12 月，时任斯里兰卡总统拉贾帕克萨访问日本，与时任日本首相福田康夫就斯里兰卡和平进程、人权问题、经济合作、双边关系和国际问题举行会谈，斯里兰卡同意支持日本“入常”。随后，时任斯里兰卡总理维克勒马纳亚克于2008年9月访问日本，时任总统拉贾帕克萨于2013年3月再次访问日本，他们都分别与日本首相举行会谈。2015年10月，时任斯里兰卡总理维克勒马辛哈访问日本，与时任日本首相安倍晋三举行会谈并发表联合声明，决定将两国关系提升为“全面伙伴关系”，斯里兰卡表示继续支持日本成为联合国安理会常任理事国。2016年5月，时任斯里兰卡总理西里塞纳访问日本，与安倍晋三会谈后双方表示日本和斯里兰卡关系打开了“新窗口”。2017年4月，时任斯里兰卡总理维克勒马辛哈访日，与安倍晋三会谈，双方发表联合声明，将进一步“深化和扩大全面伙伴关系”。2018年3月，西里塞纳以总统身份第二次访日，并于2019年10月再次访日参加日本新天皇的即位礼。2022年9月，维克勒马辛哈总统赴日参加日本前首相安倍晋三的葬礼。

2005年时任孟加拉国总理卡莉达·齐亚访日，与时任日本首相小泉纯一郎举行会谈，双方一致同意在广泛领域维持并发展两国的紧密友好关系，共同构建面向国际社会和南亚繁荣的“牢固伙伴关系”。2010年孟加拉国总理哈西娜访问日本，与时任日本首相菅直人举行会谈并签署联合声明，决定进一步扩大双方的“牢固伙伴关系”，加强高层政策对话，扩大高层互访和各级别对话。[①] 2014年5月，孟加拉国总理哈西娜再次访问日本，与时任日本首相安倍晋三举行会谈后，双方发表联合声明，决定将两国关系从“牢固伙伴关系”升级为“全面伙伴关系”，进一步加强双边关系。哈西娜还表示孟加拉国将放弃与日本竞争联合国非常任理事国的席位。此后哈西娜还多次访日，并于2019年5月访日，与安倍晋三举行两人之间的第七次会谈，双方确认进一步推动全面伙伴关系的发展。

2002年3月，时任巴基斯坦总统穆沙拉夫访问日本，双方同意开展安全保障领域的对话及关于裁军、防止核扩散等问题的对话，并加强高级别经济协商及开展经济政策对话。此后，时任巴基斯坦总理阿齐兹和时任总统扎尔达里分别于2005年8月和2011年2月访问日本，谋求与日加强经

---

① 「日本・バングラデシュ共同声明」、日本外務省ホームページ、http://www.mofa.go.jp/mofaj/kaidan/s_ kan/PDF/112901.pdf。

济合作。2019 年 10 月，时任巴基斯坦总统阿里夫·阿尔维赴日参加日本新天皇即位礼并与安倍晋三举行会谈。

2011 年 9 月，时任不丹总理吉格梅·廷里访问日本，与时任日本首相野田佳彦举行会谈，吉格梅表示不丹将继续支持日本成为联合国安理会常任理事国。同年 11 月不丹国王旺楚克就位后首次访问日本，受到日方热情接待。2014 年 6 月，时任不丹总理策林·托杰访问日本，并与时任日本首相安倍晋三举行会谈，安倍表示将进一步加强与不丹在政治、经济、文化等领域的双边关系，并提议建立讨论两国关系的局级磋商机制，策林·托杰对此表示欢迎。2018 年 4 月，不丹总理罗泰·希林访问日本，安倍表示将在各领域进一步发展双边关系。2019 年 10 月不丹国王旺楚克第二次访日，与安倍会谈时双方表示将进一步加强“皇室、王室”交流和人文交流。

2014 年 4 月时任马尔代夫总统阿卜杜拉·亚明对日本进行正式访问，这也是马尔代夫总统首次正式访问日本。亚明与安倍晋三举行会谈后发表联合声明，确认两国是拥有“共同价值观”的伙伴，并表示支持日本“入常”。2015 年 12 月 28 日，日本外务省宣布，将于 2016 年 1 月 1 日起，在马尔代夫正式开设大使馆。2019 年 10 月，马尔代夫总统萨利赫赴日参加新天皇即位礼并与安倍晋三进行会谈，双方表示进一步加强安保和经济关系。

此外，近年来日本的内阁大臣级官员也经常访问南亚各国，建立各种对话机制，从政治、安保、经济、文化等多方面加强与南亚各国的交流与合作。

2. 参与多边机制拓展合作关系

南亚区域合作联盟（SAARC，以下简称南盟）是唯一一个囊括南亚七国的区域一体化组织，是南亚多边外交的重要平台。目前，日本正通过参与南盟首脑峰会、向南盟提供经济援助等方式，积极参与该合作机制，谋求在南亚多边外交场合发挥更大影响力。

早在 1990 年时任日本首相海部俊树访问南亚时，就表示希望能够为南盟提供适当的援助。1993 年，日本正式设立“日本—南盟特别基金”，用于资助南盟成员国之间在经济、社会和文化等领域的交流活动，同时也用于促进日本与南盟各国的交流活动，尤其是推动南盟各国青少年访日。作为2007年1月时任日本首相安倍晋三提出的“21世纪东亚青少年大交流计划”（JENESYS）的一部分，“日本—南盟特别基金”出资700万美元用于促进南亚各国与日本的青少年交流。从2007—2011年，共有910名来自南盟各国的理工科学生、日语学习者和教师、高中生等青少年赴日交流。此后，2012年日本又通过“纽带强化项目”，挑选南盟各国共计433名大学生和高中生赴日交流。2013年日本首相安倍晋三又提出了青少年交流计划“JENESYS 2.0”，目前共邀请约1247名南盟成员国的青少年访问日本。[①] 日方积极施展魅力攻势，意图通过增强软实力来提升自己在南亚地区的国际影响力。

2005年11月13日，南盟第13届首脑会议在孟加拉国首都达卡召开，南盟秘书处在同意阿富汗加入南盟的同时，决定接纳中国和日本成为观察员。日本也因此成为首批南盟观察员，这为日本拓展与南亚各国合作关系，提升日本对该地区影响力创造了有利条件。2007年4月，日本首次作为观察员参加南盟第14届首脑会议，时任日本外务大臣麻生太郎在会上表示，日本将在构建民主化与和平、促进区域合作、促进人文交流等各领域为南盟提供援助。此后，日本每一次都派出部长级官员参加南盟首脑峰会，并进一步提出将在环境、气候变化和自然灾害等领域为南盟成员国提供援助。2014年11月在尼泊尔举行的第18届南盟首脑峰会上，日方又提出将在能源、青少年交流、民主化及和平建设、防灾等领域与南盟各国加强合作。

此外，针对南盟各国共同面临电力供应难题的困境，日本从2006年开始连续召开了8次“日本—南盟能源论坛”，资助学者对能源相关问题进行学术研究，并邀请专家学者参与论坛的学术讨论。日方组织者还将每次论坛的讨论成果都汇集成册，提交南盟秘书处，向南盟各国政府部门积极

① 「南アジア地域協力連合（SAARC）」、日本外務省ホームページ、https://wwwmofa.go.jp/mofaj/area/saarc/gaiyo.html#kankei。

建言献策。2010 年 1 月日本又组织召开了“日本—南盟防灾论坛”，就南盟区域内的地区防灾框架进行研讨，并向南盟各国提出防灾的政策建议。

（二）积极加强安保合作

21 世纪以来，日本以援助美国“反恐”和确保印度洋航行安全为由，积极加强与以印度为首的南亚各国在安全保障领域的合作，并不断推动日印安全保障合作向机制化方向发展，日本与南亚各国防卫部门的交流、合作也日趋频繁。

1. 安保合作日益机制化

加强日印安全保障合作是日本 21 世纪初期对外战略的重要组成部分，也是日本多层次安全保障体系的重要支柱。[①] 2008 年 10 月，日印签署《安全保障联合宣言》，这是继美国和澳大利亚之后，日本在安全保障领域所签署的第三份联合宣言，而印度则是首次签署此类文件。该宣言规定日印双方将加强防卫对话与合作，加强海上保安部门的合作，在信息交换及政策调整、维护运输安全、反对恐怖主义和打击越境犯罪、裁军和防止核扩散等问题上加强合作。两国还同意举行包括外长战略对话、外务次官会谈等在内的外交部门间的定期磋商，开展防卫部门之间的合作，包括召开防卫大臣会谈、防卫政策对话、防卫部门磋商、海上自卫队与印度海军交流、联合军演、双方防卫机构互派留学生和研究人员等。[②] 该宣言确立了日印在安全保障与外交方面的定期对话机制，从制度和法律层面确保了两国在安全保障领域合作的持续深化，成为日本与印度加强安保领域合作的指针。2009 年 12 月，日印又签署了促进安保合作的《行动计划》，进一步明确了双方加强安保合作的路径和手段，包括双方将在打击海盗上加强合作、实施海上联合军演等推进海上安保合作的实质内容。

安倍于 2012 年底再次任日本首相后，日印在安保领域的对话和交流逐渐定期化和机制化，两国在战略层面的合作与协调也日益得到深化。2015 年 12 月，日印签署《防务装备和技术转让协定》和《秘密军事情报保护

① 毕世鸿：《21 世纪初日本的对印度战略及其影响》，《南亚研究》2012 年第 3 期。

② 「日本国とインドとの間の安全保障協力に関する共同宣言」、日本外務省ホームページ、http://www.mofa.go.jp/mofaj/area/india/visit/0810_ahks.html。

协定》，这是两国第一次签署在武器、军事技术及情报等领域加强合作的协议，标志着两国安保领域合作进入新阶段。2019 年 11 月，日印举行首次“2 +2”部长级会谈，双方讨论了推动日本自卫队与印度军队的联合训练、装备研发等问题。印度成为第七个与日本举行“2 +2”磋商的国家，而日本则是继美国后第二个与印度举行“2 +2”会谈的国家。2020 年 9 月 9 日，日印签署《相互提供物资与劳务协定》（ACSA），该协定允许日本自卫队与印度军队在联合演习、训练等活动中，可以相互提供燃油、弹药等物资和劳务，以及共享军事基地等设施。这是日本继与美国、英国、澳大利亚、法国及加拿大五国后，首次与亚洲国家签署此类协定，标志着日印安保领域合作迈上新台阶。2022 年 9 月 8 日，日印举行了第二次“2 +2”会谈，确认加强海洋安全领域的合作，并探讨要开展日本航空自卫队与印度军队的共同训练。

2. 防卫交流更趋频繁

近年来，日本还扩大了与印度等南亚各国防卫部门的交流与合作，日本自卫队与印度等国军队多次举行联合军演，加强互访。

2011 年 11 月，日印举行防长会谈，双方达成协议，将开展日本海上自卫队与印度海军的互访和联合军事演习，并推动日本陆上自卫队与印度陆军的互访，加强两国防卫机构的交流与合作。2012 年 6 月，日印在日本神奈川县附近的相模湾举行了首次联合海上军事演习。2013 年 12 月，日印举行第二次联合海上军事演习，这是双方首次在印度洋举行的联合演习。此外，日本分别在 2007 年、2009 年、2014 年受邀参加美印一年一度的传统双边军演——“马拉巴尔”军演后，从 2015 年开始，日本正式以长期参与者的身份，定期参加“马拉巴尔”军演。另外，2015 年 10 月，印度派出海军舰船参加了日本海上自卫队举行的阅舰式，并邀请日本海上自卫队参与 2016 年 2 月在印度维沙卡帕特南海军基地举行的国际阅舰式。2018 年 10 月，日印举行了首次陆上联合军演“达摩卫士—2018”，旨在提高两国军队合作打击恐怖主义的能力。目前，印度已在海陆空三个军种都与日本举行联合军演。2023 年 1 月 16—27 日，日本航空自卫队与印度空军在日本举行“英勇卫士 23”空中联合军演，这是日印两国首次举行战机联合演习。印度成为继美国、澳大利亚、英国、德国后，第五个与日本举行双边空中联合演习的国家。2月17日至3月2日，日本陆上自卫队与印度陆军开展为期半个月的“达摩卫士”联合军演，前三次演习都在印度举行，这是两国首次在日本国内开展联合实战训练。在此期间，日本航空自卫队和印度空军的运输机还在3月1日举行了联合军演，这是双方首次举行运输机联合演习。

此外，近年来，日本与南亚其他国家的防卫合作与交流也逐渐展开。日本自卫队在参与PKO活动和打击海盗等活动中，长期利用马尔代夫的马累国际机场进行物资运输。2012年7月2日，日本海上自卫队远洋练习舰队首次在马累港口停靠。2012年9月，日本海上自卫队远洋练习航海部队首次在孟加拉国吉大港港口实现停靠，并与该国海军进行了交流。2015年11月10日、11月27—29日，分别有多艘日本海上自卫队的舰艇停靠斯里兰卡科伦坡港口。11月30日，停靠后出港的日本海上自卫队与斯里兰卡海军举行了亲善训练，斯里兰卡两名海军大尉还登上日本舰船，进行研修。[①] 而在此之前，日本海上自卫队舰队以打击索马里海盗为由，从2011年4月至今在斯里兰卡港口已实现了20多次停靠。2017年12月，日本海上自卫队参加反海盗行动的濑户雾号驱逐舰在斯里兰卡进行访问，并和斯里兰卡海军巡逻船进行了联合巡航演练。2018年9月，日本最大军舰——加贺号直升机航母驶入斯里兰卡科伦坡港进行友好访问。2020年9月，日本“印度—太平洋方面派遣训练部队”到斯里兰卡访问和靠港，开展海上联合训练。

二　提供经济援助、推动经贸往来

（一）日本对南亚的政府开发援助

政府开发援助是日本对南亚经济布局的重要一环。进入21世纪之后，南亚在国际战略格局中的地位不断上升，日本非常重视发展与南亚各国的关系，而ODA则成为其中重要的手段之一。

① 「スリランカ海軍との親善訓練」、日本防衛省ホームページ、http://www.mod.go.jp/msdf/formal/jmsdf_news/201511.html#2015_11_30_01。

1. 南亚地区是日本开展政府开发援助的重点区域

日本对南亚的政府开发援助主要包括日元贷款、无偿资金和技术合作三种类型。截至2020年，日本对南亚的政府开发援助累计802.68亿美元。其中，日元贷款627.69亿美元，占比78.2%，是日本对南亚进行政府开发援助的主要形式；无偿资金援助125.60亿美元，占比15.6%；技术合作援助49.38亿美元，占比6.2%。[①] 根据外务省统计数据，2020年，日本对南亚的政府开发援助支出总额为44.64亿美元，在日本对世界政府开发援助支出总额中的占比为26.40%，是日本开展ODA的重点区域。[②]

2. 印度和孟加拉国是日本政府开发援助的主要受援国

日本政府于20世纪50年代启动对印度的政府开发援助项目，后因1998年印度核试验暂停，但随后不久，日本对印度ODA项目重启，且进展非常迅速，印度长期以来一直是日本日元贷款的最大受援国。[③] 近年来，出于对南亚战略地位的重视，日本对孟加拉国的政府开发援助也在迅速增加。2020年，日本对孟加拉国的政府开发援助支出总额达到21.31亿美元，超过印度的18.08亿美元，成为日本ODA的最大受援国。

2021年以来，日本对印度和孟加拉国的ODA项目仍然在不断增加。2021年3月，日本与印度签署七个ODA贷款协议，总额达2762.96亿日元，主要用于建设班加罗尔、德里和加尔各答城市地铁、印度东北部道路交通网及改善医疗设施、农村生产设施与供水系统。2021年11月，日本与孟加拉国签署三个ODA贷款协议，总额达2922.79亿日元，用于提供新冠疫苗及冷链设备、建设超临界压力火力发电站以及改善首都达卡城市交通。2022年3月，日本与孟加拉国签署协议，提供182.85亿日元的ODA贷款，用于修建贯穿达卡的城市高铁。同时，日本又与印度签署

---

① 「政府開発援助（ODA）国別データ集（2021年度版）」、日本外務省、https://www.mofa.go.jp/mofaj/gaiko/oda/shiryo/kuni.html。

② 「開発協力白書・ODA白書」、日本外務省、https://www.mofa.go.jp/mofaj/gaiko/oda/shiryo/hakusyo.html。

③ 「対インド協力の現状」、JICAインド事務所、https://www.jica.go.jp/india/office/others/ku57pq000020wb9a-att/outline_201808.pdf。

七个 ODA 贷款协议，总额达 3122.58 亿日元，分别用于建设印度阿萨姆邦医疗卫生系统、班加罗尔供水和污水处理系统、印度国内货运铁路网、东北邦公路网等。①

3. 基础设施建设是日本对南亚援助的主要方面

现阶段日本对南亚的政府开发援助重点在于改善交通、电力、供水等基础设施建设，创造有利于投资的环境。日本积极参与印度德里—孟买间产业大动脉构想（DMIC），以及钦奈—班加罗尔间产业走廊构想（CBIC），支援建设印度各都市和经济圈之间的交通网络，深度开发印度经济社会；完善供电设施、输配电网络和供水系统，提高能源使用效率，为民间投资创造良好环境；同时，日本还十分重视印度的新能源和可再生能源开发项目。

基础设施建设也是日本对其他南亚国家进行政府开发援助的重点领域。例如，斯里兰卡的国道主要桥梁建设计划、阿努拉德普勒县北部上水道完善计划、大科伦坡圈输配电损失率改善计划以及卡鲁河供水扩建工程等；孟加拉国的达卡都市交通完善计划、北部综合开发计划、库尔纳供水计划以及哈兹拉特沙贾拉尔国际机场扩建项目等；巴基斯坦的费萨拉巴德下水排水能力改善计划、伊斯兰堡首都圈及周边地区输电网加固工程等；以及尼泊尔的辛图利道路修建计划等。

此外，日本对南亚的政府开发援助还包括农业领域的基础设施建设和技术培训，医疗保健相关设施的完善和人员培训，贫困削减和粮食援助，气候变化应对，以及灾害防护和应对等多个方面。例如，在对印度的开发援助中，包括多项植物、生物多样性保全项目，以及海水淡化项目等；在对斯里兰卡的开发援助中，包括紧急灾害救助、粮食援助以及医疗保健改善等项目；针对洪水灾害，对巴基斯坦提供了多次支援，并对防治小儿麻痹症提供日元贷款和无偿资金；在孟加拉国则重视贫困削减、母婴保健和粮食储备能力强化计划等；在尼泊尔和不丹，也有贫困农民支援计划等。

---

① 「ODA（政府開発援助）南西アジア地域」、日本外務省、https://www.mofa.go.jp/mofaj/gaiko/oda/region/s_ asia/index.html。

（二）日本与南亚的贸易格局

1. 贸易规模显著增长

1990 年以来，日本对南亚的贸易规模显著增长。如图 4－5 所示，日本对南亚的出口额由 1990 年的 34.9 亿美元增长至 2022 年的 183.3 亿美元，进口额由 1990 年的 28.4 亿美元增长至 2022 年的 88.0 亿美元，进出口总额由 1990 年的 63.3 亿美元增长至 2022 年的 271.3 亿美元。

从不同时间阶段来看，如图 4－5 所示，日本对南亚的商品贸易在 20 世纪 90 年代呈现起伏波动状态，进入 21 世纪以来，则呈现明显的波动上升趋势。其中，在 2003—2011 年间，除受国际金融危机影响非常严重的 2009 年以外，日本对南亚的商品贸易额每年都有较高的增速。2012 年以后，贸易额再次出现较大波动。2012—2019 年间，除 2015 年和 2016 年以外，其余年份日本对南亚的进出口贸易总额基本能保持在 200 亿美元以上。2020 年，疫情对日本与南亚的贸易造成冲击，贸易额出现一定下降，2021 年以来又显著恢复，2021 年和 2022 年的贸易额均有明显的上升。

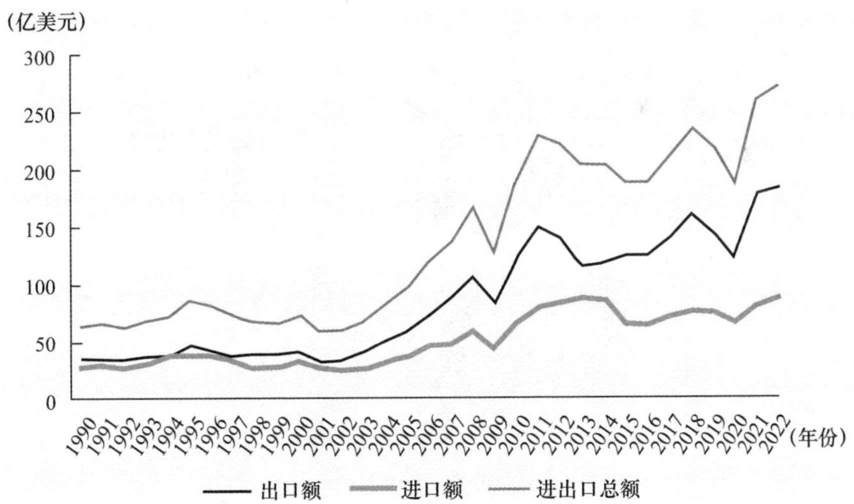

图 4－5 日本对南亚的商品贸易概况（1990—2022 年）

说明：出口额为日本对南亚的出口额，进口额为日本对南亚的进口额，进出口总额为出口额与进口额之和。

资料来源：UN Comtrade Database，http://comtradeplus. un. org/data/.

但是，相对于东南亚，南亚在日本对外贸易总额中所占比重依然较小。1990—2014 年，日本对南亚的出口占日本对世界出口总额的比重在 0.8%—1.8%之间；2015 年以后，这一比重有所上升，2015—2020 年，出口比重一般在 2.0%左右；2021 年和 2022 年则进一步上升，出口比重分别为 2.4%和 2.5%。1990—2022 年，日本对南亚的进口占日本对世界进口总额的比重则基本在 0.7%—1.3%之间，没有明显的增长。相对于东南亚在日本出口总额和进口总额中所占的比重维持在 15%左右，南亚的贸易比重仍然较小。

2. 印度是日本在南亚的主要贸易对象

如图 4－6 所示，2021 年，日本对印度的进出口贸易额为 204.11 亿美元，占日本对南亚贸易总额的 75.23%；其次是孟加拉国，进出口贸易额为 42.53 亿美元，占日本对南亚贸易总额的 15.68%；巴基斯坦和斯里兰卡的进出口贸易额分别为 18.90 亿美元和 4.90 亿美元，在日本对南亚贸易总额中分别占比 6.97%和 1.81%；不丹、马尔代夫和尼泊尔的贸易额较小，在日本对南亚贸易总额中所占份额也较小。

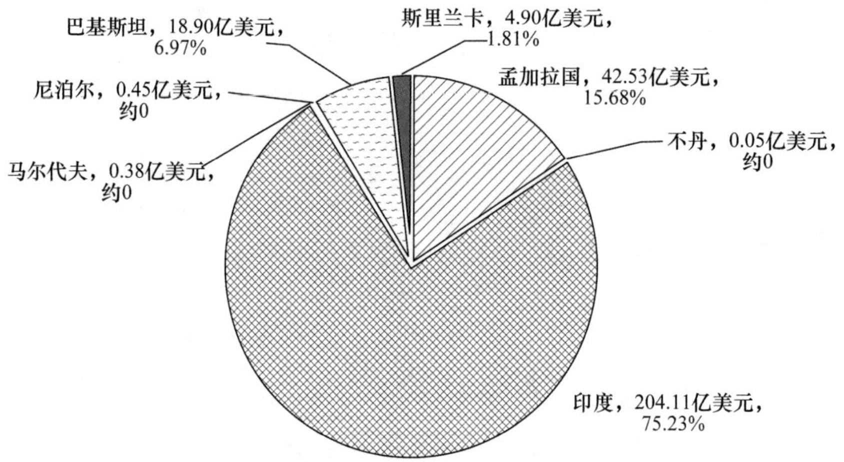

图 4－6　日本对南亚各国的商品贸易额（2022 年）

说明：表中数据为日本对南亚各国的进出口贸易额，百分比为其占日本对南亚整体贸易的比重。

资料来源：UN Comtrade Database，http://comtradeplus.un.org/data/.

3. 贸易收支以日本顺差为主

日本对南亚的商品贸易基本为日本顺差，且顺差规模有扩大的趋势。如图4－7所示，1990—2000年，日本对南亚的贸易顺差在2.0亿美元至10.6亿美元之间。2001年以后，顺差规模显著扩大，由2001年的4.0亿美元迅速增长至2011年的67.4亿美元。此后日本对南亚的贸易顺差出现较大波动，2015年以后又出现扩大趋势，至2018年，贸易顺差达到84.3亿美元。2019—2020年贸易顺差有所减少，2021—2022年又再次显著上升，达到95亿美元以上。日本对南亚的贸易顺差主要来自对印度的贸易。2022年，日本对印度出口139.28亿美元，进口64.83亿美元，贸易顺差74.45亿美元。

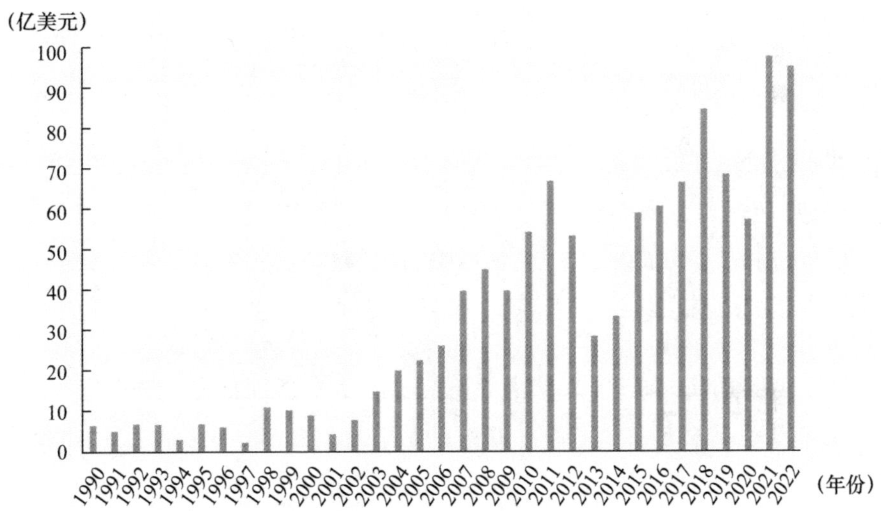

图4－7　日本对南亚的贸易顺差（1990—2022年）

说明：日本对南亚的贸易顺差为日本对南亚的出口额与进口额之差。

资料来源：UN Comtrade Database，http://comtradeplus.un.org/data/.

（三）日本对南亚的外商直接投资

印度是日本在南亚地区主要的外商直接投资对象。根据日本银行的统计数据，2021年，日本对印度的外商直接投资流量为3033亿日元，对孟加拉国、斯里兰卡和马尔代夫的外商直接投资流量分别为41亿日元、30亿日元和4亿日元，对巴基斯坦的外商直接投资流量则为－56亿日元，说明投资收回大于投资流入。可见，印度吸收了日本对南亚的大部分投资。①

1. 外商直接投资规模逐渐扩张

在过去的二十余年中，日本对印度的外商直接投资规模不断扩张。如图 4－8 所示，1996—2005 年，日本对印度的外商直接投资余额增速较缓，至 2005 年末，投资余额不足 20 亿美元。自 2006 年开始，日本对印度的投资余额出现明显上升，由 2006 年末的 23.15 亿美元迅速增长至 2011 年末的 154.16 亿美元。2012—2015 年，投资余额在 137 亿美元至 151 亿美元之间波动，2016 年以后稳步上升，且增速较快。至 2021 年末，日本对印度的投资余额达到 308.63 亿美元。

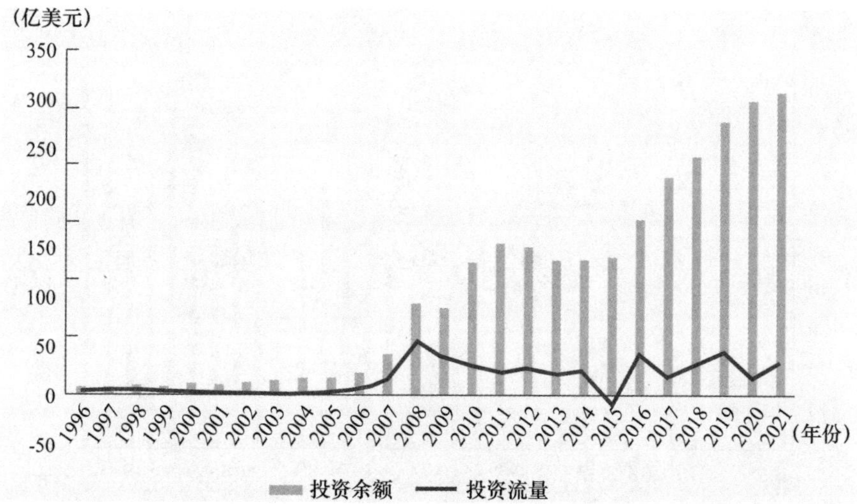

图 4－8　日本对印度的外商直接投资（1996—2021 年）

说明：外商直接投资流量为净流量，外商直接投资余额为年末余额。

资料来源：日本貿易振興機構（JETRO）、https://www.jetro.go.jp/world/japan/stats/fdi/。

2. 制造业特别是运输设备制造业是日本外商直接投资的重点领域

从投资余额来看，截至 2021 年末，日本对印度制造业的外商直接投资

① 「国際収支統計（IMF 国際収支マニュアル第 6 版ベース〈2014 年 1 月取引分 ~〉）」、日本銀行、https://www.boj.or.jp/statistics/br/bop_06/index.htm/。

余额占对印度投资总余额的比重为64.73%，其中，运输设备制造业的投资余额占投资总余额的比重为36.37%。这说明日本的外商投资大量流入印度汽车制造产业。此外，一般机械和电子设备，以及化学医药行业也是日本投资的主要领域。同时，以金融保险业为代表的非制造业也成为日本外商直接投资的重要领域。截至2021年末，日本对印度非制造业的外商直接投资余额占对印度投资总余额的比重为35.27%，其中，金融保险业的投资余额占投资总余额的比重为25.47%。[①]

第四节　日本的战略关注对中国推进“一带一路”的影响

近年来，日本以安保合作和经济援助为“两轮”，加大对东南亚、南亚的战略投入，积极发展与东南亚、南亚各国的政治、经济关系。日本在“海上丝绸之路”沿线的长期战略布局从外交、安全和经济等多个方面与中国形成竞争态势，成为中国在相关地区推进“一带一路”倡议过程中不容忽视的重要因素。

一　构建“价值观联盟”，共同应对中国崛起

早在2006年，时任日本外务大臣麻生太郎就在题为《创建“自由与繁荣之弧”——拓展日本外交地平线》的演讲中，提出要开展“价值观外交”，沿欧亚大陆外围构建一条“自由与繁荣之弧”，而东南亚是这条弧线的起点，印度则正属于这条弧线的中心位置。[②] 可以说，“自由与繁荣之弧”自提出之始就被各界认为是包围中国的战略之弧，而中国的崛起则是促使安倍价值观外交出笼的直接原因。[③] 2007年，麻生太郎在参加南盟第

① 「国際収支統計（IMF国際収支マニュアル第6版ベース〈2014年1月取引分~〉）」、日本銀行、https://www.boj.or.jp/statistics/br/bop_06/index.htm/。

② 「『自由と繁栄の弧』をつくる——拡がる日本外交の地平」、日本外務省ホームページ、http://www.mofa.go.jp/mofaj/press/enzetsu/18/easo_1130.html。

③ 廉德瑰：《地缘政治与安倍的价值观外交》，《日本学刊》2013年第2期。

14 届首脑峰会时表示，南亚处于"自由与繁荣之弧"的中心位置，日本将加强与南盟的合作。[①] 2007 年时任日本首相安倍晋三访问印度，极力拉拢印度加入"价值观联盟"。安倍晋三在印度国会发表题为《两海交汇之处》的演讲，指出日印"战略性全球伙伴关系"正是推进"自由与繁荣之弧"构想的关键所在。[②]

2012 年 12 月，安倍晋三第二次任日本首相后，一再强调表示要与东南亚国家及印度等具有共同价值观的国家加强"价值观外交"。安倍晋三就任首相后不久就与印度、澳大利亚、越南和印度尼西亚等国首脑举行电话会谈。其战略意图之一就是要联合"具有共同价值观"的国家，"合纵"制华，为日本谋求在对华外交中的有利地位。[③] 安倍晋三及其继任者菅义伟都将东南亚国家作为自己上任后的首个出访地。在对印尼访问期间，安倍在日本印尼首脑会谈中阐述了"日本对东盟外交五原则"，其中第一条便是"与东盟各国共同巩固与扩大'自由民主、基本人权'等'普遍价值'"。[④] 此后，安倍及其内阁成员在与东南亚、南亚各国高层举行会晤时，都一再强调与相关各国共享"普遍价值"，谋求与这些国家构建"利益共同体"。

岸田文雄任日本首相以来，进一步提出要构建重视自由和法治等价值观的"来自亚洲的新国际秩序"，强调在印太地区推动共同价值观渗透的重要性。[⑤] 近来，日本又大肆鼓吹"全球南方"概念，并将中国排除在外，视印度为不可或缺的伙伴，提出进一步扩大 FOIP 的朋友圈，以共创精神推进各项举措。[⑥]

---

① 「第 14 回南アジア地域協力連合（SAARC）首脳会議麻生外務大臣ステートメント」、日本外務省ホームページ、http://www. mofa. go. jp/mofaj/press/enzetsu/19/easo_ 0403. html。

② 「二つの海の交わり」、日本外務省ホームページ、http://www. mofa. go. jp/mofaj/press/enzetsu/19/eabe_ 0822. html。

③ 「安倍政権の外交　アジアでの足場固めを」、『毎日新聞』、2013 年 1 月 8 日。

④ 「日・インドネシア首脳会談（概要）」、日本外務省ホームページ、http://www. mofa. go. jp/mofaj/kaidan/s_ abe2/vti_ 1301/indonesia. html。

⑤ 「第 27 回国際交流会議『アジアの未来』晩さん会　岸田総理スピーチ」、日本首相官邸ホームページ、https://www. kantei. go. jp/jp/101_ kishida/statement/2022/0526speech. html。

⑥ 「岸田総理大臣のインド世界問題評議会における政策スピーチ」、日本首相官邸ホームページ、https://www. kantei. go. jp/jp/101_ kishida/statement/2022/0526speech. html。

总的来说，日本希望以共享“普遍价值”为由抢占道德制高点，拉拢东南亚、南亚各国，提升日本在亚洲地区的存在感和影响力。同时，日本希望借机鼓动包括东南亚、南亚在内的周边国家联合起来，防范和牵制中国，共同应对中国崛起。

二　强化海上安保合作，加大对华战略牵制

近年来，日本借助美国推行“亚太再平衡”战略和“印太战略”的有利时机，积极配合美国，大力强化与东南亚、南亚各国的海上安保合作，助力以越南、印度为首的相关国家的海上防卫能力建设，以维护海上通道安全为由，加强海上安全保障合作。

越南与日本一样，在海上都同中国存在领土主权争端，越南更是南海主权的主要声索国之一。近年来越南利用美、日、印等大国积极介入南海的机会，加强与各大国互动，推动南海问题国际化，力求遏制中国在南海行使主权，保住本国在南海攫取的既得利益。因此日越双方在防范中国上存在一定的利益契合点，联手制衡中国已成为两国加强安全战略互动的重要出发点。在对越关系中，日本政府将越南视为制约中国的重要棋子，力促越南成为日本介入南海争端的战略支点和共享战略利益的重要伙伴，拉拢越南在各种国际场合共同发声指责“中国威胁”，并从多渠道助越加强在海洋情报搜集、监视和侦察方面的能力，意图推动越南在制约中国的过程中发挥更大作用。日越深化安全合作无疑将加大中国周边安全压力。主要表现在：一方面，影响中国与东南亚国家之间的关系。日本政府加强对越安全合作具有牵制中国的明显意味，因此也给中越关系的健康发展蒙上了一层阴影。安倍以“积极和平主义”为旗号，游说越南等国共同牵制中国海洋行动，这很可能导致越南等东盟国家对华疑虑增加，不仅不利于中越关系的健康发展，而且很可能影响其他国家的对华态度与立场，导致中国在东南亚方向的周边安全环境恶化。另一方面，将增大中国南海维权的难度。近年来，日越领导人会谈频繁提及南海问题，共同推动南海问题“国际化”，积极对华施压。

此外，日印从2008年签订《安全保障联合宣言》以来，双方在加强

海洋安全对话、协调海洋防务政策、推进军事交流合作等方面不断深化合作。在中国海洋力量日益崛起和美国推行"印太战略"的背景下，日本积极配合美国，宣传"印太"概念，加强日美印澳四方海上安全合作，联合印度共同牵制中国海洋战略的发展。早在 2011 年 12 月，日美印就启动了三边局级对话机制，并将海上安全对话作为主要议题。截止到 2015 年底，日美印三国已经召开了 7 次局级对话。2015 年 6 月，日澳印三国首次举行外务次官级磋商，就海洋安全等问题交换意见。同年 9 月，日美印三国举行首次外长会谈，强调三国在"印太"地区的关心与利益一致，并将就维护海洋安全保障进一步加强合作。美印两国外长还表示欢迎日本参加将于 10 月中旬举行的 2015"马拉巴尔"美印海上联合演习。2015 年 12 月，日本首相安倍晋三访问印度，双方确认将进一步促进日美印、日美澳三边对话，推进三国在战略上的连接性。同时，安倍还表示希望加强"JAI"合作（"JAI"是日美印三国的英文首字母，在印地语中意味着"胜利"），并获得莫迪的支持。2017 年以来，日美印澳四边安全对话得到进一步加强，并于 2019 年 9 月举行了首次外长级会议。2020 年 10 月，四国举行第二次外长会议，并确认今后将每年举行四国外长会议，四国合作逐渐向机制化发展。2021 年 3 月，四国通过在线方式举行首次首脑峰会，此后又分别于 2021 年 9 月和 2022 年 5 月举行了面对面的首脑峰会，确认今后将举行包括首脑会晤在内的各层级的年度与定期会晤，进一步坐实合作机制。此外，四国还决定进一步拓展安全领域合作，并根据需求纳入应对疫情、气候变化、人文交流等领域的合作。上述一系列行动彰显出日本野心，即日本要在从太平洋到印度洋的广泛海域，拉印度强化海上安全保障合作，并配合美国"印太战略"，力阻中国海洋发展战略的顺利实施。

2023 年 4 月 5 日，日本出台"政府安全保障能力强化支援"（OSA）的新制度，将在 ODA 制度外，设立新的无偿资金援助机制，向拥有共同价值观的"志同道合国家"的军队提供军事器材及帮助他们提高能力。该制度计划首先向菲律宾军队提供沿海监视器材。①

---

① 「友好国軍に装備品供与、第三国へ移転は禁止」、『日本経済新聞』、2023 年 4 月 6 日。

三　抢滩各国基建市场，形成对华竞争之势

目前，东南亚、南亚地区在保持经济高速增长的同时，以交通、能源为中心的基础设施需求也日益增加，基建市场不断扩大。日本政府瞄准商机，将基础设施出口作为“经济成长战略”的重要支柱，抢滩“海上丝绸之路”沿线各国基建市场，与提出“一带一路”倡议的中国展开竞争态势，同时也通过“第三方市场合作”的方式与中国进行一定范围内的合作。

在中国政府正式公布“一带一路”倡议后不久，2015 年 5 月，日本政府抛出了“高质量的基础设施伙伴关系”计划，宣布将在今后 5 年内向亚洲地区各国提供 1100 亿美元援助，用于建设高质量的基础设施。日本政府还将印度德里地铁、越南的日越友谊大桥等项目宣传为“高质量基础设施投资”的典型示例。[①] 例如，据日方介绍，日本国际协力机构（JICA）从 1995 年开始就参与了德里地铁的建设计划（2011 年 8 月该地铁二期工程竣工并全线通车），不仅提供总计 3748 亿日元的贷款（总费用为 6667 亿日元）作为资金支持，而且从安全运行到车辆维护管理等各个方面提供了技术援助。此外，日本在修建地铁线路期间，将安全施工的理念传播到印度。在位于德里中心位置的中央秘书处地铁站内，还设有一块大型电子显示屏，上面显示该地铁线路由日本援建。[②]

此后，日本通过各种国际会议积极推销其“高质量基础设施”的发展理念，致力于将其提出的高质量基础设施标准推广成为能够被国际社会普遍接受的地区乃至国际标准。特别是，日本强调其“高质量基础设施”重视环境保护、社会保障、债务的可持续性、劳工权力等问题，并试图通过宣传这些标准，凸显与中国的差异，试图与“一带一路”倡议形成竞争。

岸田政府还计划于 2023 年修改 ODA 大纲，将 ODA 定位为“日本外交

---

① 「質の高いインフラパートナーシップ」、日本外務省ホームページ、http://www.mofa.go.jp/mofaj/gaiko/oda/files/000081296.pdf。

② 「デリー地下鉄が全線開通　—インドにさらなる発展を—」、国際協力機構（JICA）ホームページ、http://www.jica.go.jp/india/office/information/event/2011/110907.html。

最重要的工具”，将修改过去由受援国提出“案件申请”的援助方式，改为由日本主动提出援助计划的方式，把提供材料和设备等硬件方面与人才培养等软件方面的合作结合起来，重点纳入有关卫生医疗和海上安全等内容的援助，“制定活用日本长处的方案”①。

总的来说，近年来日本不断增加对“海上丝绸之路”推进重点地区的战略投入、拉有关各国共同制衡中国的战略意图已经昭然若揭，这无疑加大了中国西部所面临的战略压力，也对中国的“一带一路”倡议形成竞争。未来，中国如果想要保持“一带一路”倡议的顺利推进，还需积极运筹大国外交，一方面，不断巩固中国与东南亚、南亚各国战略伙伴关系，加强战略合作，深化合作关系；另一方面，积极探讨在“一带一路”倡议下中日合作的可行性。面对包括东南亚、南亚在内的亚洲地区巨大的基础设施投资需求，合作比竞争更能求得“双赢”或“多赢”。

① 「提案型 ODA、政府が導入明記　中国の巨額投資に対抗」、『日本経済新聞』、2023 年 4 月 6 日。

第五章

日本对“冰上丝绸之路”的战略关注与布局

“冰上丝绸之路”是“一带一路”倡议在“海路”的延伸发展，是与北极开发国际合作对接的重要成果。一般认为，“冰上丝绸之路”指穿越北极圈，连接北美、东亚和西欧三大经济中心的海上航道以及沿岸周边地区。近年来，随着全球气候变暖，北极海冰融化加快，使得人类对该地区海上航道与自然资源的进一步开发利用成为可能，在带来发展机遇的同时也引发一系列问题和挑战。作为“近北极国家”及北极利益攸关者，中国提出构建“冰上丝绸之路”，以确保北极地区经济社会可持续发展为基本前提，以科学研究、能源合作与航道开发为主要议题，以促进全球及区域经济繁荣为主要目标，实现“一带一路”倡议所主张的共商共建共享原则与互惠发展导向。中方倡议以及与有关国家的合作在国际社会上引起广泛影响。

作为中国的近邻且同为“近北极国家”，日本从自身国家利益及发展战略，特别是海洋战略定位方针出发，长期对北极保持关注，对该地区战略价值的研究认知不断深入，并在近年加强了战略布局与政策行动。在中方推进“冰上丝绸之路”构想过程中，日本亦表现出密切关注姿态。日本对北极及“冰上丝绸之路”的战略关注，以及推进北极航道及资源开发的战略行动，与其追求战略自主性与自我利益主张的对外战略及政策方针保持高度一致。这也使得日本成为北极国际治理与区域开发中的重要影响变量，对“一带一路”倡议的推进亦产生不可忽视的影响。

第一节　中国推动建设“冰上丝绸之路”

地理上的北极通常指北极圈（约北纬66度34分）以北的陆海兼备的区域，总面积约2100万平方千米。在国际法语境下，北极包括欧洲、亚洲和北美洲的毗邻北冰洋的北方大陆和相关岛屿，以及北冰洋中的国家管辖范围内海域、公海和国际海底区域。[①] 当前全球化背景下，国际经济贸易发展及能源需求日益增长。使得北极地区作为航运通道与资源富矿的价值日益凸显。在航运通道方面，北极具有潜在的半球地理中枢属性，拥有联络三大洲的最近路线。冷战时期，北极海面下已成为美苏等国潜艇的重要活动区域，北极圈上空也是连接北半球各国的“空中近道”。在资源能源方面，北极是世界上最大且尚未充分开发的“富矿区”。北极沿岸大陆架宽阔平缓，资源储量巨大。根据美国地质勘探局的评估，北极地区原油储量约900亿桶，天然气储量约47万亿立方米，占全球未探明石油储量的13%和未开采天然气储量的30%。煤炭总储量占全球煤炭储量的1/4，并富含镍、铅、锌、铜、钴、金、银、金刚石、石棉和稀有元素等矿产资源。[②] 近年来，全球气候变暖加剧了北极的“暖洋化”趋势，北极地区气温上升，冰面不断融化。根据芬兰研究人员近年研究，1979—2021年间，北冰洋的大部分以每10年0.75℃的速度变暖，是全球平均值的大约4倍。北极的“暖洋化”一方面使其成为全球生态环境保护的重要前沿，另一方面也使得对其更深度的资源开发与航路开拓日益成为可能。据北极理事会预计，北极从2030年起可能因大范围融冰出现东北、西北两条北极航道，这将成为欧亚、欧美之间最短、最便捷的水上运输要道。[③] 任何北纬30度以北港口出发的远洋航行，与通过苏伊士运河或巴拿马运河的传统航线相

---

① 国务院新闻办公室：《中国的北极政策》，2018年1月26日。

② “Assessment of Undiscovered Oil and Gas in the Arctic”, *Science*, Vol. 324, No. 5931, May 2009, Science. org/doi/10. 1126/science. 1169467.

③ 北极地区东北航线（North East Passage）是从欧洲经由亚欧大陆北岸的北极海域，向东到达白令海峡的航线。西北航线（North West Passage）是经由加拿大以北的北极海域，连通北美大陆东西两岸的航线。

比，通过北极航线将至少缩短 40% 的航程。[①]

在北极经济乃至战略价值凸显的背景下，无论是在北极圈内拥有领土的“环北极国家”，还是相对距离较远，但在地缘政治经济上与北极有利益影响的“近北极国家”均在积极参与北极地区事务，乃至发布北极相关战略政策。北极不仅在自然地理意义上，也在国际政治意义上成为“暖洋”。围绕北极权益及地区事务主导权，各国间博弈日趋复杂化。比如在北极存在着约 280 万平方千米的公海海域，但北冰洋沿岸国已提出和将来可能提出的大陆架延伸主张就达 250 万平方千米。[②] 目前，北极事务没有统一适用的单一国际条约，它由《联合国宪章》《联合国海洋法公约》《斯匹次卑尔根群岛条约》等国际条约和国际法规则予以规范，北极事务与区域治理由政府间国际组织、国家、国际非政府组织等多元主体共同参与协调。1991 年，8 个“环北极国家”通过《北极环境保护宣言》，并基于该宣言在 1996 年成立了北极理事会，就北极治理特别是环境保护开展机制化协商合作。[③] 在上述 8 国发挥主导作用的前提下，北极理事会还积极吸纳“近北极国家”及相关国际组织为组织观察员，进一步扩大国际协调范围。2021 年 5 月，第 12 届北极理事会部长级会议通过了《雷克雅未克宣言》，并发布了北极理事会历史上首份长达 10 年期的战略发展计划。乌克兰危机爆发后，时任北极理事会轮值主席国俄罗斯与西方国家矛盾尖锐化，2022 年 3 月，北极理事会及其附属机构宣布暂停活动。围绕北极治理的国际协调机制陷入僵局，各国围绕北极地区的战略竞争则更趋公开化。

在北极事务上，中国是重要参与者与利益攸关方。在地理上中国属于“近北极国家”，是陆上最接近北极圈的国家之一。北极自然环境变化直接影响中国的气候系统和生态环境，进而直接关系到中国在农业、林业、渔

---

① 植田博、合田浩之、「商業性から見た北極海航路」、『北極のガバナンスと日本の外交戦略』、日本国際問題研究所、2013 年 3 月。

② 董永在：《极地安全：国家安全的新疆域》，《光明日报》2021 年 4 月 25 日第 7 版。

③ 发起北极理事会的 8 个“环北极国家”为挪威、瑞典、芬兰、俄罗斯、美国、加拿大、丹麦、冰岛，上述国家在北极圈内拥有领土，其中挪威、俄罗斯、美国、加拿大与丹麦为北冰洋沿岸国家，瑞典和冰岛为北冰洋边缘海沿岸国家，芬兰为近邻北冰洋的北极圈内国家。

业、海洋等领域的经济利益。[①] 中国早在20世纪20年代中期即加入《斯匹次卑尔根群岛条约》，开始参与北极事务。20世纪90年代起，中国开始积极开展北极科考活动，于1996年成为国际北极科学委员会成员国，从1999年起开始派遣科考船前往北极科考，2004年建立“中国北极黄河站”，2005年首次承办涉北极事务高级别会议的北极科学高峰周活动。同时，中国的北极活动逐步从科考研究拓展至北极事务各个方面，特别是逐步涵盖区域治理、经济开发与人文合作领域，与各国的合作趋向深入。2013年，中国在第8届北极理事会部长级会议上与日、韩等5国一起成为北极理事会观察员。中国坚持维护以《联合国宪章》和《联合国海洋法公约》为核心的现行北极国际治理体系，高度重视并积极参与北极理事会工作，尊重北极理事会通过的《北极海空搜救合作协定》《北极海洋油污预防与反应合作协定》《加强北极国际科学合作协定》等国际协议，支持通过北极事务相关平台开展国际合作。

在“一带一路”倡议不断深入推进的背景下，中国从推进国际合作、提供国际公共产品角度出发，坚持共商、共建、共享原则，力图在“一带一路”倡议框架下，与有关各国深化合作，共建“冰上丝绸之路”，为本地区互联互通和经济社会可持续发展创造新的机遇。2017年6月，国家发展和改革委员会等部委发布《“一带一路”建设海上合作设想》（以下简称《设想》），提出了“一带一路”三大海上通道建设方向，其中包括“经北冰洋连接欧洲的蓝色经济通道”。《设想》提出构建互利共赢的蓝色伙伴关系，与有关国家共走绿色发展之路，共创依海繁荣之路，共筑安全保障之路，共建智慧创新之路，共谋合作治理之路，[②] 从而将“冰上丝绸之路”纳入“一带一路”建设的总体布局。2018年中国政府公布《中国的北极政策》白皮书，进一步明确依托北极航道开发利用，与各方共同建设“冰上丝绸之路”，推进政策沟通、设施联通、贸易畅通、资金融通与

① 国务院新闻办公室：《中国的北极政策》，2018年1月26日，www.gov.cn/zhengce/2018-01/26/content_5260891.htm。

② 国家发展和改革委员会：《“一带一路”建设海上合作设想》，2017年6月19日，ndrc.gov.cn/xxgk/zcfb/tz/201711/t20171116_962592_ext.html。

民心相通，加强与北极国家发展战略对接、积极推动共建经北冰洋连接欧洲的蓝色经济通道、积极促进北极数字互联互通和逐步构建国际性基础设施网络等。①

在倡导多方合作共商共建“冰上丝绸之路”过程中，中俄合作成为焦点。事实上，俄方高官率先提出“冰上丝绸之路”（又称“冷丝绸之路”）这一概念，并经由中俄协商，成为两国北极合作的核心理念之一。自2013年起，中俄持续举行北极事务对话。2015年5月，中俄两国元首签署《关于丝绸之路经济带建设和欧亚经济联盟建设对接合作的联合声明》，推动中俄“一带一盟”对接。在当年举行的中俄总理第20次定期会晤中，双方达成“加强北方海航道开发利用合作，开展北极航运研究”的共识。2015年底，时任俄副总理罗戈津建议吸收中国参与建设包括港口、铁路、能源设施等在内的北极航道项目。2017年5月，俄总统普京访华并参与“一带一路”国际合作高峰论坛，普京明确表示希望中国利用北极航道，将北极航道同“一带一路”连接起来。2017年7月，习近平主席访俄，中俄元首签署《中俄进一步深化全面战略协作伙伴关系的联合声明》，明确开展北极航道合作，共同打造“冰上丝绸之路”，落实互联互通合作项目。2017年11月，习近平主席在北京会见俄总理梅德韦杰夫，强调共同开展北极航道开发和利用合作。中方欢迎并愿积极参与俄方提出的共同开发建设滨海国际运输走廊建议，希望双方共同开发和利用海上通道特别是北极航道，打造“冰上丝绸之路”。2017年12月召开的年度新闻发布会上，普京正式提出邀请中国参与建设北极交通走廊，打造“冰上丝绸之路”。2019年6月，习近平主席访俄，中俄元首发表《中俄关于发展新时代全面战略协作伙伴关系的联合声明》，宣布推动中俄北极可持续发展合作，在遵循沿岸国家权益基础上扩大北极航道开发利用以及北极地区基础设施、资源开发、旅游、生态环保等领域合作。支持继续开展极地科研合作，推动实施北极联合科考航次和北极联合研究项目，继续开展中俄在“北

① 国务院新闻办公室：《中国的北极政策》，2018年1月26日，www.gov.cn/zhengce/2018-01/26/content_5260891.htm。

极——对话区域”国际北极论坛内的协作。在中俄政府共同推动下，两国重点围亚马尔 LNG 项目等开展油气勘探与共同开发，中俄企业签约成立北极海运公司，并推进北极海域海事合作与试航活动。其中，亚马尔项目是全球最大的北极液化天然气项目，由俄罗斯诺瓦泰克公司、中国石油公司、法国道达尔公司和中国丝路基金共同开发。2018 年 12 月，亚马尔液化天然气项目第三条生产线正式投产，标志着该项目由工程建设阶段全面转入生产运营和成本回收阶段。根据协议，从 2019 年起，中石油每年进口来自亚马尔项目的数百万吨液化天然气。

除中俄合作外，中国还与其他国家积极探索北极合作，共建“冰上丝绸之路”。比如 2012 年，中国与冰岛签署关于北极合作的框架协议，这是中国与北极国家缔结的首份北极领域专门协议。2017 年，中国与芬兰签署有关北极合作的联合声明。2019 年 1 月，芬兰总统尼尼斯托访华，中芬元首会谈时，双方同意在“一带一路”框架下深化合作，探讨在北极航道开发等项目上的合作机遇，共建“冰上丝绸之路”，促进亚欧大陆互联互通。另外，中国还与英国、法国等欧洲大国开展双边海洋法和极地事务对话。在东亚国家方面，2016 年，中日韩三国启动北极事务高级别磋商，至疫情前该磋商共举行四届。另外，中国还在与日韩的海洋事务高级别磋商中，就加强北极治理合作、开展科学研究和探索商业合作等方面进行了交流协调。

当前，中国与各国共建“冰上丝绸之路”的行动仍处于从构想向具体项目落实的发展阶段。基于日趋复杂的国际形势以及尖锐的大国间矛盾，加上北极开发利用所面临的固有技术难题与政治博弈困局，“冰上丝绸之路”的构建需要跨越诸多障碍，仍然任重道远。但总体上，“冰上丝绸之路”的提出与发展响应了各国对北极治理与开发的关切与需求，从经贸、技术以及环境方面来看，其发展对于沿岸乃至周边各国都是有益的。中国倡导以北极为纽带增进各国共同福祉、发展共同利益，全方位推动务实合作，发展蓝色伙伴关系。在此背景下，“冰上丝绸之路”仍然展现出强劲的生命力。中国推动北极国际合作与“冰上丝绸之路”的建设也持续得到国际社会的关注，其中也包括日本。

第二节 日本对北极的战略关注与行动

作为“海洋立国”的发达国家，日本对北极及其周边海域的关注及介入起步较早。在自然科学领域，日本的极地研究历史悠久，对于北极的研究起步于20世纪50年代。1973年，日本成立国立极地研究所，负责包括北极在内的极地科学研究。1990年，日本国立极地研究所成立“北极圈环境研究中心”。1991年，该研究所在挪威斯瓦尔巴德群岛上建立了观测站，并代表日本加入了国际北极科学委员会（IASC），更深度参与国际极地科研合作项目。1995年，日本国立极地研究所启动作为国际联合科研项目的“北极圈气候与环境变化研究”。日本海洋研究开发机构于1991年起在北极圈开展海洋调查，日本新型海洋科考船“未来号”从1998年起开始前往北极圈进行科考航行。日本海洋科学技术中心、国立环境研究所等机构也从20世纪90年代起与美、俄、欧研究机构深入合作，对北冰洋海水、臭氧层、西伯利亚冻土及积雪等进行调查研究。在北极航道研究方面，早在20世纪80年代后期，日本就与苏联在西伯利亚和库页岛等地进行过关于开拓北极航道的调查。1993—1999年，日本海洋政策财团与挪威南森研究所、俄罗斯中央船舶设计研究所联合实施了“国际北极航道开发计划”，发表了研究报告。2002—2006年，日本海洋政策财团还实施了“北极航线的利用及寒冷海域安全航运体制研究”项目，继续推动研究北极航道商业化利用的可能性。

21世纪前十年，为增强自身战略能力，日本开始全面系统地制定并推动国家海洋战略。2007年，日本出台《海洋基本法》，次年发布首期《海洋基本计划》，并成立了首相领衔、直属于内阁的“综合海洋政策本部”，负责制定海洋战略及行动计划。在国际社会日益聚焦北极事务的背景下，日本国家海洋战略的推进与其对北极的关注介入相汇合，促使后者从科学研究层面迅速上升到现实战略层面，“将海洋战略的视野扩大到北极”在日本国内日益成为共识。这一时期，日本政府下属研究机构及民间智库纷纷就北极的战略意义及日本的应有对策作出分析。如2009—2011年，笹川和平财团海洋政策研究所召集专家学者组建“北极海会议”，并于2012年

4 月向政府提交题为《北极海会议报告》的政策建议书。2013 年，防卫省防卫研究所在其《东亚战略报告》中首次专辟章节论述北极地区秩序及其前景。2013—2014 年，日本国际问题研究所发表《北极治理与日本的外交政策》《俄远东及西伯利亚开发与日本的经济安全保障》等一系列报告，就北极沿岸国资源开发、航道利用、环境保护等问题作出分析，并提出政策建议。2013 年，东京财团发表题为《关于海洋安全保障与非战时自卫权的 16 条建议》的政策建议书，其中强调北极的军事安全价值，主张日本尽快建立“针对北极的海洋安保战略”。上述研究报告显示，日本对北极战略价值的认识主要集中在以下几个方面。

第一，能源方面，日本认为本国对海外能源依赖程度高，且进口格局上长期过度依赖中东油气供应及马六甲航线，加上东日本大地震及福岛核泄漏事故后的“核电停摆”，使得能源供应缺口与潜在风险进一步扩大。在此情况下，积极与北极沿岸国家强化能源合作，共同勘探开采油气资源并拓展新的运输通道，对于日本增加海外能源供应，实现能源进口渠道多元化和稳定化具有重大意义。

第二，经贸方面，日本认为本国外向型经济需要强大外需拉动，需要扩大海外贸易伙伴并寻求新的贸易通道，北极东北航线将有效连接起日本与欧洲，且成本更为低廉，也避免经由冲突或海盗活动频繁的海域。另外，北极航线的繁荣将产生经济辐射效应，带动作为区域航运枢纽的北海道，以及本州岛日本海一侧港口的经济发展，促进日本地方经济及海运关联产业的发展。

第三，安全方面，日本认为北极是北半球“十字路口”，且美、俄、中在该地区均有军事活动，围绕北极航线开拓与资源开发等，有关国家间新一轮摩擦将很可能升温。对于邻近北极的日本周边安全环境将产生影响。而且，如北极航线商业化利用加强，经由白令海峡南下鄂霍次克海，经由宗谷海峡进入日本海的船只数量将大增，这对日本北方安全、周边海域环境而言亦意味着更大的不确定因素。①

---

① 石原敬浩、「北極海の戦略的意義と中国の関与」、『海幹校戦略研究』、2011 年 5 月号。

第四，环境方面，作为近北极国家，日本直接受到北极气候环境变化的影响。比如，融冰增加和海平面上升将波及日本沿岸地区，影响经济社会活动。北极海流和大气环流动向产生的连锁反应将波及日本，可能引发异常气候乃至自然灾害，加上周边海洋生物多样性的破坏，会对日本农渔业造成负面影响。针对上述环境风险，日本应加以重点监控，并通过自主研究和国际合作制定妥善对策。

第五，国际影响方面，参与北极国际合作将提升日本国际影响力，有利于其参与塑造相关国际秩序。日本长期积极融入国际合作，参与全球治理，有足够技术、财力和人脉参与北极事务并借此塑造“国际贡献者”形象。同时，当前北极事务存在大量法规及治理空白，日本立足北极理事会等多边机制，参与北极治理开发秩序规则的制定，有助于扩大话语权，增强主导力，并确保在该地区的长期战略利益。

在上述战略认识的推动下，日本逐步提升北极在其国家海洋战略中的地位，乃至制定独立的北极政策。以 2008 年 3 月首期《海洋基本计划》（2008—2012 年）为基础，2013 年 4 月，日本出台的第二期《海洋基本计划》（2013—2017 年）首次提出以北极气候环境变化为背景，“推进综合性、战略性措施”，重点加强对北极地区的观测研究、开展全球性的国际协作、探讨北极航道商业化利用可能。以此方针为指导，2015 年 10 月，“综合海洋政策本部”制定了《我国的北极政策》，并被政府批准。该文件从全球环境、北极原住民、国际法、资源开发、航路、安全保障等角度论证了出台系统性北极政策的必要性与紧迫性，并从科学研究、国际合作、可持续发展三个方面提出具体行动方案。① 文件强调应认识到北极开发的潜在可能性与环境脆弱性，凭借日本在科学技术上的强项能力，前瞻性地发挥积极主导力量，并积极参与围绕北极圈的国际规则制定，“为了在北极圈资源开发中发挥主导作用而强化国际协调”②。日本首部北极政策不以

① 総合海洋政策本部、「我が国の北極政策」、http://www.kantei.go.jp/jp/singi/kaiyou/arcticpolicy/jpn_arcticpolicy/Japans_Arctic_Policy［JPN］.pdf。

② 北極開発、「日本が主導的役割　政府が初の基本方針」、『日本経済新聞』、2015 年 10 月 16 日。

“战略”冠名但具有鲜明的战略规划色彩。日本也因此成为非“环北极国家”当中较早明确提出系统性北极政策的国家。2018 年 5 月，日本出台了第三期《海洋基本计划》（2018—2022 年），其中进一步提升了北极政策的优先级，将其作为主要海洋政策，并在研究开发、国际合作、可持续利用三大重点领域明确了具体措施。该计划将日本对北极事务的介入与“综合海洋安全保障”及“自由开放的印太”构想相结合，强调北极在经济及安全上对日本的重大意义，主张调动国内有关部门力量，大力推进北极研究与国际合作。同时，积极确保日本充分享受北极航线与资源开发带来的经济机会。日本北极政策的独立性、系统性与战略指向性逐步增强。

为了落实北极政策、最大化自身战略利益，日本在加强顶层战略设计的同时，至少采取了以下具体措施。

第一，强化北极政策体制。日本当前北极政策方向及具体领域由国家总体海洋战略统摄，并反映在《海洋基本计划》及《我国的北极政策》等有关政策文件中。考虑到推进北极政策需要跨领域智识与多方面协调，除了在海洋战略上发挥总体统筹作用的综合海洋政策本部外，针对北极政策具体问题，日本政府还建立了一些专门机构，主导推动跨部门合作。例如，外务省于 2010 年组建了跨省厅的“北极工作组”；国土交通省于 2012 年建立了“北极航道研究会”，2014 年建立了“北极航道官民合作会议”；文部科学省 2011 年在地观测分科会下成立了“北极战略小委员会”，2016 年在海洋开发分科会下成立了“北极研究战略会议”；内阁官房 2013 年成立了“北极各课题相关省厅联络会议”。2015 年，日本政府首次成立北极相关国际法团队，为日本在国际上参与制定北极开发利用规则提供法律、政策支持。在官民合作机制方面，日本政府于 2014 年成立了“日本北极官民合作协议会”，统合有关政府部门、海洋政策研究机构以及能源、海运、商社等领域民间企业，共同商讨并推进北极合作具体项目。在地方自治体层面，处于北冰洋至西太平洋航路沿线的北海道等地新设了“北极航道研究会”等官民组织，加强了对北极航路开拓、沿线经济发展的关注与研究。目前，日本尚未设立统一的北极政策统管部门，这客观上制约了其政策实施力度，但与此同时，日本在驱动产学研融合发展，调动民间及地方积极性方面则取得了较大的进展。

第二，加强北极科研力量。日本将加强北极领域科学技术研究与国际科研合作作为支持其北极政策、增强对北极国际合作影响力的基本抓手。根据政府规划，日本政府加强对大学与科技机构的北极研究项目拨款资助，支持各科研单位、大学基于“北极环境研究联合会”（2011 年成立）以及文部科学省资助的“北极研究推进项目”（ArCS）等为主要平台，加强各领域学科互助、行政部门与科研院所协作以及科研设施共享，发挥国立极地研究所、日本海洋研究开发机构、北海道大学、东京大学、东北大学、东京海洋大学、日本宇宙航空研究开发机构（JAXA）等机构作用，形成研究合力。同时，还要加强北极地区科考及观测活动，并大力推进科研观测设备研发。例如 2013 年日本首次发射用于观测北极海冰情况的商用卫星 WNISAT，此后又发射了后继卫星并加强了卫星观测数据的研究应用。① 2016 年，日本自主研发的低温海冰下自律型无人试验机潜航器在北极海域首次成功水下摄影。② 2021 年，日本开建国内首艘专用北极科考船，预算超过 330 亿日元，该船将配备调查北冰洋的海底地形和生物资源，以及观测海洋和上空等所需全部装备。该科考船预定作为海上科研基地使用，同时还具备破冰功能，计划于 2026 年投入使用。

在国际交流方面，日本通过建设在北极圈国家内的研究、观测基地，以及派遣学者等方式，加强在北极的国际共同研究；培养“能够引领国际性主题讨论”的北极相关人才。日本以会员国身份积极参加国际北极科学委员会（IASC）、北极可持续观测网（SAON）等国际组织科考，参与下一代欧洲非相干散射雷达系统（EISCAT_3D）、东北格陵兰流冰项目等科研项目，在大气、海冰观测，温室效应研究方面，与美、俄、加、欧等国家或国家集团加强研究，共同建设研究基地与观测据点，联合培养自然及人

① 「超小型衛星 50 機打ち上げ、日本発宇宙ベンチャーの野望」、『日本経済新聞』、2016 年 3 月 8 日。

② 「北極海、氷の下を無人機で探査　文科省が自律型開発へ」、『日本経済新聞』、2016 年 1 月 4 日。

文科学领域的北极科研人才。①

第三，深化北极能源与航路合作。日本将积极参与北极油气开发和航路开拓作为其北极政策“利益变现”、争取国家战略利益的关键领域。在能源方面，2012 年，日本新出台的资源保障战略将北极圈和东西伯利亚列为海外能源战略重点。② 2013 年，日本国际石油开发公司（INPEX）与俄罗斯石油公司达成协议，参与俄鄂霍次克海大陆架油气项目，首次在远东北极沿岸地区勘探开采石油。JX 新日本天然气公司长期参与英国北海沿岸的油田项目，其主导开发的马里纳油田于 2017 年投产。自 20 世纪 90 年代就在挪威参与能源开发的出光兴产已获得巴伦支海的多个油气田权益，在北欧天然气市场占据重要份额。日本石油天然气金属矿物资源机构（JOGMEC）在格陵兰岛参与油气和金属矿勘探。2013 年，JOGMEC、国际石油开发帝石、出光兴业等组建的“格陵兰石油开发公司”中标格陵兰东北海域两块油气田。在安倍政府时期，日俄经济合作加强。2016—2018 年间，日本政府及企业迅速获得多项俄北极沿岸油气田项目开采权。其中日本经产省、伊藤忠商事、石油资源开发机构、丸红及 INPEX 出资参与俄“萨哈林 1 号”项目，三井物产与三菱商事出资参与“萨哈林 2 号”项目，三井物产与 JOGMEC 出资参与俄“北极 2 号”项目。2022 年乌克兰危机爆发后，由于日本对俄实施制裁，俄将日本列为不友好国家，两国关系迅速恶化，在俄日企纷纷撤资。但日本政府仍宣称不会放弃在俄的油气田投资项目，意图保障自身能源安全。

在航路方面，日本将北极东北航线的商业化利用作为重点课题，持续开展实证研究，包括依托日本政府主导的“北极气候变动研究项目”（GRENE），对气候变暖下北极航道利用可能性进行科学论证，包括利用卫星数据获取实际航行样态，分析海冰对航行难易程度影响，分析北极航道的航行模型等。为配合海外能源战略，日本积极尝试将该航线首先用于油

① 「北極観測のデータ拡充　日米欧の機関、研究を加速」、『日本経済新聞』、2015 年 4 月 28 日。

② 本村眞澄、「北極圏のエネルギー資源と我が国の役割」、『北極のガバナンスと日本の外交戦略』、日本国際問題研究所、2013 年 3 月。

气输送。日本最大海运公司商船三井已与中远海运、韩国大宇造船合作，开辟从俄罗斯亚马尔半岛到欧洲、亚洲的定期能源航线，2018 年该航线开通。目前商船三井已有 10 艘天然气输送船使用该航线，到 2024 年将增加到 14 艘。同时，日本还计划以航线开拓带动地区开发。2016 年，日本政府出台了为期十年的“北海道综合开发计划”，宣布将加强港口基础设施建设，发展海运服务业，引入风力发电等可再生能源，促进北海道与俄萨哈林州的经贸关系，从而将北海道打造为北冰洋至西太平洋航路上的海运物流中心，使其成为“东亚的门户”。①

第四，积极开展“北极外交”。日本当前积极围绕国际秩序主导权与全球性影响力开展“战略性外交”，其“北极外交”也被置于这一框架中。根据日本第三期《海洋基本计划》，日本“推动北极国际合作”的相关设想包括以下几个方面：呼吁和推动以《联合国海洋法公约》为基础、尊重包括“航行自由”在内的原则；呼吁建设双边或多边机制，鼓励充分利用以观测、研究为基础的科学成就；进一步推动以北极圈国家为主的各国间围绕北极问题交换意见；加强对北极理事会工作的支持。2010 年，日本政府开始派遣局级官员参加北极理事会会议。2013 年 3 月，日本政府设立北极担当大使一职。2015 年，日本与中国等 6 国一起成为北极理事会观察员国，由此全面参加北极理事会下各项会议和工作小组。2020 年 11 月，日本的北极担当大使在北极理事会高官会议上明确了日本参与北极国际治理的三大支柱，即科学调查研究、可持续的经济利用以及法制的建构与强化。同时，日本作为巴伦支欧洲北极理事会观察员国以及 IASC 等科研组织成员国积极发挥作用。近年来日本在倡导所谓“航行自由”“海洋法治”原则的基础上，进一步主张在北极地区促进“法治”，在树立自身道义地位的同时，积极影响北极相关国际法及相关制度的塑造进程。

为参与北极事务、拓展国际影响力，日本还积极加强与北极沿岸国家关系，开展海洋合作。其中，既是日本近邻，又在北极事务中扮演主要角

---

① 「北海道を再生エネ拠点に　政府開発計画案、サハリン貿易促進」、『日本経済新聞』、2016 年 3 月 5 日。

色的俄罗斯是日本的重点公关对象。2013 年 4 月，时任日本首相安倍晋三访俄，与普京发表声明，表示将充分利用外交机制推动两国在北极问题上的合作。当年启动的日俄外交与防务“2 + 2”会谈机制确认两国加强海洋安保合作、日本自卫队与俄军在北极边缘海开展联合搜救演习等。此后一段时期，日本积极寻求改善对俄关系，重点提升日俄在远东的能源及军事安全。推动日本企业投资俄油气项目，重启日俄海军联合搜救等，并建立了“日俄北极论坛”“日俄北极研究工作组”等官方或半官方机制。但 2022 年乌克兰危机爆发后，日俄关系严重恶化，两国北极合作也陷入僵局。在俄罗斯之外，日本还与北欧与波罗的海八国集团（NB8）建立了伙伴关系。[①] 2014 年 10 月安倍在出席亚欧首脑会议期间，与 NB8 举行了领导人峰会，宣布在北极事务方面携手合作。[②] 日本与挪威、芬兰、丹麦等国在北极合作上保持密切沟通，达成了一些协议。另外，尽管日本认为自己与同为“近北极国家”的中国、韩国存在着竞争关系，但仍有必要保持与中国、韩国在该问题上的协商。在北极理事会内部，以及日本与中国、韩国的海洋高级别磋商中，中日、日韩围绕北极合作仍保持着协调，三国企业及民间团体在航运、科考等领域的合作仍然较为密切。

第三节　日本对“冰上丝绸之路”的看法与中日关系

中日地缘政治与经济关系密切。围绕北极治理及“冰上丝绸之路”，中日亦有互动。日本在维持加强对北极战略介入的同时，尤其关注中国在这一地区的动向，特别是 2017 年底中俄公开表示将共建“冰上丝绸之路”，以及 2018 年 1 月中国政府发表首份北极政策文件《中国的北极政策》白皮书。这一时期，日本尤其关切中方有关北极的政策动向，对“冰上丝绸之路”的推进也有所关注与研究。

---

① 北欧及波罗的海八国分别为丹麦、挪威、瑞典、芬兰、冰岛、爱沙尼亚、拉脱维亚和立陶宛。

② 外務省、「北欧・バルト8か国（NB8）との首脳会談」、http://www.mofa.go.jp/mofaj/area/sweden/bn.html。

围绕“冰上丝绸之路”，综合来看，日本方面有以下的基本观点。

第一，日方认为，中国倡导的“冰上丝绸之路”具有明确而长远的战略诉求。日本对“冰上丝绸之路”的看法与对“一带一路”倡议的总体认知类似，都是从高度现实主义的战略视角出发，对中国的合作倡议进行严厉审视，强调中方所为的战略自利性。日本方面认为，中国政府的北极政策白皮书系统性阐释了中国外交政策中北极的定位、利益和参与治理的方式等，特别强调了中国“近北极国家”身份及与各方共建“冰上丝绸之路”的设想，标志着中国形成了明确的、旨在中长期介入北极的战略设计。①

对于中国在北极的利益考量，日方观点认为，中国在北极圈的利益主要来自资源和以北冰洋航线为中心的能源安全保障，此外“还有潜在的军事利益”。中国参与北极事务可以减少对马六甲海峡的战略依赖，同时，也方便其像美俄一样在该地区扩大军事存在。“如果未来中国能够在北极部署核潜艇，将动摇美俄在此传统的战略威慑力”。② 另有观点认为，中国在北极的行动不仅是为了短期的经济利益，而是通过长期布局铺垫，追求在地区治理及多边协商机制中的话语权。近15—20年，中国从北极治理的局外者与观察者逐渐变为参与者。为了扩大参与角色，中国在极地投入了大量的资金和科研力量。相比美俄加等周边国家，中国在极地开发和治理经验上有明显差距，但中国期望通过切实的战略行动，使得自己也成为重要的角色。作为“近北极国家”，中国不希望自己在北极事务中被边缘化，因此通过政策宣示，保证不会对北极圈国家利益造成损失。同时也为中国在北极圈的权益和参与治理提供合法性。③

第二，日方认为，中国倡导的“冰上丝绸之路”将对地区秩序规则产生重要的、“不确定”的影响。在日方看来，考虑到中国日益增长的国力

---

① 西岡省二、「かなり強引な『北極圏にシルクロード』——中国の勢力拡大の野望に広がる警戒感」、https://news. yahoo. co. jp/byline/nishiokashoji/20210805-00251401。

② 山口信治、「中国の北極白書：第三のシルクロード構想と中ロ協調の可能性」、『NIDSコメンタリー』、2018年2月。

③ 「北極海航路の危うい針路　中ロも接近、カギ握る日本」、『日本経済新聞』、2022年2月22日。

与活跃的外交，加上中俄、中欧极地合作的深入，一旦“冰上丝绸之路”付诸实施，将不可避免地改变该地区的秩序格局。有日方观点指出，中方“冰上丝绸之路”的基础是中俄在北极圈的合作，同时，中国“依托强大经济力量”，也在与北欧国家协商共同开发北极，这意味着中方在参与北极事务过程中拥有了足够的力量支点。尽管“环北极国家”对此态度有谨慎的一面，但无法忽视中国的态度，对中方参与北极事务总体上也表示欢迎。国内的庞大市场、迅速发展的技术是中国拥有的、且随着时间不断增长的优势。随着中国不断推动“冰上丝绸之路”的科考、能源、航运项目，上述领域的技术、规则及标准也将日益受到中方的影响。[①] 在日方看来，中方行动对秩序规则的影响将不仅限于经济技术层面，而是会最终上升到政治层面，并在未来切实地塑造这一地区的前景。

在对“冰上丝绸之路”进行影响评估时，日本方面展现出较强的警戒情绪与竞争心态。尽管也有日方人士指出，中国在北极政策的表述中强调尊重北极国家的主张，即使会回避或忽视不符合自身利益的内容，但也不反对现有的国际准则。中方将经济全球化、人类命运共同体等理念纳入“冰上丝绸之路”的框架，力争展现出协调性的姿态。[②] 但仍有不少日方观点认定，中国对北极治理的参与更多是“一个重大而不稳定的因素”。

第三，日方认为，“冰上丝绸之路”的推进仍需克服一些现实障碍。一方面，日方承认中国参与北极事务的意志与努力是确实而坚定的，这意味着“冰上丝绸之路”的发展不会半途而废；同时，中国的合作倡议也得到了不少有关国家的积极回应。在协商推进北极开发、合作开展北极治理方面，“冰上丝绸之路”的设想是符合大的潮流趋势的。但另一方面，日方认为“冰上丝绸之路”设想仍然面临一些现实障碍，需要相当长时间才能实现，甚至能否充分实现的前景未必乐观。其中包括一些自然及社会意义上的技术原因，比如基于北极严酷的自然环境和严重不发达的周边经济

① 下平拓哉、「中国の北極政策の核心：中国初の『北極政策白書』を読み解く」、『日本戦略研究フォーラム季報』、2019 年 7 月、第 103—111 頁。

② 下平拓哉、「中国の北極政策の核心：中国初の『北極政策白書』を読み解く」、『日本戦略研究フォーラム季報』、2019 年 7 月、第 103—111 頁。

环境，导致航道开发所需的软硬件设施和技术保障还比较落后，航道基础设施与航行信息保障条件不足，加剧了商船航行安全保障及沿线补给的困难，增加了运营成本。另外，围绕北极资源开发与航道利用，目前尚缺乏统一有效的、具有约束力的管理制度与规则，北极沿岸国家各自为政，强调自身管辖权并分别征收费用，甚至导致矛盾摩擦，这均严重制约着“冰上丝绸之路”的建设进度。①

除了技术原因外，日方认为阻碍“冰上丝绸之路”实现的政治原因也不容忽视。由于北极的战略价值日益被各国所认识，导致围绕北极地区的国际博弈愈发复杂、权益争夺日趋激烈。加上由于国际法相关规定的模糊性乃至自相矛盾性，北极沿岸国家围绕领海、大陆架及专属经济区划界的分歧并未因现有协商减少，从而进一步加大了国际合作的难度。日方认为，尽管中国与俄罗斯就“冰上丝绸之路”合作达成了诸多协议，但一方面在战略思维与具体方针上中俄存在差异，俄罗斯对包括中国在内的所有域外国家参与北极事务均有戒心；另一方面，俄罗斯与以美国为首的北约矛盾加剧、对抗升级。北约成员国正在不断努力提高其军队在北极地区的作战能力，并引起俄罗斯的强烈反应及反制，加上中美在全球范围战略博弈的强化，这也导致与俄罗斯关系密切、且日益被美方“锁定目标”的中国所推动的合作倡议日益受到美欧方面的警惕乃至遏止。② 而在乌克兰危机爆发后，日本进一步认为，随着美俄、美中矛盾的激化，以及北极理事会等机制的停摆，“冰上丝绸之路”在短时期内已经不具备取得实质进展的可能性。③

日方针对“冰上丝绸之路”的看法反映出，一方面，基于对北极长期的战略关注与介入，日本对该地区事务保持着高度关心，对格局形势变化及相关技术发展较为敏感。日本认识到“冰上丝绸之路”所主张的、以国

---

① 「中国がロシアを抱き込んで進める氷上シルクロードは世界の物流を根底から変える」、https://news.yahoo.co.jp/articles/cefdf78f6e223fcd30ebc10de340123ce7873bac? page=3。

② 小原凡司、「グローバル・アイ 中国動態『一帯一路』にもリンク 北極圏をうかがう中国」、『週刊東洋経済』、2019 年 6 月号、第 73 頁。

③ 「米国、北極で中国・ロシアに対抗　新戦略公表」、『日本経済新聞』、2022 年 10 月 7 日。

际协调与互惠合作为基础的北极治理是趋势所在，也一定程度上承认了中国在北极地区日益增长的影响力；另一方面，基于不断增强的对华竞争心理，日本主要从战略视角解读“冰上丝绸之路”，强调该倡议本质上是为应对大国博弈、力图掌握区域主导权而展开的地缘战略，以较为消极而负面的心态解读中方的行动意图与后果，乃至有意渲染在北极的“中国威胁论”，捕风捉影、歪曲宣扬中方行动给地区秩序及安全带来的“不确定性后果”，而对美欧等“民主盟国”在此地区确凿的军事部署与战略行动，日本反而选择性地无视。同时，日本有关“冰上丝绸之路”前景存在困难，乃至短期内难以充分实现的看法，尽管有一定的客观事实基础，但也明显反映出日本看衰中方的复杂心态与固有偏见。日本对“冰上丝绸之路”的看法，与当前日本基于竞争性心理的对华总体认知具有一致性。

在上述看法基础上，日本对“冰上丝绸之路”有限度地、摸索性地开展合作。中日两国政府特别是涉海部门围绕北极事务保持着沟通。比如2018 年 12 月，在浙江省嘉兴市乌镇举行的第十轮中日海洋事务高级别磋商中，中日双方围绕北极政策进行了交流，同意就北极事务加强沟通，推进务实合作。2019 年 5 月在日本北海道小樽市举行的第十一轮中日海洋事务高级别磋商中，双方围绕北极科研等问题进行了具体沟通，主张推进合作。2020 年新冠疫情暴发后，随着中日摩擦矛盾增加，两国围绕“一带一路”的合作趋向停滞，日本政府对“冰上丝绸之路”的态度也趋向消极。尽管两国科研部门与航运、造船企业仍在围绕北极科考、航道开发等实务项目开展合作，但日本官方合作动意的“退坡”一定程度上阻碍了两国民间务实合作的扩大。2023 年 4 月，中日海洋事务高级别磋商机制第十五轮磋商在东京举行，双方表示，将以《中日和平友好条约》缔结 45 周年为契机，通过对话妥善处理涉海矛盾分歧，深化海洋领域务实合作。中日双方就开展海洋科研、海洋生态保护修复、发展蓝色经济创新技术等领域合作交换了意见，同意继续加强对口部门交流对接。在上述务实合作领域，北极无疑仍是中日关切及利益的重要交集之一。

与此同时，在美国加强对华战略竞争以及乌克兰危机长期化背景下，日本在对华政策上的消极性明显抬头，并从制衡对冲“中俄联盟”视角出发，加强了对“冰上丝绸之路”的警惕防范姿态。当前，美国拉拢其他“近北极国家”及周边盟国，在北极地区针对中俄加强遏制措施。比如，2023 年 3 月，美国总统拜登访问加拿大，宣布美加要建立“跨境半导体封装走廊”和“北美关键矿产供应链”，并将在北极前沿“作战地点”投资 73 亿加元（约合 365 亿元人民币），用于部署第五代战机、确保北美防空司令部“有能力威慑和防御对美加领空和海域的新威胁”，从而在未来数年与中俄展开军事与经济安全竞争。在此情况下，日本进一步加强与美欧国家协调，并加强了针对中俄的制衡手段。乌克兰危机爆发后，日本继续积极渲染中俄在日本周边的联合军演与海洋活动，将中俄行动强行捆绑，并声称“今日乌克兰即明日东亚”，煽动紧张情绪和阵营对立。2023 年 4 月，在七国集团轮值主席国日本推动下，七国集团科技部长会谈通过决议，共同加强针对北极地区的科考与观测活动，“以应对中俄在北极日益活跃的活动”①。日本的上述做法对于各国缓和摩擦矛盾、重启北极治理显然毫无益处，对于中日关系的稳定，特别是安全互信的维持也造成了损害。

第四节　结语

“冰上丝绸之路”的提出反映了在新的全球化时代，国际社会基于协商合作、可持续发展原则开发并治理北极的诉求和尝试。随着近年来各国在北极科学研究、航道利用、经贸合作等方面取得进展，“冰上丝绸之路”正从倡议、理念与设想逐渐变为可能的现实。“冰上丝绸之路”是中国“一带一路”倡议的延伸发展，是中国参与北极事务的关键步骤，也是中国贡献国际海洋治理合作的重要路径。中国坚持共商、共建、共享原则，积极推动“一带一路”建设，促进亚欧互联互通与全球海洋合作，并将打通并建设北极的“蓝色经济通道”作为重要一环。尽管当前国际形势严

① 「北極海の観測強化、G7 科技相会合の共同声明に明記へ 中露進出に対抗」、『日本経済新聞』、2023 年 4 月 1 日。

峻，海洋合作面临阻碍，"冰上丝绸之路"的实现任重道远，但由于中国推动的合作倡议在根本上顺应了时代发展与各方需求，因此"冰上丝绸之路"的活力与潜力仍然巨大，未来仍然值得期待。

中日同为"近北极国家"，围绕"冰上丝绸之路"有条件也有必然展开更为建设性的互动。日本强调"海洋立国"，重视海洋权益及海权格局变化，对于北极事务亦长期战略关注并力图深化战略介入。在挖掘与合理利用北极科学、经贸、能源等价值，以及共同维护"近北极国家"在北极治理问题上的话语权方面，中日实际上有着广泛的共同利益与关切，但基于零和博弈式的对华竞争心理，日本对中方所倡议的"冰上丝绸之路"态度审慎，且持有警惕心理。不过，在北极能源利用与航道开发带来的现实利益诱导面前，日本企业已经在北极与中方摸索开展合作，其成果也证明了中日和则两利，斗则两伤这一现实。当前中日关系再度陷入低潮，两国务实合作面临障碍，这需要两国政府发挥政治引领作用，为民间经济、社会及科研合作创造有利条件，而非为其制造障碍。在这一点上，日本方面的现行对华认知及应对尤其需要扭转。

第六章

日本高质量基础设施合作伙伴关系战略演进及对“一带一路”建设的影响

日本高质量基础设施合作伙伴关系战略旨在通过促进高质量基础设施海外出口，塑造并改善日本所需的国际战略环境。2020 年以来，在疫情背景下日本政府进一步调整和升级高质量基础设施合作伙伴关系战略，其布局不仅具备对外经济战略的常规特征，同时还表现出针对中国开展竞争的心态，对中国“一带一路”倡议的推进产生重要影响。中日两国在基础设施建设领域都积累了各自优势，中国一方面应密切关注和研究日本高质量基础设施合作伙伴关系战略的具体内容，另一方面也要积极应对两国在“一带一路”推进重点地区基础设施建设中所构成的竞争局面。

第一节 日本高质量基础设施合作伙伴关系战略出台背景

日本基础设施对外投资主要以综合商社、建筑公司、工程建设公司等民间企业为主体。2010 年，日本政府首次将基础设施对外投资提升为国家战略重大项目，建立了相应的组织和实施框架，以扩大基础设施对外投资规模。2015 年，安倍内阁又明确提出构建高质量基础设施合作伙伴关系。此后，日本高质量基础设施合作伙伴关系战略不断强化，政策支持力度持续增加。该项战略的实施背景主要包括以下几方面。

（一）全球城市化进程带动基础设施需求扩张

近年来，以新兴国家为中心的城市化建设发展迅速，由此带动了旺盛的基础设施需求。据联合国统计，2007 年全球城市居民人数首次超过农村居民。1950 年全球城市人口仅为 70 万人，占总人口比例低于 30%，2014 年全球城市人口达 39 亿人，占总人口比例升至 54%。这一趋势还将持续增加，预计 2050 年城市人口将增至 63 亿人，占比超过 2/3，其中约 90% 的增长源于亚洲和非洲地区。①

如图 6－1 所示，2010 年全球百万以上人口城市有 436 个，是 1950 年的 5.6 倍，人口占全球总人口的比重也从 25% 上升至 39%。据测算，2030 年 100 万以上人口大城市群将达到 662 个，人口占比升至 45%，其中新兴国家比 2010 年增加 64%，从 322 个增至 529 个，占比从 40% 升至 47%，发达国家从 114 个增加至 133 个，占比从 38% 升至 42%。

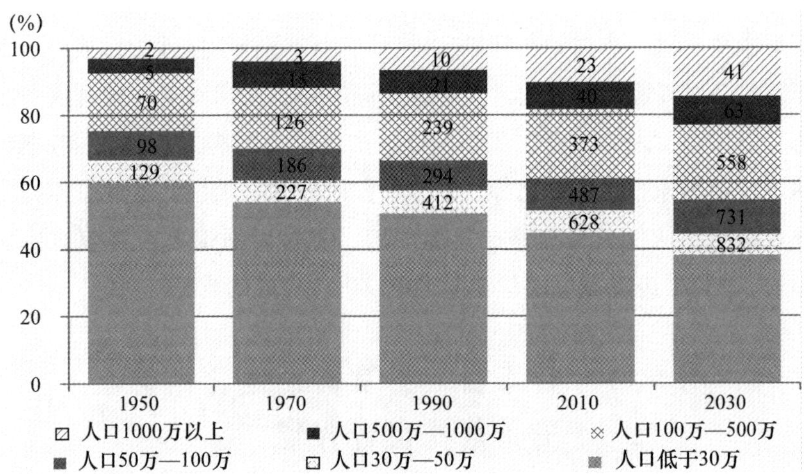

图 6－1　全球不同规模城市数量及人口占比变化趋势

说明：柱状线内数字为相应规模的城市数量。

资料来源：根据 United Nations Department of Economic and Social Affairs 统计资料制作。

在城市化进程的带动下，基础设施需求持续扩张。据 OECD 测算，2000—2030 年，全球电信、交通、水道、电力等基础设施需求达 53 万亿

① United Nations Department of Economic and Social Affairs, “World Urbanization Prospects: The 2014 Revision”, New York, 2015.

美元，年均约占全球 GDP 的 2.5%（参见表 6－1）。若将发电、能源计入在内，全球基础设施投资规模将达到 71 万亿美元。

表 6－1 全球年均基础设施投资规模估算表（2000—2030 年）单位：百万美元，%

投资类型	2000—2010 年	约占全球 GDP 比重	2010—2020 年	约占全球 GDP 比重	2020—2030 年	约占全球 GDP 比重
公路	220	0.38	245	0.32	292	0.29
铁路	49	0.09	54	0.07	58	0.06
电信	654	1.14	646	0.85	171	0.17
电力	127	0.22	180	0.24	241	0.24
水利	576	1.01	772	1.01	1037	1.03

资料来源：OECD，Infrastructure to 2030，Land Transport，Water and Electricity，2006，p. 29，Table 1－1.

据麦肯锡全球研究院调查，截至 2013 年以前的 18 年间，全球实际基础设施投资规模累计达 36 万亿美元。按现行增长水平，预计 2013—2030 年的 18 年间，全球基础设施投资将增长近 60%，占全球 GDP 的 3.5%，达到 57 万亿美元（具体增长指标参见图 6－2）。从年均投资规模来看，

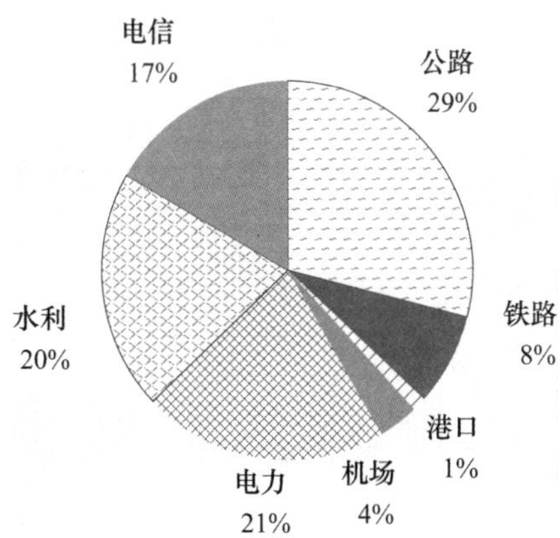

图 6－2 全球基础设施投资需求（2013—2030 年）（单位：万亿美元）

资料来源：Mckinsey Global Institute，“Infrastructure Productivity：How to Save ＄1 Trillion a Year”，January 2013.

2013 年为 2.6 万亿美元，2020 年将达 3.0 万亿至 3.5 万亿美元，2030 年进一步增至 4.1 万亿至 4.8 万亿美元。

在人口最为集中、经济增速最显著的亚洲地区，基础设施需求旺盛。据亚洲开发银行（ADB，以下简称“亚开行”）测算，2010—2020 年，亚洲基础设施投资需求约为 8.3 万亿美元，其中区域内双边、次区域、泛亚洲区域确定 1077 个运输、能源相关基础设施项目，投资需求约为 2900 亿美元。亚洲国家国内基础设施需求约为 8 万亿美元，年均约 7300 亿美元，其中 68% 为新增支出，32% 为既有项目的替换费用（参见表 6－2）。从投资行业来看，以电力为主的能源相关产业约占国别投资的 51%，为 4.09 万亿美元，铁路、铁道等交通运输产业约为 2.47 万亿美元，占 29%。从地区分布看，东亚和太平洋地区需求最为旺盛，占亚洲总体需求的 58%，达 4.67 万亿美元，南亚为 2.87 万亿美元，中亚为 0.46 万亿美元。其中东盟国家的印度尼西亚、马来西亚、泰国、菲律宾投资增速加快，仅印度尼西亚 2010—2020 年累计需求便约达 4500 亿美元。

中南美洲基础设施投资市场潜力巨大。日本财务省认为，中南美洲整体所必需的基础设施投资每年高达约 3000 亿美元。[①] 此外，非洲的基础设施市场潜能也很大。据估计，非洲每年基础设施的融资需求约为 930 亿美元，但每年的实际投资约为 450 亿美元，还不到需求的一半。[②]

表 6－2　**2010—2020 年亚洲基础设施投资需求**　单位：百万美元

投资领域	新增投资	更新换代	合计
电力	3176437	912202	4088639
通信	325353	730304	1055657
手机	181763	509151	690914
通信网络	143590	221153	364743

① 「財務省とJICA、米州開銀と新基金　中南米インフラ投資」、2016 年 4 月 10 日、『日本経済新聞』、https://www.nikkei.com/article/DGXLASFS08H47_Z00C16A4NN1000/。

② 中国驻加蓬经济商务参赞处：《中国对非洲基础设施投资现状及前景》，2014 年 12 月 17 日，http://ga.mofcom.gov.cn/article/ztdy/201412/20141200836506.shtml。

续表

投资领域	新增投资	更新换代	合计
交通	1761666	704457	2466123
机场	6533	4728	11260
海港	50275	25416	75691
铁路	2692	35947	38639
公路	1702166	638366	2340532
水与卫生	155493	225797	381290
卫生	107925	119573	227498
水	47568	106224	153792
合计	5418949	2572760	7991709

资料来源：ADB, “Infrastructure for seamless Asia”, 2009, Table 5. 1.

（二）发展中国家基础设施资金供给不足

国际金融危机爆发以来，全球基础设施建设发展迅速，尤其是亚非拉地区基础设施薄弱，资金和技术需求强劲。经济合作与发展组织指出，2007—2030 年，世界范围内的基础设施投资额将达到 71 万亿美元。[①] 世界经济论坛分析则指出，到 2030 年，全球基础设施项目年需求额将达到 4 万亿美元。[②] 在推动经济发展的过程中，发展中国家需要大量的投资。

据亚开行 2009 年推算，2010—2020 年，亚洲基础设施建设资金需求达 8 万亿美元。[③] 而根据亚开行 2017 年发布的报告，预计到 2030 年，亚洲地区每年基础设施投资大概需要 1.7 万亿美元，目前只能满足一半左右。[④] 非洲

① OECD, “Plenary Session on Long-Term Investment”, June 2014, https://www. oecd. org/investment/plenary-session-on-long-term-investment. htm.

② World Economic Forum, “Strategic Infrastructure Mitigation of Political & Regul atory Risk in Infrastructure Projects”, February 2015, http://www3. weforum. org/docs/ WEF_ Risk_ Mitigation_ Report_ 2015. pdf.

③ 具体数据见［日］アジア開発銀行研究所（ADBI），“Infrastructure for a Seamless Asia (2009 年)”、https://www. adb. org/sites/default/files/publication/159348/adbi-infrastru cture-seamless-asia. pdf。

④ ADB, “Meeting Asia’s Infrastructure Needs”, February 2017, https:// www. adb. org/publications/asia-infrastructure-needs.

每年基础设施的融资需求约为930亿美元，但每年的实际投资约为450亿美元，还不到需求的一半。[①] 根据非洲开发银行的报告，预计非洲每年需要基础设施投资约1300亿到1700亿美元，目前只能满足1/3左右。[②] 此外，麦肯锡全球研究院报告指出，拉丁美洲基础设施投资占GDP的比重在全球各地区中处于最低的水平，2016—2030年，拉丁美洲需要在基础设施开发方面投入7万亿美元，高于2000—2015年的5万亿美元。[③]

面对旺盛的需求，发展中国家资金供给能力有限。在首次提出高质量基础设施合作伙伴关系这一战略的时候，安倍便指出："亚洲地区，每年都会有100万亿日元的基础设施建设需要"，"国家资金无法满足所有需求"，"正因为需求巨大，我们应进一步思考建立让民间的多种资金流入亚洲的框架"[④]。长期为亚洲地区基础设施融资的国际金融组织主要有世界银行和亚开行，由中国主导的亚洲基础设施投资银行（AIIB，以下简称"亚投行"）于2016年1月正式成立，旨在助力亚洲基础设施的资金供给（参见表6－3）。从实际融资成果来看，2014年世界银行向发展中国家发放610亿美元贷款和援助，但只有240亿美元涉及基础设施建设，其中投入亚洲的基建资金仅有约100亿美元。2014年，亚开行提供220亿美元基础设施项目贷款。截至2023年，亚投行成员已达到106个，已累计批准212个贷款或融资项目，总额达到403.7亿美元，但仍不能满足实际需求。巨大的资金供需缺口，为企业海外投资提供了广阔的商机。

---

① 中国驻加蓬经济商务参赞处：《中国对非洲基础设施投资现状及前景》，2014年12月17日，http://ga.mofcom.gov.cn/article/ztdy/201412/20141200836506.shtml。

② African Development Bank, "African Economic Outlook 2018", January 2018, https://www.afdb.org/fileadmin/uploads/afdb/Documents/Publications/African_Economic_Outlook_2018_-_EN.pdf.

③ Mckinsey Global Institute, "Where Will Latin America's Growth Come from?", April 2017, https://www.mckinsey.com/.

④ 日本首相官邸、「第21回国際交流会議『アジアの未来』晚餐会　安倍内閣総理大臣スピーチ」、2015年5月21日、http://www.kantei.go.jp/jp/97_abe/statement/2015/0521speech.html。

表 6－3　亚洲基础设施融资主要国际金融组织概要（截至 2016 年 1 月末）

	世界银行	亚洲开发银行	亚洲基础设施投资银行
成立时间	1945 年	1966 年	2016 年
所在地	美国华盛顿	菲律宾马尼拉	中国北京
成员国数	188 国	67 个国家和地区	57 国
主要出资国	美日中德英法	日美中印澳	中印俄德韩
资本金	2830 亿美元	1635 亿美元	1000 亿美元
主要融资业务	经济发展、消除贫困等	经济发展、消除贫困等	亚洲区域内基础设施开发

资料来源：笔者根据各国际金融组织资料制作。

（三）日本基础设施出口呈现竞争劣势

如图 6－3 所示，从 2003 年起，全球最大 225 家国际工程承包商订单每年平均增加 900 亿美元，2010 年为 1.07 万亿美元，分别是 2005 年的 1.9 倍和 2001 年的 3 倍。其中本国订单约占 64%，海外业绩占 36%。

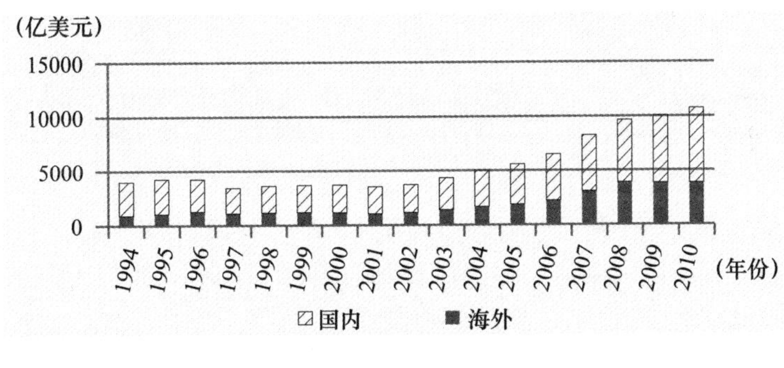

图 6－3　全球最大 225 家工程承包商营业额变化（1994—2010 年）

资料来源：Engineering News-Record，Top 225 International Contractors 2011.

从海外出口业绩看，虽然交通运输、石化、建筑等基础设施领域营业额不断增长，但与欧美、中、韩等国企业相比，日本企业基础设施出口所占份额处于明显劣势。2011 年，全球最大 225 家国际工程承包商海外订单为3835亿美元，其中交通基础设施出口1090亿美元，石油893亿美元，建筑830亿美元，发电、水利分别为386亿美元和124亿美元。选取各自领域中排名在前25位或前50位的企业群组，可以看出日本在基础设施出口领域规模较小（参见图6-4）。

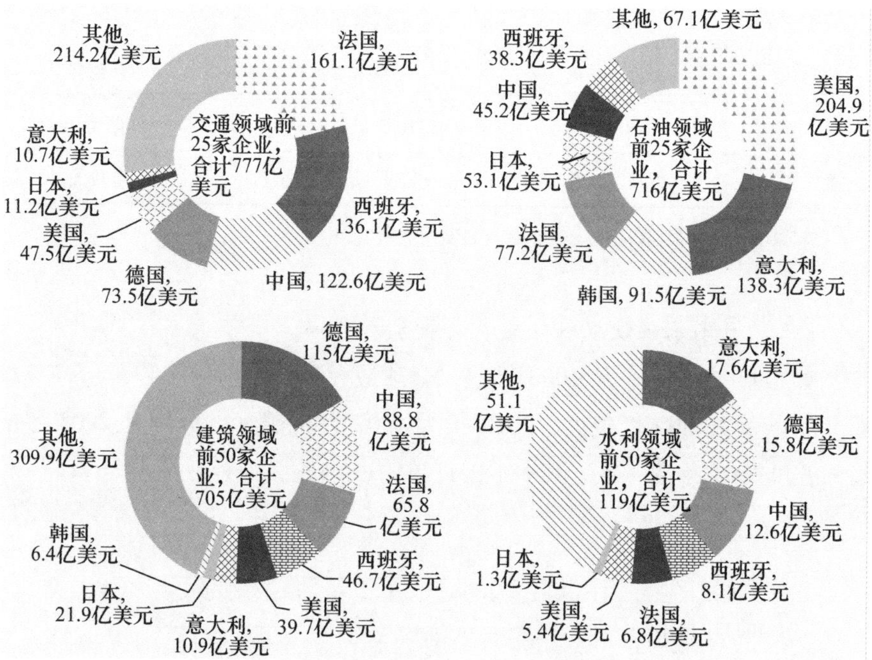

图6-4　重点领域主要企业基础设施出口规模（2011年）

资料来源：Engineering News-Record，Top 225 International Contractors 2011.

按区域划分，2011年亚洲地区基础设施订单中，日本企业仅占9%，远低于欧洲企业的45%和中国的20%。在中东、中南美洲和非洲地区，日本分别占5%、1%和2%，低于欧洲的30%、57%、35%以及中国的13%、9%和40%。[①] 表6-4展现了各国基础设施企业出口排名变化情况，

① 日本経済産業省、「平成25年版通商白書」、2013年6月、https://www.meti.go.jp/report/tsuhaku2013/2013honbun_p/2013_gaiyou.pdf。

可以看出与老牌欧美企业和后来居上的中、韩企业相比，日本在重点地区基础设施出口规模、所占份额均有较大差距。

表 6－4　　重点地区基础设施出口前十位国家排名情况变化

年份 排名	亚洲地区				中东地区				非洲地区			
	2002	2006	2010	2014（份额，%）	2002	2006	2010	2014（份额，%）	2002	2006	2010	2014（份额，%）
1	日本	德国	中国	中国（20.5）	意大利	美国	美国	中国（19.2）	美国	中国	中国	中国（49.4）
2	中国	中国	德国	美国（13.9）	法国	日本	韩国	韩国（17.3）	法国	法国	意大利	意大利（11.2）
3	德国	日本	美国	西班牙（11.9）	日本	韩国	中国	土耳其（13.2）	中国	美国	法国	法国（8.6）
4	美国	美国	日本	韩国（11.8）	美国	法国	意大利	意大利（8.0）	日本	意大利	美国	土耳其（6.6）
5	韩国	法国	意大利	德国（11.5）	韩国	中国	土耳其	美国（7.1）	意大利	韩国	土耳其	韩国（5.4）
6	法国	英国	法国	日本（9.6）	中国	英国	日本	西班牙（4.5）	德国	德国	韩国	巴西（3.8）
7	英国	土耳其	澳大利亚	法国（5.1）	英国	土耳其	英国	英国（4.2）	韩国	土耳其	西班牙	西班牙（3.4）
8	意大利	韩国	韩国	土耳其（4.6）	德国	意大利	西班牙	法国（2.9）	英国	日本	英国	美国（1.3）
9	加拿大	意大利	土耳其	意大利（2.3）	加拿大	西班牙	法国	德国（2.0）	荷兰	西班牙	德国	英国（1.0）
10	荷兰	西班牙	英国	英国（0.6）	澳大利亚	德国	德国	日本（1.4）	加拿大	英国	加拿大	日本（1.0）
地区合计（亿美元）	226.8	401.9	766.4	1374.1	97.4	413.8	724.3	790.3	111.4	179.1	605.9	709.5

资料来源：Engineering News-Record，Top 225 International Contractors 2003，2007，2011，2015.

在人口不断减少和国内经济缺乏增长点的情况下，基础设施出口已被日本视作经济成长战略的支柱之一。2013 年 3 月，日本在内阁官房设置由官房长官为议长负责的“经济合作与基础设施战略会议”（以下简称“战略会议”），以此作为指导基础设施输出的司令塔。该会议是一个阁僚联合会议，成员包括副首相兼财务大臣、总务大臣、外务大臣、经济产业大臣、国土交通大臣、经济再生担当大臣兼内阁特命担当大臣（主要负责经济财政政策），主要任务是讨论日本海外经济合作的重要内容，具体包括：为开拓基础设施海外业务的企业和地方政府培养人才；从新兴市场国家赢得更多发电站、高速铁路和上下水道等基础设施订单；强化政府的直接支持；官民一体地战略性推进日本基础设施海外输出。2013 年 5 月，日本政府又制定了"基础设施系统出口战略"，提出到 2020 年有关基础设施的订单达到 30 万亿日元的目标。① 日本经团联等团体积极向政府提言，推动日本战略性展开海外基础设施投资。② 海外基础设施投资已被经济战略化，成为日本衡量经济增长实现目标的指标之一。"战略会议"经常关注并讨论这一指标。③ 日本 2010 年仅为约 10 万亿日元的基础设施订单到 2013 年增至约 16 万亿日元。到了 2014 年，日本基础设施海外订单已达到 19 万亿日元。④ 日本希望通过加大基础设施出口带动经济增长。

（四）日本与中国竞争基础设施建设主导权

中国"一带一路"建设的推进以及亚投行的成立使日本感受到了强烈的竞争压力。⑤ 2014 年 10 月，作为中俄两国首脑达成一致的经济合作协议的关键部分，中国参加俄罗斯规划总额达约 100 亿美元的高速铁路项目。在 2014 年举办的北京 APEC 峰会上，中国将基础设施投资作为主要议题。APEC 峰会期间，亚投行 21 个成员国在北京签约。2014 年 12 月，李克强总理访问泰国并签署了中国主导的铁路建设合作备忘录。2014 年底合并而成的中车集团

① ［日］内閣官房（経協インフラ戦略会議）、経済産業省、外務省、日本貿易振興機構、インフラシステム輸出 公開シンポジウム、『菅義偉 ご挨拶』、日本首相官邸ホームページ、http://www.kantei.go.jp/jp/singi/keikyou/pdf/program.pdf。

② 2013 年，日本经团联向日本政府提出了"向海外展开战略的基础设施系统"政策提言，见［日］日本経済団体連合会「戦略的なインフラ・システムの海外展開に向けて～主要国別関心分野ならびに課題～」、2013 年 11 月 19 日、http://www.keidanren.or.jp/policy/2013/100.html。

③ 日本首相官邸、「第 18 回経協インフラ戦略会議（2015 年 6 月 2 日）テーマ：インフラシステム輸出戦略フォローアップ第 3 弾」、http://www.kantei.go.jp/jp/singi/keikyou/dai18/siryou1.pdf。

④ 「インフラ輸出支援に5 年で2 千億ドル　首相、サミットで表明へ」、2016 年 5 月 23 日、『日本経済新聞』、http://www.nikkei.com/article/DGXLASFS23H4Y_T20C16A5PP8000/。

⑤ 鈴木秀貴、「インフラ輸出に必要な『品質ニーズ』の見極め」、2016 年 12 月 1 日、http://www.mizuho-ri.co.jp/publication/opinion/pmf/pdf/pmf161201.pdf。

占全球市场份额一半，是日立及川重等日本企业营业额总和的20倍。[①] 为显示与中国的不同、对抗中国低价和“国产技术”，日本开始强调基础设施出口的“高质量”，并将其扩展到环保、人才培养及法律等领域，积极在地区和全世界达成“国际化”共识，进而挤压中国。在“一带一路”建设背景下，日本希望强化以日美为中心的亚开行，继续维持亚洲基础设施建设主导权，进而保持住在亚洲的经济主导权。在2015年6月举办的巴伐利亚G7峰会上，安倍还提出了经济政策的价值观，强调对新兴市场基础设施的投资应该重视“顾及环境、社会和债务的可持续性”[②]。2016年8月，日本在非洲开发会议上与非洲12个国家进行“马拉松会谈”，并将其作为宣传日本基础设施出口“高质量”的契机，对抗中国的海外基础设施投资。[③]

与中国竞争基础设施建设主导权的背后是日本的大国化目标。基于新兴市场国家崛起的外部环境，通过在基础设施建设方面给予“高质量一揽子”援助，进一步培养日本在相关国家和地区的亲和力和话语权，增强自身的影响力和地区事务主导力，实现政治大国化，这是日本高质量基础设施合作伙伴关系战略的政治动力。高质量基础设施合作伙伴关系之所以在亚洲发起，就是因为日本认为亚洲既是其长期经营的地盘，也是其实现政治大国追求的基础地域，对这个地区必须要加强各种形式的合作，巩固地位和影响力。而为了谋取联合国安理会常任理事国的席位，国家众多、拥有“票田”优势的非洲也被扩展进了高质量基础设施合作伙伴关系之中。日本在向非洲提出高质量基础设施合作伙伴关系的同时，还向非洲国家表达自己的政治大国诉求。在2018年非洲开发会议（TICAD）部长级会议期间，日本强调将通过提供兼顾对方国家财政状况的由日本主导的“高质量基础设施”建设来支援非洲的经济发展。同时，外相河野太郎还相继与安

① 日本铁路的真正实力（上），日经中文网，2015年2月4日，http://cn.nikkei.com/industry/manufacturing/12907-20150204.html。

② 「首相、中国けん制 アジア投資銀参加 欧州勢にクギ」、『日本経済新聞』朝刊3面、2015年6月8日。

③ 「安倍晋三首相、12カ国と“マラソン会談”中国に対抗、個別に支援策示し連携強化」、『産経新聞』、2016年8月29日、http://www.sankei.com/politics/news/160829/plt1608290003-n2.html。

哥拉、塞拉利昂、马达加斯加等20余国部长会谈，就改革方案交换了意见。据分析还传达了与德国、印度、巴西团结一致力争扩大常任及非常任理事国的立场。日本共同社就评论称，日本政府此举也意在于财政状况严峻的情况下有效使用有限财源向非洲国家提供合作，以期为实现成为联合国安理会常任理事国的夙愿而塑造国际舆论。

第二节 日本高质量基础设施合作伙伴关系战略的演进历程

基础设施出口是日本对外战略的重要内容和支撑。20世纪70年代起，日本通过政府开发援助（ODA）参与发展中国家基础设施项目，积极推广日本设备和技术。安倍再次上台后，基础设施出口成为日本国家综合战略的一部分。2013年，安倍指使内阁官房设置“战略会议”，指导基础设施出口。2015年5月，安倍在第21次国际交流会议“投资亚洲未来”的演讲中首次明确提出构建以“四大支柱”为主要内容的高质量基础设施合作伙伴关系战略。自此，高质量基础设施合作伙伴关系经历了由框架搭建到深化的过程。

（一）高质量基础设施合作伙伴关系的框架搭建

2013年6月，作为“安倍经济学”的重要组成部分，安倍内阁通过新的经济增长战略，即《“日本再兴战略”——Japan is Back》（以下简称“再兴战略”）。“再兴战略”是2010年菅内阁“新增长战略”以及2012年野田内阁“日本再生战略”的延续，也是安倍内阁首次提出中长期经济发展目标。该战略主要由三项行动计划构成，即日本产业再兴计划、战略市场创造计划和国际开拓战略，其中，基础设施系统出口作为国际开拓战略的重要一环，成为国家一项重要对外经济政策。①

2015年5月，日本首次明确提出实施高质量基础设施合作伙伴关系战

① 日本首相官邸、「日本再興戦略—JAPAN is BACK—」、2013年6月14日、http://www.kantei.go/jp/jp/singi/keizaisaisei/pdf/saikou_jpn.pdf。

略，强调加强与亚开行合作，在今后五年即2016—2020年对亚洲地区高质量基础设施投资增加30%，达到1100亿美元，并以此为平台，吸引和动员各国民间资金及技术，在质与量两方面推动基础设施投资。① 该战略充分突出基础设施的“高质量”概念，主张基础设施本身的经济性、安全性、强韧性、环境和社会友好性、对当地的经济贡献，也强调在对外投资中确保对象国财政健全、开放性、透明性和经济合理性等，并以援助手段综合交互、援助机构相互支持、日本与相关国家和地区加大合作为特点，把高质量基础设施出口明确提至国际战略层面，与“印太战略”相结合。表6－5呈现了构成高质量基础设施合作伙伴关系的四大支柱。

表6－5　高质量基础设施合作伙伴关系内涵

四大支柱	具体内容
第一支柱：全面动员日本经济合作路径，增加资金支持规模，提升效率	通过ODA合作，强化海外投融资能力，向亚洲基础设施领域的资金增加25% 发展中国家政府为公司合作模式（Public Private Partnership，PPP）基础设施项目提供资本金、担保时，通过新设日元贷款等政策支持，不仅只有民间资金参与基础设施项目 继续促进日元贷款快速化进程
第二支柱：强化日本与ADB的合作	日本将在三方面支持ADB：一是增强1.5倍融资能力，二是扩大向民间部门贷款比例，三是缩短项目准备时间 日本欢迎ADB关于未来增资的讨论 设立JICA融资新框架，即利用海外投融资，与ADB共同实施PPP基础设施投资
第三支柱：加强JBIC功能，制定风险资金供给新机制	对于没有发展中国家政府支付担保而无法成立的PPP基础设施项目，也应积极提供风险资金 利用新设立的海外交通与都市开发事业支援机构（JOIN）
第四支柱：将高质量基础设施投资当作国际标准	制作日本援助的高质量基础设施投资成功事例集，向世界各国宣传 向其他国家提供视察日本先进技术的机会 与世界银行、ADB等国际机构或众多投资伙伴国家合作，召开高质量基础设施投资研讨会 强化高质量基础设施投资所需的技术支持

资料来源：笔者根据外務省、財務省、経済産業省、国土交通省、「質の高いインフラパートナーシップ～アジアの未来への投資～」制作。

① 外務省、財務省、経済産業省、国土交通省、「質の高いインフラパートナーシップ～アジアの未来への投資～」、2015年5月21日、http://www.meti.go.jp/press/2015/05/20150521003/20150521003-1.pdf。

2015年11月，日本推出"高质量基础设施合作伙伴关系的进一步措施"，对前述"四大支柱"进一步完善和细化，主要集中于改善日元贷款及海外投融资制度。① 一是通过日本国际协力机构（JICA）推进亚洲基础设施建设援助工作。二是与亚开行（ADB）加强合作。三是通过日本国际协力银行（JBIC）增加对高风险项目的援助。四是进一步推进国际化，具体包括：和其他国际金融机构建立合作；将日本先进的技术向全球推广；在联合国、G20、G7、APEC、ASEAN等相关的领导人级与部长级会议上强调高质量基础设施投资的必要性，并形成文件加以确认。② 2016年，日本海外投融资的实绩达到247亿日元（共5件），而在这之前的5年实绩仅为103亿日元（共8件）。③

2016年5月，日本又提出"高质量基础设施输出扩大倡议"，把在世界范围内扩大高质量基础设施作为G7伊势志摩峰会的主要议题。④ "高质量基础设施输出扩大倡议"主要包括三方面的内容。一是向世界范围内的基础设施投资项目扩大风险资金供给，今后5年（2017—2021年）计划对基础设施投资2000亿美元。首先，投资范围从亚洲扩展到全世界。日本政府此前一直重视对亚洲地区的投资，今后将在此基础上加大对同样发展潜力巨大的俄罗斯及非洲各国等城市化建设的开发投资。其次，投资对象从狭义电力等扩展到包括广义的天然气、医院等在内，把资源和能源开发等也列为对象。最后，实施机构包括全日本所有相关机构。其他两方面分别是"改善高质量基础设施输出制度"（ODA援助的迅速化及奖励民间企业的投融资）及"强化相关机构的体制和确

① 日本外務省、「『質の高いインフラパートナーシップ』のフォローアップ策の公表」、2015年11月21日、http://www.mofa.go.jp/mofaj/gaiko/oda/about/doukou/page23_ 000754.html。

② 日本外務省、「『質の高いインフラパートナーシップ』のフォローアップ」、2015年11月21日、http://www.mofa.go.jp/mofaj/gaiko/oda/files/000112660.pdf。

③ 日本首相官邸、「第27回経協インフラ戦略会議（2016年11月14日）テーマ：政策パッケージのフォローアップ」、http://www.kantei.go.jp/jp/singi/keikyou/dai27/sir you1.pdf。

④ 「インフラ開発：22兆円　5年間、世界へ供給　政府新戦略」、2016年5月24日、『毎日新聞』、http://mainichi.jp/articles/20160524/ddm/008/020/108000c。

保财政基盘”。[①] 2016 年 11 月，日本“战略会议”提出高质量基础设施“一揽子政策及进一步支持措施”，重点是加快日元贷款手续及奖励民间投融资，包括强化 JBIC 及日本贸易保险（NEXI）的机能等，强化财务基础等。

从历次“战略会议”可以看出安倍内阁高质量基础设施合作伙伴关系战略的整体框架及方向，其议题主要集中于三部分。一是战略制定，如战略方向、进展跟踪等，制定“基础设施系统性出口战略”，并出台 2014 年度和 2015 年度修订版，对项目进展情况进行跟踪及评估。二是重点区域细分，如分析日本与东盟、中亚、中东、北非、中南美和北美等地区的基础设施合作课题，并重点选择湄公河次经济区域以及缅甸、印度尼西亚、印度等国家，在国别研究基础上，勾勒基础设施出口战略前景。三是领域细化，如推进铁路建设、人才培养、国际保健等领域的国际化进程，并对 ODA、官民合作、城市基础设施出口对接等具体模式进行讨论。

（二）高质量合作伙伴关系的深化

2016 年 12 月，日本从内涵上对高质量基础设施合作伙伴关系进行了深化。第 28 次“战略会议”的主题是“面的开发”，提出开发基础设施的时间由“短”到“长”，开发基础设施的范围由“小”到“大”，领域由“少”到“多”。具体指，投资的高质量基础设施建设由“点”到“线”、再到“面”。具体开发事项为从车站（“点”的层面）到铁路、道路、港湾、沿线开发（“线”的层面），再到都市开发、走廊开发（“面”的层面）等。[②]

2017 年 5 月，日本第 30 次“战略会议”又通过“基础设施出口战略跟进第 5 弹”，将高质量基础设施的涵盖领域从交通、能源等推广至医疗、太空等领域，甚至包括教育等软基础设施领域。[③] 2018 年 6 月 7 日，日本

---

① 日本首相官邸、「内閣官房、総務省、外務省、財務省、経済産業省、国土交通省 G7 伊勢志摩サミット『質の高いインフラ輸出拡大イニシアティブ』」、2016 年 5 月 23 日、http://www.kantei.go.jp/jp/singi/keikyou/dai24/siryou2.pdf。

② 日本首相官邸、「第 28 回経協インフラ戦略会議（2016 年 12 月 20 日）テーマ：面的開発」、https://www.kantei.go.jp/jp/singi/keikyou/dai28/siryou1.pdf。

③ 日本首相官邸、「第 30 回経協インフラ戦略会議（2017 年 5 月 29 日）テーマ：インフラシステム輸出戦略フォローアップ第 5 弾」、https://www.kantei.go.jp/jp/singi/keikyou/dai30/siryou1.pdf。

第37次"战略会议"强调"更广阔领域的基础设施建设",把医疗、食品等社会基础设施及防灾和应对气候变化的其他基础设施也包括在内。在"软基础设施建设"上,提出利用日本的技术、智慧和经验在对象国开展制度构筑和人才培养等。① 2019年6月3日,日本第43次"战略会议"就软基础设施建设强调:(1)推进人才培育和重构法律制度,以利于国际仲裁;(2)支持基于以知识产权保护制度为首的多样化法律制度建设,导入日本型的高专教育。② 至2020年,日本已经在电力、铁路、信息通信、太空、农业、食品、环境、再利用、医疗、城市开发、房地产开发、港湾、机场、水、防灾、道路等领域制定了高质量基础设施出口战略。

此外,2018年之后,日本开始在高质量基础设施合作伙伴关系上加大国际合作,这包括两个层面:一是加大日本在高质量基础设施在"国际标准"上的引领作用,以及加大与援助对象国间的合作;二是日本开始强调加大与竞争对手在第三方市场的合作。在"国际标准"和"第三方市场合作"上,"基础设施系统出口战略跟进第6弹"提出:(1)积极利用G20等场合主导"高质量基础设施"的国际标准化,为实现可持续发展目标(SDGs)的达成做出贡献;(2)在"G7伊势志摩原则"之外,又加上提倡亚洲"未来的条件"(开放性、透明性、经济性、受援国财政健全性)的国际标准化;(3)在"自由开放的印太战略"下,活用两国间的框架推进在第三国的合作。③ 2018年9月,中日为推进第三方市场合作设立的官民联合委员会召开首次会议,具体化两国可共同参与的第三方基础设施项目。2019年6月,"战略会议"提出重视日美能源战略伙伴关系会议、日美数字经济战略伙伴关系(JUSDEP)工作会、中日第三方市场合作论坛

① 日本首相官邸、「第37回経協インフラ戦略会議(2018年6月7日)テーマ:インフラシステム輸出戦略フォローアップ第6弾」、http://www.kantei.go.jp/jp/singi/keikyou/dai37/siryou1.pdf。

② 日本首相官邸、「第43回経協インフラ戦略会議(2019年6月3日)」、http://www.kantei.go.jp/jp/singi/keikyou/dai43/siryou1.pdf。

③ 日本首相官邸、「第37回経協インフラ戦略会議(2018年6月7日)テーマ:インフラシステム輸出戦略フォローアップ第6弾」、http://www.kantei.go.jp/jp/singi/keikyou/dai37/siryou1.pdf。

等平台。① 同月，日本在大阪 G20 峰会倡议“G20 高质量基础设施投资原则”，谋求主导高质量基础设施建设的国际标准。

第三节 日本高质量基础设施合作伙伴关系战略调整动向及原因

一 日本高质量基础设施合作伙伴关系战略调整新动向

2020 年，日本“战略会议”一年内连续召开 5 次会议，策定新形势下的日本高质量基础设施出口战略，调整内部机制和深化外部合作关系。此外，日本国土交通省也推出《基础设施系统海外输出行动计划 2020》，指导高质量基础设施出口。2021 年 6 月，日本又推出《基础设施海外推进战略 2025（改订版）》。综合来看，日本高质量基础设施合作伙伴关系战略主要做了五方面的调整（以下简称“新调整战略”）。

（一）加强卫生医疗等社会基础设施出口

“新调整战略”强调疫情下要向对象国强化支援卫生体制、医疗器材和人才培养等。《基础设施海外推进战略 2025》提出，疫情下世界各国医疗基础设施暴露出明显的脆弱性，进而其主张集中推进医疗保健、公共卫生等社会基础设施的海外开展。②《基础设施出口战略（2020 年改订版）》提出的与对象国在医疗等高质量基础设施领域的合作包括：（1）有关医疗技术、医药品和医疗设备使用的人才培养；（2）利用日本的经验和知识，支援对象国形成医疗保健相关政策和制度（如公共医疗保险制度等）；（3）传授有关药品使用和限制的知识。③ 在具体的做法上，“新调整战略”提出：推进医疗基础设施建设，在海外完善传染病对策中心等；强化治疗体制，向海外支援“全民健康覆盖”（UHC）计划；强化警戒体制，帮助

① 日本首相官邸、「第 43 回経協インフラ戦略会議（2019 年 6 月 3 日）」、http://www.kantei. go. jp/jp/singi/keikyou/dai 37/siryou1. pdf。

② 日本首相官邸、「インフラシステム海外展開戦略 2025」、2020 年 12 月 10 日、http://www. kantei. go. jp/jp/singi/keikyou/dai49/siryou2. pdf。

③ 日本首相官邸、「インフラシステム輸出戦略（令和 2 年度改訂版）」、2020 年 7 月 9 日、http://www. kantei. go. jp/jp/singi/keikyou/dai47/siryou3. pdf。

发展中国家建设传染病研究机构和人才培养；强化预防性基础设施建设，加大对水等基础设施建设；促进日本医疗技术和服务出口；通过国际卫生合作等方式，将日本研发的医药品、医疗器械、保健制度、医疗技术、医疗、看护服务等向海外“打包出口”。

（二）积极推进数字基础设施出口

“新调整战略”瞄准数字等新型高质量基础设施，推进传统基础设施出口的“数字+”转型、“智能+”升级，要求相关省厅和机构强化支援利用人工智能、高度信息通信技术（ICT）等数字技术基础设施投资项目，强调高质量基础设施要带有“服务化”和“商业化”等附加值。自民党经协基础设施综合战略调查特别委员会提出，疫情下高质量基础设施出口应致力于推进数字基础设施。① 《基础设施海外推进战略2025》提出要强化智慧城市出口，在现有的高质量基础设施系统中融入物联网、人工智能和大数据等，解决城市课题。“新调整战略”强调要适应数字化变革，提出：(1) 灵活利用数字技术和方法推进基础设施系统形成；(2) 支持与数字时代吻合的援助方式，加大与海外拥有先进数字技术的企业合作；(3) 利用日本数字技术优势，支援构筑平台型商务模型，在世界推广5G系统的信赖性、安全性和开放性；(4) 改善对象国与数字技术相关的投资环境；(5) 推进海外数字技术创新。② 2020年10月，第48次“战略会议”强调，要通过积极利用数字技术来提高现有基础设施的维护管理和运营，并利用基础设施得到的数据开展服务；2021年设立“数字海外拓展平台（暂称)”推进对象国当地项目信息的共享等。③ 在第48次“战略会议”上，日本总务大臣武田提出，海外基础设施出口要推进数字系统的展开，包括向海外出口5G、海底光缆、远程医疗系统等ICT基础设施系统。2020年

① 経協インフラ総合戦略調査特別委員会、「インフラシステム輸出に関する提言（案）」令和2年7月7日、https:// jimin. jp-east-2. storage. api. nifcloud. com/pdf/news/policy/2003 76 _ 1. pdf。

② 日本首相官邸、「インフラ海外展開に関する　新戦略の骨子」、2020年7月9日、http://www. kantei. go. jp/jp/singi/keikyou/dai47/siryou4. pdf。

③ 日本首相官邸、「第48回経協インフラ戦略会議結果」、2020年10月27日、http:// www. kantei. go. jp/jp/singi/keikyou/dai48/kekka. pdf。

11 月，日本经济产业省在“未来日本能源海外出口方向”的报告书中也提出立足“数字化”出口能源基础设施。

（三）加大“脱碳”绿色基础设施出口

日本政府提出到 2025 年实现海外高质量基础设施出口订单额达 34 万亿日元的目标，主要路径包括推进有“脱碳”技术的高质量基础设施出口海外。《基础设施海外推进战略 2025》新增了“对碳中和做出贡献”的表述，强调出口绿色技术的新高质量基础设施，战略性转向重视 ESG（环境、社会、公司治理），重视“脱碳”等绿色技术出口，并加大国际协力银行、日本贸易保险等的公共资金扶持。① 日本经济产业省提出了扩大减排技术出口的贸易保险额度，履赔额从 90% 提升至 100%，以鼓励企业对外投资出口海上风力发电、氢能源等技术。② 对于面向新兴市场国家等新增出口煤炭火力发电站，日本决定原则上不提供支援，而是在出口支援的技术方面提出整体煤气化联合循环发电（IGCC）、生物燃料和氨混燃等方案。

（四）采取迅速灵活的内部支持机制

“新调整战略”强调为应对新形势下高质量基础设施出口，要迅速采取金融支援等对策。包括：（1）创立“新冠疫情应对紧急窗口”支持日企海外基础设施投资活动；（2）对应延期贸易保险手续办理和被保险人的义务履行；（3）设置出口保险和投资保险申请、贸易保险手续延期咨询窗口；（4）在出口保险和投资保险中，把由疫情引发的“客户破产”“运输中断”等追加至保险金支付范围内；（5）设立“疫情应对紧急日元贷款”等。③《基础设施海外推进战略 2025》强调，要活用 JICA、JBIC、NEXI 等的功能提供资金确保，与国际金融机构合作改善宏观经济等。提出的相应措施包括：根据“应对疫情紧急日元贷款”灵活追加资金；根据贸易保险

① 日本首相官邸、「インフラシステム海外展開戦略 2025」、2020 年 12 月 10 日、http://www.kantei.go.jp/jp/singi/keikyou/dai49/siryou2.pdf。

② 日本経済産業省、「事務局説明資料」、2021 年 6 月、https://www.meti.go.jp/shingikai/external_economy/trade_insurance/pdf/2021_001_03_00.pdf。

③ 日本首相官邸、「インフラシステム輸出戦略（令和 2 年度改訂版）」、2020 年 7 月 9 日、http://www.kantei.go.jp/jp/singi/keikyou/dai47/siryou3.pdf。

补偿疫情造成的损失；制定扩大保险对象制度等。[①]

（五）与伙伴国加强第三方合作，推动构建"弹性供应链"

"新调整战略"继续强调要在第三方和外国政府及机构合作，提出与美国在高质量基础设施展开重点合作、与印度"向东干"政策合作加强第三方连接性、与澳大利亚在第三方形成具体合作案例。[②]"新调整战略"重视重要卫生产品和医疗设施、高附加值生产线和强韧的物流系统、整体性经济和法律制度等高质量基础设施建设，扩展对外合作关系，推动构建"弹性供应链"。《基础设施出口战略（2020 年改订版）》决定，由经济产业省负责将生产点集中度高的产品的生产基地多元化，推进供应链的坚韧化，由外务省和日本国际协力机构负责将维护管理服务和相关备件等作为无偿资金合作的对象，强化供应链建设。[③]

二　日本高质量基础设施合作伙伴关系战略调整动因

日本积极调整高质量基础设施合作伙伴关系战略体现了其既追求防疫和经济的"两立"，也追求经济和安全的"两立"。一方面是海外基础设施投资课题和环境发生变化，面向后疫情时代的基础设施新领域面临激烈竞争，另一方面源于日本对经济新增长的追求和深化"印太战略"，进一步打造印太环境的考量。

（一）高质量基础设施投资课题和环境发生变化

疫情暴发后，世界各国对医疗保健领域的关心上升，发展中国家的价值观也发生了变化，更加重视卫生保健、绿色环保等高质量基础设施，重视利用远程数字技术等高附加值高质量基础设施。"新调整战略"意识到要灵活

---

① 日本首相官邸、「インフラシステム海外展開戦略 2025」、2020 年 12 月 10 日、http://www.kantei.go.jp/jp/singi/keikyou/dai49/siryou2.pdf。

② 日本首相官邸、「インフラシステム海外展開戦略 2025」、2020 年 12 月 10 日、http://www.kantei.go.jp/jp/singi/keikyou/dai49/siryou2.pdf。

③ 日本首相官邸、「インフラシステム輸出戦略（令和 2 年度改訂版）」、2020 年 7 月 9 日、http://www.kantei.go.jp/jp/singi/keikyou/dai47/siryou3.pdf。

应对与以往不同的新的高质量基础设施需求，[①] 提出要积极适应发展中国家价值观变化，充分使用信息通信技术和数字技术实施远程操作，在交通等基础设施系统中发展并灵活运用智能城市、“出行即服务”（MaaS）、自动驾驶等新技术。[②] 日本高质量基础设施合作伙伴关系战略也面临着新的挑战，要求对战略内部支持机制做出改善型应对。受疫情影响，日本出现不少因对象国财政状况恶化而被迫中断或重新评估的高质量基础设施项目。“新调整战略”专家恳谈会提出，疫情下海外企业业绩恶化导致市场合作受到影响，应与国际金融机构合作最大限度地利用国际协力机构等的功能。[③] 同时，近年来发展中国家新煤电投资正在快速减少，发展中国家选择绿色减排高质量基础设施的趋势渐强。在全球重视 ESG 的背景下，日本在海外的火力发电站等传统基础设施项目面临推进困境，需要做出调整。

（二）全球基础设施领域面临更激烈的竞争

自民党经协基础设施综合战略调查特别委员会指出，2021 年后，基础设施领域新战略面对的现实是要应对激烈的国际竞争和数字变革。[④] 内阁官房长官加藤胜信表示，菅内阁新基础设施出口战略将立足于疫情下国际社会的新变化。[⑤] 疫情背景下，数据化的加速发展带来了新一轮激烈的国际竞争和结构分层，要求日本升级高质量基础设施合作伙伴关系，提升竞争力。“新调整战略”专家恳谈会指出，世界正从信息社会向数据社会转变，价值的产生也由信息变为数据，数字基础设施变得重要。[⑥]“新调整战

① 日本首相官邸、「インフラ海外展開に関する　新戦略の骨子」、2020 年 7 月 9 日、http://www.kantei.go.jp/jp/singi/keikyou/dai47/siryou4.pdf。

② 日本首相官邸、「インフラシステム海外展開戦略 2025」、2020 年 12 月 10 日、http://www.kantei.go.jp/jp/singi/keikyou/dai49/siryou2.pdf。

③ 日本首相官邸、「インフラ海外展開に関する新戦略策定に向けた懇談会（第 2 回）」、http://www.kantei.go.jp/jp/singi/keikyou/kaigai_kondan/dai2/gijiyousi.pdf。

④ 経協インフラ総合戦略調査特別委員会、「インフラシステム輸出に関する提言（案）」2020 年 7 月 7 日、https://jimin.jp-east-2.storage.api.nifcloud.com/pdf/news/policy/200376_1.pdf。

⑤ 日本首相官邸、「第 48 回経協インフラ戦略会議結果」、2020 年 10 月 27 日、http://www.kantei.go.jp/jp/singi/keikyou/dai48/kekka.pdf。

⑥ 日本首相官邸、「インフラ海外展開に関する新戦略策定に向けた懇談会（第 1 回）議事要旨」、2020 年 2 月 25 日、http://www.kantei.go.jp/jp/singi/keikyou/kaigai_kondan/dai1/gijiyousi.pdf。

略”认为，真正的数据社会已到来，在基础设施领域，活用数据和数字技术的物品和服务高度化和高附加值化是差别化的重要因素。① 而在美国对华挑起贸易争端的背景下，数字成为焦点领域之一且重要性日益凸显，世界各主要国家也正积极推动数字新基建出口。同时，在各国纷纷宣布碳中和计划背景下，加大绿色基础设施出口也成为新趋势。

（三）谋求新的经济增长点

高质量基础设施出口是日本经济增长战略的重点之一。2021 年 1 月，世界银行发布的《全球经济展望》报告指出，日本经济增长率为负 5. 3%，与“雷曼危机”后负 5. 4% 的经济萎缩数据大致相同。② 为促进经济增长，菅义伟政府继续遵循“安倍路线”，重视高质量基础设施出口的经济价值。2020 年 12 月日本举行的第 49 次“战略会议”提出的目标是到 2025 年实现 34 兆万亿的订单额。③ 菅义伟政府还把数字经济和绿色减排作为招牌性政策，视其为促进后疫情时代经济发展的两大引擎。2021 年新年讲话中，菅义伟在展望未来日本经济时就表示，日本新的增长驱动力是“绿色能源”和“数字化”。④ 副首相麻生太郎也表示高质量基础设施投资是日本经济复苏的重要手段。⑤ 据国际能源机构（IEA）测算，基于 2050 年实现净零排放的目标，全球每年的清洁能源投资到 2030 年将需要增加两倍以上，达到约 4 万亿美元。⑥ 为实现订单目标和促进经济增长，日本需要调整战略，与新兴市场国家企业共同创造数字基础设施和绿色基础设施等新业务。

---

① 日本首相官邸、「インフラ海外展開に関する　新戦略の骨子」、2020 年 7 月 9 日、http://www. kantei. go. jp/jp/singi/keikyou/dai47/siryou4. pdf。

② World Bank，“Global Economic Prospects”，January 2021，https://www. worldbank. org/en/publication/global-economic-prospects.

③ 日本首相官邸、「インフラシステム海外展開戦略 2025」、2020 年 12 月 10 日、http://www. kantei. go. jp/jp/singi/keikyou/dai49/siryou2. pdf。

④ 「菅首相が年頭所感　皆さまと未曽有の国難を乗り越える」、2021 年 1 月 1 日、https://www. iza. ne. jp/kiji/politics/news/210101/plt21010100000001-n1. html。

⑤ 日本首相官邸、「第 48 回経協インフラ戦略会議結果」、2020 年 10 月 27 日、http://www. kantei. go. jp/jp/singi/keikyou/dai48/kekka. pdf。

⑥ IEA，“Net Zero by 2050 ”，May 2021，https://www. iea. org/reports/net-zero-by-2050.

（四）深化“印太战略”，扩展战略空间

支援区域内国家建设高质量基础设施是日本打造“印太战略”的物理基础。自民党经协基础设施综合战略调查特别委员会就制定“新调整战略”指出，日本向海外出口高质量基础设施的重要意义就是“强化外交”“提升日本在国际社会的存在感”“战略性不可或缺”“与伙伴国政府和企业合作在海外开展高质量基础设施，实现‘印太战略’”。委员会还主张针对“印太战略”的重要地域如东盟及太平洋岛国制定小区域战略。菅义伟政府上台后进一步将“印太战略”的侧重点落在小国特别是东盟地区之上。2020 年 10 月，菅义伟在自民党高层会议上强调，东盟是日本主导建设“印太战略”的关键。新形势下，东盟地区正在致力于加大卫生医疗高质量基础设施、绿色高质量基础设施以及建设数字化智能城市等。为拉拢东盟，菅义伟宣布日本向越南和印度尼西亚等东盟国家提供医疗设备和培养相关人才，并支援东盟传染病对策中心，为加强东盟卫生和医疗基础提供全面合作。[①] 日本的目的就是在新形势下于重点地区东盟维持和强化“印太战略”，拓展日本的影响力和继续对中国实施“软制衡”。日本将关键品生产基地多元化，通过强化建设高质量基础设施支持和促进构建“弹性供应链”，一方面是出于自身经济安全的考虑，另一方面也是旨在强化印太地区“不受他国影响”的韧性，摆脱对中国的“依附”。甚至是通过供应链的再编将中国及其影响力排斥在外，配合美国对华“脱钩”施压，这也是新形势下日本“印太战略”的冲动性表现。作为“印太战略”指导性联盟的日美印澳（QUAD）四国，也逐渐在数字高质量基础设施方面加大合作，在安全的名义下强化印太地区的战略环境。2020 年 10 月，日美澳表示合作为帕劳海底光缆项目提供资金，引领地区数字基础设施建设。2020 年 11 月，日澳首脑会谈强调，要加强在数字、关键基础设施（5G 网络和海底光缆）等方面的合作。[②]

---

① 日本首相官邸、「ベトナム及びインドネシア訪問についての内外記者会見」、2020 年 10 月 21 日、http://www.kantei.go.jp/jp/99_suga/statement/2020/1021kaiken.html。

② Ministry of Foreign Affairs of Japan, “Japan-Australia Leaders’ Meeting Joint Statement”, November 2020, https://www.mofa.go.jp/mofaj/files/100116180.pdf.

第四节　日本高质量基础设施合作伙伴关系战略对“一带一路”建设的影响

面对中国提出的“一带一路”倡议以及随之推进的政策实践，出于自身战略定位考量，日本在基础设施出口领域与中国的竞争加剧。尤其是“新调整战略”在合作内容、合作机制及外部合作等方面都进行了一定的升级，同时追求新形势下经济增长和国际拓展，既是经济战略，又夹杂着安全和外交的目的，对“一带一路”及周边安全环境具有复杂的影响。

一　对“一带一路”建设构成挑战

首先，日本高质量基础设施合作伙伴关系战略增加了“一带一路”建设的资金风险。从推进实际来看，日本的高质量基础设施合作伙伴关系随着中国“一带一路”建设的深化而在不断地增加资金数额，扩大重点投资地域，侧重在“一带一路”沿线以及重要参与国家和枢纽地区布局，并扩展到在世界范围内与中国展开基础设施投资竞争，这必然会与中国“一带一路”建设的深入推进形成竞争。在中日基建项目博弈中，东道国不断试探最有利优惠条件，最终将风险转嫁外溢，挤压投资方收益。2015 年，日本在提出高质量基础设施合作伙伴关系时公布的 1100 亿美元的基础设施创新基金，刚好超出亚洲基础设施投资银行计划的 1000 亿美元资本金，对“一带一路”建设有强烈的针对性意味。2016 年 5 月，日本又进一步提出“高质量基础设施输出扩大倡议”，向世界范围内的基础设施投资项目扩大风险资金供给，计划在 5 年内实现 2000 亿美元的基础设施出口。截至 2021 年末，日本完成了 2015 亿美元的基础设施出口额，达成了既定目标（参见表 6 -6）。尤其是在东南亚地区，日本基础设施投资长期处于领先地位。美国“惠誉解决方案”（Fitch Solutions）2019 年 6 月发布的数据显示，日本在东南亚地区开展的基础设施投资项目共有 240 个，投资额达到 3670 亿美元，而中国则分别为 210

个项目和2550亿美元投资额。[①] 在中日两国基础设施投资相互竞争的背景下，东道国往往乐于从中挤压投资方收益，进而加剧了“一带一路”建设的资金风险。

表6－6　　2017—2021年日本基础设施出口额　　单位：亿美元

	2017年	2018年	2019年	2020年	2021年
累计出口	353	659	1054	1587	2015
单年出口	353	306	395	533	428

资料来源：経協インフラ戦略会議「「質の高いインフラ輸出拡大イニシアティブ」の成果報告」。

其次，日本高质量基础设施合作伙伴关系战略也在一定程度上倒逼了中国制造业转型升级。日本有“高质量”的优势，也就是“日本制造”的品牌美誉度。日本先进的技术和管理使其在基础设施投资领域具有较强的竞争力。缅甸水电站建设、印度德里高速输送体系建设计划、日越友好桥建设等都是日本在高质量基础设施上令人信赖的案例。[②] 日本东海道新干线自1964年开通以来，列车运行导致的车内死亡事故为零，每辆运行列车的平均延误时间2015年4—9月仅为18秒左右，这也是日本JR东海企业在海外推销中的招牌。[③] 日本对包括技术转移、改善环境、服务当地等更广义上的高质量基础设施建设的强调于对象国而言有着较强的吸引力。日本认为，自身在援助方面的优势不仅是单纯的技术，更重要的是对当地人才培养的贡献。[④] 日本产品和技术优势为其基建投资奠定了基础，而中国制造业在众多领域仍存较大差距，当务之急是通过掌握核心技术，提高高

---

① 陈兆源、黄继朝：《竞争与差异化：日本对东南亚基础设施投资的策略选择》，《日本学刊》2022年第2期。

② Ministry of Foreign Affairs of Japan, “‘Quality Infrastructure Investment’ Casebook”, http://www.mofa.go.jp/files/000095681.pdf.

③ 日经中文网：《日本高铁或在德克萨斯扳回一局》，2015年11月18日，http://cn.nikkei.com/industry/manufacturing/16995-20151118.html? start = 1。

④ 松本大瑚、「平成28年度（2016年度）政府開発援助予算」、『立法と調査』No.374，2016年2月。

铁、工程设备等基建领域的竞争力。

最后，日本高质量基础设施合作伙伴关系战略加大了中国对外经济布局的复杂性。为维持其在亚洲的传统领先地位，遏制中国不断扩大的影响力，日本在竞争基建项目时突破经济行为，对东道国采取军事安全、领土争议、价值观等政治拉拢手段，以此对中国形成打压。在“21世纪海上丝绸之路”沿线上，作为桥头堡的东盟被日本选择为对抗中国的“前沿”，日本以基础设施建设援助为杠杆，在地缘和安全上“占据”重要战略通道，并通过经济合作推动安全合作，鼓动域内相关国家与中国激化争端，进而“围堵中国”。丝绸之路经济带沿线上的中亚国家也被选择为“俯瞰地球仪外交”的重点，日本相关基础设施投资活动持续进行，为能源安全服务。而在非洲，日本重点选择与“支轴国家”包括非盟、西非共同体中的核心国家构建高质量基础设施合作伙伴关系，并在与中国关系密切的国家中打入“高质量”的楔子。

基础设施建设之争是中日在地区“普遍竞争”的内容之一，也是日本应对“一带一路”的主要手段。① “新调整战略”加大构建基础设施合作领域的伙伴关系，侧重与伙伴国而不是中国在印太地区加强高质量基础设施合作伙伴关系，深化“印太战略”，挤兑和孤立“一带一路”。日本在发展中国家进行的社会高质量基础设施建设以应对可能出现的中国“切断供应链”为主要考虑，在数字领域与中国“切割”是“印太战略”的新方向，而以数字基础设施为特征的新型基础设施建设是“新调整战略”的重点。日本重视作为数字技术利用基盘的5G，强调应对中国的数字安全和技术安全，在地区变相渲染“中国数字威胁论”，挑战数字“一带一路”建设。

“新调整战略”要求制定新型基础基础设施的国际标准，旨在通过规则，与中国在“一带一路”沿线争夺新型基础设施建设主导权和话语权。自民党经协基础设施综合战略调查特别委员会的提案强调，要使具有优势

① 赵天鹏：《从“普遍竞争”到“第三方市场合作”：中日湄公河次区域合作新动向》，《国际论坛》2020年第1期。

的日本高质量基础设施形成国际标准。“新调整战略”提出在“基于信任的数据自由流动”（DFFT）协议下以数据流通和电子商务为中心，加快制定数字经济的国际规则；提出在达沃斯“世界经济论坛”（WEF）等重要国际场合主动发起关于数据合作的国际标准讨论，形成日本主导下的国际标准；强调强化支援引进数字技术和系统所需的法律制度、限制、规则以夯实标准、规则实施的环境。实际上，这是日本在新型基础设施领域对中国施加“软制衡”，通过主导制定国际标准推动“一带一路”沿线形势转为利己。

“新调整战略”对“印太战略”的深化及其与外交课题的对接，使“21世纪海上丝绸之路”面临的安全压力加大。“新调整战略”通过对内容领域的强化丰富了“印太战略”互联互通的内容，通过外部合作强化日本在地区的战略环境及对中国的牵制。除铁道、港湾、航空、都市开发、不动产开发、水、防灾、道路、建设产业领域外，“新调整战略”还新增海事领域为高质量基础设施合作伙伴关系的重点内容，表示为维护海洋秩序的开放稳定、确保资源的稳定供给和维持全球供应链，加强促进船舶、政府巡逻船等高质量基础设施的海外出口，并提出对于优先顺序较高的海事基础设施项目要通过ODA战略性地迅速实施援助。“新调整战略”将东南亚作为重点加强巡逻艇等海事基础设施出口以及加强港湾建设和运营等，实际上是以东南亚地区为重点牵制中国发展，既给与中国有争端的南海国家撑腰打气，增强它们的海洋安保能力，与日本联合起来对中国实施牵制，也强化了日本在中国周边特别是重要海洋通道上的影响力，为未来支持美国深度介入南海问题打下铺垫，不利于海上“一带一路”建设的和平与稳定。

二　为“一带一路”框架下的第三方市场合作提供新空间

相较于其他海外投资而言，基础设施的投资周期长且回报率低。尽管日本高质量基础设施合作伙伴关系已经对民间资本的海外投资采取了简化手续、鼓励融资、强化保险等促进措施，但在政府对外投资整体乏力的情况下，民间资本的对外输出仍信心不足，并未大量参与其中。而且，如今高质量基础设施合作伙伴关系战略无论是地域范围还是投资内容都大为扩大，单靠日本及其目前的相关合作机构之力无异于“杯水车薪”，并会造成“小马拉大车”的困境。此外，投资所在地的相关国家在价格、工程完工时间、“质量需求”之间总有自己的侧重选择，这也不是日本的“高质量”就能解决的。鉴于海外基础设施的市场需求非常之大，日本不必和中国展开零和博弈。日本高质量基础设施合作伙伴关系实际上为“一带一路”框架下的第三方市场合作提供了新空间，其倡导的“合作”需要把与中国的合作包括在内。倘若将日本高质量基础设施项目与中国“一带一路”倡议对接，双方进行优势互补，并与援助国的需求相结合，无疑会带来更大的区域化效应。

“新调整战略”指导着全球经济下行背景下的日本高质量基础设施出口，为中日在“一带一路”框架下开展第三方市场合作提供了新的契机。第 37 次“战略会议”分析指出，日本高质量基础设施的海外出口存在着只靠日本政府和民间合作无法跨越的课题，包括成本竞争力、市场进驻和政治风险在内的长期风险等。[①]《基础设施海外推进战略 2025 概要》也提出，要与第三国的政府和机构合作。[②] 由于投资规模大、生产过程缓慢，基础设施行业受到全球经济下行和各国财政紧张等因素的影响更大。加之受疫情冲击，中日海外基础设施投资更需通过合作来有效应对全球经济不振和对象国的债务风险上升等问题。在内部支持机制方面，“新调整战略”做出了强化金融支持和完善海外保险制度等调整，这为中日在金融和保险业领域开展第三方市场合作提供了新的契机。

加强国际合作并帮助发展中国家加大减排，以应对气候变化，这也是中日面临的共同任务。日本先进的“脱碳”绿色技术与“一带一路”建设提出的高质量要求契合，因而可以成为新时期中日在第三方市场合作的优

① 日本首相官邸、「第 37 回経協インフラ戦略会議（2018 年 6 月 7 日）テーマ：インフラシステム輸出戦略フォローアップ第 6 弾」、http://www.kantei.go.jp/jp/singi/keikyou/dai 37/siryou1.pdf。

② 日本首相官邸、「第 48 回経協インフラ戦略会議結果」、2020 年 10 月 27 日、http://www.kantei.go.jp/jp/singi/keikyou/dai48/kekka.pdf。

先方向，日本政府也明确表示将与他国合作开发。同时，全球数字基础设施潜在市场巨大，日本对新型基础设施如大数据中心、5G 基站、智能城市等的重视，也使得中日在新型基础设施合作上有新的广阔空间。据推算，2020 年全球数字硬件基础设施市场有 292 亿美元的供求差距，到 2040 年则会扩大到 585 亿美元，且对包括软件和利用在内的整个数字领域的需求，预测今后也将以年均 7.0% 的速度扩大。①

“新调整战略”在传统出口高质量基础设施中增加对医疗、保健、公共卫生等高附加价值高质量基础设施的投资，这同时为中日在卫生保健领域开展第三方市场合作创造了有利条件。2020 年 11 月，日本“思考卫生领域 ODA 应有模式特别委员会”发表《后新冠时代日本国际卫生外交——ODA 政策的范式转变》建议报告书，指出日本卫生领域对外援助的不足，日本卫生领域对外援助在七国集团（G7）中处于美国、英国和德国之后的第 4 名，且金额不到美国的 1/10。② 为推进相关工作，日本首相肩负起了“健康及医疗战略推进总部部长”的职务。③ “一带一路”正加大卫生医疗基础设施建设，在后疫情时代，中日通过卫生医疗合作应对地区传染病等问题存在广阔的合作空间。

受到疫情冲击和复杂国际关系环境的影响，中日两国在“一带一路”框架下的第三方市场合作方面尚未取得太多进展，但日本本身是中国推进基础设施对外投资的重要干预变量。对于中国而言，一方面需要强化自身，借鉴日本基础设施出口的“高质量”优势，完善对外援助体系，另一方面应当在财政金融、绿色发展、数字经济、医疗养老等具体层面上努力拓展中日合作领域，就基础设施建设探讨出在第三方市场进一步合作的机制，实现更高水平的互利共赢。

---

① 総務省、「総務省海外展開行動計画 2020」、2020 年 4 月 30 日、https://www.soumu.go.jp/main_content/000686032.pdf。

② 日本国際交流センター、「ポスト・コロナのわが国の国際保健外交」、2020 年 11 月 30 日、http://www.jcie.or.jp/japan/wp/wp-content/uploads/2020/11/Japan-DAH-Commission_recommendations_full_final_j.pdf。

③ ロイター、「国際保健戦略の策定へ新組織 政府が設置、コロナ世界的流行で」、2020 年 12 月 26 日、https://jp.reuters.com/article/idJP2020122601001260。

第七章

“一带一路”与中日第三方市场合作

“第三方市场合作”作为“一带一路”建设中创新性的国际合作模式，在国际上获得了积极支持和响应。2018 年以来，作为中日经贸关系发展中的亮点之一，中日在第三方市场合作领域取得了初步成果。但在复杂严峻的国际环境下，中日第三方市场合作仍面临诸多困难和挑战。一方面，新冠疫情叠加贸易保护主义升级，全球产业链、供应链遭遇严重破坏，中日第三方市场合作项目受到冲击。另一方面，作为美国在亚太地区的重要盟友，日本充当美国遏制中国的先锋，强化科技、投资等领域管制，推动国际供应链重构，同时强化经济安全，增设国家安全保障小组，将第三方市场合作项目划分为安保领域和非安保领域，这在客观上为中日经贸合作和第三方市场合作形成阻碍。与此同时也应认识到，发挥互补优势，加强第三方市场合作，在第三方市场实现“1 +1 +1 >3”，不仅有利于中日两国利益，也有助于包括第三国在内的本地区和国际社会的稳定和发展。

第一节　中国“一带一路”第三方市场合作的进展

第三方市场合作是指中国企业（含金融企业）与有关国家企业共同在第三方市场开展经济合作，旨在促进中国企业和有关国家企业优势互补，共同推动第三国产业发展、基础设施水平提升和民生改善，最终达到“1 +1 +1 >3”的效果。[①] 这是由中国首创的新型国际合作模式，最早出现

① 中国国家发展和改革委员会：《第三方市场合作指南和案例》，2019 年 9 月 4 日，https://www.ndrc.gov.cn/fzggw/jgsj/wzs/sjjdt/201909/W020190909393562005115.pdf。

于2015年6月中法两国政府共同发布的《中法政府关于第三方市场合作的联合声明》中。[①] 2019年，第三方市场合作首次写入中国政府工作报告。2019年中国政府工作报告在部署推动共建“一带一路”时明确提出，加强国际产能合作，拓展第三方市场合作。[②]

截至2019年6月，中国已与法国、意大利、日本等14个国家建立了第三方市场合作机制，通过第三方市场论坛、第三方市场合作工作组等形式，共同为企业搭建合作平台和提供公共服务（参见表7－1）。受疫情影响，此后几年中国暂未与其他国家签署新的第三方市场合作文件。总体而言，当前中国第三方市场合作的实践主要是中国与发达国家在其他发展中国家开展合作。从合作类型来看，主要包括产品服务类、工程合作类、投资合作类、产融结合类、战略合作类五种。中国参与第三方市场合作不仅有助于对接中国的优势产能、发达国家的先进技术和众多发展中国家的需求，还成为中国共建和深化“一带一路”、树立国际合作典范的重要内容。

表7－1　　**中国推进第三方市场合作概要**

序号	国家	签署文件	合作平台
1	中国—澳大利亚	《关于开展第三方市场合作的谅解备忘录》	中澳战略经济对话
2	中国—奥地利	《关于开展第三方市场合作的谅解备忘录》	中奥第三方市场合作工作组、中奥第三方市场论坛
3	中国—比利时	《关于在第三方市场发展伙伴关系与合作的谅解备忘录》	—
4	中国—加拿大	《关于开展第三方市场合作的联合声明》	—
5	中国—法国	《关于第三方市场合作的联合声明》《中法第三方市场合作示范项目清单》	中法第三方市场合作指导委员会、中法第三方市场论坛、中法第三方市场合作基金

① 《中法政府关于第三方市场合作的联合声明》，《人民日报》2015年7月2日。

② 中国政府网：《2019年政府工作报告》，2019年3月5日，http://www.gov.cn/zhuanti/2019qglh/2019lhzfgzbg/index.htm。

续表

序号	国家	签署文件	合作平台
6	中国—意大利	《关于开展第三方市场合作的谅解备忘录》	中意第三方市场论坛、中意第三方市场合作工作组
7	中国—日本	《关于中日企业开展第三方市场合作的备忘录》	中日第三方市场论坛、中日第三方市场合作工作机制
8	中国—荷兰	《关于加强第三方市场合作的谅解备忘录》	—
9	中国—葡萄牙	《关于加强第三方市场合作的谅解备忘录》	中葡第三方市场合作工作组
10	中国—韩国	《关于开展第三方市场合作的谅解备忘录》	中韩共同开拓第三方市场联合工作组
11	中国—新加坡	《关于开展第三方市场合作的谅解备忘录》《关于加强中新第三方市场合作实施框架的谅解备忘录》	中新第三方市场合作工作组、中新“一带一路”投资合作论坛
12	中国—西班牙	《关于加强第三方市场合作的谅解备忘录》	中西第三方市场合作工作组
13	中国—瑞士	《关于开展第三方市场合作的谅解备忘录》	中瑞第三方市场合作工作组、“一带一路”能力建设中心
14	中国—英国	《关于开展第三方市场合作的谅解备忘录》	中英第三方市场合作工作组

资料来源：中国国家发展和改革委员会：《第三方市场合作指南和案例》，2019 年 9 月 4 日，https://www.ndrc.gov.cn/fzggw/jgsj/wzs/sjjdt/201909/W020190909393562005115.pdf。

第二节　日本参与“一带一路”建设及中日第三方市场合作

日本前首相安倍晋三上任后便开始推行“安倍经济学”，其核心目的在于通过实施结构改革实现日本经济的持续增长，对应措施主要包括：大力培育富有成长性的产业，创造新的经济增长点；扩大引进外国劳动力，培育创新型人才；推进和深化农业改革，促进农产品出口；吸引外国直接投资，为地方经济和民间企业注入活力；进一步拓展对外经济关系，加强基础设施项目合作。上述措施中很多内容与“一带一路”规划存在合作对接点。进入 2017 年，中日关系出现趋稳向好态势，高层互动频繁。中日两国围绕“一带一路”对接合作的氛围升温，开始进入务实性探讨和初步合作阶段。2018 年，安倍晋三时隔七年正式访华，中日双方在北京召开了首届“第三方市场合作论坛”，并签署 52 项合作协议。自此，第三方市场合作开启了中日经贸关系的“新时代”。①

一 日本参与“一带一路”的必要性

“一带一路”倡议是基础设施先行，尤以亚洲国家为重点，率先实现互联互通，为本地区提供更多的公共产品。就亚洲地区而言，很多沿线国家处于发展转型中，需要建设和修缮大量基础设施。根据亚洲开发银行（ADB，简称亚开行）2017 年 2 月末发布的报告，如果经济保持现有增长态势，预计到 2030 年亚太地区的基础设施建设资金需求年均将达到 1.7 万亿美元。② 激活这些需求，将会拉动相关国家的经济增长，反过来又会创造新的需求。2015 年 5 月，日本政府提出实施高质量基础设施合作伙伴关系战略，尤其要加大对亚洲地区的基础设施海外投资，这一战略与“一带一路”倡议的内容相契合。

尽管近年来中国经济增速有所放缓，但依然属于增长较快的国家，对日本而言中国也是尚难替代的经贸合作对象。在市场规模上，中国大于由 10 个成员国组成的东盟，也不亚于有 20 多个成员国的欧盟。在经济总量上，中国在 2010 年超越日本并且差距逐渐扩大。在贸易方面，2018 年，日本对华出口额增长 8.5%，显著高于其总出口增速，也高于对华进口增幅，在日本对外总出口中占 19.5%，中国是日本最大的出口对象国。③ 在日本国内自然灾害频发的情况下，2018 年访日外国游客首次突破 3000 万人次，在日消费额达 4.5 万亿日元，其中中国大陆游客消费占 34.1%，人

① 徐梅：《从“一带一路”看中日第三方市场合作的机遇与前景》，《东北亚论坛》2019 年第 3 期。

② ADB，“Meeting Asia's Infrastructure Needs”，February 2017，https://www.adb.org/publications/asia-infrastructure-needs.

③ 日本貿易振興機構、「ドル建て貿易概況」、2019 年 2 月 3 日、https://www.jetro.go.jp/world/japan/stats/trade。

均消费额约为22万日元，列居首位。① 中国游客赴日旅游和在日消费，促进了日本旅游业的发展，带动了航空运输、酒店餐饮、体检医疗等行业发展，对提振日本经济发挥了积极作用。在投资方面，2018年日本对华直接投资实际投入金额38.1亿美元，同比增长16.5%，② 投资结构不断优化；中国对日投资日益扩大，中兴、华为、苏宁、美的、阿里巴巴等著名企业纷纷进入日本市场。

可见，中日两国的经贸关系已深度融合，中国在日本对外经济战略中占据重要位置。日本国际协力银行2018年的调查结果显示，作为日本制造业企业中期投资的主要对象，继2017年时隔五年重返首位后，中国继续保持领先，并且得票率提高了6.5个百分点；在长期最具潜力的国家中，中国保持第二位，得票率增加了3.6个百分点。③ 日本企业将中国作为首选投资对象，最主要的原因在于中国市场未来的成长性和市场规模，中国是日本重要的生产和销售市场。在2018年11月举办的首届中国国际进口博览会上，日本企业的参展数量最多，展馆占地面积最大，再次表明日本企业对中国改革开放、经济增长的信心和期待。

二　日本参与“一带一路”的进展

如今，日本已进入务实性探讨和初步参与“一带一路”建设的阶段。2018年上半年，日本伊藤忠物流公司、通运公司与中国相关企业先后启动在物流领域的合作，主要利用中欧班列，将日本的电子机械、汽车零部件等产品输送到欧洲，并从欧洲回送婴儿奶粉、加工食品、葡萄酒、电子零部件、汽车等产品。从时间和成本上看，中欧班列的性价比更高，其运行

① 中国新闻网：《2018年访日外国游客消费创新高　中国大陆居首》，2019年1月17日，https://www.chinanews.com/hr/2019/01-17/8731435.shtml。

② 中国商务部外资司：《2018年1—12月全国吸收外商直接投资快讯》，2019年1月15日，http://www.fdi.gov.cn/1800000121_33_11806_0_7.html。

③ 日本国際協力銀行業務企画室調査課、「わが国製造業企業の海外事業展開に関する調査報告—2018年度海外直接投資アンケート調査結果（第30回）—」、2018年11月26日、https://www.jbic.go.jp/ja/information/press/press-2018/pdf/1126-011628_1.pdf。

价格仅相当于空运的1/5左右,[①] 运程时间大大缩减，运输效率显著提高。在2017年“一带一路”相关出口贸易中，铁路运输方式的出口额增长最快，很大程度上受益于中欧班列的开行。日本参与“一带一路”物流合作，意味着将被“导入”欧亚内陆贸易的新时代。

日本最大的货运企业通运公司于2019年6月开通铁路货运新线路，从西安出发，连通波兰和德国，未来将根据实际运行情况逐步增加开行频率，扩大服务范围。由于所连接的城市与大型集装箱货船出入的港湾之间存在一定距离，如果利用海运再转陆运，运行时间和成本会增加，因此通运公司不再像之前那样从与铁路公司签约的中国运输公司那里购买一部分货运空间，而是委托中国的铁路公司定期开行。直接采取铁路运输方式，从西安到波兰需要12—13天，仅为海运时间的1/3左右。[②] 日本通运公司的实践，很可能成为中日两国“一带一路”和第三方市场合作的典型案例之一。日本在借助先期基建成果、产业集群等方面的基础上，逐步参与到“一带一路”建设中。

中亚是古代丝绸之路的必经之地，现今也是“丝绸之路经济带”的交通枢纽，可联结欧亚大陆。在中亚五国中，哈萨克斯坦是经济、贸易以及吸引外资规模最大的国家，也是“一带一路”建设的重要支点国家。在中国面向中亚五国的贸易中，对哈萨克斯坦的贸易约占六成。[③] 鉴于该国的重要性，2014年5月，中国在连云港启动了“丝绸之路经济带”第一个实体平台——中哈物流合作基地项目一期，旨在促进经贸往来，提高物流效率。日本也十分重视发展与中亚地区特别是哈萨克斯坦之间的关系，日哈经贸联系日益密切，日本对哈主要出口运输设备、机电产品及相关零部件等。在中哈物流基地流转的货物中，很大一部分来自日本。一些日本企业已进入哈萨克斯坦，从事石油等资源开发、大型机械制造等业务，如日本最大的石油天然气开发企业国际石油开发帝石集团，持有哈萨克斯坦卡沙干油田的股份。

---

① 李婕:《中欧班列“跑”出新纪录》,《人民日报》(海外版)2022年8月20日第3版。

② 《蹭“一带一路”热点　日企要包“中欧班列”来运货》,《参考消息》2018年9月28日。

③ 金仁淑:《中日对中亚五国经贸合作比较——略论“一带一路”构想与实践》,《日本学刊》2016年第3期。

三　中日第三方市场合作的建立

第三方市场有不同的结构和不同的需求，中日两国在那里也会形成各自不同的比较优势。有关第三方市场合作，早年中日不乏实例。2012 年，日本丸红公司与中石化集团工程技术分公司共同承担哈萨克斯坦阿特劳炼油厂三期工程，日方主要发挥调研经验、技术优势、人脉资源等作用，中方负责设备、管理等。丸红公司还与中国晶科能源控股有限公司共同参与阿联酋最大的太阳能光伏发电项目，于 2019 年初投入商业运营，效益显著。① 再如，日本三井物产公司与山东电力建设第三工程公司共同在阿曼萨拉拉工业区开发了燃气—蒸汽联合循环电站项目，其成为中日双方推崇的合作案例。② 另外，中日两国的银行、企业等在澳大利亚、埃及、埃塞俄比亚、加拿大、墨西哥等地也开展了项目合作，内容涉及资源开采、能源环保、基础设施建设等。③

非洲是“一带一路”的历史和自然延伸。据报道，日本有意邀请中国共同参与非洲开发项目，如连接喀麦隆和刚果（布）的“国际走廊”沿线道路开发、连接西非各国主干道的“成长之环”以及肯尼亚、卢旺达的路桥修缮等，表明日本对中日第三方市场合作的期待，也意味着合作会带来互利共赢的结果。

2018 年 5 月，李克强总理访问日本，中日两国签署了《关于中日第三方市场合作备忘录》。9 月下旬，中日在北京启动第三方市场合作工作机制，就两国第三方市场合作的方向、政策、具体项目等问题进行了务实性探讨，从此中日之间形成一个有关第三方市场合作的平台。在 10 月安倍晋三访华期间，中日两国举办首届中日第三方市场合作论坛，并签署 52 项合作协议（参见表 7－2），总金额超 180 亿美元，预示着中日合作进入一个新阶段。④

① 周輞：《“中国技术成就绿色能源梦想”》，《人民日报》2019 年 12 月 1 日第 3 版。

② 《青岛拓展中日地方经贸合作》，《人民日报》（海外版）2018 年 11 月 1 日。

③ 杉田定大、「日中第三国市場協力」、『日中経協ジャーナル』、2018 年第 8 号、第 17 頁。

④ 中国政府网：《李克强与日本首相安倍晋三共同出席首届中日第三方市场合作论坛并致辞》，http://www.gov.cn/premier/2018-10/26/content_5334777.htm。

表7-2 首届中日第三方市场合作论坛签约项目

序号	中方单位	外方单位	项目名称
1	上海市信息投资股份有限公司	富士通株式会社	战略合作协议书
2	上海环信环境工程有限公司	杰富意工程技术有限公司	合作意向书
3	上海复星医药（集团）股份有限公司	丸红株式会社	关于复红康合医药江苏有限公司之合资经营合同
4	广州民营投资股份有限公司	京都大学创新投资株式会社	战略合作协议
5	中国工商银行	瑞穗金融集团股份有限公司	关于支持中日企业开拓第三方市场的金融合作协议
6	中国太平洋保险（集团）股份有限公司	三井住友海上火灾保险株式会社	关于中日第三方市场海外业务开展全面合作的协议
7	中国中医科学院广安门医院、博视远程医疗科技（北京）有限公司	ViewSend ICT 株式会社	关于中西医结合重大疾病治疗暨康复战略合作协议
8	中国中信集团有限公司	伊藤忠商事株式会社	关于共同投资欧洲可再生能源及新能源技术的合作备忘录
9	中国石油化工集团有限公司	瑞穗金融集团股份有限公司	业务合作协议
10	中石化炼化工程（集团）股份有限公司	丸红株式会社	合作框架协议
11	中国石油化工集团有限公司	JXTG 能源株式会社	合作备忘录
12	中国东方电气集团有限公司	株式会社日立制作所	关于第三国电力市场合作协议
13	中国电力企业联合会	一般社团法人 CHAdeMO 协会	合作备忘录
14	中国电力建设集团有限公司	株式会社 东芝	关于促进全球范围商业机会的战略合作协议
15	中国外运股份有限公司	日本通运株式会社	关于在第三国市场开展合作的备忘录
16	中国出口信用保险公司	日挥株式会社	关于共同支持第三方市场合作的协议
17	中国出口信用保险公司	株式会社日本贸易保险	合作备忘录

续表

序号	中方单位	外方单位	项目名称
18	中国出口信用保险公司	三井住友银行股份有限公司	双方共同支持第三方市场合作的框架合作协议
19	中国出口信用保险公司、中信集团	瑞穗金融集团股份有限公司	关于共同支持第三方市场合作的框架合作协议
20	中国机电产品进出口商会	日本国际贸易促进协会	关于支持双方企业合作开拓第三方市场的谅解备忘录
21	中国机电产品进出口商会	日中经济协会	合作备忘录
22	中国再保险（集团）股份有限公司	SOMPO 控股公司	战略合作协议
23	中国光伏行业协会	丸红株式会社	关于在第三方市场光伏发电领域的合作协议
24	中国华电集团清洁能源有限公司	日本 JERA 股份有限公司 东京电力燃料 & 发电股份有限公司	合作谅解备忘录
25	中国进出口银行	三井住友银行股份有限公司	关于双边及第三方市场合作的协议
26	中国投资有限责任公司	野村控股公司 株式会社大和证券集团总公司 三菱日联金融集团股份有限公司 三井住友金融集团股份有限公司 瑞穗金融集团股份有限公司	战略合作协议
27	中国非公立医疗机构协会(CNMIL)	日中医疗·介护技术交流协会、Medical Excellence JAPAN	关于中日医疗技术合作以及对第三方医疗援助的战略合作备忘录
28	中国国际工程咨询有限公司	太平洋咨询株式会社	关于在第三国开展基础设施建设合作的意向书
29	中国国际贸易促进委员会	日中经济协会	关于中日第三方市场合作谅解备忘录
30	中国国际贸易促进委员会	日本贸易振兴机构	关于中日第三方市场合作谅解备忘录
31	中国国际海运集装箱（集团）股份有限公司	住友商事株式会社	关于中日合作开拓智能化高速仓库存储系统（经济适用型）战略合作协议

续表

序号	中方单位	外方单位	项目名称
32	中国建材集团有限公司	三菱商事株式会社	关于共同开发第三国基础设施建设及清洁能源综合利用项目战略合作协议
33	中国银行股份有限公司	三井住友银行股份有限公司	业务合作协议
34	中国寰球工程有限公司	千代田化工建设株式会社	合作谅解备忘录
35	北京百度网讯科技有限公司	Panasonic 株式会社	关于下一代车内空间战略合作的谅解备忘录
36	北京首都创业集团有限公司	住友商事株式会社	战略合作备忘录
37	吉林省人民政府	鸟取县	关于 ADAS · EV 项目合作备忘录
38	西王集团有限公司	住友商事株式会社	战略合作意向书
39	华人文化有限责任公司	吉本兴业株式会社	关于涵盖第三国的中日高端文化娱乐产业人才教育培训战略合作
40	华润（集团）有限公司	三井物产株式会社 （普和希控股公司）	战略合作协议
41	华润电力控股有限公司	电源开发株式会社	战略合作框架协议
42	江苏嘉睿城建设管理有限公司	一般社团法人 YOKOHAMA URBAN SOLUTION ALLIANCE 泰国安美德集团	关于在泰国春武里安美德工业园加快发展安美德智慧城市的合作备忘录
43	杭州锅炉集团股份有限公司	杰富意工程技术株式会社	合作意向书
44	协鑫（集团）控股有限公司	三井物产株式会社	关于在中日及第三方市场联合开发与投资合作谅解备忘录
45	国家开发银行	三井住友银行股份有限公司 三井住友银行（中国）有限公司	关于业务合作及加强第三方市场合作协议
46	国家开发银行	瑞穗金融集团股份有限公司	关于业务合作协议（包含第三方市场合作）
47	国家开发银行	株式会社国际协力银行	关于开展第三方市场合作的备忘录
48	浙江海正药业股份有限公司、国家应急防控药物工程技术研究中心、中日友好医院	富士胶片株式会社	合作备忘录

续表

序号	中方单位	外方单位	项目名称
49	海南博鳌乐城开发控股有限公司	Medical Excellent JAPAN	关于在海南博鳌推进中日医疗合作的“肿瘤医疗关联设施群建设事业以及第三方医疗事业”合作的备忘录
50	新中水（南京）再生资源投资有限公司	株式会社日立制作所 日立租赁（中国）有限公司	战略合作框架协议
51	新华锦集团有限公司	Carchs 控股股份有限公司	战略合作意向书
52	新疆众和股份有限公司	蝶理株式会社	战略合作协议

资料来源：中国商务部：《第一届中日第三方市场合作论坛签约项目》，2018 年 12 月 29 日，http://images. mofcom. gov. cn/yzs/201812/20181229154112167. pdf。

根据日本经济产业省的资料，中日第三方市场合作的方式主要包括：共同接受订单、共同运营基础设施；日本企业接受订单，中国企业提供工程承包、机器设备；中日合资企业的产品销往第三方市场；日本企业将零部件等供给中国企业，并将制品销往第三方；日本企业灵活运用连接中国与欧洲的铁路运输，扩大物流服务；中日企业合作，向第三方输出在中国构建的商业模式；面向第三方市场合作，强化中日企业的信息共享等（参见表 7 –3）。

表 7 –3　　中日第三方市场合作的具体事例

① 中日企业共同接受订单、共同运营基础设施 在第三方市场共同接受太阳能发电订单 共同出资设立公司、完善设施、经营发电事业
② 日本企业接受订单，中国企业提供工程承包、机器设备 日本企业接受第三方市场发电站建设项目订单 灵活运用中国企业提供的工程承包、机器设备
③ 中日合资企业的产品销往第三方市场 合资企业在中国制造有关发电设备 母公司也合作参与第三方发电站

续表

④ 日本企业将零部件等供给中国企业，并将制品销往第三方 日本企业对中国企业组装的工业机械提供基础零部件 中国企业与日本企业携手向第三方出口产业机械
⑤ 日本企业灵活运用连接中国与欧洲的铁路运输，扩大物流服务 在利用铁路与欧洲进行货物交易方面，在华日本企业存在需求 中日企业、政府合作探讨利用中欧铁路物流的可能性
⑥ 中日企业合作，向第三方输出在中国构建的商业模式 中日企业合作在华开拓服务市场 形成的商业模式输往第三方
⑦ 面向第三方市场合作，强化中日企业的信息共享 中日企业推进和细化合作，针对关心的领域共享信息、交换意见等

资料来源：杉田定大、「日中第三国市場協力」、『日中経協ジャーナル』、2018 年第 8 号、第 19 頁。

基础设施领域是中日第三方市场合作的重中之重。由于基础设施建设对资金的需求较大，获取订单意味着更大的获利机会，往往成为企业激烈争夺的项目。良性竞争有助于促进竞标方加快结构调整，提高经营效率，而竞争过度或恶性竞争则会增添招标方的筹码，使其获得更大利益，即使最终赢得订单的竞标方也容易被人为抬高成本，减少获利空间，在竞标中的不当言行甚至有可能给国家之间的关系带来负面影响。

多年来，高铁、发电站等基础设施建设成为中日企业竞争激烈的领域，在印度尼西亚雅加达至万隆的高铁项目竞标中，日本最终输给了报价相对低的中国。随着形势的发展变化，日本越来越意识到合作的必要性，安倍在 2018 年 10 月访华前接受日本国内媒体采访时表示，日本和中国在基础设施建设投标方面激烈争夺，时常带来不必要的成本竞争，今后应进行合作。

第三节 “一带一路”与中日第三方市场合作领域

根据《关于中日第三方市场合作备忘录》及双方签署的 50 多项协议，

中日两国主要在基础设施建设、金融、物流、能源环保、产业升级等领域逐步开展合作。

一　基础设施建设领域

在高铁、核电等建设项目上，中日双方各具比较优势。日本企业前期调研细致周密，技术、工程管理水平较高，城市建设系统化程度较强，给环境带来的负荷较小，如在高铁的车辆牵引、制动系统零部件制造以及运营管理等方面占有优势。中国企业在人力资源储备、成本控制、决策和施工效率、技术更新速度等方面具有竞争力。如果两国企业能够加强合作，势必有利于发挥各自优势，实现互利共赢。双方可共同参与、承担和运营基础设施，帮助亚非落后国家解决供水、供电不足及环境污染等问题，也可利用中欧班列、中哈物流基地等通道，扩大对中亚、欧洲等国家的出口，共享有关第三方的市场信息。

日本与中国同处亚洲地区，该地区电力、水利、交通等基础设施建设需求较大，仍有数亿人口生活在缺电状况下，或是没有充足的清洁水源，一些地区因交通不便而无法与外部市场高效连通。在发电输电、公路、铁路、港口及饮用水、废水处理等方面，中日存在合作的必要性和巨大潜力。东盟经济发展较快，印度尼西亚、泰国、越南、缅甸等国对基础设施建设的需求旺盛，日本在东盟国家加强构建生产基地，中国与东盟在2005年已建成自由贸易区，对当地一些基础设施建设项目进行了参与和投入。

中日都将东盟作为重点经营对象，产业链相互融合。如果在东盟国家开展三方合作，不仅可以避免过度竞争，实现优势互补，也可共担责任和风险、共享利益，进而促进东亚区域合作。譬如，中日两国与东盟三方进行合作，连通已有或在建的各类商路通道，对中国、日本、东盟及周边国家而言，都会降低经贸往来成本，提升各方效率。再如，在电力供给方面，亚洲一些国家面临双重压力：一方面，现有供给能力无法满足现实需求；另一方面，发电使用的能源结构带来环保问题。要有效解决这些问题，仅靠这些国家自身力不从心，需要有实力的国家相助，中日两个地区大国有责任共同帮助他们建立相对环保的发电体系，解决供电不足、环境污染等问题，造福地区百姓和民生。

2011 年 3 月东日本大地震及引发的福岛核电站事故，再次告诫人类：提高核电安全标准、确保核电安全，是未来的一大课题和挑战。在此次事故发生之前，日本运行的核电站数量超过 50 座，运营体系相对成熟。中国在核电建设、相关技术方面不断取得进展，如果中日两国在核电运营、核废料处理及回收利用、福岛核事故教训总结等方面加强合作与交流，对各国有效利用核电、保障人类安全将具有重大意义。

二 金融领域

“一带一路”建设的特点是需要大量资金支撑，金融领域有可能成为中日合作尤其是第三方市场合作的重要支点。据亚开行估算，2030 年前亚洲对基础设施建设的资金需求约 26 万亿美元，其中电力投资需求 14.7 万亿美元、交通投资需求 8.4 万亿美元。① 即使将亚开行与亚投行、世界银行的资金合在一起，仍存在明显缺口，亚洲基础设施建设需要更多的资金支援。

作为地区和全球经济大国，中国和日本责无旁贷，有必要共同参与有关项目融资，扩大在金融领域的合作。首先，亚开行与亚投行之间存在合作空间。日本长期经营亚开行，具有丰富的经验，而亚投行成立时间较短，可在项目调研评估、投融资、专业操作等方面与亚开行加强交流合作。亚开行行长中尾彦武在 2015 年 3 月举办的“中国发展高层论坛”上表示，亚投行与亚开行之间更多是合作、互补的关系，而不是竞争关系，可以通过合作为亚洲做更多的事情。这两家银行在印度、孟加拉国等第三方市场已开展项目融资合作（参见表 7－4）。另外，日本国际协力银行（JBIC）与中国国家开发银行达成有关第三方市场合作备忘录，为第三方基础设施建设项目提供融资服务。

① ADB, “Meeting Asia's Infrastructure Needs”, February 2017, https://www.adb.org/publications/asia-infrastructure-needs.

表 7－4　“一带一路”建设中亚投行与亚开行的合作项目

国家	项目名称	融资总额（百万美元）	亚投行融资额（百万美元）	亚开行融资额（百万美元）
印度	输电体系强化项目（Tamil Nadu）	303.47	100	50
佐治亚州	Batumi 辅路道路项目	315.2	114	114（ADB 主导）
孟加拉国	天然气设施及效率改善项目	453	60	167（ADB 主导）
巴基斯坦	全国高速道路 M－4（Shorkot-Khanewal 部分）项目	273	—	ADB 共同主导
缅甸	缅甸 Myingyan225MW 联合循环燃气轮机（CCGT）发电站项目	—	20	—

资料来源：独立行政法人日本貿易振興機構アジア経済研究所、「中国「一带一路」構想の展開と日本」、2018 年 3 月、https://www.ide.go.jp/library/Japanese/Publish/Reports/ Seisaku/pdf/2017_ 1_ 10_ 001.pdf。

其次，民间金融机构之间业务合作存在潜力。中日两国在 2017 年末达成框架协议，允许日本机构在华发行以人民币计价的“熊猫债”。2018 年伊始，三菱东京日联银行率先发行成功，为日本企业提供了更多的融资渠道，有利于扩大两国企业间的业务，也有利于推进人民币国际化。为促进企业融资多元化，中国积极探索公私合作（PPP）模式，在“一带一路”项目上鼓励国内外民间资本参与，为日本企业参与基础设施等大型项目建设、共同改善营商和生活环境创造了条件。

最后，政策协调、防范金融风险方面合作需求增大。当前，全球政治经济秩序震荡调整，美国贸易保护趋势增强，一些国家的财政与金融脆弱性相互影响，国际金融环境日趋复杂，对投资情绪及国际金融市场极易产生冲击。中日两国有必要加强宏观政策层面的沟通与协调，携手应对潜在的金融风险。2018 年，中日两国签署了升级版的双边本币互换协议，规模达 2000 亿元人民币/34000 亿日元。① 2019 年，中国银行在日本设立人民

① 中国政府网：《中日两国央行签署双边本币互换协议》，2018 年 10 月 26 日，http://www.gov.cn/xinwen/20 18-10/26/content_ 5334731.htm。

币业务清算行，这有助于为中日企业合作及顺利推进“一带一路”建设营造稳定的金融环境。

三 物流领域

“一带一路”倡议涵盖范围广，包括陆海两大方向，辐射作用大。其重要目的之一是通过建设和完善基础设施实现“一带一路”沿线及相关国家间的互联互通，促进经贸往来和贸易投资便利化，拉动各国经济增长。日本参与其中，会扩大与相关国家的经贸联系，有利于提振日本经济。

中亚是“一带一路”贸易合作发展较快的地区，也是中日第三方市场合作的一个目标对象，2022 年，哈萨克斯坦与中国的贸易额再创纪录，达到了 241.5 亿美元，同比增长 34.1%。[①] 日本在桥本龙太郎执政期间，曾有意将中亚打造成日本的海外能源基地，但因该地区大国利益汇聚，日本不仅受到美国战略的牵制，也受日俄、美俄等大国关系博弈的影响，其中亚政策遭受挫折。中国提出“一带一路”倡议后，日本更加重视这一地区。2015 年 10 月，安倍晋三访问中亚五国，在技术、教育、医疗等方面对其加大经济援助，并针对基础设施、核能、矿产、汽车、农业等领域进一步加强合作。

扩大本国农产品、食品对外出口，是日本经济结构改革的重要内容，也是未来日本农业发展的一大方向。2017 年 4 月，日本专门成立食品海外推介中心，重点推销清酒、绿茶、和牛、大米粉等本国特色产品，向世界各地推广日本的食材、料理、饮食文化等。中哈物流基地的建设和中欧班列的运行，大大提高了物流效率，如果再利用好一些港口的中转功能、海铁联运等各类物流渠道，可有效节约时间和资金成本，使那些保质期相对短的农产品、食品等以更低价格、更便捷的方式运往沿线国家，扩大日本对中亚、欧洲地区的经贸往来。进一步而言，如果中日两国全面加强物流领域合作，有可能在“一带一路”沿线打造成国际性的物流集群，显著提

① 中国商务部：《哈萨克斯坦国家统计局发布 2022 年哈中贸易数据》，2023 年 2 月 17 日，http://kz.mofcom.gov.cn/article/jmxw/202302/20230203391443.shtml。

升经贸往来效率，满足跨境电商日益增长的需求，也可提高跨国铁路的盈利能力。

四　能源环保领域

鉴于能源对经济发展的重要意义，同为能源需求大国的中国和日本，都将确保本国能源供给、促进供给渠道多元化作为国家战略之一，积极推动海外石油、天然气等能源开发。随着国际形势复杂多变、地缘政治风险增大、大宗商品价格频繁震荡以及能源所在地环保意识增强，无论是中国还是日本，都需要构建相对稳定、高效的海外能源供给体系。

长期以来，中日两国在能源领域以竞争为主。小泉纯一郎担任日本首相期间，中日两国围绕俄国远东安大线、安纳线出现过石油管道之争，便留下一个值得思考的问题：中日与其恶性竞争不如加强合作，共同构筑稳定的能源供给体系。20 世纪 50 年代初，德法两国在能源领域展开合作，不仅确保了各自利益，也催生了“欧洲煤钢共同体”，进而发展演变成为欧盟。

“一带一路”倡议为中日开展能源合作提供了广阔前景。比如，中亚地区不仅有石油、天然气等能源，也储有丰富的铁、铜、钨、锌等有色金属以及黄金等贵金属，并且大部分资源尚未开发利用。中日在该地区已有能源合作的先例，随着“一带一路”建设的推进，双方合作意愿有所增强，在共同开发能源资源市场、建设和保障油气运输管道方面具有较大的合作空间。

在中日签署的第三方市场合作协议清单中，很多涉及能源环保领域，包括：中石化炼化工程公司与丸红公司缔结的《第三方市场全面战略合作协议》；中国石油化工集团与 JXTG 能源公司签署的《中国石油化工集团与 JXTG 能源株式会社合作备忘录》；新中水（南京）再生资源投资有限公司与日立制作所等达成的《第三方节能、环境和垃圾发电等项目协议》；中国中信集团与伊藤忠商事签署的《中日共同投资欧洲可再生能源及新能源技术合作备忘录》；中国光伏行业协会与丸红公司缔结的《关于在第三方市场光伏发电领域的合作协议》；中国环球工程有限公司与千代田化工建设公司达成的《第三方石油、石化和 AI 等领域合作备忘录》等。

可见，在全球气候变暖、各国和各地区日益重视生态环境的趋势下，能源环保领域有望成为中日第三方市场合作的重要增长点。在开发利用绿色能源方面，日本具有一定优势，中日两国不妨尝试在“一带一路”沿线国家开展合作，面向第三方市场扩大优质“绿色”产品、环保型设施等出口，传播环保技术、经验及相关机制，共同促进低碳及能源环境共同体的构建，以实现能源环保的终极目标，即推动人类社会的可持续发展。

五 其他领域

中日两国还签署了有关在第三方市场开展医疗保健、应对流感的共同研究、医疗技术合作以及对第三方医疗支援、推动智能城市化等合作协议。同时，全球产业链的深度调整和重构，经济社会全球化、网络化、智能化、生态化的发展，为中日加强第三方市场合作提供了新的机遇。在产业转型升级、人工智能、电子商务、现代农业、医疗养老、地区开发、灾害救助等方面，中日或将探寻到更多的合作对接点。

第四节 中日第三方市场合作面临的挑战及可能合作路径

如前所述，“一带一路”倡议为中日两国企业海外发展和开展第三方市场合作提供了广阔空间。但新冠疫情及中美博弈、乌克兰危机等加剧了全球经济和地缘政治风险，中日第三方市场合作仍将面临诸多困难和挑战。一方面，疫情破坏了全球产业链、供应链体系，中日第三方市场合作项目受到严重冲击。另一方面，美国携盟友对中国不断升级贸易战、科技战的深度、广度，使经济和安全关系更加复杂。日本作为美国在亚太地区的盟友，积极助美遏华，强化出口管制、投资管制，推动国际产业链供应链重构，并设立国家安全保障小组，将第三方市场合作项目划分为安全保障领域和非安保领域。这在客观上为中日两国经贸合作造成干扰，也为中日第三方市场合作前景增加了不确定因素。

一 中日第三方市场合作面临的挑战

（一）美国因素干扰

美国一直重视亚太地区并深度介入地区事务。在军事外交方面，美国与日本是同盟关系，与韩国、东盟国家保持军事上的合作，日韩等国在一定程度上受到美国战略的牵引。在经济方面，美国与亚太地区的经贸关系密切而稳定，既是中国、日本等的重要出口地，也是主要的外资来源地和投资目的地之一。随着美国页岩气革命的成功和石油出口禁令的解除，日本希望扩大从美国能源进口，以保障能源供给安全。在日本的高质量基础设施合作伙伴关系战略中，也有意扩大美国市场。

为强化美国在亚太地区的军事存在和现实利益，奥巴马执政时期美国高调宣布“重返亚太”，希望在经济上参加和主导 TPP。特朗普上台后，美国进一步推出“印太战略”，宣布投资 1.13 亿美元，[①] 用于发展“印太地区”的数字经济、能源开发、基础设施等，加强与有关国家和地区的经贸关系，其中隐含牵制中国扩大地区和全球影响力的意图。此后，拜登政府延续了特朗普政府的“印太战略”，试图塑造围绕中国的战略环境。对于“一带一路”建设的进展、RCEP 政策红利的释放、中日韩 FTA 谈判的积极动向以及中日在维护自由贸易、加强第三方市场合作方面所达成的共识，美国并不乐见。

（二）中日关系不稳固

1972 年中日两国恢复邦交后，双边经贸关系取得了长足发展。几十年来，中日之间出现过所谓的“政冷经热”现象，但只是相对而言，实际上很难做到完全的“政经分离”。良好的政治关系，势必有利于促进经济关系进一步发展。2017 年，伴随着中日关系的改善，双边经贸领域合作出现了明显回暖的迹象。

由于中日之间存在历史认识、领土争端等敏感问题，加之 20 世纪 90 年代以来中国快速发展，中日间经济实力差距趋于缩小，日本等国对华政

① 《不断出新招：美“印太战略”要“实心化”》，《中国国防报》2018 年 8 月 20 日。

策陷入纠结，既想分享中国经济增长的红利和巨大市场，又担心中国崛起会危及自身的产业竞争力乃至国际影响力，“中国威胁论”屡屡盛行。在这种情况下，中日关系容易出现波动，国民感情易受影响，也会波及经贸领域。

在意识形态、制度体制等方面，中国与日本等国存在一定差异，加上西方国家对中国崛起的猜忌和隐忧，中国虽然对“一带一路”建设投入巨大，却遭到一些质疑，引发国际社会的一些负面评价。其中的一个原因是，中国部分国有企业参与到海外大型基础设施等项目中，大量融资来自国内金融机构，超出了投资所在国的需要，给其带来债务负担。

国际上的批评声音对中国而言无疑有失公正，但中国也有必要不断自我完善，以免因极少数现象而抹杀中国长期付出的努力以及客观上给所在地带来的积极效益。2017 年，中国政府宣布向丝路基金新增 1000 亿元人民币，国家开发银行、进出口银行分别为“一带一路”有关合作提供相当于 2500 亿元和 1300 亿元人民币的专项贷款。[①] 政府要求在落实的过程中，使民营企业与国有企业公平竞争，并针对所在地的实际需求，切实提高融资效率。只要各方共同努力，中日第三方市场合作将会在一个磨合的过程中逐步走向融合。

（三）中日在第三方市场互为竞争对手

中日对外投资领域重合度扩大，对外贸易结构开始趋同，导致两国企业竞争意识上升，特别是在海外基础设施建设主导权之争愈发激烈，存在非理性博弈，由此损害双方经营利益。此外，日本与东南亚、中亚各国一直保持全方位的经贸关系，中日在这些国家的贸易投资竞争更加激烈。近年来，东盟对中国的贸易依赖度显著提升。与中国的贸易在东盟对外贸易总额中的占比由 2009 年的 11.6% 增加至 2019 年的 18%，日本在东南亚各国拥有大量的生产与销售据点，在构筑坚韧的海外供应链中，将东南亚视

---

① 新华网：《习近平：中国将向丝路基金新增资金 1000 亿元人民币》，2017 年 5 月 14 日，http://www.xinhuanet.com/world/2017-05/14/c_129604265.htm。

为供应链分散的主要目的地，[①] 中国在这些地区影响力的迅速提升被日本视为对其区域主导地位的严峻挑战与威胁。

整体来看，日本各界对中日两国第三方市场合作并非都持积极态度。首先，日本政府在参与“一带一路”合作的同时，坚持设定诸多前提条件，具体包括：开放性、透明性、经济合理性、确保对象国财政健全。[②] 其主要目的在于限制中国在第三方市场合作中的主导权，确保自身战略利益和经济利益。其次，在第三方市场合作的参与主体中，中国多是大型国有企业，日本则以民间企业为主，日企在与中国国有企业合作时经常怀有警惕和不信任的心理。最后，日本媒体指责中国“一带一路”倡议是“债务陷阱”，称中国进行排他性、权力性扩张，进而日本需要将确保对象国财政健全等作为参与“一带一路”合作的前提条件。此外，日本对中国通过数字货币在“一带一路”沿线国家特别是金融体系脆弱的国家中渗透人民币影响较为警惕。[③]

当前，中日企业在交通物流、资源能源等方面已有第三方市场合作实例。日本大型物流公司日本通运利用中欧班列提供亚洲和欧洲间双向铁路运输服务，从日本各主要港口经海运至中国大连，或从日本各主要机场经空运至中国重庆，再通过中欧班列运输至欧洲各地。日本日新运输公司经中国连云港由霍尔果斯出境，运送货物至中亚。这些企业在合作中能够获得显著经济效益。

但是，出于经济利益因素，一些日本民间企业仍对中日第三方市场合作持有较大疑虑。泰国东部经济走廊是中日第三方市场合作的重要项目。由于泰国政府为减少财政负担，需要参与建设的企业提供巨额资金补贴，日方原有投资意向的伊藤忠商事、日立制作所等没有实际跟进投资。其背后的原因在于，虽然政府层面有促进第三方市场合作的意向，但是企业不

---

① 「首相、東南アジアに供給網分散　経済・安保で対中連携」、2020 年 10 月 29 日、『日本経済新聞』、https://www.nikkei.com/article/DGXMZO65182300Z11C20A0EA2000/。

② 「首相、一带一路への協力に4 条件」、2019 年 3 月 25 日、『毎日新聞』、https://mainichi.jp/articles/20190325/k00/00m/030/273000c。

③ 「中銀デジタル通貨、必要か」、2020 年 10 月 29 日、『日本経済新聞』、https://www.nikkei.com/article/DGXKZO65564400Y0A021C2TCS000/。

会积极参与那些不能保证利润，甚至有高额赤字风险的项目。并且，一些日本企业考虑到经济走廊计划用地离市中心较远，开发所需时间长、回报慢，在方案讨论或投标过程中放弃。与中国企业以长期战略为重、能够先行投入巨额资金相比，日本企业在不能预测收益的情况下，无法下定决心进行投资。除非合作项目能够保证预期利润，否则日本企业不会改变消极态度。

与此同时，中日第三方市场合作项目也存在实操难题。首先，尽管中日两国签署了第三方市场合作协议，但这种意向性合作协议内容较为原则化，关系到具体合作细节与方式的政策对接和协调相对滞后，长期、务实型交流机制不完善。其次，中日企业对于第三方市场合作项目的风险与收益评估存在较大分歧，在资金稳健性、投资决策透明度、技术交流、知识产权保护、项目主导权、管理标准、经营利益分配等方面有着不同的考量。

（四）第三方市场不确定因素较多

东南亚、南亚、中亚、西亚等地区处于“一带一路”重要的地理位置，也是长期以来大国博弈的焦点地带。美国的“新丝绸之路”、俄罗斯的“欧亚联盟”等设想的提出，都因其看重这些地区的战略价值。大国间的利益角逐，造成这些地区局势不稳，加之宗教冲突、种族矛盾、制度转型等因素交织在一起，使这些地区的风险积聚。

在东南亚，部分国家面临政治、经济转型的压力，经济发展依赖外资，抵御外部冲击的能力较弱，如泰国政治分裂的状况仍未得到根本改善，缅甸开始民主化转型，容易引发政治社会动荡。在中亚，宗教极端主义和恐怖主义危及地区安全，边境冲突时有发生，一些国家政局不稳，能源价格低位震荡、经济体制不完善等因素致使该地区的经济增长缺乏稳定性。当前中日签署的第三方市场合作领域多集中于金融保险、能源、铁路、电力等行业，受第三国对这些行业的市场开放程度的影响较大。与此同时，以基础设施建设为中心的第三方市场合作项目涉及大面积的土地征用与公共设施拆除，需要当地多个部门协助，政府行政能力、动员拆迁进度、土地变更手续、沿线地价上涨等均会影响项目推进。例如，由于土地征用延迟、车站设置位置调整等原因，中日企业参与的泰国连接三大机场的高铁项目2020年曾被迫延期。[①]

当前，世界政治经济秩序正处于深度调整中。美国的贸易保护行为扰动了世界经济复苏的进程，中美两个大国之间的持续贸易摩擦引发外部市场不稳定。地缘冲突加剧，能源、矿产粮食等大宗商品价格持续上涨，国际金融环境复杂化。随着货币政策收紧和减税政策的影响减弱，美国经济增长势头将会减弱，新兴市场经济也面临下行压力。这些因素都有可能对市场情绪以及全球贸易和经济产生影响，阻碍中日第三方市场合作的顺利推进。

二　中日第三方市场合作的可行路径

世界百年未有之大变局下，中日第三方市场合作充满变数和挑战。但应当认识到，发挥互补优势，加强第三方市场合作，在第三方市场实现"1+1+1>3"，不仅有利于中日两国利益，也有助于包括第三国在内的本地区和国际社会的稳定和发展。

（一）推动建立长效合作机制

中日邦交正常化五十周年来，中日经贸合作取得了显著成效，惠及两国企业和国民，促进了两国经济发展。事实证明，经贸合作是中日关系的重要纽带，也是双方民间交往的核心内容之一。日本贸易振兴机构（JETRO）2021年对在非洲经营的日本企业的调查显示，多达72.8%的企业认为，与合作国家先前搭建的商业网络是未来开展第三方市场合作的重要优势。[②] 因此，在中日第三方市场合作中，双方合作企业可以有效依托现有的商业联系，本着平等互利的原则，拓宽基础设施、金融、物流、能源环保、产业升级等领域的合作，进一步推动第三方市场合作长期化、机制化。

中日第三方市场合作论坛是两国第三方市场合作的关键平台，但2018年首届论坛举办后不久便遭遇了疫情的考验，论坛停摆，许多合作项目面

---

① 日本貿易振興機構、「3空港高速鉄道、土地収用と駅位置調整が課題に」、2020年11月6日，https://www.jetro.go.jp/biznews/2020/11/6ccf2e462a525b1b.html。

② JETRO, "FY2021 Survey on Business Conditions of Japanese Companies in Africa", April 2022, https://www.jetro.go.jp/ext_images/en/reports/survey/pdf/Africa 2021en.pdf.

临着落地困难的局面。2021年，中日促进绿色低碳第三方市场合作研讨会在中国武汉举办，会上中国机电商会、日本贸易振兴机构和日中经济协会共同发布《中日第三方市场合作示范项目案例集》，对首届论坛举办以来的18个重点示范项目进行了情况介绍和经验汇总。[①] 长效合作机制的建立离不开中日两国政府、相关企业、经济团体和贸易促进机构的共同参与。在早日推动官方合作平台重启的同时，两国还应持续加强民间层面的信息交流和沟通协调，借助研讨会、交易博览会等多样化的合作形式，促使双方合作企业产品、服务和第三国发展需求高效对接，推动更多合作项目落地生效。

（二）全方位拓宽合作融资渠道

中日第三方市场合作集中于资金需求量较大的领域，加之项目建设和投资回收期长、风险高，融资能力和风险应对能力有限的企业便难以深度参与。[②] 基于此，需要重视全方位拓宽第三方市场合作项目的融资渠道，产融结合类第三方市场合作的优势进而得到了凸显。产融结合类第三方市场合作是指中外方金融机构通过银团贷款、联合融资、转贷款、股权参与等多种方式在第三方市场开展合作，拓宽企业融资渠道，分散金融机构融资风险，实现企业和金融机构共生共荣。[③] 当前，中日产融结合类第三方市场合作已取得一些成功实践，如越南海防火电站二期项目和巴布亚新几内亚液化天然气上中下游一体化项目（简称PNG LNG项目）。中国进出口银行和日本国际协力银行对这两个项目均进行了联合融资，项目取得了良好的经济收益，对当地经济发展做出了重要贡献。

在未来的第三方市场合作中，首先应充分发挥中国国家开发银行、中国进出口银行和日本国际协力银行等政策性银行的作用，为重点合作领域

---

① 武汉市商务局网站：《共商绿色低碳合作，中日促进绿色低碳第三方市场合作研讨会在汉成功举办》，2021年7月30日，http://sw.wuhan.gov.cn/xwdt/gzdt/202107/t20210730_1750575.shtml。

② 孔小惠、韩文超：《中日第三方市场合作：机遇、挑战与应对方略》，《印度洋经济体研究》2021年第3期。

③ 中国国家发展和改革委员会：《第三方市场合作指南和案例》，2019年9月4日，https://www.ndrc.gov.cn/fzggw/jgsj/wzs/sjjdt/201909/W020190909393562005115.pdf。

提供长期、大额、低息资金支持。再者，中日还可共同设立投融资平台，引导金融企业创新产品和服务，积极发展多样化融资工具，如发行第三方市场合作债券、建立第三方市场合作基金。此外，由中国和日本分别主导的亚投行和亚开行需进一步加强与其他多边开发银行的融资合作，以组建全球多边开发银行联盟为导向，努力提高融资合作的可持续性。

（三）把握区域经济一体化的契机

2022 年 1 月 RCEP 的正式生效，为亚太自贸区建设及区域经济一体化增添了新动能。具体而言，其使之前分散的双边 FTA、次区域合作、多边 FTA 等得到了成功整合，形成一个共同市场，在区域内实行统一的规则和标准。这有利于提高贸易投资便利化水平，降低企业成本，促进地区产业链的构建和地区经济发展，从而为实现区域经济一体化创造条件。中日在 RCEP 框架下首次达成关税减让安排，彰显了两国坚持自由贸易与多边主义的发展方向，也意味着中日经贸合作将依托这一框架寻求更高程度的互利共赢。

RCEP 框架涵盖了部分“一带一路”共建国家，RCEP 的落实又与“一带一路”建设相辅相成、相得益彰，其能够成为增进中日双方高水平互信和化解中日第三方市场合作阻力的契机。未来中日还需积极推动 RCEP、CPTPP 等区域贸易安排相互衔接和融合，分阶段有序推进中日韩 FTA 谈判，助力实现更高质量的区域经济一体化，为深化中日经贸合作营造良好氛围。

第八章

“一带一路”建设与日本海外投资及产业供应链调整

在中美博弈加剧、疫情冲击、经济衰退等内外因素的综合作用下，日本正在对其海外投资及产业供应链进行战略性和方向性调整。本章聚焦日本海外投资及产业供应链调整，在综合梳理其调整背景、动因及配套体制变化的基础上，分析了日本海外投资及产业供应链在“一带一路”共建国家的调整动态及主要影响，寻求中日未来在第三方市场尤其是“一带一路”共建国家合作中面临的新机遇和新挑战。

第一节　日本海外投资及产业供应链调整的背景与动因

近年来日本对其海外投资及产业供应链进行战略性和方向性调整，而且这种调整正出现加速迹象。这既是中美博弈加剧、疫情冲击等外部因素产生的催化作用，更因日本经济长期低迷，希求通过海外投资及产业供应链调整获得新生的内在需求。

一　外部背景：中美博弈加剧、疫情冲击催生日本经济安全战略

保障日本的经济安全是此次日本海外投资及产业链调整的核心指导思想。如果近几年中美博弈加剧开始刺激日本重新认识经济安全理念，那么接踵而来的新冠疫情则是促使日本开始在行动上落实经济安全政策的催化剂。总之，中美博弈、疫情冲击这些外部因素刺激日本执政党逐步形成加强经济安全的共识，并将其作为国家安全战略的重要组成部分，成为日本

新一轮海外投资及产业链调整的重要时代背景。

（一）从避险策略向国家安全战略的转变：中美博弈常态化促使日本深化对经济安全的认知和开启相应的政策布局

近年来，中美博弈逐步进入深水区，呈现常态化，逐步从表面的贸易冲突向深层次的以科技为中心的综合国力竞争转变，经济和科技手段正在国家安全战略层面上成为大国间竞争的主要手段。这些变化促使日本开始重视经济安全这一国家间博弈手段，并深化对经济安全的认知。2019 年是日本开启经济安全战略的初始之年，主要工作是加强企业和舆论引导，出台一些零散的经济安全政策，为全方位推进经济安全战略打好各方面基础。

特朗普上台执政初期发起的对华贸易战使得日本开始重新审视其经济安全理念，初期日本仅仅是将经济安全作为一种避险策略对待，较大程度上将特朗普的贸易施压仅仅作为一种谈判和交涉手段。但随后的大国博弈形势反而更为恶化，2018 年 10 月，美国副总统彭斯在哈德逊研究所发表对华政策演讲后，日本政界和主流学界开始讨论美中"新冷战"[①] 的到来，均倾向于认为"新冷战"的核心在于大国间的技术霸权竞争，经济竞争和经济安全手段成为中美激烈博弈的主要领域和手段，日本应以未来 20 年中美的"新冷战"状态为基本前提，加强经济安全手段的运用。

---

① 近两年日本政界和主流学界讨论美中新冷战或美中对立、竞争的文章繁多，以下列举政治家、官僚或知名学者的主要文章或著作，本文总结的一些主流观点均参考这些文章或著作。渡部恒雄、小原凡司、山口昇、「米中新冷戦」時代が到来したのか、第 1 回 SPF 安全保障セミナー、https://www.spf.org/publications/records/20190607.html；白石隆、「米中対立時代、日本の生存戦略」、中央公論 20 年第 5 号；金子将史、「経済安全保障」時代に勝つ日本、Voice 20 年 6 号；船桥洋一、『フクシマ、コロナ、戦後 75 年—日本特殊論と戦後特殊論を超えて』、Voice 20 年 9 号；细川昌彦、「産業安全保障を打ち出す時だ」、正論 20 年 6 号；儿玉博、「経済安保」への対応は不可避覚悟を決めた政府と産業界の溝、Wedge 20 年 8 号；兼原信克、「経済」と「安保」は表裏一体令和時代の新たな国家戦略を描け、Wedge 20 年 9 号；三浦瑠丽、米中「新冷戦」—推進派の思惑と日本の立ちいき位置、潮 20 年 9 号；山本吉宣（政策研究大学院大学客員教授）、『経済安保をめぐって一米中対抗の中で』、「経済・安全保障リンケージ」研究会 第 1 号、2020 年 9 月 2 日、https://www.jiia.or.jp/column/post-4.html；國分俊史（多摩大学大学院教授　ルール形成戦略研究所所長）、『エコノミック・ステイトクラフト　経済安全保障の戦い』、2020 年 5 月 8 日、日本経済新聞出版社；宮本雄二・伊集院敦、『技術覇権　米中激突の深層』、2020 年 3 月 19 日、日本経済新聞出版社。

彭斯发表演讲后，美国逐步加大了运用经济安全手段打压中国的力度，中美博弈逐步进入深水区，日本也开始出现一些跟随政策，但日本企业长时间以来较为回避国家安全政策，也并不重视经济安全，若日本政府试图一蹴而就将经济安全直接纳入国家安全战略，未免略显仓促。日本首先要做的是在产业界以及社会层面宣传经济安全在当前大国激烈博弈时代的手段性价值，培育企业以及国民的经济安全意识，为接下来的机构改革和战略转变做好铺垫。

对此，日本经济安全政策的幕后主导者、自民党规则形成战略议员联盟会长甘利明以及日本规则形成战略研究所所长国分俊史在接受采访或其著作中均阐明了同样的观点①。甘利明认为，现在世界已经进入“经济安全保障”的时代，而日本各界的认知却是落后的、薄弱的，日本继续强化经济外交手段、保障日本自身的经济安全，这关系到日本能否在未来保住经济和科技的领先优势。国分俊史认为，为避免日本企业的高新技术被恶意窃取，应以美中“新冷战”的环境为前提，促使企业进行结构改革。

美国2018年“外国投资风险评估现代化法案”（FIRRMA）（以下简称FIRRMA法案）是美国全面推行经济安全政策的标志性举措。2018年8月1日，参议院与众议院通过了上述法案，该法案是2019财年约翰·麦凯恩国防授权法案会议报告的一部分。FIRRMA法案是2007年以来首次对美国外资投资委员会（CFIUS）的流程进行立法改革，预示着CFIUS对美国外国投资审查范围的大幅扩展，其主要目的是保护美国科技研发领域的知识和关键技术不会被其他国家借由收购或投资美国公司而轻易获取。2020年2月13日，这一法案全面生效，1月末，美国财政部公布了无须向CFIUS履行申报程序的白名单国家仅包括英国、澳大利亚和加拿大三国。与此同时，《美国出口管理改革法》（ECRA）和联邦贸易委员会运作、联邦采购、个人信息保护法等相关规则也正在从国家安全角度进行相应修改。

受美国经济安全政策的刺激，日本也开始在2019年对本国外商投资法

① 金子将史、「経済安全保障」時代に勝つ日本、Voice 20年6号（金子将史与甘利明的对谈）；國分俊史（多摩大学大学院教授　ルール形成戦略研究所所長）、『エコノミック・ステイトクラフト　経済安全保障の戦い』、2020年5月8日、日本経済新聞出版社。

进行局部修改。为了保护本国占据优势地位的5G技术产业，2019年5月日本财务省、经产省和总务省联合发布声明，宣布将额外增加20个《外商投资法》中规定的受限制行业名单，而这些新增行业大部分与5G产业链的集成电路、半导体存储器件以及软件开发密切相关，从同年8月1日开始实施上述新规。

在关于出台规定的理由上，该声明①指出，基于确保网络安全的重要性近年来日益提高，防范严重影响日本国家安全情况发生的做法恰如其分，我们决定采取必要措施，包括增加对集成电路制造的限制。日本政府希望防范具有国家安全重要性的技术外流，或会损害国防生产和技术基础等情形发生。具体的规定内容为：要求任何外国投资，如果计划收购一家上市公司至少10%的股份或一家非上市公司任何数量的股份，都需要向日本政府上报，接受审查。如果审查机构有理由对特定收购案表示担忧，那么日本政府将有权命令投资者改变或取消其收购计划。

（二）中美博弈与疫情冲击的双重作用加快日本海外投资与产业链战略性调整步伐

在中美博弈与疫情冲击的双重作用下，日本加快了海外投资与产业链的战略性调整步伐。若仅有疫情的单方面冲击，只会在短时间内对日本的海外投资和产业链调整产生消极影响，日本相应的调整也会仅停留在紧急经济对策的层面，更大程度上是一种策略性调整。但疫情冲击发生在中美博弈加剧的背景下，两种因素产生叠加效应，最终促使日本加快了海外投资和产业链的战略性调整步伐。调整的战略性主要表现在：

第一，政府主导色彩浓厚，政府与企业间的认知存在明显差异，政府更偏重国家经济产业安全，企业则在规避中美脱钩风险的同时更为重视成本控制和利润率。

这一现象导致日本政府提供的产业链转移补贴与企业的实际情况并不一致。在一些战略性产业，政府可能倾向于将产业链转移回国内或分散

---

① 対内直接投資等に係る事前届出対象業種の追加等を行います、2019年5月27日同時発表：経産省、財務省、総務省、https://www.meti.go.jp/press/2019/05/20190527002/20190527002.html。

化，但这种转移的成本可能超出日本政府的想象，政府补贴或许只是杯水车薪，若强制企业进行转移，则会影响企业的长远发展。政府如何与企业在产业链调整中保持良性协调，是此次战略性调整的关键环节。

2020 年 4 月，为稳定日本产业链、强化国家经济安全，日本提出总额达 2435 亿日元的产业链调整补助金（转移回国内的为 2200 亿日元，转移到其他国家的为 235 亿日元），用于资助日本企业将产业链调整回日本国内或东南亚地区。6 月 5 日，第一批获批的日本企业名单公布，总补贴金额仅有不到 600 亿日元，申请的 57 家企业中仅有 17 家大型企业，获得补贴平均 10 亿日元，远低于 150 亿日元的最大补贴额①，这说明企业的积极性并不高，这些补贴远远无法弥补企业进行产业链转移的高成本。从日本国内来看，根据日本贸易振兴组织（JETRO）的数据，东京和大阪制造业工人的月均工资超过 2500 美元，这一数额是上海和广州等地的 4—5 倍，越南的 10 倍；从日本电价来看，东日本大地震以来，日本电价提高了两成，甚至高于美、英、德、法等发达国家的电价水平②，这些都是企业不得不考虑的高成本。

第二，继 2020 年的产业链转移补贴之后，2021 年日本经济产业省申请的财政预算也将强化产业链战略性调整作为一项政策推进重点。“产业链的强化与产业链网络的构筑”是经产省 2021 年重点推进的三项政策之一，最初预算为 440 亿日元，后来提高为 599 亿日元，主要内容包括：以灵活应用 5G 提高制造业活力为重点的产业链强化政策；确保战略物资生产地；对半导体等重要战略性产业的重点支援政策；通过制定指导方针、培育经营者意识、人才培养等方式强化产业链全体的网络安全等。③

第三，与产业链的强化相配套，日本经产省将首次出台一系列经济安全保障政策。2021 年这些政策的相关预算高达 3158 亿日元，主要内容包

① 竹居智久、『コロナに勝つ工場　サプライチェーンは進化する』、日経ビジネス2020 年 8 月 14 日、https://business. nikkei. com/atcl/NBD/19/special/00565/。

② 竹居智久、『コロナに勝つ工場　サプライチェーンは進化する』、日経ビジネス2020 年 8 月 14 日、https://business. nikkei. com/atcl/NBD/19/special/00565/。

③ 『令和 3 年度　経済産業政策の重点』、『令和 3 年度　経済産業省関係　概算要求のポイント』、https://www. meti. go. jp/main/31. html。

括：支援国内外重要技术的动向调查和中小企业、大学等的技术管理体制的构筑；为确保战略资源、能源的稳定供给，通过风险基金运作推进矿物质资源调查；推进包括甲烷水合物等海洋资源在内的国产资源开发，以及稀土等海外矿床的开发调查的实施；支援防灾等重要基础设施的强化等。①

二　内在动因：经济长期低迷，海外投资与产业链调整关涉日本经济复苏前景

为摆脱经济下行周期、推动经济尽快实现复苏，日本急需找到新的经济发展模式，海外投资与产业链调整是转换经济发展模式的重要组成部分。

第一，日本经济处于衰退周期，推动全产业链向数字经济发展模式转变是日本正在尝试的一种突破。从经济周期来看，日本在 2018 年 10 月就已经结束了自 2012 年上半年以来的长期景气周期，进入经济下行周期。2019 年 10 月日本政府提高消费税后，本期望通过 2020 年东京奥运会的举办对冲经济下行，但由于疫情的冲击，奥运会被迫延期，对日本经济造成了极大冲击。日本经济 2020 年第二季度年率负增长高达 27.8%，尽管第三季度年率恢复增长 21%，但 GDP 总量依然仅有 2019 年第三季度的 94%②，经济复苏之路还很漫长，同时疫情至今仍未得到完全控制。在此背景下，日本急需挖掘内需新的经济增长点，5G 时代的到来及数据资源产业的巨大发展空间给了日本新的希望。

数字经济的未来发展空间广阔。从经济层面来看，5G 时代的到来将使网络空间的经济活动不断扩大且创造出更多新的财富和价值，而网络空间“生产的原材料”则是与传统生产资料不同的海量的大数据资源及其流通。随着大量数据的生成，网络空间的经济活动所创造的价值仅用现有的 GDP

---

① 『令和 3 年度　経済産業省関係　概算要求のポイント』、https://www.meti.go.jp/main/31.html。

② GDP21%増に回復　4 四半期ぶりプラス7 ~9 月年率、コロナ前水準遠く、『日経新聞』2020 年 11 月 16 日、https://www.nikkei.com/paper/article/? b = 20201116&ng = DGKKZO66257980W0A111C2MM0000。

测算方式已经无法全部涵盖，这使得各国政府开始探讨包括知识产权投资、共享经济、数据流通在内的新的 GDP 测算方式，比如日本在 2017 年政府的统计改革推进会议的最终结论中提出要推进研究 GDP 的统计方式的更新①，这意味着网络空间大数据资源将成为各国经济竞争力的新源泉。据日本经济研究中心数据，若 2035 年之前日本能够累计实施约 135 万亿日元（约 8.9 万亿元人民币）的无形资产投资，生产率将会提高 0.5 个百分点以上，直到 21 世纪 30 年代后半期都可以保持经济正增长的态势。因此，为避免日本经济陷入长期衰退，疫情之后日本有必要加速发展数字经济，加大对软件、研发、人才等无形资产的投资。

第二，日本近两年在工业制造产业链上的数字化措施为推动日本海外投资及产业链调整做了一定的铺垫，同时也存在一定的不足，这些为日本政府进一步推动相关调整提供了内在动力。

比如日本政府近两年在经济和外交政策上内外结合，官民并举，在推动国内工业数据互联和促进国际数据流通上同时发力，正在取得相应的成效。日本实施工业互联政策的重要战略目的之一是首先在日本国内实现工业产业间的数据流通，通过数据的收集、整理、共享、开放、流通和应用深度发掘数据的价值，最大限度发挥数据的潜力，它不仅仅是传统产业的数字化转型，更是以数据为核心的产业融合创新，这不但是日本也是未来全球数据经济发展的基础性路径，同时也是日本构建"社会 5.0"的关键手段（如图 8－1 所示）。2018 年版的《日本制造业白皮书》明确指出了工业互联的主要目标："为了更进一步提高日本制造业的劳动生产率，不应该仅仅追求通过机器人、信息技术、物联网等技术的灵活应用和工作方式变革达到业务的效率提升和优化，更重要的是通过灵活运用数字技术从而获得新的附加价值。"②

---

① 統計改革推進会議、「最終取りまとめ」、2017 年。

② 2018 年版ものづくり白書（PDF 版），平成 30 年 5 月 29 日，経済産業省、厚生労働省、文部科学省，https://www.meti.go.jp/report/whitepaper/mono/2018/honbun_ pdf/index.html。

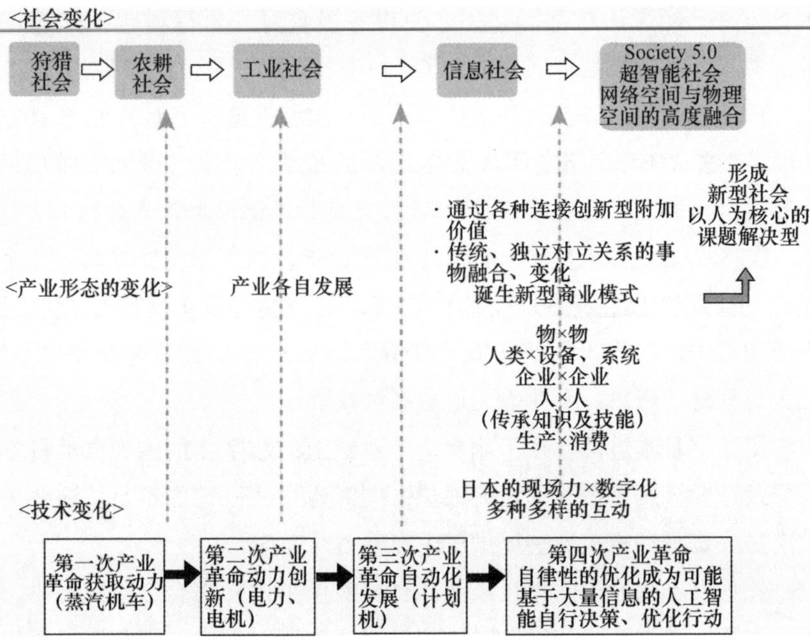

图8－1　与 Society 5.0 相关的 Connected Industries

资料来源：社会 5.0 视野下的互联工业①。

日本的工业互联政策包括酝酿概念、提出构想和制订计划、具体实施三个阶段。提出构想阶段以 2017 年 3 月安倍在德国汉诺威消费电子、信息及通信博览会（CeBIT）上的演讲中提出工业互联概念为标志，安倍当时说道：“制造业将会发生变革，成为解决问题的产业。太多事情是无法仅靠一种机器、一家公司的技术，或是一个国家能够解决的。我们必须对关联加以特别的重视。综合机器与机器、系统与系统，继而再与其他系统进行关联，还有几代人与这一切之间的关系。当然，还有国家、企业等人与人的群体。究竟应促成怎样的关联？今后，各国政府、商界、学界将会在相关设计领域展开智慧的角逐。这将会是一个通过合作与联动增加附加

① 林雪萍、穆荷：《日本制造这三年》，搜狐网，2018 年 11 月 13 日，http://www.sohu.com/a/275027584_338095。

值、促进增长的时代。”①

基于安倍提出的互联概念，2017 年 10 月 2 日日本经产省发布了包括五个领域（如图 8 – 2 所示）的“工业互联东京构想 2017”政策文件，并在随后的工业互联网大会（CEATEC）上就五个领域推动研究如何落实上述政策。之后，2018 年 5 月和 6 月经过三次大臣恳谈会的酝酿，同年 6 月 15 日，日本经产省发布了推动工业互联的行动计划，开始通过官民并举的方式同步推进具体项目的实施。② 关于“东京构想 2017”政策文件中日本政府对五个领域的具体设想以及 2018 年日本经产省出台的具体实施项目、

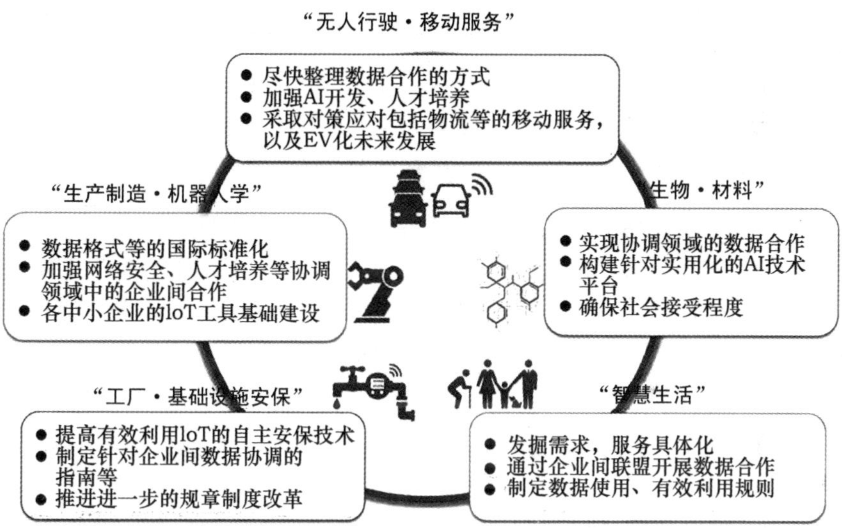

图 8 – 2 “工业互联东京构想 2017”

资料来源：日本互联工业的五个重点领域③。

---

① CeBIT（国際情報通信技術見本市）2017ウェルカムナイト　安倍総理スピーチ、平成 29 年 3 月 19 日、首相官邸、https://www.kantei.go.jp/jp/97_abe/statement/2017/0319welcome_night.html。

② 「Connected Industries」実現に向けた官民の取組の進捗と課題，2018 年 10 月，経済産業省。

③ 林雪萍、穆荷：《日本制造这三年》，搜狐网，2018 年 11 月 13 日，http://www.sohu.com/a/275027584_338095。

经济支持政策和配套法律、税收、投资等相关制度，学者刘平、孙洁对其做了非常详细的介绍[①]，本文不再赘述（主要通过流程图加以概括），而是主要分析一下日本此项政策的未来发展趋势及可能遇到的问题。

从日本工业互联政策当前的推进现状来看，日本目前主要在以下三个方面有所欠缺：

其一，数据系统的设计和建设能力有待强化[②]，数据流通产业也存在质量高低。要实现整个数据流通产业的高效、高质，就必须在数据的统一界定、记述规则、存储形式、品质和精度、通信方式等数据标准，以及数据共享的种类、流程、硬件和软件规格、应急处理等方面，设计和组建起一个高标准的综合数据流通系统。日本目前仅仅是确保整个工业系统实现基本的数据流通，只是解决有无的问题，而并没有解决数据流通产业质量高低的问题。另外，数据流通系统要基于何种理念和方针进行设计，决定了日本未来数据产业的发展方向，甚至是发展前途。

其二，数据流通大范围、全方位的国际合作有待强化[③]。目前日本推进的国际合作还只是“点对点”的合作形式，比如与德国在制造、国际标准化等方面的数据合作，与泰国在智能安保技术方面的合作等。如何在数据活用、AI、网络安全等各个方面扩大国际合作范围对日本来说仍是未来需要解决的课题。

其三，日本企业对数据产业的认知、对相关人才的重视程度以及应对态度和措施还存在着不足。如前所述，“工匠精神”在一定程度上使日本产业趋于保守，这造成其对智能互联网时代的后知后觉。日本2018年版《制造业白皮书》列出了日本企业在观念和认知上的保守问题，比如经济社会数字化等的大变革期间的认知问题（例：误解为IT热潮再现，当下订货状态好），非连续变革必要性认知问题（例如，独立经营

① 刘平、孙洁：《日本以“互联产业”为核心的数字经济发展举措》，《现代日本经济》2019年第4期。

② 「Connected Industries」実現に向けた官民の取組の進捗と課題、2018年10月、経済産業省。

③ 「Connected Industries」実現に向けた官民の取組の進捗と課題、2018年10月、経済産業省。

主义的界限、自下向上经营的依赖性）等[①]。日本大和总研 2020 年新春号的调查季报显示，日本企业在运用 AI 方面依然存在着数据不足、人才不足、组织的应对力不足三大问题，需要企业加倍努力和政府加大多样化支持。[②]

第三，与强化产业链调整相呼应，2021 年日本经济政策的另外一项推进重点就是加强数字技术与产业链的结合，这也表明了日本海外投资和产业链调整的方向和特征。比如申请 517 亿日元预算促进中小企业提质升级，特别是运用人工智能、物联网等技术加强产学官间的合作，为中小企业提供支持；申请 1127 亿日元预算支持数字初创企业的发展，加强小型企业的创新研究，利用 IT 路径改善中小企业劳动生产率等。

推进数字化改革是日本近些年历届内阁行政改革政策的基本组成部分，但实际落实效果并不理想，进展较为缓慢。新冠疫情叠加经济滞胀客观上加速了日本推进数字化改革的进程，也成为安倍晋三之后菅义伟和岸田文雄内阁一直持续发力的政策方向。

在内阁设立特命担当大臣，设置各类政策咨询会议、政策推进会议、临时行政调查会及相应的事务局，是日本首相强化官邸权力、强力推进核心政策的重要机制性手段，这在战后日本几次重要的行政改革过程中都起到了关键作用，安倍晋三第二次上台执政后利用上述手段强化首相官邸权力，在经济和安全两个层面深入推进政策改革，起到了预期的效果。菅义伟和岸田文雄在推进数字化改革政策过程中也同样运用了上述手段。按照政策的性质来看，两届内阁的数字化改革政策可以分为两大类，一类是在通信、医疗、教育、企业运营等各个层面的技术性改革措施，另外一类便是为保障上述技术性措施落实到位的政策推进机制及手段。

---

① 2018 年版ものづくり白書（PDF 版），平成 30 年 5 月 29 日，経済産業省、厚生労働省、文部科学省，https://www. meti. go. jp/report/whitepaper/mono/2018/honbun_ pdf/index. html。

② 新田尭之、企業のAI 活用を阻む、「三つの不足」、『大和総研調査季報』2020 年新春号（Vol. 37）、https://www. dir. co. jp/report/research/economics/japan/20200110_ 30052. html。

第二节　日本海外投资及产业供应链调整的体制变化

日本海外投资及产业供应链的战略性调整与日本近两年的体制机制调整密切相关。2020 年 4 月 6 日，日本政府在首相官邸举行了负责综合协调外交和安保政策的国家安全保障局（NSS）经济组的成立仪式，这标志着日本政府开始在经济安全政策上强化官邸主导与行政指导。

一　创设背景及过程

日本缺乏将本国企业的产品、服务、运营等隐藏在价值链背后的真正优势作为经济安全杠杆的认知，更没有从经济安全层面与伙伴国展开积极协调的传统。如前所述，过去日本对“经济安全”的概念仅停留在“经济安全 = 确保石油航线安全”这样比较狭隘的观念，“过于关注通过 ODA 援助加入联合国常任理事国、成为友好国家等目标”，“随着日本的安全环境的改善，企业的收益机会也会增大”① 这样的经济安全理念还非常欠缺。基于这样的认知，2014 年日本创设的国家安全保障会议（NSC）除了四大臣以外仅由外务省和防卫省人员构成，主要研究中期安全政策的制定、防卫大纲的修改、武力攻击事态的应对以及重大紧急事态的应对等问题。日本的国家安全保障局成立于 2014 年，相当于首相安倍晋三担任主席的国家安全保障会议的秘书处，也因此仅专注于上述课题范围内的安全问题。除防卫省外，外务省及警察厅等外交、安保相关省厅的官员也隶属于国家安全保障局。此前除“总括与协调”“情报”“战略企划”3 个小组外，还有另外 3 个按美欧、东北亚、中东等不同地区设立的小组。

在上述背景下，随着中美贸易摩擦加剧，美国加大了对中国的经济制裁，同时逐步要求同盟国与美国在经济制裁上保持一致。对于缺乏经济安全理念和政策传统的日本来说，初期只能采取追随美国的政策。2019 年 9

① 國分俊史（多摩大学大学院教授　ルール形成戦略研究所所長）、『エコノミック・ステイトクラフト　経済安全保障の戦い』、2020 年 5 月 8 日、日本経済新聞出版社、第 61 頁。

月，日本政府作出了在国家安全保障局内新设经济班的决定，2020 年 4 月经济班正式设立并开始运转。

二 效果评估

从上述背景及过程看，日本经济安全政策及体制运转的效果主要取决于三个方面的因素，一是日本能否在一定程度上独立于美国制定符合自身国家利益的经济安全政策，二是日本的经济安全政策及体制的运转是否符合本国产业链的实际情况，三是政策和体制的运转与社会舆论间的契合情况。这三个因素间接决定了日本对海外投资及产业链战略调整的成功与否。

在国家安全保障局经济班创设决定出台前，2019 年 7 月，日本对韩国的出口管制可以看作是日本尝试推行经济安全政策的典型性案例，通过对这一案例的分析我们大致可以对日本经济安全政策的初步效果作出粗略评估。日本对韩国出口管制措施总体上达到预期，进一步加快了日本相关体制机制的调整步伐。

第一，日本采取独立于美国的经济安全政策具有一定可行性。日本的此项出口管制措施并非跟随美国所为，而是源自双方对日本战时强征劳工一事的说法。日本媒体认为这是“日本围绕前劳工诉讼，为了敦促韩国政府采取行动，日本政府采取了事实上的对抗措施”。韩国总统文在寅认为日本是“为了政治目的而对韩国经济造成打击的措施”。①

日本的这项措施甚至可能还会给美国在亚洲的安全同盟体系造成一定的消极影响，比如日本当时决定分两个阶段加强韩国的出口管制，除了 7 月 4 日对三个产品进行单独许可和审查外，还计划 8 月从安全保障上的友好国家“白名单”中剔除韩国。日本的外汇法将安保层面的友好国作为“白色国”放宽出口限制，免除许可申请。若日本讨论是否将韩国从“白色国”名单中排除，严格限制战略性技术和物资的对韩出口，意味着美国

① 《日本要限制对韩半导体材料出口》，日经中文网，2019 年 7 月 1 日，https://cn.nikkei.com/politicsaeconomy/politicsasociety/36243-2019-07-01-01-51-23.html。

在亚洲的这两个军事同盟国之间的安全关系将产生巨大震荡。

第二，日本制定专项或定向经济安全政策具有一定的产业链优势。日本此次的管制对象是作为半导体和显示器制造材料的光刻胶（Resist）、蚀刻气体（氟化氢）、氟化聚酰亚胺三种。在光刻胶市场，日本厂商的全球份额高达90%，蚀刻气体的市场份额也被认为高达90%左右。根据韩国贸易协会的统计，所涉及的品种2019年1—5月从日本的进口额约为1.44亿美元。光刻胶和氟化聚酰亚胺超过九成依赖日本。

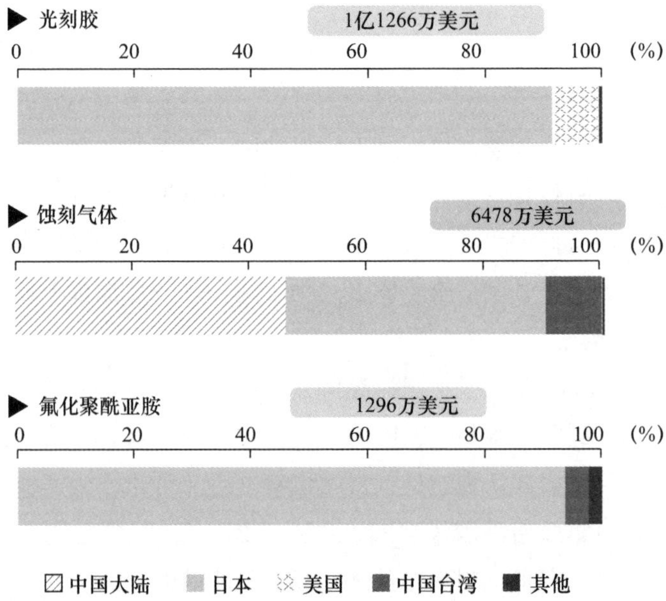

图8-3 韩国半导体和显示器的材料进口情况

说明：数据来自韩国贸易协会的资料，2019年1—5月的金额。

资料来源：《日本对韩国出口管制启动，韩企忙囤货》，日经中文网，2019年7月4日，https://cn.nikkei.com/politicsaeconomy/investtrade/36303-2019-07-04-08-39-20.html。

日本利用了与韩国之间的巨大贸易逆差和产业链优势，日本供应零部件、原材料和设备，韩国制造成品——日韩两国形成了这样的水平分工。受这种产业结构影响，韩国的对日贸易逆差2018年达到240亿美元，按国别来看规模最大（如图8-4所示）。

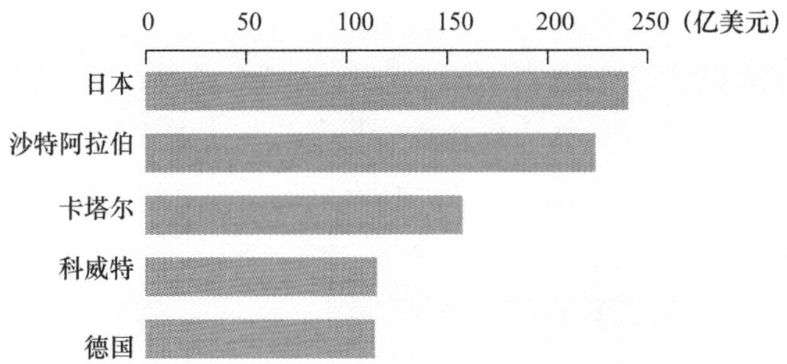

图 8－4　2018 年韩国对各国的贸易逆差额

资料来源：《日本出口管制让韩国无计可施?》，日经中文网，2019 年 7 月 11 日，https://cn.nikkei.com/politicsaeconomy/politicsasociety/36410-2019-07-11-09-27-24.html。

日本的这种基于产业链优势采取的经济制裁措施也的确在短期给韩国造成了巨大压力。面对日本加强出口管制，韩国文在寅政权未能提出解决对策。文在寅于 2019 年 7 月 10 日紧急召集韩国大财团的一把手，呼吁构建“官民紧急体制”。虽然韩国极力争取国际舆论，但所有应对都缺乏决定性举措，无计可施之感加强。①

第三，日本经济安全政策是否有效与国内社会舆论氛围息息相关。日韩关系近两年几乎跌入冰点，国内有明显的“厌韩症”，这些消极的社会舆论也影响了企业界的对韩认识。2019 年 8 月，路透社的调查发现，日本企业普遍支持首相安倍晋三在贸易方面对韩国的强硬立场。在月度路透企业调查中，3/4 的受访企业同意安倍晋三有关限制对韩高科技原材料出口的解释。超过九成的企业预计，如果韩国就此事向世界贸易组织（WTO）提出投诉，日本将能赢得诉讼。这项调查是在 7 月 31 日—8 月 14 日进行的，由日经调研公司 Nikkei Research 实施，访问了 504 家日本中型及大型制造商与非制造商。②

① 《日本出口管制让韩国无计可施?》，日经中文网，2019 年 7 月 11 日，https://cn.nikkei.com/politicsaeconomy/politicsasociety/36410-2019-07-11-09-27-24.html。

② 《调查：日本企业在日韩贸易争端中支持首相安倍晋三的强硬立场》，路透社中文网，2019 年 8 月 20 日，https://br.reuters.com/article/poll-south-korea-japan-0820-tues-idCNKCS1VA02X。

三 体制改革调整动向

随着日本政府相关经济安全政策的陆续出台、国内社会经济安全意识的不断加强以及中美博弈的常态化，日本未来会在体制和机制层面进一步强化经济安全上的配套措施，不排除经济班会进一步升级，甚至成立与国家安全委员会相平行的国家经济安全委员会。

实际上，在经济班方案确定之前，日本执政党内部先有了关于设立日本国家经济安全委员会的提案，这表明经济班方案或许只是一种强化经济安全体制的初步折中方案。无论是哪种方案，幕后的主导者均是日本自民党众议员、自民党规则形成战略议员联盟会长甘利明，据其在访谈中介绍，他在向自民党中央提交相关议案时，明确表态即使设立日本版国家经济安全委员会（NEC）比较难，但至少先在国家安全保障委员会设立经济班，而这一方案也得到了时任首相安倍晋三的肯定。[①] 从国分俊史的研究中也可以验证，正是甘利明于 2019 年 3 月 20 日提出了设立日本版国家经济安全委员会的提案，同年 5 月 29 日，以此方案为原型，由规则形成战略议员联盟向安倍提出了议案。

这一方案的题目为“国家经济会议的创设”，由以甘利明为会长、包括 69 名国会议员的规则形成战略议员联盟提出，开头宣称基于目前的国际形势，建议日本政府创设作为战略外交与经济政策“司令塔”的国家经济会议（日本版 NEC）。方案重点提及了美中高科技和数字竞争的时代背景，特别强调中国的华为公司技术对其他国家的公共安全造成威胁，中国通过制定 2017 年《国家安全法》在世界范围内开展间谍活动，以及通过构建“一带一路”经济圈影响别国内政，追求自己的战略利益等。方案还提到这一提案是与美国原总统顾问迈克尔·格林、美国国家经济委员会经济学家马卡斯·诺兰经过了一年多的沟通和交流后制定的。[②] 从中也可发现日本在推进经济安全政策过程中与美国千丝万缕的联系。

---

① 金子将史、「経済安全保障」時代に勝つ日本、Voice 20 年 6 号。

② 國分俊史（多摩大学大学院教授　ルール形成戦略研究所所長）、『エコノミック・ステイトクラフト　経済安全保障の戦い』、2020 年 5 月 8 日、日本経済新聞出版社、第 74 頁。

国分还在其研究中解释了为何日本不创设与美国经济安全委员会同等的机构的原因，他认为，这主要是因为要设立与日本版国家安全委员会同等的机构，就需要重新制定一部关于经济安全保障的法律，而新的立法需要耗费巨大时间和精力在国会通过，这对于急需推进经济安全政策的日本来说是来不及的，而通过行政手段在已经存在的日本国家安全委员会内部设立经济班则被认为是最为高效的措施。① 当时，这一措施具有一定的临时性，而未来通过《经济安全保障法》以及设立国家经济安全委员会将是一个可能性非常大的战略方向。

事实上，2020 年 12 月，自民党也开始酝酿讨论制定经济安全保障法等事宜。构想新冠疫情平息后社会与经济应有模式的日本自民党“新国际秩序创造战略总部”（总部长为政务调查会长下村博文）建议草案全部内容在 12 月 11 日被日本媒体曝光。其中要求政府制定关于经济安全保障的国家战略，以应对美国和中国争夺霸权等世界局势的变化。此外还写明在 2022 年例行国会中制定保证实施各种举措的“经济安全保障一揽子推进法”。建议主张通过制定战略，能与美国等拥有共同价值的国家构筑合作关系，要求各省厅面向实现战略探讨举措。该推进法被定位为旨在实施上述对策的法律依据。② 而在之后自民党出台的“2021 年经济财政运营与改革的基本方针”中，也再度指出要在 2022 年通常国会期间完成“经济安保相关法案”的制定。③

2021 年 9 月的总裁选举中，岸田表示如若胜选，“经济安保”将会成为新内阁的看板政策，并要着力推进旨在确保强化日本“战略自主性”及“不可或缺性”的“经济安全保障推进法”的策定工作。④ 在 2022 年 2 月

---

① 國分俊史（多摩大学大学院教授　ルール形成戦略研究所所長）、『エコノミック・ステイトクラフト　経済安全保障の戦い』、2020 年 5 月 8 日、日本経済新聞出版社、第 75 頁。

② 《自民党拟向政府建议制定经济安全保障法》，共同社，2020 年 12 月 11 日，https://china. kyodonews. net/news/2020/12/dd500265dff7. html。

③ 自由民主党政務調査会、「経済財政運営と改革の基本方針」に向けた提言 2021［EB/OL］，https://www. jimin. jp/news/policy/201648. html。

④ 岸田文雄、岸田文雄_ 政策集［EB/OL］，https://kishida. gr. jp/wp-content/uploads/2021/09/%E5%B2%B8%E7%94%B0%E6%96%87%E9%9B%84_ %E6%94%BF%E7%AD%96%E9%9B%86_ Web%E7%89%88_ v2. pdf。

1 日的第四次有识者会议上，基于此前分科讨论会的结果汇总，最终出台了“关于经济安全保障法制的提言”的政策报告，其中基本完成对四项支柱性条款在制度建设及具体对策上的行动方针拟定。报告指出“针对供应链调查和基础设施项目审查的领域对象及适用范围由政府进行指定；设立相关协议会作为官民强化技术合作的固定机制平台；建立二阶段审查制度（即两次审查）用以进行涉及敏感技术专利的详细审核”。① 该报告的出台也标志着“经济安保法”草案的制定完成。2 月 25 日，“经济安全保障推进法”通过阁议决定。

第三节 “一带一路”建设与日本海外投资演变

2020 年新冠疫情的暴发给全球生产供应链带来重大冲击，日本经济严重受挫，日本政府在 4 月 7 日出台的“新型冠状病毒感染症紧急经济对策”第Ⅳ部分指出，针对某一国家依存度高的产品和零部件，考虑将生产基地迁回本国或向东南亚分散生产来构筑强韧的经济架构，降低供应链风险②，可见在全球不确定性增加与新冠疫情冲击交织的复杂背景下，依赖海外市场的日本必然逐步调整对外直接投资布局与生产供应链。自 2013 年中国提出“一带一路”倡议以来，日本政府对“一带一路”倡议的态度经历了由消极观望、警惕质疑向客观看待和积极参与转变的过程③。受中美贸易摩擦、新冠疫情、乌克兰危机以及本国经济发展缓滞等影响，加之警惕中国在“一带一路”共建国家的政治经济影响力，近年来日本也愈加重视在“一带一路”共建国家的经济利益与外交成果需求，日本对“一带一路”共建国家的直接投资、产业供应链调整情况值得关注。

---

① 内閣官房、経済安全保障法制に関する提言［EB/OL］，https://www.cas.go.jp/jp/seisaku/keizai_anzen_hosyohousei/index.html。

② 日本内閣府、「新型コロナウイルス感染症緊急経済対策」について，https://www5.cao.go.jp/keizai1/keizaitaisaku/2020/20200407_taisaku.pdf。

③ 《一带一路，中日互利合作新平台（大使随笔）》，人民网，2018 年 6 月 5 日，http://japan.people.com.cn/n1/2018/0605/c35421-30036543.html。

一 日本对外直接投资发展历程

日本对外直接投资发展历程可归纳为以下三个阶段：

首先，20 世纪 50 年代至 70 年代的早期阶段。20 世纪 50 年代至 60 年代初，日本的年平均投资额仅为 0.439 亿美元[①]。之后，随着日本工业化水平提升，经济发展加速，20 世纪 60 年代后半期年平均投资额达到 70 亿美元以上[②]，当时，投资主要集中于资源寻求、市场型行业如采矿业和纤维业。之后随着 1969 年日本放开对外直接投资限制，经过 4 次自由化进程，日本对外直接投资规模迅速扩大，并开始出现明显的边际转移趋势，纤维、杂货、一部分电器机械等劳动密集型产业向发展中国家转移。另外，以两次石油危机为契机，日本加大了对发展中国家石油化学、铝冶炼领域的投资。至 1977 年末，日本对外直接投资存量已达到 200 亿美元，制造业占比 32%，资源开发行业占比 26%，商业、服务业占比 41% 左右[③]。这一阶段，日本的对外直接投资的首选地区是北美洲与亚洲，对北美洲、亚洲的直接投资额占对外直接投资总额的比重均在 25% 左右，对欧洲的直接投资比重在 10% 以上，投资更加集中于美国、英国与印度尼西亚三个国家。

其次，20 世纪 80 年代至 21 世纪初的飞速发展阶段。20 世纪 80 年代初期，日本对外直接投资额仍然较低，但是，1985 年《广场协议》签订之后，日元升值与日本泡沫经济膨胀助推其对外直接投资规模飞速扩张，1989 年高达 690 亿美元以上，1990 年跃居世界第一对外直接投资大国。尽管之后日本泡沫经济崩溃，海外投资一度骤减，但是由于国内投资机会恢复迟缓，日本企业海外投资热情再次燃起，1999 年即恢复至泡沫经济时期水平。这一阶段，日本的对外直接投资重点在欧美地区，主要为应对贸易

---

① 廉晓梅、许晓芹：《中、日、韩对外直接投资比较研究》，《东北亚论坛》2016 年第 4 期。

② 増田耕太郎：「時代とともに深化した日本の対外直接投資（回顧と展望）」、『国際貿易と投資』No. 101、2015 年，http://www.iti.or.jp/kikan101/101masuda.pdf。

③ 日本経済企画庁、「昭和 59 年　年次経済報告　新たな国際化に対応する日本経済」、https://www5.cao.go.jp/keizai3/keizaiwp/wp-je84/wp-je84-00304.html。

摩擦，规避贸易壁垒，维持当地市场竞争力。20 世纪八九十年代，日美贸易摩擦涉及领域从以纤维为代表的轻工业品蔓延到电视、汽车、VTR、半导体等，贸易摩擦不断升级，日本不断加码在美国的直接投资①。20 世纪 80 年代后半期，日本对美国的直接投资占对外直接投资总额的比重高达 46.3%。21 世纪初，欧洲替代北美成为日本的首要投资对象，占日本对外直接投资的 40% 以上，投资主要流向英国与荷兰。这一阶段日本的对外直接投资以水平型制造业对外直接投资为主，技术密集型产业投资快速发展，20 世纪 90 年代制造业投资所占比重升至 37.3% 左右②。但是，受劳动力成本上升、债务积累等国家风险提高的影响，日本对发展中国家的垂直型对外直接投资热度降低，劳动密集型产业向亚洲国家转移的速度变慢，资源开发导向的直接投资占比也下降。尽管这一时期，制造业的海外扩张被视为造成了日本国内产业空洞化，但是日本企业通过开拓海外市场、利用技术溢出效应与廉价劳动力，寻求资本和资源在世界范围的最佳配置，不仅布局了海外生产网络，而且促进国内生产与雇佣，所产生的正向作用在相当大程度上抵消了带来的出口替代、逆向进口冲击③。

最后，21 世纪初之后，在国内市场需求低迷背景下，日本企业加快海外投资布局，建立了全球生产、销售一体化模式。2008 年受国际金融危机影响，日本的海外投资再度冷却，但是随着日元持续升值，2013 年即恢复之前水平④。近年来，全球外国直接投资总额趋于下行，2018 年同比下降 13%，但是，日本对外直接投资总额居世界首位，2019 年约为 2487 亿美元，同比增长 57% 以上。另外，日本企业跨境并购活动愈加活跃，2018 年实施的海外并购金额世界第一，2019 年跨境并购活动共计 826 件，同比增

① 增田耕太郎、「時代とともに深化した日本の対外直接投資（回顧と展望）」、『国際貿易と投資』No. 101、2015 年，http://www.iti.or.jp/kikan101/101masuda.pdf。

② 三和元、「日本企業の海外直接投資の歴史と問題点」、『岐阜経済大学論集』、2018 年第 51 巻 3 号，第 21—35 頁。

③ 深尾京司、袁堂軍、「日本の対外直接投資と空洞化」、『RIETI Discussion Paper Series 01-J-003』、https://www.rieti.go.jp/jp/publications/dp/01j003.pdf。

④ 三和元：「日本企業の海外直接投資の歴史と問題点」、『岐阜経済大学論集』、2018 年第 51 巻 3 号，第 21—35 頁。

加6.3%，继续刷新历史纪录[①]。这一阶段，日本对外直接投资的中心回归亚洲地区。具体而言，21世纪之后，随着中国经济的飞速发展，日本在亚洲的直接投资重点由东南亚国家向中国倾斜，但是近年来中美贸易摩擦加剧、中国劳动力成本提升，日本对中国的直接投资明显波动，东南亚再次成为中美贸易摩擦引发供应链重组的最优承接地。另外，南亚国家特别是印度也成为日本对外投资的重要目标。这一阶段，日本对外投资的主导产业不断升级，由传统制造业向新兴产业、非制造业转变。2008年日本在非制造业领域的对外直接投资额超过制造业，2019年占对外直接投资总额的52.82%，以零售、金融保险与房地产行业为主。另外，日本的所得收支盈余超过贸易盈余，日本由“以商品输出为主”向“以资本输出为主”转变[②]。2008年之后，日本海外盈利中的直接投资收益超过贸易收支（2009年除外），2018年，直接投资收益首次突破10万亿日元，日本企业盈利模式发生转变，不再依赖出口而是通过拓展海外市场，在当地生产销售再将收益汇回本国。

总之，日本的对外直接投资起步较早，投资行业遵循着“资源行业—制造业—非制造业、新兴产业”的路径发展，投资对象始终集中于北美、亚洲、欧洲地区，现阶段日本对外直接投资步入平稳、成熟发展阶段，投资结构升级，投资中心重回亚洲。

二 日本对“一带一路”共建国家的直接投资布局

根据日本银行的统计，日本对“一带一路”共建国家的直接投资具有明显差异。日本对外直接投资最早、最具规模、最有影响力与竞争力的地区始终为东南亚。与此同时，南亚地区也成为日本对外投资的重点。但是，大部分中亚、西亚、中东欧等的“一带一路”共建国家并不是日本的对外直接投资热点。从企业跨境并购来看，根据Thomson Reuters SDC Platinum database统计，日本对“一带一路”共建地区的跨境并购总额占其全

① 高谷俊祐、「日本企業はM&Aが下手? 海外M&Aは日本企業が世界一?」、https://masouken.com/%E6%97%A5%E6%9C%AC%E4%BC%81%E6%A5%AD%E3%81%AEM&A。

② 苏杭：《日本对外直接投资的网络化发展及启示》，《日本学刊》2015年第2期。

球跨境并购的28%左右，远高于美国、中国等国家，大量跨境并购交易同样集中于东盟，在南亚地区也拥有较多跨境投资，但是在其他相关地区的跨境并购较少。

（一）日本对东南亚的直接投资布局

东南亚是日本资源供给、海上通道安全保障与市场开拓目标的重要区域载体，也是日本国家利益优先延伸与国家战略重点布局的交汇区①。最初，日本在东南亚的直接投资更多集中于新加坡、印度尼西亚、马来西亚。但是近年来，日本对越南、泰国、菲律宾的直接投资热度提升。其中，日本对菲律宾、越南的直接投资额占对东盟10国总投资额的比重震荡增加，2019年分别达5.68%与8.02%。根据日本国际协力银行发布的《日本制造业企业海外业务发展调查报告——2022年度海外直接投资问卷调查结果》，越南凭借价廉质优的劳动力、具有潜力的消费市场等优势，在日本制造业企业有望开展业务的国家中排名第四位，是东南亚国家排名中的第一位。另外，泰国也是日本在东南亚地区的重要投资对象国，除了其市场具有良好的成长性之外，产业集聚、投资环境评价良好也成为其吸引日企投资的重要原因。

与此同时，日本对传统投资对象国的态度发生变化。一方面，日本对新加坡、印度尼西亚的直接投资热度依旧。2019年，日本对印度尼西亚的直接投资占对东盟10国直接投资总额的26%以上。而新加坡更是凭借高度的经济自由化、便利的贸易航路条件、完善的基础设施、稳定的社会环境与优质的人力资本等，稳居日本在东南亚的首要投资对象国地位。另一方面，日本逐渐减少对马来西亚的直接投资。2015年，日本对马来西亚的直接投资占对东盟10国直接投资总额的14%以上，2019年仅为0.89%。根据日本贸易振兴机构的调查，与东南亚其他主要国家相比，在马来西亚的日资企业中，意欲扩充当前业务的企业占比最低。这主要是因为企业在当地面临严峻的成本削减、品质管理与开拓新市场难题，加之马来西亚政局多元势力竞争加剧，影响了日本企业的投资情

① 杨达：《日本在东南亚的海外利益保护论析》，《世界经济与政治》2020年第4期。

绪。另外，日本对其他东南亚国家如柬埔寨等的直接投资不多，但是基本上呈增加态势，其中对柬埔寨、缅甸的投资增幅明显，对老挝、文莱的直接投资相对较少。

日本对东南亚各国的投资领域具有明显差异，体现了日本企业因地制宜、分散化布局的投资特点。日本对新加坡、印度尼西亚等传统投资对象国的直接投资结构不断升级，近年来更多集中于非制造业。但是对泰国、菲律宾的直接投资集中于制造业，如对泰国倾向于在输送类器械、金属相关行业投资，对菲律宾倾向于电气机械行业投资，对越南的制造业、非制造业直接投资均增加，制造业领域的直接投资集中于机械器具行业，非制造业领域则集中于金融保险与房地产行业。另外，日本在东南亚的投资愈加灵活，近年来将生产工序较为复杂的家电、汽车、电子等主导产业集中布局于泰国、印度尼西亚与越南北部等不易受自然灾害冲击地区。同时，积极引导生产网络分散化布局，将部分生产工序从易受自然灾害或劳动力成本上升的主要投资对象国向文莱、老挝、柬埔寨等迁移。

（二）日本对南亚地区的直接投资布局

日本不断增加对“一带一路”共建地区南亚主要国家的投资。尽管日本与印度的相互贸易依赖程度较低，日印贸易额小于韩印，约是中印贸易额的1/5，但是由于对印度市场的重视以及日印经济合作中的战略意义深化，日本对印度的投资热度不断提升。自2007年开始，日本对印度的直接投资额迅速增加，2014年日本对印度的直接投资约2556亿日元，2019年增至5538亿日元，主要集中于制造业领域，输送类机械占比最大，化学、医药行业涨幅最为显著。根据日本国际协力银行发布的《日本制造业企业海外业务发展调查报告——2022年度海外直接投资问卷调查结果》，在拥有海外当地法人的日本制造业企业中，印度时隔三年再次超过中国成为其有潜力开展业务的首要国家，主要源于对印度市场潜力的高度认可，许多日本制造业企业对印度未来的经济增长抱有很高的期待。但是，在印的日资企业的销售额、收益满意度较低，相当于在俄罗斯、巴西的水平，与其投资热度并不匹配，原因主要是当地基础设施不完善、企业间竞争激烈以及法制运用不透明等①。除印度之外，近年来，日本也增加了对巴基斯坦、斯里兰卡以及孟加拉国等国家的投资，日本对巴基斯坦的投资同样集中于制造业，输送类器械行业占比最大，而对斯里兰卡的投资则集中于非制造业的房地产行业。

（三）日本对其他“一带一路”共建国家的直接投资布局

日本在西亚、中东的“一带一路”共建国家中的主要投资对象是阿联酋、沙特阿拉伯、土耳其等，近年来主要加大了对土耳其、塞浦路斯的直接投资力度，投资行业集中在制造业，如化学、医药、机械器具行业。近年来，日本对阿联酋的直接投资震荡增加，但对沙特阿拉伯的直接投资出现明显下滑。另外，中亚、中东欧等“一带一路”共建国家仍然不是日本对外直接投资的热点，日本对蒙古的直接投资规模也较小，但是，近年来日本对俄罗斯的直接投资则先减少后增加。2014 年，乌克兰危机爆发，美国联合欧盟对俄罗斯发起经济制裁，但是，2014 年、2015 年日本对俄罗斯的直接投资额反而有所增加，2016 年、2017 年迅速减少，2018 年之后再次增加，直至 2022 年乌克兰危机爆发，日俄经贸关系断崖式下跌。这一方面是由于企业海外投资受国际关系的影响具有滞后效应，另一方面是因为日俄关系是日本国际关系的重要一环，最初，尽管日本加入西方对俄制裁队伍，却仍希望在追随美国步伐之外保持经济外交自主性，试图寻求微妙平衡。但是，日本希望在与俄交往中，同步推进经济合作与解决领土争议问题，而俄罗斯希望“政经分离”，以经济合作为优先，双方不同见解导致解决领土争端、缔结和平条约方面未取得实质进展，加之乌克兰危机爆发，日本追随欧美对其实施制裁举措，日本对俄罗斯的直接投资受到严重影响。

三 日本对“一带一路”共建国家的直接投资收益

尽管近年来日本对“一带一路”共建国家的直接投资出现不同流向变

---

① 小島眞、「日印経済関係の動向とその将来性：進む日本の対インフラ投資」、https://www.nippon.com/ja/in-depth/a06702/。

化，但是，日本在主要投资对象国获取的投资收益呈现震荡增加态势。

（一）日本在东南亚的直接投资收益情况

除马来西亚外，日本在其他主要的东南亚国家获取的直接投资收益均震荡增加。根据日本银行的统计，近年来日本对东盟的经常收支基本上为负值，贸易逆差在2.2万亿日元左右，而直接投资收益、金融收支等却震荡增加，即日本在东盟地区主要以资本输出获取收益。2014年，日本对东盟的直接投资收益共计1.99万亿日元，63%左右来自制造业领域投资。其中，在泰国获取的收益最多，占在东盟直接投资总收益的38%左右，其次是新加坡、印度尼西亚与马来西亚。2022年，日本在东盟获得直接投资收益3.73万亿日元，其中，制造业投资收益为1.89万亿日元，非制造业投资收益为1.83万亿日元，相较于2014年，非制造业投资收益明显增加。日本在新加坡获取的直接投资收益最多，25%左右来源于制造业领域，75%来源于非制造业领域。其次是泰国，为1.23万亿日元，68%以上来源于制造业领域，32%来源于非制造业。整体来看，日本在东南亚的直接投资收益仍主要来源于制造业领域，但是在非制造业领域获取的投资收益也大幅增加，2022年，在非制造业领域，日本对东盟的直接投资收益高达18277亿日元，占总直接投资收益的49.11%。具体而言，在新冠疫情暴发之前的2014—2019年，日本在越南、泰国、菲律宾等国的直接投资收益增长显著，在泰国、越南的机械类行业直接投资收益颇丰，而在菲律宾尽管电气机械、输送类机械领域投资收益较多，但有下滑趋势，反而在金属、玻璃、化学、医药等领域的直接投资收益增幅较明显。另外，日本在东南亚的金融保险、零售业领域的直接投资收益增长也较迅速，但是，除菲律宾外，日本在其他国家房地产领域的投资收益增加有限甚至为负。但是，受新冠疫情影响，日本在东南亚的直接投资流量有所减少，近两年逐渐恢复至疫情前水平，相较于2021年，2022年日本在印度尼西亚、菲律宾、越南等国的直接投资收益增幅明显，增长率高达85%以上。

（二）日本在其他“一带一路”共建国家的直接投资收益情况

首先，日本对印度的直接投资取得良好成效。2014年，日本在印度获取的直接投资收益仅606亿日元，2019年增加至1455亿日元，尽管2021

年降至566亿日元，2022年仍增加至2093亿日元。收益主要来源于制造业领域，占总投资收益的80%左右，其中，输送类机械行业的直接投资回报最高，其次是电气机械、一般机械行业。另外，日本在印度的非制造业领域的投资收益在2014年、2015年为负，之后不断增加，投资收益主要来自金融保险、零售业，近两年，房地产行业的投资收益始终为负。

其次，在2022年乌克兰危机爆发之前，随着日本对俄罗斯直接投资先减少后增加，日本企业在俄罗斯的直接投资收益也先减少后增加。尽管2014年、2015年日本对俄直接投资额仍有小幅增加，但是投资收益却逐年递减，2016年出现大幅下滑，之后开始逐年递增，2019年达到726亿日元，其中绝大多数来自非制造业的矿业领域投资，投资收益由2014年的13亿日元增加至2019年的316亿日元，其次是零售业，投资收益增加一倍以上。但是，乌克兰危机爆发后，相较于2021年，日本在俄罗斯的直接投资收益反而增加，2022年为893亿日元，非制造业为792亿日元，占比高达88.69%，其中零售业领域的直接投资收益最高，为564亿日元。对于其他“一带一路”共建国家，由于日本对其直接投资规模较小，取得的收益很多并未纳入日本银行公开的统计序列，因此缺少分析比较的数据支持。

最后，与中国对外直接投资规模大但收益低相比，日本在“一带一路”沿线的主要直接投资国家获取的收益基本上震荡增加，原因如下：一是日本企业在当地投资的规模效应突出，因地制宜，生产布局愈加合理；二是政府重视协助海外企业甄别投资风险区位，结合专业智库力量，引导企业建立应对偶发性负面冲击时的零部件替代性生产与供给机制；三是重视对中小企业海外开展业务的政策支持，制定中小企业海外风险管理指南，着眼突发性紧急情况制定官民协同应对的实地训练，聚焦不同国家需要注意的问题制定不同国家的商业秘密管理手册以提高海外企业关联人员的情报管理意识，维护企业技术、知识产权等①；四是重视协助海外企业建立经营相关的成熟情报体系，构建海外企业信息沟通网络，引导企业加入当地日本商工会议所，协作开展商业活动；五是强化与投资对象国合

① 「中小企業海外展開支援施策集2019」、中小企業庁2019年4月、第36—37頁。

作，助力提升海外企业经营环境，打造高质量、绿色的“环境友善”“社会友好”型投资品牌，如针对“一带一路”沿线重大自然灾害高发、频发且应灾、承灾能力薄弱的东南亚地区，推动“东盟灾害医疗联合强化项目”（The ARCH Project）①，输出高质量基础设施，协助进行智慧城市开发等。

近年来，在中美博弈加剧、中国劳动力成本攀升的背景下，在华日资企业不断进行对华投资调整，虽然对中国制造业领域的直接投资额仍在增加，但是部分低附加值制造业为缩减成本、提高价格竞争力而向外转移，非制造业领域对华直接投资额趋于下降。然而，鉴于日本在中国获取的直接投资收益仍较高，对日本来说，尽管日本有将对华投资向东盟、印度转移倾向，但是短期内“中国制造”与中国市场依然难以被取代。

第四节 “一带一路”建设与日本产业供应链调整

一 “一带一路”背景下的日本产业供应链战略动向

（一）以加速亚太区域经济合作拓展其产业供应链布局空间

日本积极利用全球资源促进其产业供应链发展，以加强区域经济合作促进日本与其他国家利益交融。近年来，日本积极进行 FTA 谈判，抢占区域合作战略先机，强化其全球以及亚太地区的产业供应链布局能力，其中，在亚太地区具有重要影响力的是 CPTPP 与 RCEP 的签订。第一，日本通过 CPTPP，利用取消关税与非关税壁垒以及 11 国共同原产地规则，重构亚太区域灵活的产业供应链。CPTPP 涉及领域较广，不仅加速推动区域内货物贸易自由化，而且对服务贸易、知识产权、劳工、环境、政府采购与电子商务等多个领域订立了重要规范，以此增进成员国的产业链合作。以其 11 国共同原产地为例，加入 CPTPP 的 11 个国家被视为一个原产地区，因此可以在区域内构建高效的供应链，即在具有特定产业集群效应的区域内国家采购部件，在劳动成本较低的区域内进行组装，以降低生产成本。

---

① 杨达：《日本在东南亚的海外利益保护论析》，《世界经济与政治》2020 年第 4 期。

另外，在判定产品的原产性时，不仅把本国之外的其他区域国内的原产品作为原产材料处理，而且通过采用完全累积制度，在确定最终产品是否具有原产性时，将区域内对非原产材料的附加值创造与制造工序的增加纳入考量，这也就为日企享受区域内的关税优惠提供了更多渠道，有利于其实现更为灵活的海外生产分配布局①。第二，RCEP 涵盖东亚 15 个国家，经济规模、人口、贸易额占全球的三成左右，RCEP 的签署标志着全球最大规模自贸区域形成。其自由化、规则水平低于 CPTPP，但是远高于 WTO。对于日本来说，其重大意义在于与中国、韩国达成了自贸协定，这一定程度为中日、日韩唇齿相依的供应链关系提供了制度性、规则性保障。RCEP 将在促进区域内 15 个国家贸易投资自由化、建立共通规则、构筑与强化区域内供应链方面发挥重要作用。加上 RCEP，日本出口、进口贸易的 FTA 覆盖率将分别扩大至 6 成与 7 成，加上结束第一阶段谈判的日美贸易协定，进出口贸易的 FTA 覆盖率将达到 8 成左右②，这也就给予了日本广阔的海外贸易投资与产业供应链调整空间。除此之外，日本与欧盟签署了《日本—欧盟经济伙伴关系协定》（EPA），就发展供应链风险管理技术、加强全球供应链安全保障、深化海关贸易法律与流程方面的合作等达成了共识。而日本与英国签订的《英日全面经济伙伴关系协定》也大幅保留了英国未脱欧时的日欧 EPA 的贸易条款。整体来看，日本积极主动推动自由贸易协定谈判，显然具有通过深化区域合作以强化其海外产业供应链韧性的重要目的。

（二）重视加强联盟对冲中国在“一带一路”推进重点地区的产业供应链延伸

美国十分重视加强与盟国关于供应链安全的合作，如 2011 年，美国与欧盟签署“供应链安全联合声明”。2012 年，美国和日本共同公布《美日全球供应链联合声明》，提出进一步深化美国 C-TPAT制度与日本 AEO 制

---

① 日本経済産業省：TPP11 解説書 TPP11の特恵関税の活用について，https://www.jetro.go.jp/ext_images/theme/wto-fta/tpp/TPP11_kaisetsu.pdf。

② 菅原淳一、「成長」が課題のRCEP TPP 未満、WTO 以上のメガEPA［J］、みずほ総合研究所，https://www.mizuho-ri.co.jp/publication/research/pdf/insight/pl201130.pdf。

度的相互认可以促进双边贸易，加快制定关于航空货物安全相互认证的协议，协调亚太地区的区域能力建设以在其资源范围内加强边境、港口、海运与航空安全，支持新技术的开发与应用等具体强化全球供应链安全的合作举措①。2020 年，新冠疫情的暴发促使世界经济陷入深度衰退，全球产业链供应链一度中断，凸显供应链过度集中的风险，3 月，日本首次提及“供应链韧性”，7 月，日本经济产业省便向印度提出强化供应链韧性的倡议，得到了印度、澳大利亚的积极回应。三国于 9 月 1 日共同发表了关于“供应链强韧化倡议”（RSCI）的联合声明②，这是日本主导的区域内少数国家在供应链安全问题上采取正式联合行动之一，而据了解情况的日印相关人士透露，此举是三国为了对抗中国在贸易方面的影响力的合作举措③，其联盟背后的意图也被认为是逐步减少对中国的过度依赖，具有明显的将供应链从中国“分离”的意味④。一方面，在经贸领域，三国对中国的依赖程度均较高，中国是日本、澳大利亚的第一大贸易伙伴，是印度的第二大贸易伙伴；另一方面，三国资源禀赋优势互补，具有合作基础。如日本拥有先进的技术和丰厚的资本，但是缺乏市场，而印度拥有广大的市场，人工费用低廉，具有一定的制造业承接能力，澳大利亚则具有丰富的矿产、稀土资源。同时，将来不排除日印澳拉拢东盟加入此供应链联盟，这样此供应链体系将再具备相当程度的中间产品生产能力⑤。除此之外，美国积极拉拢盟友及伙伴国家构建科技联盟以限制中国高科技领域产业链发展，日本也表现出更为积极的姿态。美国安全与新兴技术中心（CSET）、

---

① 外務省、グローバル・サプライチェーン・セキュリティに関する日米共同声明（仮訳）[EB/OL]（2012-05-01），https://www.mofa.go.jp/mofaj/kaidan/s_noda/usa_120429/gscs_jp.html。

② 経済産業省、サプライチェーン強靱性に係る日豪印経済閣僚共同声明（仮訳）[EB/OL]、https://www.meti.go.jp/press/2020/09/20200901008/20200901008-2.pdf。

③ Bloomberg、日印豪、サプライチェーン強靱化に向けた取り組みで合意—経済相会合[EB/OL]（2020-09-01），https://www.bloomberg.co.jp/news/articles/2020-09-01/QFYLQUDWRGG301。

④ Newsweek、日豪印が目指すサプライチェーンの再構築は、地政学的・経済的な「反中同盟」の先駆け[EB/OL]（2020-09-16），https://www.newsweekjapan.jp/stories/world/2020/09/post-94458.php。

⑤《日印澳“供应链联盟”虚实》，新华网，2020 年 10 月 6 日，http://www.xinhuanet.com//globe/2020-10/06/c_139405981.htm。

卡内基国际和平基金会呼吁美国强化与欧日科技联盟以对抗中国①。2020年10月，美国新美国安全中心（CNAS）、德国墨卡托中国研究中心（MERICS）与日本亚太倡议（AP Initiative）联合发表报告《共同准则：民主科技政策联盟架构》，指责中国的科技政策、海量数据监视等严重威胁着其他国家的科技产业与国家安全，建议联盟创始成员包括澳大利亚、加拿大、欧盟、法国、德国、意大利、日本、韩国、荷兰、英国、美国，印度为扩展成员候选②，该文件在具体举措中还明确提出限制半导体设备对华出口，这不仅是创建排除中国的科技联盟，也是试图构建脱离中国的封锁型高科技产业链网络。2021年3月，日美印澳发布“关键技术供应链共同原则声明”，确立了四国在技术发展方面的统一原则，即技术设计、开发、管理和使用以尊重“共同的民主价值观”与“普世人权”为原则，并且就构建“安全的半导体供应链”达成一致。根据彭博社等新闻报道，2023年1月27日，美国、日本及荷兰就限制对华出口先进芯片制造设备达成协议，将美对华芯片出口管制措施拓展至荷兰、日本的相关企业。3月31日，日本宣布将修订外汇与外贸法相关法令，将高端半导体制造设备等23种品类列入出口管制对象，按逻辑半导体性能来看，出口管制的均为制造线路宽度为10—14nm以下的尖端产品所必需设备。随着荷兰、日本相继追随美国对华的半导体限制政策，中国在先进制程设备领域面临更大压力，将主要依赖国产厂商突破，半导体产业链安全受到明显影响。除此之外，日本积极加入美国主导的美、日、印、澳“四边机制”（QUAD），QUAD不仅深化成员国在安全领域的合作，而且涉及医疗、气候、新兴技术等非传统安全领域，并提高了经济议题密度，也涉及供应链合作等，意

① Centerfor Security and Emerging Technology (CSET), “Agile Alliances. How the United States and its Allies Can Deliver a Democratic Way of AI”, February 2020, https://cset.georgetown.edu/wp-content/uploads/CSET-Agile-Alliances.pdf; Carnegie Endowment for international Peace: U.S.-Japan Technology Policy Coordination: Balancing Technonationalism With a Globalized World, June 29, 2020, https://carnegieendowment.org/2020/06/29/u.s.-japan-technology-policy-coordination-balancing-technonationalism-with-globalized-world-pub-82176.

② Common Code: An Alliance Framework for Democratic Technology Policy, October 2020, https://s3.us-east-1.amazonaws.com/files.cnas.org/documents/Common-Code-An-Alliance-Framework-for-Democratic-Technology-Policy-1.pdf? mtime = 20201020174236&focal = none.

欲降低对中国的依赖程度。

整体来看，不可否认日本出口对中国市场仍然有较高的依赖程度。日本政府对“一带一路”倡议也展现出一定的合作积极性，但是也需要注意到，其在参与“一带一路”合作的同时，坚持设定诸多前提条件，在指责中国“一带一路”倡议为“债务陷阱”、对中国通过数字货币在“一带一路”沿线特别是金融体系脆弱国家中渗透人民币影响较为警惕①的同时，也加速通过加强联盟、积极参与美国的“印太经济框架”（IPEF）等对冲中国在“一带一路”共建国家或地区的产业供应链延伸与影响力扩张。

（三）多举措构筑灵活、强韧的产业供应链

新冠疫情严重冲击全球产业链，凸显国家海外投资布局与供应链安全的重要性。2020 年 3 月 5 日，日本前首相安倍晋三在探讨新冠疫情对日本经济影响的“未来投资会议”上呼吁日本应将对一国生产依存度高的高附加值产品的生产基地迁回国内，而附加值不高的则向南亚等地区进行转移。4 月 7 日，日本政府出台“新型冠状病毒感染症紧急经济对策”，其中第二章第四部分“构筑强韧的经济结构”的“供应链改革”一节中，提出新冠疫情的扩散暴露了日本口罩等卫生用品供应链的脆弱性，日本将通过数年时间，通过支援生产据点的国内回归与生产多元化，构筑强韧的供应链体系。具体举措有：对某一国家依赖度高的制成品、零部件的生产据点的国内回归进行搬迁补助（对中小企业提供的补助率为 2/3，对大企业补助率为 1/2）；对生产口罩、酒精消毒液、防护服、人工呼吸机、人工肺等关系国民生活健康的生产据点回归国内进行补助（对中小企业的补助率为 3/4，对大企业的补助率为 2/3）；对在海外依赖度高的医药品原药等生产据点回归国内的补助率为 1/2；对某一国依赖度高的制成品、原材料零部件的生产企业向东南亚分散生产据点以谋求生产地多元化的情况进行补助（对中小企业补助率为 2/3，对大企业的补助率为 1/2）。除此之外，对于某些零部件高度依赖某一国家的情况，要通过寻求这类零部件替代品、降

① 中銀デジタル通貨、必要か、日本経済新聞、2020 年 10 月 29 日、https://www.nikkei.com/article/DGXKZO65564400Y0A021C2TCS000/。

低使用量、进行数据合作等重组灵活、强韧的供应链，并确保和储备稀有金属等。而这次出台的对策是日本政府为应对新冠疫情的第3轮紧急经济对策，事业规模高达108.2万亿日元，其中将为供应链改革投入2435亿日元，支持生产回归日本的资金为2200亿日元，支持生产分散到东盟等其他国家的资金为235亿日元[①]。之后，4月20日，日本政府继续追加资金，事业规模达到117.1万亿日元。12月8日，日本政府出台新的综合经济对策，在构筑强韧的供应链方面，不仅再次强调以补助方式促使重要生产据点国内回归与多元化、分散化生产之外，还提出要整备机场和港口的交通道路、强化国际集装箱战略港口的机能等，即完善有助于提升供应链强韧化与提高物流生产率的交通网络[②]，此次经济对策的事业规模为73.6万亿日元。之后，日本在出台的经济政策中也多次强调构建安全、稳定的供应链体系，并通过设立国内投资促进事业补助金制度发挥功效，推动战略性物资生产企业回归本土，针对供应链安全影响最大的半导体产业，推出“半导体数字产业战略”，从加强尖端半导体技术研发到完善国内生产基地等夯实半导体供应链基础。

二　“一带一路”背景下日本的产业供应链现状与调整特点

（一）“一带一路”共建国家或地区在全球产业链的位置

李嘉图的“比较优势理论”是全球产业链分工的重要理论基础。自19世纪以来，全球产业链分工格局经历了五轮重构，产业转移国家的轮径基本沿着英国—美国—德国、日本—“亚洲四小龙”（韩国、中国台湾、中国香港与新加坡）—“亚洲四小虎”（印度尼西亚、泰国、马来西亚与菲律宾）—中国—印度、东盟（特别是越南、柬埔寨）的顺序进行，转移产业遵循劳动密集型—资本密集型—技术密集型的顺序。“一带一路”共建国家大

---

① 日本内閣府、新型コロナウイルス感染症緊急経済対策～国民の命と生活を守り抜き、経済再生へ～［EB/OL］（2020-04-07），https://www5.cao.go.jp/keizai1/keizaitaisaku/2020/20200407_taisaku.pdf。

② 日本内閣府、国民の命と暮らしを守る安心と希望のための総合経済対策［EB/OL］（2020-12-08），https://www5.cao.go.jp/keizai1/keizaitaisaku/2020-2/20201208_taisaku.pdf。

多属于发展中国家，在全球产业链中基本处于上游或中游，主要负责提供原材料，进行零部件的生产与组装，而欧美日等发达国家则主要为消费国，处于全球产业链的下游。如表8－1所示，俄罗斯、东盟部分国家（如印度尼西亚、马来西亚等）以及中东国家（如沙特阿拉伯等）是重要的资源型产品出口大国，位于全球产业链的上游。而中国、印度、东盟部分国家（如越南等）则是重要的工业制成品出口国家，位于全球产业链的中游。

表8－1 “一带一路”下的全球产业链上游、中游代表性国家与其主要出口产品

国家	主要出口产品	国家	主要出口产品
全球产业链上游的代表国家：俄罗斯、沙特阿拉伯、阿联酋等资源型国家			
俄罗斯	原油、天然气、煤、铝、小麦等	巴林	原油、天然气
印度尼西亚	LNG、原油、橡胶、棕榈油、镍等	科威特	原油、天然气
马来西亚	LNG、原油、棕榈油、锡、橡胶等	埃及	原油、天然气
沙特阿拉伯	原油、天然气	伊朗	原油、天然气、铁矿石、铜、锌等
阿联酋	原油、天然气	土耳其	硼、铬、铁、铜、铝、煤等
全球产业链中游的代表国家：中国、印度、东盟等工业型国家			
中国	机电设备、纺织服装、鞋类、玩具、家具、电器、电子产品、机械等	越南	机械、运输设备、杂项制品、食品、原材料、化工等
印度	化工、珠宝、机械、仿制药、金属制品、电子等	柬埔寨	纺织服装、鞋类、橡胶等
菲律宾	电子、机械、运输设备、水果制品等	泰国	机械、食品、化工等

资料来源：笔者根据Wind数据制成。

（二）日本与“一带一路”主要共建国家的贸易结构

贸易结构在相当程度上反映了一国对他国的供应链依赖程度，从日本与“一带一路”主要共建国家的贸易情况来看，根据UN Comtrade Database数据，日本对65个“一带一路”共建国家①的出口总额占其对外总出口额的23%左右，2016—2019年分别为23.04%、22.76%、

① 具体名单可详见人民网《“一带一路”沿线65个国家和地区名单及概况》，http://ydyl.people.com.cn/n1/2017/0420/c411837-29225243.html。

23.52%以及23.14%，如果加上对中国的出口，则已经达到43%左右，这是日本不容忽视的重要的国际市场所在。从进口来看，日本对65个“一带一路”共建国家的进口总额占其总进口的比例也震荡增加，2015年为29.38%，2017年即达到30.61%，2018年继续增加至31.88%，2019年有所减少，为30.52%。整体来看，相对于出口，日本对“一带一路”共建国家的进口更为依赖。分国别来看，以疫情前的2019年为例，泰国、新加坡、越南、印度尼西亚、马来西亚、印度、菲律宾、阿联酋与沙特阿拉伯是日本出口最多的前十位国家，越南、泰国、印度尼西亚、马来西亚、柬埔寨、新加坡、孟加拉国、缅甸、菲律宾、印度是日本进口最多的前十位国家。进一步地探讨不同种类商品在双边贸易中的比重，国际上关于贸易品的分类主要有SITC、HS以及BEC等，SIEC、HS主要根据具体的商品进行分类，类别非常细致，BEC主要根据投入产出表进行分类，将贸易品分为资本品、中间投入品和消费品，其中，资本品和消费品的分类比较简单，数目也较少，中间品细分后种类较多，每类产品差异也比较大。表8－2为联合国贸易品BEC分类目录，表8－3、表8－4为日本与“一带一路”共建国家的贸易情况，可见，日本与东南亚等国的贸易关系最为紧密，对俄罗斯的贸易以出口资本品、消费品、进口燃料与润滑剂、家庭消费用的食品与饮料为主，对阿联酋、沙特阿拉伯等中东国家以进口初级燃料与润滑剂、出口工业用运输设备为主。日本与其他“一带一路”共建国家的贸易额占日本对外贸易的份额较小，基本上不到1%。另外，中间品贸易是在国际分工进一步深化、生产要素重新配置及生产国际化的产物，由日本与“一带一路”共建国家的中间品贸易情况来看，日本在“一带一路”推进重点地区的海外生产网络以东南亚为中心，尤以泰国、越南、印度尼西亚、新加坡等最为突出，印度也有一定存在感，但是主要集中于具有“地产地销”特征的汽车制造业。

表 8-2　　联合国贸易品 BEC 分类目录

类别	内容
资本品	机械设备与其他资本品（运输设备除外） 工业用运输设备
中间投入品	工业用初级食品和饮料 工业用经加工的食品和饮料 其他未具体说明的工业用原料
	初级燃料和润滑剂 经加工的燃料和润滑剂（小汽车和摩托车用油除外） 机械设备与其他资本品的零件和附件 运输设备的零件和附件
消费品	家庭消费用的初级食品和饮料 家庭消费用的经加工的食品和饮料 非工业用运输工具 其他未具体说明的消费品

资料来源：梅冬州、赵晓军、张梦云：《贸易品类别与国际经济周期协动性》，《经济研究》2012 年第 2 期。

表 8-3　　日本与“一带一路”共建国家中主要出口对象的贸易情况

	BEC code	日本的主要出口对象（贸易份额）
资本品	41	泰国（3.57%）、新加坡（2.10%）、印度（2.08%）、越南（2.07%）、印度尼西亚（1.61%）、菲律宾（1.24%）、马来西亚（1.17%）、俄罗斯（0.77%）
	521	新加坡（10.00%）、菲律宾（4.81%）、阿联酋（2.77%）、沙特阿拉伯（1.95%）、印度尼西亚（1.64%）、希腊（1.41%）、阿曼（1.25%）、泰国（1.17%）、俄罗斯（1.11%）
中间投入品	111	新加坡（6.96%）、越南（3.42%）、泰国（0.66%）
	121	新加坡（7.74%）、越南（5.51%）、泰国（2.95%）、马来西亚（2.05%）、印度尼西亚（1.68%）、菲律宾（0.94%）
	2	泰国（6.10%）、越南（4.04%）、马来西亚（2.63%）、新加坡（2.58%）、印度（2.52%）、印度尼西亚（2.51%）、菲律宾（1.68%）
	31	印度尼西亚（74.74%）、泰国（7.02%）、马尔代夫（3.38%）、越南（2.78%）、马来西亚（2.06%）
	322	印度（11.19%）、泰国（4.88%）、越南（4.21%）、马来西亚（3.97%）、印度尼西亚（2.59%）、新加坡（1.36%）
	42	泰国（6.41%）、越南（3.26%）、马来西亚（2.97%）、印度尼西亚（2.83%）、新加坡（2.78%）、菲律宾（2.53%）、印度（2.04%）
	53	泰国（6.46%）、印度尼西亚（2.84%）、俄罗斯（2.30%）、马来西亚（1.67%）、阿联酋（1.57%）、土耳其（1.20%）、印度（1.03%）

续表

	BEC code	日本的主要出口对象（贸易份额）
消费品	112	新加坡（3.98%）、泰国（3.52%）、马来西亚（0.83%）、俄罗斯（0.70%）、越南（0.67%）
	122	越南（6.30%）、泰国（4.69%）、新加坡（3.55%）、柬埔寨（1.84%）、马来西亚（1.31%）、菲律宾（1.14%）、印度尼西亚（0.54%）
	522	俄罗斯（1.97%）、泰国（1.74%）、印度尼西亚（1.00%）、阿联酋（0.92%）、柬埔寨（0.88%）
	6	新加坡（3.12%）、越南（2.38%）、泰国（2.11%）、菲律宾（0.96%）、马来西亚（0.95%）

说明：（ ）为贸易份额，即日本出口至×国总额/日本出口总额。

资料来源：笔者根据 UN comtrade database 数据制成。

表8－4　日本与“一带一路”共建国家中主要进口对象的贸易情况

	BEC code	日本的主要进口对象（贸易份额）
资本品	41	泰国（5.06%）、越南（2.62%）、马来西亚（2.59%）、新加坡（2.08%）、菲律宾（1.99%）、印度尼西亚（0.74%）
	521	泰国（2.42%）、印度尼西亚（2.30%）、越南（0.10%）
中间投入品	111	越南（2.26%）、印度尼西亚（1.13%）、罗马尼亚（0.37%）
	121	马来西亚（16.66%）、新加坡（9.19%）、印度尼西亚（8.40%）、泰国（5.54%）、菲律宾（1.03%）
	2	泰国（3.57%）、印度尼西亚（3.29%）、越南（2.48%）、马来西亚（2.32%）、菲律宾（1.78%）、俄罗斯（1.61%）、印度（1.38%）、新加坡（1.32%）
	31	沙特阿拉伯（27.04%）、阿联酋（22.68%）、卡塔尔（6.57%）、俄罗斯（6.54%）、科威特（6.37%）、印度尼西亚（3.00%）、阿曼（1.39%）
	322	卡塔尔（10.63%）、马来西亚（10.00%）、俄罗斯（6.83%）、文莱（5.13%）、印度尼西亚（4.95%）、阿联酋（3.39%）、阿曼（2.92%）
	42	泰国（6.23%）、越南（4.05%）、马来西亚（3.04%）、菲律宾（2.78%）、印度尼西亚（1.24%）、新加坡（0.71%）
	53	越南（8.24%）、泰国（6.71%）、印度尼西亚（4.74%）、菲律宾（4.67%）、马来西亚（1.25%）、新加坡（0.85%）
消费品	112	菲律宾（12.50%）、泰国（2.02%）、印度（1.67%）、俄罗斯（1.15%）、越南（1.14%）、印度尼西亚（1.07%）
	122	泰国（9.28%）、越南（2.26%）、俄罗斯（1.50%）、印度尼西亚（1.08%）、土耳其（0.50%）
	522	泰国（8.56%）、越南（3.31%）、印度尼西亚（2.73%）、印度（0.90%）
	6	越南（8.09%）、泰国（3.35%）、印度尼西亚（2.20%）、马来西亚（2.10%）、柬埔寨（1.50%）

说明：（ ）为贸易份额，即日本进口至×国总额/日本进口总额。

资料来源：笔者根据 UN comtrade database 数据制成。

（三）日本的产业供应链调整特点

1. 推动关键产品生产据点回归本土、防范关键技术外流

在“一带一路”共建国家或地区中，日本选择关键行业回归本土的原因主要是保障国家经济安全，另外也含有中国因素，这主要表现在：一方面是日本希望尽力摆脱在关键领域对中国供应的依赖，另一方面是对华科技竞争意识上升而防止尖端技术对华流出。根据日本政府发布的对关键行业企业生产据点返回国内的补贴情况可知，所谓关键行业主要是指：关系国民生活健康，但是严重依赖海外生产供应的产品行业；对某一国依赖程度较高的具有高附加值的产品行业。根据2020年8月6日麦肯锡发布的《风险、韧性与全球价值链调整》报告，制药、医疗产品、半导体和部件生产行业最可能发生由于非经济因素而进行供应链调整，服装、纺织品、家具、计算机及电子产品、电气设备等行业的调整则更多是基于经济因素，这里的非经济因素主要是指国家政策驱动因素，主要是关系国家安全、国家经济安全或者是国家战略部署的重点产业[①]。日本经济产业省2020年11月20日公布的对生产转移到国内的企业补助名单，共计146件（补助金额约2478亿日元），其中对生产高附加价值产品的企业补助为57件，如三菱电机的半导体、川崎重工业的航空发动机部品等的生产向日本国内转移，对生产与国民生活健康相关的医疗器械、医药品等的企业补助90件。这是自7月之后公布的第二批日本对企业生产国内转移的补助名单，加上上次公布的57件（补助金额约574亿日元），共计203件，涉及金额约3052亿日元，基本用完了日本政府在供应链国内转移方面制定的预算。截至2022年6月，日本已开展三轮此类国内投资促进事业补助金的业务。

对于日本来说，新冠疫情蔓延凸显了其相关特需产品供应链的脆弱性，暴露出医疗产品严重依赖海外的制度性缺陷，如日本几乎全部医疗防

---

① McKinsey & Company, “Risk, resilience, and rebalancing in global value chains”, August 6, 2020, https://www.mckinsey.com/~/media/McKinsey/Business%20Functions/Operations/Our%20Insights/Risk%20resilience%20and%20rebalancing%20in%20global%20value%20chains/Risk-resilience-and-rebalancing-in-global-value-chains-full-report-vH.pdf?shouldIndex=false.

护服来自中越美三国，超过90%的人工呼吸机依赖欧美，半数以上的原料药品来源于韩中意三国[①]。日本政府明确提出要将生产口罩、酒精消毒液、防护服、人工呼吸机等的企业的生产据点迁回国内进行补助。在伴随新冠疫情出现的特需方面，口罩、生产口罩的无纺布、笔记本电脑、路由设备等的日本国内自给率较低，对中国的依赖度较高。根据日本卫生材料工业联合会（JHPIA）的统计数据，2010年，日本口罩的国产比率[②]在60%左右，但是自2011年起，随着进口数量的大幅增加，其国产比率迅速下滑，近年来保持在30%左右。中国则是世界口罩出口的最大来源国，占比高达43.5%，远高于排名第二位的德国（7.3%）与第三位的美国（5.7%），不仅如此，中国还是口罩材料无纺布的生产规模最大的国家，即中国是口罩的最大出口、生产国家。美国、欧盟、日本都高度依赖来自中国的口罩进口。日本自中国口罩进口总额占到其口罩总进口额的77%左右。但是，推动医药领域关键产品生产据点回归本土或面临现实困难，也不一定能完美管控供给风险。例如，疫情下的日本人工呼吸机的供应不足除了因为人工呼吸机的进口依赖度高，在9成左右，还有其他原因，如用途相对单一，因此没有能够增加供给量的生产体制；如果不具备充分的安全性，无法得到医药品医疗器械综合机构（PMDA）的批准，因此不能根据需要增加生产。从具体企业来说，例如盐野义制药在日本国内选择疫苗量产工厂便十分困难，由于需要特殊的设备与技术，只有UNIGEN满足要求；富山胶片富山化学所研发的抗流感药物“Abigan”作为治疗新冠的药品在日本建立了供应链，但是生产据点的回归也面临原材料的稳定采购与物流的通畅等难题。这也反映出了日本构筑稳定的供给体系并不是单纯调整生产据点即可完成，而且需要综合提升生产能力、重视库存积累等作用。

另外，也需要注意到日本愈加重视以国家安全为由防止尖端技术流出，这也是其在关键领域供应链调整的重要特点之一。日本在原材料、设备、小型有源和无源器件等半导体领域保持优势，尤其在上游半导体材料

---

① 刘瑞、李清如、田正、邓美薇：《新形势下日本对华投资变化影响分析》，《东北亚学刊》2020年第5期。

② 国产比率 = 国内生产数量/国内流通数量，国内流通数量 = 国内生产数量 + 进口数量。

领域优势巨大，只有其能达到半导体材料的高纯度要求①。在化合物半导体这一潜力领域，专利数排名前十的企业中7家为日企②。另外，日企在超高精度机床及零部件（如日本精工、松浦机械）、工业机器人（如发那科、安川电机）、顶尖精密仪器（如日立、日本电子）等领域保持技术领先。据NISTEP统计，中国是日本最大的技术贸易出口国③。但是，随着美国以国家安全为由对华进行高科技封锁，日本也不断加强对尖端技术外流的管控。在国家安全保障局设“经济组”，统筹制定高新技术等涉及经济安全的重大政策，多次修订《外汇及对外贸易法》加强对“敏感领域”的外资投资监管，出台《安全保障贸易管理制度》进行技术管制，发布《综合创新战略2020》明确防止尖端技术外流措施。受中美科技博弈影响，加之警惕中国科技产业发展，日本对华高科技合作意向降温。日本经济研究中心和日本经济新闻2020年7月中旬以在日本上市企业工作的3000名商务人士为对象进行意识问卷调查，结果显示，日本企业对中日合作态度愈加谨慎，对于中日两国的经济技术合作问题，46.2%的商务人士认为应减少与中国企业和研究机构的合作，而仅有18.4%的人认为应扩大合作。对于在哪些领域加强合作的提问，45.1%的商务人士认为应该强化环保领域合作，持扩大政府间交流与扩大民间文化交流的看法的商务人士占比分别为28.1%、25.7%。43.7%的人认为在可转为军用的高科技领域应减少与中国合作④。日本半导体行业企业对与华业务往来更加谨慎，这是因为，半导体不再单纯是高科技领域的核心技术，而是密切受安保政策左右的政治砝码，日本半导体企业担忧中国客户成为美国新的管制对象，进而影响

---

① 德勤咨询：《亚太四大半导体市场的崛起》，https://www2.deloitte.com/content/dam/Deloitte/cn/Documents/technology-media-telecommunications/cn-tmt-rise-of-the-big-4-zh-082820.pdf。

② 《日本半导体如何在中美之间选边》，日本经济新闻中文版，https://cn.nikkei.com/columnviewpoint/column/41522-2020-08-05-04-41-00.html?start=2。

③ 日本科学技術・学術政策研究所：科学技術指標2020，令和2年（2020年）8月，https://nistep.repo.nii.ac.jp/?action=pages_view_main&active_action=repository_view_main_item_detail&item_id=6700&item_no=1&page_id=13&block_id=21。

④ 「ポストコロナ時代の米中関係と日本」上場企業3000人調査，https://www.jcer.or.jp/jcer_download_log.php?f=eyJwb3N0X2lkIjo2ODQyMSwiZmlsZV9wb3N0X2lkIjoiNjg0MjIifQ==&post_id=68421&file_post_id=68422。

经营活动及与美业务往来。日本某大型半导体装备企业负责人表示，“即使美国半导体设备制造商由于美国政府对华技术限制而从中国市场撤离，其也不会去抢夺这一市场”①。未来日本或追随美国脚步在高科技领域加强对中国限制，在通用型技术领域、公开技术的量产领域保持与中国合作。

2. 适当缩短长距离供应链，从离岸生产转向近岸、在岸生产

活用自由贸易协定的关税优惠与原产地规则，充分开拓当地市场，适当缩短长距离供应链，从离岸生产转向近岸、在岸生产是日本海外供应链调整的重要特点。特别是，汽车、电机等日本企业在海外形成“地产地销”模式。例如，向汽车制造商等提供零部件的轴承大型企业 NTN，强化了将采购风险控制在最小限度的方针，其关键做法就是缩短供应链，尽可能在客户附近生产。大金工业提出“市场最近化生产”的基本方针，花了20—30 年时间在日本、中国、欧洲、美洲、亚洲五个国家或地区构筑了生产机制，拥有强大的供给网络，但是在新冠疫情下仍然面临了库存不足的冲击，使其意识到需进一步加快“地产地销”型生产供应链网络建设，由当前的七成扩展到 100% “地产地销”。中国、印度是日本企业采取缩短供应链、“地产地销”经营战略的典型国家。

以中国为例，尽管日本在调整海外生产布局方面倡议关键产品、高附加值产品生产回归本土或向东南亚转移，但是在华日本汽车制造相关企业的反应并不积极，反而逆流扩大了对华投资。如日产汽车积极推进在华投资，在江苏省常州市、湖北省武汉市投产新工厂以提高产能，并从日本派遣研发团队；明电舍在浙江省建厂增产纯电动汽车马达；日本电产、旭化成和住友化学也表示在华加强业务拓展，通过本地化生产抢占中国市场。这体现了作为日本最大贸易伙伴的中国，在全球以及日本海外供应链的重要性也不仅在供应方面，在需求方面也急速提高。供应链的作用之一是促使企业有效开拓有发展前景的市场，市场规模越大，消费越多，其周边越容易形成系统的供应链。对于日本的汽车制造商来

① 中国ハイテク強国に壁　米、ファーウェイ向け規制実施へ，https://www.nikkei.com/article/DGXMZO63753470R10C20A9X11000/? n_ cid = SNSTW001。

说，中国是其世界范围内最重要的市场。2019 年，中国新车销售数量为 2577 万台，是美国的 1748 万台的 1.5 倍，尽管相对于 2017 年的峰值有所降低，但是与发达国家相比汽车普及率仍然较低，增长数量依旧较大，日本汽车品牌在中国市场的占有率居高不下，丰田汽车相较于 2018 年增加了 9%，约 162 万辆，本田增加了 8.5%，约 155 万辆，日产汽车虽然销量下降，但是也仅为 0.1%，仍然有约 154.69 万辆的销售额。而且，在全球汽车行业因新冠疫情备受打击的背景下，中国市场率先回稳，日本汽车厂商在华销量十分坚挺，根据中国汽车工业协会统计，2020 年 5—7 月，新车销量增幅均高于 10%，7 月较去年同期增长 16%，其中，丰田、本田、日产均刷新 7 月的在华销量纪录。可见中国汽车市场的广阔前景是日本汽车厂商在华投资增加的主要驱动力。

同样，根据日本国际协力银行的调查，如图 8 - 5 所示，2019 年，印度成为日本企业在中长期开展海外业务的首要国家，而主要的原因就是当地市场的潜力、规模与廉价的劳动力。根据在印日本使馆、日本贸易振兴机构的联合调查，2019 年，进入印度市场的日企数量增加了 0.9%，达到 1454 家①。仅进入哈里亚纳邦的日资企业便达到 406 家，占到总增量的 3 成左右，该州也是以汽车、电机等为制造中心。同时，从行业分类来看，制造业日资企业占比 49%，接近半数，其中运输机械器具行业企业便占比 10.3%，电器机械行业企业占比 5% 以上，在印度，日企存在感最大的产业依然是汽车产业，但是批发业、信息通信行业企业也积极涌入印度市场，占比分别为 12.8% 与 5.6%②，整体来看，日本在印度的产业链调整领域依然围绕制造业展开，聚焦汽车、电机等产业，并呈现向服务业发展的趋势。但是，部分制造业产业由日本向印度进行产业转移存在实质性困难，例如智能手机产业，尽管印度智能手机使用人数稳步增加，市场广

---

① 日本貿易振興機構（ジェトロ）、主要国の自動車生産・販売動向［EB/OL］（2020-10-19）（2020-10-29），https://www.jetro.go.jp/ext_images/_Reports/01/f2067f867d465ba0/20200011.pdf。

② 日本貿易振興機構（ジェトロ）、2019 年のインド進出日系企業数は前年比微増の1，454 社［EB/OL］（2020-09-04）（2020-10-01），https://www.jetro.go.jp/biznews/2020/09/46267feab5bc6634.html。

阔，但是由于智能手机生产的供应链集中在中国大陆、日本、中国台湾、韩国与 ASEAN 等地，受地理位置约束，印度对其承接能力无法超越中国①。

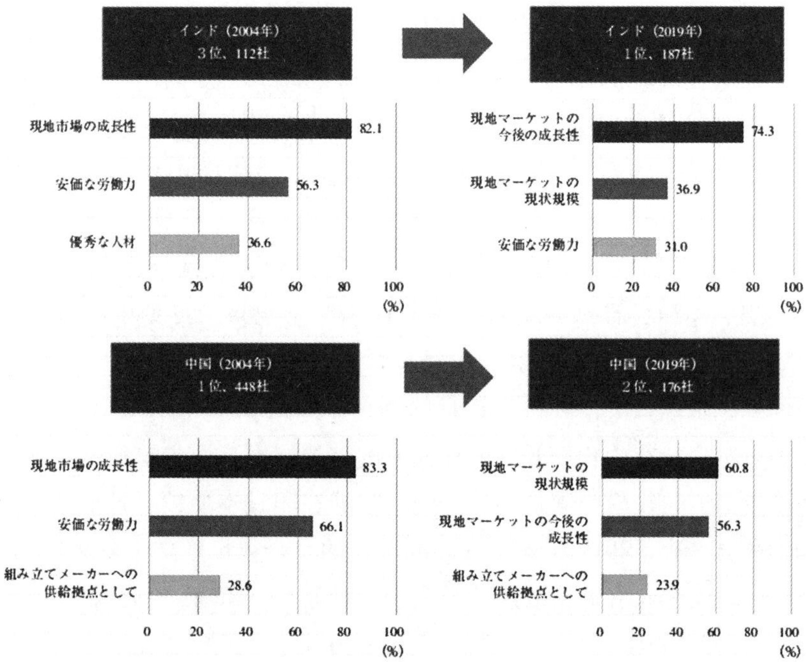

图 8-5　日本“中长期有望开展业务”的国家的主要理由

资料来源：三浦有史、コロナ後のサプライチェーンのあり方一脱、「中国依存」は正解か［J］、環太平洋ビジネス情報，2020，20（79）：28。

另外，除了因为当地市场前景发展良好、市场规模较大而选择就地生产之外，通过活用 FTA 的关税优惠与原产地规则，也便于日企构筑更合理的供应链网络。以覆盖“一带一路”重要共建国家的 RCEP 为例，尽管相较于 CPTPP，日本对 RCEP 的重视程度较低，但是，RCEP 是中日之间首份签订的自由贸易协定，对于中国以及日本来说都是区域合作上的最大边际变化。RCEP 的签署不仅整合与深化了贸易伙伴国之间的关系，而且有

① 三浦有史、コロナ後のサプライチェーンのあり方一脱、「中国依存」は正解か［J］、環太平洋ビジネス情報，2020，20（79）：27。

力推动了亚太经济一体化。RCEP 协定的主要内容包括：（1）阶段性取消商品贸易的关税；（2）服务贸易与投资的自由化；（3）海关手续与知识产权保护等商务规则的共通化。根据日本国际问题研究所的估算，RCEP 的签署有利于提升日本 GDP 的 5%，相对于（1）的影响，（2）、（3）对日本的影响更大，阶段性取消商品贸易关税对日本经济的影响可能仅有 0.7%①。（3）中的通用规则包括贸易便利化措施，如要求生鲜货物在 6 小时内通关，一般货物 48 小时通关，允许企业能够自主核发原产地的证明等，有利于提高日本企业的生产效率与进出口效率。另外，通过活用 FTA 的关税优惠、原产地规则等，日本企业可以重新构筑灵活、便捷的供应链网络，如缩短长供应链，由离岸生产向近岸、在岸生产转移，以降低生产成本，规避供应链过长的风险，增强产品价格竞争力等。

3. 分散化生产以管控供应链风险，海外生产向东南亚地区聚集

日本在“一带一路”推进重点地区的海外布局正在向东南亚进一步聚集，这也是基于其在东南亚地区的不容忽视的区域影响力与领导力。东南亚研究所（ISEAS）2020 年 1 月发表研究认为，东南亚国家试图加强与日本的战略伙伴关系以对冲中美博弈带来的影响。美国战略与国际研究中心（CSIS）在 2019 年底的调查显示，东南亚国家对日本的期待，尤其是经济方面，比肩对美国与中国的期待程度②。在 ISEAS 开展的 2020 年东南亚国家调查中，1308 个受访者中，61.3% 的受访者认为日本是值得信任的领导者，而认为美国与中国更值得信任的受访者仅占 30.3%、16.1%③。

日本也将东南亚视为海外生产网络调整的枢纽。根据日本经济新闻报道，日本经济产业省对将生产据点由中国迁往东南亚的企业进行补助，将

① 日本経済新聞、「メガFTA」RCEP、日本が旗振り役に 世界 GDPの3 割［EB/OL］（2020-12-09）（2020-12-11），https://www.nikkei.com/article/DGXZQOFZ275960X21C20A1000000。

② “Japan's Leadership Role in a Multipolar Indo-Pacific”, Center for Strategic and International Studies, OCTOBER 2020.

③ Tang Siew Mun et al., “The State of Southeast Asia 2020”, Singapore: ISEAS - Yusof Ishak Institute, 2020, https://www.iseas.edu.sg/images/pdf/TheStateofSEASurveyReport_2020.pdf.

印度、孟加拉国也作为补助的迁移目的国进行考虑[①]，以此进行分散化生产，管控供应链严重依赖中国所带来的风险，其补助形式主要包括：一是，对有助于海外供应链多元化的企业进行设备引进的补助；二是，对有助于海外供应链多元化的企业进行实证事业的补助；三是，对有助于海外供应链多元化的企业进行可行性调查的补助。根据日本经济产业省公布的资助将生产据点向东南亚转移的企业名单，资助企业大部分为医疗器械、医药品、半导体、汽车及零部件、原材料等领域，医疗器械、医药品行业企业等主要迁往越南、泰国、马来西亚，半导体制造装备、汽车、空调等零部件企业主要迁往了越南、泰国，医护用具与医疗器具相关企业迁往越南、泰国、菲律宾、老挝等。尽管日本政府通过补助形式促进在华日企向东南亚转移，并在选择资助企业的时候，除了医疗等关系国民生活健康的重要行业企业，更倾向于选择半导体、汽车、机械零部件等附加值高的行业企业，但是，整体来看，日本企业对向第三国转移生产据点仍非常谨慎，大多数在华日企暂无改变供应链或生产网点的计划，对在华经营发展持观望态度。2020 年 4 月，日本贸易振兴机构（JETRO）对在华日资最为集中的华东、华南地区企业进行调查，其中华东地区 86% 的日资企业没有改变供应链或生产据点的计划，在改变计划的企业中，多数选择回迁至日本本土或者在中国国内调整[②]；而华南地区企业中，未来继续扩大在华生产规模的占比由 15. 4% 升至 22. 3% ，表示会缩小规模的仅占 8. 6%[③]。

整体而言，从日本对“一带一路”共建国家的直接投资情况来看，其直接投资集中于东南亚、南亚地区，投资行业遵循“资源行业—制造业—非制造业、新兴产业”的路径发展。同时，日本在共建“一带一路”的主

---

① 日本経済新聞、中国からの生産移転補助、インド・バングラを追加［EB/OL］(2020-09-03)(2020-12-04), https://www. nikkei. com/article/DGXMZO63406020T00C20A9EE8000。

② 日本貿易振興機構（ジェトロ)、華東地域の日系企業、内外の需要減への懸念高まる［EB/OL］（2020-04-13）（2020-10-11）, https:// www. jetro. go. jp/biznews/2020/04/3cc3ae672440a5f4. html。

③ 日本貿易振興機構（ジェトロ)、華南地域の日系企業で減益傾向強まる、サプライチェーンへの影響も［EB/OL］(2020-04-21)(2020-10-12), https://www. jetro. go. jp/biznews/2020/04/a494d084075b8cbd. html。

要国家获取的直接投资收益基本上震荡增加，主要来源于东盟与印度的制造业领域投资，非制造业领域投资收益也不断增加。日本获取高直接投资收益率主要是因为：投资形成规模效应与合理布局；官民协同引导海外企业甄别投资风险，建立紧急事态发生时零部件生产与供应机制；重视中小企业海外业务的政策支援；协助海外企业构筑成熟的情报收集体系；强化与投资国合作，打造“环境友善”“社会友好”型投资品牌等。

从产业供应链布局来看，日本产业供应链战略动向主要分为三个方面：一是，以加速亚太区域经济合作拓展其产业供应链布局空间，重视加强联盟对冲中国在“一带一路”推进重点地区的产业供应链延伸，多举措构筑灵活、强韧的产业供应链。日本与“一带一路”共建国家以中间投入品贸易为主，与东南亚、印度、阿联酋、沙特阿拉伯等国家或地区的贸易关系紧密，受乌克兰危机影响，日本与俄罗斯经贸关系跌入冰点，与其他共建国家的贸易额占比不到日本对外贸易的1%。当前，日本的产业供应链调整出现新特点，主要为：推动关键产品生产回归本土、防范关键技术外流；适当缩短长距离供应链，从离岸生产转向近岸、在岸生产；分散化生产以管控供应链风险，海外生产向东南亚地区聚焦。总而言之，尽管东南亚、印度是日本直接投资与产业链布局的重点地区或国家，但是日本对中国市场的依赖在中长期仍然难以被替代。未来，日本在“一带一路”共建国家或地区的产业布局可能会进一步加速，中国应在“双循环”新发展格局下，一方面，通过加强中日合作推进双边经贸关系提质增效，另一方面，密切关注日本在“一带一路”共建国家经济布局动向，并积极推动与日在第三方市场合作，开拓合作空间，系牢利益纽带。

日本对“一带一路”共建国家经济布局数据

一　日本经济概况

表 1.1　　国内生产总值（GDP）

单位：亿美元（实际 GDP），美元（实际人均 GDP），%（增长率）

年份	实际 GDP		实际人均 GDP	
	金额	增长率	金额	增长率
1960	5836.0		6260.7	
1961	6538.8	12.0	6952.1	11.0
1962	7121.3	8.9	7501.4	7.9
1963	7724.8	8.5	8055.0	7.4
1964	8626.8	11.7	8902.5	10.5
1965	9128.8	5.8	9319.7	4.7
1966	10100.0	10.6	10217.4	9.6
1967	11219.3	11.1	11232.9	9.9
1968	12664.6	12.9	12537.9	11.6
1969	14244.9	12.5	13935.7	11.1
1970	14594.6	2.5	14114.3	1.3
1971	15280.4	4.7	14456.8	2.4
1972	16566.1	8.4	15455.1	6.9
1973	17896.7	8.0	16463.3	6.5
1974	17677.5	-1.2	16046.8	-2.5
1975	18224.0	3.1	16333.7	1.8

续表

年份	实际 GDP		实际人均 GDP	
	金额	增长率	金额	增长率
1976	18948.4	4.0	16801.9	2.9
1977	19780.3	4.4	17370.6	3.4
1978	20823.1	5.3	18120.7	4.3
1979	21965.0	5.5	18953.3	4.6
1980	22583.9	2.8	19334.4	2.0
1981	23546.1	4.3	20011.8	3.5
1982	24318.4	3.3	20525.3	2.6
1983	25201.2	3.6	21123.0	2.9
1984	26312.8	4.4	21912.2	3.7
1985	27670.5	5.2	22899.0	4.5
1986	28581.9	3.3	23527.7	2.7
1987	29910.7	4.6	24503.1	4.1
1988	31903.2	6.7	26026.9	6.2
1989	33474.7	4.9	27199.9	4.5
1990	35095.2	4.8	28422.2	4.5
1991	36331.7	3.5	29308.3	3.1
1992	36658.9	0.9	29462.7	0.5
1993	36490.6	-0.5	29232.4	-0.8
1994	36885.9	1.1	29466.8	0.8
1995	37856.4	2.6	30171.2	2.4
1996	39042.7	3.1	31046.2	2.9
1997	39425.8	1.0	31276.2	0.7
1998	38925.0	-1.3	30795.1	-1.5
1999	38795.0	-0.3	30636.3	-0.5
2000	39867.6	2.8	31430.6	2.6
2001	40021.5	0.4	31476.1	0.1
2002	40038.3	0.0	31416.1	-0.2
2003	40652.9	1.5	31830.2	1.3
2004	41541.6	2.2	32515.1	2.2

续表

年份	实际 GDP		实际人均 GDP	
	金额	增长率	金额	增长率
2005	42291.0	1.8	33098.5	1.8
2006	42871.4	1.4	33531.5	1.3
2007	43507.6	1.5	33990.0	1.4
2008	42974.9	-1.2	33557.6	-1.3
2009	40528.3	-5.7	31651.1	-5.7
2010	42189.1	4.1	32942.2	4.1
2011	42199.1	0.0	33011.1	0.2
2012	42779.3	1.4	33518.4	1.5
2013	43637.0	2.0	34239.9	2.2
2014	43766.3	0.3	34386.9	0.4
2015	44449.3	1.6	34960.6	1.7
2016	44784.4	0.8	35242.2	0.8
2017	45534.7	1.7	35862.0	1.8
2018	45800.6	0.6	36117.2	0.7
2019	45690.5	-0.2	36081.1	-0.1
2020	43631.3	-4.5	34556.4	-4.2
2021	44354.3	1.7	35291.0	2.1

说明：实际 GDP 和实际人均 GDP 按 2015 年美元不变价格计算。

资料来源：World Bank, World Development Indicators, https://databank.worldbank.org/。

表 1.2　**对外贸易概况**　单位：亿美元,%

年份	出口		进口		贸易差额
	金额	增长率	金额	增长率	金额
1962	49.2	/	56.4	/	-7.2
1963	54.5	10.9	67.4	19.5	-12.8
1964	66.7	22.4	79.4	17.8	-12.6
1965	84.5	26.7	81.8	3.0	2.7

续表

年份	出口		进口		贸易差额
	金额	增长率	金额	增长率	金额
1966	97.8	15.6	95.2	16.4	2.5
1967	104.4	6.8	116.6	22.5	-12.2
1968	129.7	24.2	129.9	11.4	-0.2
1969	159.9	23.3	150.2	15.7	9.7
1970	193.2	20.8	188.8	25.7	4.4
1971	240.2	24.3	197.1	4.4	43.1
1972	285.9	19.0	234.7	19.1	51.2
1973	369.3	29.2	383.1	63.2	-13.8
1974	555.4	50.4	620.9	62.1	-65.6
1975	557.5	0.4	578.6	-6.8	-21.1
1976	672.0	20.5	645.0	11.5	27.0
1977	804.7	19.7	705.6	9.4	99.1
1978	975.0	21.2	787.3	11.6	187.7
1979	1029.6	5.6	1101.1	39.9	-71.4
1980	1295.4	25.8	1398.9	27.0	-103.5
1981	1519.1	17.3	1408.3	0.7	110.8
1982	1385.8	-8.8	1303.2	-7.5	82.7
1983	1468.0	5.9	1250.2	-4.1	217.9
1984	1700.4	15.8	1342.6	7.4	357.8
1985	1758.6	3.4	1275.1	-5.0	483.5
1986	2090.8	18.9	1194.2	-6.3	896.6
1987	2290.5	9.6	1460.5	22.3	830.1
1988	2647.7	15.6	1832.5	25.5	815.2
1989	2750.4	3.9	2074.0	13.2	676.4
1990	2867.6	4.3	2312.5	11.5	555.1
1991	3144.0	9.6	2341.1	1.2	802.9
1992	3395.0	8.0	2309.9	-1.3	1085.2
1993	3607.1	6.2	2387.2	3.3	1219.9
1994	3953.3	9.6	2723.1	14.1	1230.2

续表

年份	出口		进口		贸易差额
	金额	增长率	金额	增长率	金额
1995	4425.7	12.0	3328.4	22.2	1097.3
1996	4104.8	-7.3	3475.0	4.4	629.9
1997	4204.9	2.4	3375.0	-2.9	829.9
1998	3874.4	-7.9	2797.6	-17.1	1076.8
1999	4170.3	7.6	3089.7	10.4	1080.6
2007	4792.8	14.9	3797.1	22.9	995.7
2008	4033.4	-15.8	3492.9	-8.0	540.5
2009	4167.3	3.3	3376.1	-3.3	791.2
2010	4720.1	13.3	3834.7	13.6	885.4
2011	5657.6	19.9	4552.5	18.7	1105.1
2012	5949.4	5.2	5158.7	13.3	790.7
2013	6467.3	8.7	5790.6	12.3	676.6
2014	7143.3	10.5	6222.4	7.5	920.8
2015	7814.1	9.4	7625.3	22.5	188.8
2016	5807.2	-25.7	5519.8	-27.6	287.3
2017	7697.7	32.6	6940.6	25.7	757.1
2018	8231.8	6.9	8553.8	23.2	-322.0
2019	7986.2	-3.0	8860.3	3.6	-874.1
2020	7151.0	-10.5	8331.7	-6.0	-1180.7
2021	6902.2	-3.5	8121.8	-2.5	-1219.7
2022	6248.7	-9.5	6255.7	-23.0	-6.9

说明：贸易差额=出口额-进口额，负数为贸易逆差。

资料来源：UN Comtrade Database，http://comtradeplus.un.org/data/。

二　日本对“一带一路”共建国家的商品贸易

2.1　日本对东南亚的商品贸易

表 2.1.1　　日本对东南亚的商品贸易概况　　单位：亿美元，%

年份	出口			进口			贸易差额
	金额	增长率	份额	金额	增长率	份额	金额
1976	63.3	/	9.42	90.3	/	13.94	-27.0
1977	71.5	12.9	8.88	104.2	15.3	14.71	-32.7
1978	91.5	28.1	9.38	114.2	9.6	14.39	-22.6
1979	101.0	10.4	9.80	183.1	60.4	16.55	-82.1
1980	134.8	33.5	10.39	245.9	34.3	17.50	-111.1
1981	156.7	16.2	10.30	239.8	-2.5	16.74	-83.2
1982	153.3	-2.2	11.04	221.8	-7.5	16.81	-68.5
1983	154.2	0.6	10.50	198.1	-10.7	15.67	-43.8
1984	144.4	-6.4	8.49	221.1	11.6	16.20	-76.6
1985	116.2	-19.6	6.61	203.1	-8.1	15.68	-86.9
1986	125.4	7.9	5.99	166.5	-18.0	13.17	-41.1
1987	159.5	27.2	6.96	197.6	18.7	13.22	-38.1
1988	218.0	36.7	8.23	226.8	14.8	12.11	-8.9
1989	263.5	20.9	9.57	261.9	15.4	12.42	1.6
1990	332.5	26.2	11.59	298.2	13.9	12.70	34.3
1991	380.3	14.4	12.09	324.8	8.9	13.72	55.5
1992	414.9	9.1	12.21	324.7	0.0	13.94	90.1
1993	501.6	20.9	13.90	352.5	8.5	14.65	149.2
1994	611.0	21.8	15.44	393.1	11.5	14.31	217.9
1995	779.2	27.5	17.59	484.6	23.3	14.42	294.6
1996	734.3	-5.8	17.87	525.4	8.4	15.05	208.9
1997	699.3	-4.8	16.61	502.1	-4.4	14.82	197.2
1998	466.8	-33.3	12.03	397.6	-20.8	14.17	69.2
1999	542.2	16.2	12.98	462.6	16.4	14.92	79.6

续表

年份	出口			进口			贸易差额
	金额	增长率	份额	金额	增长率	份额	金额
2000	684.9	26.3	14.29	595.8	28.8	15.69	89.1
2001	542.9	-20.7	13.46	543.8	-8.7	15.57	-1.0
2002	557.4	2.7	13.38	516.9	-5.0	15.31	40.5
2003	612.7	9.9	12.98	586.1	13.4	15.28	26.6
2004	730.1	19.2	12.90	675.1	15.2	14.83	54.9
2005	755.8	3.5	12.70	725.9	7.5	14.07	29.9
2006	762.8	0.9	11.79	799.5	10.2	13.81	-36.8
2007	871.6	14.3	12.20	871.1	9.0	14.00	0.5
2008	1034.6	18.7	13.24	1069.7	22.8	14.03	-35.1
2009	803.9	-22.3	13.84	779.0	-27.2	14.11	25.0
2010	1128.6	40.4	14.66	1010.2	29.7	14.56	118.4
2011	1230.6	9.0	14.95	1249.7	23.7	14.61	-19.1
2012	1293.8	5.1	16.20	1291.7	3.4	14.58	2.1
2013	1109.7	-14.2	15.52	1177.9	-8.8	14.14	-68.2
2014	1046.3	-5.7	15.16	1158.3	-1.7	14.26	-112.0
2015	949.9	-9.2	15.20	978.7	-15.5	15.65	-28.8
2016	955.8	0.6	14.82	924.2	-5.6	15.23	31.6
2017	1058.7	10.8	15.16	1029.1	11.4	15.32	29.6
2018	1144.7	8.1	15.51	1122.2	9.0	14.99	22.5
2019	1062.0	-7.2	15.05	1078.6	-3.9	14.96	-16.5
2020	922.8	-13.1	14.39	998.9	-7.4	15.72	-76.1
2021	1135.3	23.0	15.00	1136.1	13.7	14.71	-0.7
2022	1182.1	4.1	15.83	1346.1	18.5	14.98	-163.9

说明：东南亚包括文莱、柬埔寨、印度尼西亚、老挝、马来西亚、缅甸、菲律宾、新加坡、泰国、越南共十个国家。东帝汶由于数据缺失较多，没有列入。缺失 1976 年日本对柬埔寨的出口数据。出口份额为日本对“一带一路”共建国家的出口额在日本对外贸易出口总额中所占的份额，进口份额为日本对“一带一路”共建国家的进口额在日本对外贸易进口总额中所占的份额；贸易差额 = 出口额 - 进口额，负数为贸易逆差。

资料来源：UN Comtrade Database，http://comtradeplus.un.org/data/。

表 2.1.2　　日本对文莱的商品贸易　　单位：万美元，%

年份	出口			进口			贸易差额
	金额	增长率	份额	金额	增长率	份额	金额
1976	3174.5	/	0.05	121354.9	/	1.87	-118180.4
1977	4683.4	47.5	0.06	141969.2	17.0	2.00	-137285.8
1978	5006.4	6.9	0.05	139353.7	-1.8	1.76	-134347.3
1979	7563.1	51.1	0.07	189132.7	35.7	1.71	-181569.6
1980	8844.2	16.9	0.07	324482.7	71.6	2.31	-315638.5
1981	9327.6	5.5	0.06	290749.5	-10.4	2.03	-281421.9
1982	14477.7	55.2	0.10	263587.5	-9.3	2.00	-249109.7
1983	8593.1	-40.6	0.06	236673.6	-10.2	1.87	-228080.5
1984	7175.1	-16.5	0.04	220248.7	-6.9	1.61	-213073.5
1985	8992.0	25.3	0.05	189217.1	-14.1	1.46	-180225.1
1986	5822.3	-35.3	0.03	128520.2	-32.1	1.02	-122697.9
1987	4049.9	-30.4	0.02	118360.3	-7.9	0.79	-114310.4
1988	6695.1	65.3	0.03	111688.1	-5.6	0.60	-104993.0
1989	8400.3	25.5	0.03	108240.9	-3.1	0.51	-99840.6
1990	8554.6	1.8	0.03	126796.5	17.1	0.54	-118242.0
1991	12854.4	50.3	0.04	150179.3	18.4	0.63	-137324.9
1992	15866.2	23.4	0.05	135963.9	-9.5	0.58	-120097.7
1993	12795.5	-19.4	0.04	141620.6	4.2	0.59	-128825.1
1994	13373.7	4.5	0.03	120477.7	-14.9	0.44	-107104.0
1995	13030.3	-2.6	0.03	135629.6	12.6	0.40	-122599.3
1996	13205.2	1.3	0.03	139239.1	2.7	0.40	-126033.9
1997	14885.2	12.7	0.04	140592.0	1.0	0.41	-125706.7
1998	6163.0	-58.6	0.02	103040.1	-26.7	0.37	-96877.1
1999	5256.0	-14.7	0.01	105037.4	1.9	0.34	-99781.4
2000	5628.1	7.1	0.01	165362.6	57.4	0.44	-159734.5
2001	5567.3	-1.1	0.01	169734.1	2.6	0.49	-164166.8
2002	31828.6	471.7	0.08	151935.0	-10.5	0.45	-120106.5
2003	9698.1	-69.5	0.02	182935.4	20.4	0.48	-173237.4
2004	10800.2	11.4	0.02	189171.2	3.4	0.42	-178371.0

续表

年份	出口			进口			贸易差额
	金额	增长率	份额	金额	增长率	份额	金额
2005	10450.8	-3.2	0.02	228698.4	20.9	0.44	-218247.6
2006	10129.6	-3.1	0.02	233673.0	2.2	0.40	-223543.4
2007	12304.8	21.5	0.02	250409.2	7.2	0.40	-238104.4
2008	18072.5	46.9	0.02	453995.4	81.3	0.60	-435922.8
2009	16276.7	-9.9	0.03	333465.2	-26.5	0.60	-317188.5
2010	14965.2	-8.1	0.02	410974.4	23.2	0.59	-396009.2
2011	14325.3	-4.3	0.02	570532.6	38.8	0.67	-556207.3
2012	18764.6	31.0	0.02	599067.8	5.0	0.68	-580303.2
2013	15222.3	-18.9	0.02	474170.3	-20.8	0.57	-458948.0
2014	10677.3	-29.9	0.02	401245.2	-15.4	0.49	-390567.9
2015	12029.0	12.7	0.02	234243.5	-41.6	0.37	-222214.5
2016	8351.9	-30.6	0.01	174925.2	-25.3	0.29	-166573.3
2017	8490.0	1.7	0.01	171737.0	-1.8	0.26	-163247.0
2018	9933.7	17.0	0.01	234058.3	36.3	0.31	-224124.6
2019	13272.9	33.6	0.02	243000.5	3.8	0.34	-229727.6
2020	10343.3	-22.1	0.02	169998.5	-30.0	0.27	-159655.2
2021	23313.5	125.4	0.03	234567.1	38.0	0.30	-211253.7
2022	5956.8	-74.4	0.01	251923.1	7.4	0.28	-245966.3

说明：出口份额为日本对“一带一路”共建国家的出口额在日本对外贸易出口总额中所占的份额，进口份额为日本对“一带一路”共建国家的进口额在日本对外贸易进口总额中所占的份额；贸易差额=出口额-进口额，负数为贸易逆差。

资料来源：UN Comtrade Database，http://comtradeplus.un.org/data/。

表 2.1.3　　日本对柬埔寨的商品贸易　　单位：万美元，%

年份	出口			进口			贸易差额
	金额	增长率	份额	金额	增长率	份额	金额
1976	/	/	/	34.8	/	0.00	/
1977	390.9	/	0.00	45.6	31.2	0.00	345.3
1978	3.8	-99.0	0.00	47.7	4.5	0.00	-43.8
1979	74.5	1838.0	0.00	31.6	-33.8	0.00	43.0
1980	2545.6	3315.5	0.02	56.8	80.2	0.00	2488.8
1981	1041.4	-59.1	0.01	66.9	17.6	0.00	974.6
1982	531.6	-49.0	0.00	57.3	-14.3	0.00	474.2
1983	347.4	-34.6	0.00	42.2	-26.4	0.00	305.2
1984	520.7	49.9	0.00	27.2	-35.5	0.00	493.5
1985	175.1	-66.4	0.00	36.4	33.6	0.00	138.7
1986	174.9	-0.1	0.00	20.1	-44.6	0.00	154.8
1987	110.1	-37.1	0.00	66.2	229.1	0.00	43.8
1988	482.0	338.0	0.00	142.1	114.5	0.00	339.9
1989	370.8	-23.1	0.00	233.9	64.7	0.00	136.9
1990	448.6	21.0	0.00	346.5	48.1	0.00	102.1
1991	661.7	47.5	0.00	549.6	58.6	0.00	112.1
1992	22429.9	3289.8	0.07	942.0	71.4	0.00	21487.8
1993	4941.7	-78.0	0.01	8227.9	773.4	0.03	-3286.3
1994	6328.1	28.1	0.02	881.0	-89.3	0.00	5447.1
1995	7721.4	22.0	0.02	730.3	-17.1	0.00	6991.1
1996	5641.8	-26.9	0.01	656.4	-10.1	0.00	4985.4
1997	5831.5	3.4	0.01	1314.5	100.3	0.00	4517.0
1998	4478.1	-23.2	0.01	1610.7	22.5	0.01	2867.4
1999	5024.2	12.2	0.01	3453.6	114.4	0.01	1570.6
2000	5198.1	3.5	0.01	5219.0	51.1	0.01	-20.9
2001	5042.5	-3.0	0.01	6601.2	26.5	0.02	-1558.7
2002	6995.4	38.7	0.02	7491.9	13.5	0.02	-496.4
2003	5455.4	-22.0	0.01	8943.3	19.4	0.02	-3487.9
2004	7986.8	46.4	0.01	9976.3	11.6	0.02	-1989.5

续表

年份	出口			进口			贸易差额
	金额	增长率	份额	金额	增长率	份额	金额
2005	7810.7	-2.2	0.01	10545.6	5.7	0.02	-2734.9
2006	8182.0	4.8	0.01	12023.2	14.0	0.02	-3841.2
2007	11103.5	35.7	0.02	13899.0	15.6	0.02	-2795.5
2008	18404.2	65.8	0.02	12101.2	-12.9	0.02	6303.0
2009	11256.3	-38.8	0.02	14262.6	17.9	0.03	-3006.4
2010	15940.1	41.6	0.02	20778.1	45.7	0.03	-4838.0
2011	20551.2	28.9	0.02	30797.5	48.2	0.04	-10246.3
2012	23437.7	14.0	0.03	40427.1	31.3	0.05	-16989.3
2013	20986.1	-10.5	0.03	58303.3	44.2	0.07	-37317.2
2014	25573.7	21.9	0.04	77200.3	32.4	0.10	-51626.7
2015	30221.4	18.2	0.05	96854.4	25.5	0.15	-66633.0
2016	30671.2	1.5	0.05	120423.1	24.3	0.20	-89751.9
2017	35820.4	16.8	0.05	126205.4	4.8	0.19	-90385.0
2018	42230.1	17.9	0.06	160697.0	27.3	0.21	-118466.9
2019	56211.5	33.1	0.08	173045.9	7.7	0.24	-116834.4
2020	48543.1	-13.6	0.08	162126.2	-6.3	0.26	-113583.0
2021	57892.1	19.3	0.08	174752.7	7.8	0.23	-116860.6
2022	51144.9	-11.7	0.07	193192.1	10.6	0.21	-142047.1

说明：出口份额为日本对“一带一路”共建国家的出口额在日本对外贸易出口总额中所占的份额，进口份额为日本对“一带一路”共建国家的进口额在日本对外贸易进口总额中所占的份额；贸易差额=出口额-进口额，负数为贸易逆差。

资料来源：UN Comtrade Database，http://comtradeplus.un.org/data/。

表2.1.4　　日本对印度尼西亚的商品贸易　　单位：万美元，%

年份	出口			进口			贸易差额
	金额	增长率	份额	金额	增长率	份额	金额
1976	163865.0	/	2.44	409066.9	/	6.31	-245201.9
1977	179745.9	9.7	2.23	499658.2	22.1	7.06	-319912.4
1978	209488.4	16.5	2.15	524661.9	5.0	6.61	-315173.6
1979	212379.6	1.4	2.06	879398.3	67.6	7.95	-667018.7
1980	345760.2	62.8	2.66	1316701.2	49.7	9.37	-970941.0
1981	412281.9	19.2	2.71	1330529.5	1.1	9.29	-918247.6
1982	426055.2	3.3	3.07	1200498.5	-9.8	9.10	-774443.2
1983	355208.6	-16.6	2.42	1043232.3	-13.1	8.25	-688023.7
1984	307313.6	-13.5	1.81	1117548.2	7.1	8.19	-810234.7
1985	217407.2	-29.3	1.24	1011897.4	-9.5	7.81	-794490.2
1986	266163.9	22.4	1.27	731086.2	-27.8	5.78	-464922.3
1987	298998.1	12.3	1.30	842731.0	15.3	5.64	-543732.9
1988	305284.7	2.1	1.15	948957.7	12.6	5.07	-643673.0
1989	331568.0	8.6	1.20	1101135.6	16.0	5.22	-769567.6
1990	501081.5	51.1	1.75	1262754.7	14.7	5.38	-761673.2
1991	560596.5	11.9	1.78	1276673.9	1.1	5.39	-716077.4
1992	557606.2	-0.5	1.64	1222897.4	-4.2	5.25	-665291.2
1993	598610.5	7.4	1.66	1249951.0	2.2	5.19	-651340.4
1994	765271.3	27.8	1.93	1292361.7	3.4	4.70	-527090.3
1995	996820.0	30.3	2.25	1422566.7	10.1	4.23	-425746.6
1996	905851.4	-9.1	2.20	1519383.0	6.8	4.35	-613531.6
1997	1016862.3	12.3	2.42	1463861.8	-3.7	4.32	-446999.4
1998	429221.1	-57.8	1.11	1084361.5	-25.9	3.86	-655140.4
1999	484523.8	12.9	1.16	1258736.1	16.1	4.06	-774212.3
2000	758747.7	56.6	1.58	1638158.2	30.1	4.31	-879410.5

续表

年份	出口			进口			贸易差额
	金额	增长率	份额	金额	增长率	份额	金额
2001	640439.3	-15.6	1.59	1486937.9	-9.2	4.26	-846498.6
2002	623641.6	-2.6	1.50	1418328.7	-4.6	4.20	-794687.1
2003	718533.7	15.2	1.52	1646867.6	16.1	4.29	-928333.9
2004	908004.6	26.4	1.60	1870246.3	13.6	4.11	-962241.7
2005	921409.8	1.5	1.55	2081673.1	11.3	4.04	-1160263.2
2006	737233.8	-20.0	1.14	2413502.3	15.9	4.17	-1676268.4
2007	905983.1	22.9	1.27	2651653.0	9.9	4.26	-1745669.9
2008	1257284.1	38.8	1.61	3262414.8	23.0	4.28	-2005130.7
2009	932320.2	-25.8	1.61	2183916.4	-33.1	3.96	-1251596.2
2010	1592616.8	70.8	2.07	2828298.9	29.5	4.08	-1235682.1
2011	1773703.7	11.4	2.15	3410857.2	20.6	3.99	-1637153.4
2012	2027861.4	14.3	2.54	3229320.5	-5.3	3.64	-1201459.1
2013	1703156.2	-16.0	2.38	2888200.3	-10.6	3.47	-1185044.1
2014	1473534.8	-13.5	2.13	2567288.4	-11.1	3.16	-1093753.7
2015	1153896.6	-21.7	1.85	1975381.9	-23.1	3.16	-821485.2
2016	1132751.8	-1.8	1.76	1821482.2	-7.8	3.00	-688730.4
2017	1339586.0	18.3	1.92	1988406.0	9.2	2.96	-648820.0
2018	1579221.1	17.9	2.14	2153089.2	8.3	2.88	-573868.1
2019	1398176.7	-11.5	1.98	1818264.4	-15.6	2.52	-420087.7
2020	919648.8	-34.2	1.43	1547351.2	-14.9	2.44	-627702.4
2021	1335165.7	45.2	1.76	1962907.8	26.9	2.54	-627742.2
2022	1505147.1	12.7	2.02	2871738.4	46.3	3.20	-1366591.3

说明：出口份额为日本对"一带一路"共建国家的出口额在日本对外贸易出口总额中所占的份额，进口份额为日本对"一带一路"共建国家的进口额在日本对外贸易进口总额中所占的份额；贸易差额 = 出口额 - 进口额，负数为贸易逆差。

资料来源：UN Comtrade Database，http://comtradeplus.un.org/data/。

表 2. 1. 5　　日本对老挝的商品贸易　　单位：万美元,%

年份	出口			进口			贸易差额
	金额	增长率	份额	金额	增长率	份额	金额
1976	731. 6	/	0. 01	289. 8	/	0. 00	441. 7
1977	1447. 0	97. 8	0. 02	253. 3	-12. 6	0. 00	1193. 7
1978	467. 4	-67. 7	0. 00	443. 2	75. 0	0. 01	24. 2
1979	921. 0	97. 0	0. 01	921. 9	108. 0	0. 01	-0. 9
1980	1247. 1	35. 4	0. 01	588. 4	-36. 2	0. 00	658. 7
1981	895. 1	-28. 2	0. 01	378. 7	-35. 6	0. 00	516. 4
1982	978. 5	9. 3	0. 01	115. 8	-69. 4	0. 00	862. 7
1983	1522. 8	55. 6	0. 01	236. 1	103. 9	0. 00	1286. 7
1984	517. 1	-66. 0	0. 00	63. 3	-73. 2	0. 00	453. 8
1985	1173. 8	127. 0	0. 01	133. 6	111. 2	0. 00	1040. 2
1986	1291. 8	10. 1	0. 01	144. 5	8. 1	0. 00	1147. 3
1987	1542. 5	19. 4	0. 01	151. 6	4. 9	0. 00	1390. 9
1988	1961. 7	27. 2	0. 01	688. 3	354. 0	0. 00	1273. 4
1989	2410. 0	22. 9	0. 01	770. 5	12. 0	0. 00	1639. 5
1990	1935. 5	-19. 7	0. 01	467. 2	-39. 4	0. 00	1468. 3
1991	2144. 8	10. 8	0. 01	445. 0	-4. 8	0. 00	1699. 8
1992	2804. 6	30. 8	0. 01	1219. 3	174. 0	0. 01	1585. 3
1993	3702. 8	32. 0	0. 01	1161. 5	-4. 7	0. 00	2541. 3
1994	3375. 8	-8. 8	0. 01	3105. 6	167. 4	0. 01	270. 2
1995	2809. 4	-16. 8	0. 01	2958. 4	-4. 7	0. 01	-149. 0
1996	3969. 0	41. 3	0. 01	2340. 0	-20. 9	0. 01	1628. 9
1997	2906. 3	-26. 8	0. 01	2110. 2	-9. 8	0. 01	796. 1
1998	1878. 2	-35. 4	0. 00	1992. 5	-5. 6	0. 01	-114. 3
1999	2262. 5	20. 5	0. 01	1360. 7	-31. 7	0. 00	901. 8
2000	2133. 8	-5. 7	0. 00	1196. 0	-12. 1	0. 00	937. 8

续表

年份	出口			进口			贸易差额
	金额	增长率	份额	金额	增长率	份额	金额
2001	1175.7	-44.9	0.00	694.6	-41.9	0.00	481.1
2002	1800.9	53.2	0.00	672.2	-3.2	0.00	1128.7
2003	1362.2	-24.4	0.00	741.3	10.3	0.00	620.9
2004	1406.3	3.2	0.00	800.4	8.0	0.00	605.8
2005	1949.6	38.6	0.00	803.6	0.4	0.00	1146.0
2006	2051.8	5.2	0.00	1232.8	53.4	0.00	819.0
2007	3761.5	83.3	0.01	1199.5	-2.7	0.00	2562.0
2008	6220.1	65.4	0.01	1807.1	50.6	0.00	4413.0
2009	7596.6	22.1	0.01	2696.4	49.2	0.00	4900.2
2010	6230.1	-18.0	0.01	3773.4	39.9	0.01	2456.7
2011	7765.0	24.6	0.01	9732.5	157.9	0.01	-1967.5
2012	13772.8	77.4	0.02	12355.3	26.9	0.01	1417.4
2013	12130.1	-11.9	0.02	10721.7	-13.2	0.01	1408.4
2014	13858.2	14.2	0.02	11508.7	7.3	0.01	2349.5
2015	10454.5	-24.6	0.02	9740.3	-15.4	0.02	714.1
2016	11618.5	11.1	0.02	11525.8	18.3	0.02	92.7
2017	11619.3	0.0	0.02	14940.8	29.6	0.02	-3321.5
2018	13316.7	14.6	0.02	15558.4	4.1	0.02	-2241.6
2019	9580.0	-28.1	0.01	15903.0	2.2	0.02	-6323.1
2020	14747.7	53.9	0.02	12905.1	-18.9	0.02	1842.7
2021	12853.6	-12.8	0.02	12993.0	0.7	0.02	-139.4
2022	10228.2	-20.4	0.01	18875.3	45.3	0.02	-8647.1

说明：出口份额为日本对“一带一路”共建国家的出口额在日本对外贸易出口总额中所占的份额，进口份额为日本对“一带一路”共建国家的进口额在日本对外贸易进口总额中所占的份额；贸易差额 = 出口额 - 进口额，负数为贸易逆差。

资料来源：UN Comtrade Database，http://comtradeplus.un.org/data/。

表 2.1.6　日本对马来西亚的商品贸易　单位：万美元,%

年份	出口			进口			贸易差额
	金额	增长率	份额	金额	增长率	份额	金额
1976	70395.4	/	1.05	136222.7	/	2.10	-65827.2
1977	86334.6	22.6	1.07	156063.5	14.6	2.20	-69728.9
1978	115707.6	34.0	1.19	189973.2	21.7	2.39	-74265.6
1979	150694.8	30.2	1.46	325711.2	71.5	2.94	-175016.4
1980	206089.6	36.8	1.59	347085.2	6.6	2.47	-140995.6
1981	242437.1	17.6	1.59	292703.3	-15.7	2.04	-50266.1
1982	250201.4	3.2	1.80	300957.2	2.8	2.28	-50755.8
1983	277081.8	10.7	1.89	313070.3	4.0	2.48	-35988.5
1984	287483.6	3.8	1.69	441213.0	40.9	3.23	-153729.4
1985	217722.6	-24.3	1.24	433007.5	-1.9	3.34	-215284.9
1986	170835.8	-21.5	0.82	384555.8	-11.2	3.04	-213720.0
1987	216784.6	26.9	0.95	477187.5	24.1	3.19	-260402.9
1988	306031.2	41.2	1.16	470493.4	-1.4	2.51	-164462.2
1989	414293.3	35.4	1.51	510070.9	8.4	2.42	-95777.6
1990	548945.6	32.5	1.91	540616.8	6.0	2.30	8328.8
1991	763655.9	39.1	2.43	647105.8	19.7	2.73	116550.0
1992	811536.5	6.3	2.39	657226.4	1.6	2.82	154310.0
1993	960320.7	18.3	2.66	763969.4	16.2	3.17	196351.3
1994	1233310.2	28.4	3.12	822843.8	7.7	2.99	410466.4
1995	1677698.1	36.0	3.79	1056438.1	28.4	3.14	621260.0
1996	1532778.7	-8.6	3.73	1175041.9	11.2	3.37	357736.8
1997	1451120.9	-5.3	3.45	1137652.2	-3.2	3.36	313468.6
1998	932018.5	-35.8	2.40	867620.7	-23.7	3.09	64397.8
1999	1110960.7	19.2	2.66	1091141.6	25.8	3.52	19819.1
2000	1388651.2	25.0	2.90	1449445.3	32.8	3.82	-60794.1
2001	1101198.0	-20.7	2.73	1285750.2	-11.3	3.68	-184552.3

续表

年份	出口			进口			贸易差额
	金额	增长率	份额	金额	增长率	份额	金额
2002	1101711.5	0.0	2.64	1120393.4	-12.9	3.32	-18681.9
2003	1126396.4	2.2	2.39	1260369.4	12.5	3.29	-133973.0
2004	1257212.1	11.6	2.22	1411795.5	12.0	3.10	-154583.3
2005	1253123.7	-0.3	2.11	1466945.7	3.9	2.84	-213822.1
2006	1321047.7	5.4	2.04	1548759.9	5.6	2.67	-227712.3
2007	1505575.7	14.0	2.11	1741480.9	12.4	2.80	-235905.2
2008	1644856.6	9.3	2.10	2315591.7	33.0	3.04	-670735.1
2009	1286539.1	-21.8	2.22	1670285.5	-27.9	3.03	-383746.4
2010	1764128.1	37.1	2.29	2270068.4	35.9	3.27	-505940.3
2011	1878978.5	6.5	2.28	3046300.3	34.2	3.56	-1167321.8
2012	1769850.1	-5.8	2.22	3285627.8	7.9	3.71	-1515777.8
2013	1524010.1	-13.9	2.13	2974506.2	-9.5	3.57	-1450496.0
2014	1413308.0	-7.3	2.05	2918137.6	-1.9	3.59	-1504829.6
2015	1200388.9	-15.1	1.92	2149926.5	-26.3	3.44	-949537.7
2016	1213937.3	1.1	1.88	1733441.2	-19.4	2.86	-519503.9
2017	1276340.0	5.1	1.83	1927095.7	11.2	2.87	-650755.7
2018	1394023.3	9.2	1.89	1892526.7	-1.8	2.53	-498503.4
2019	1329087.7	-4.7	1.88	1767205.9	-6.6	2.45	-438118.2
2020	1259555.0	-5.2	1.96	1592762.4	-9.9	2.51	-333207.4
2021	1561374.0	24.0	2.06	1972220.6	23.8	2.55	-410846.7
2022	1645790.2	5.4	2.20	2609297.5	32.3	2.90	-963507.3

说明：出口份额为日本对“一带一路”共建国家的出口额在日本对外贸易出口总额中所占的份额，进口份额为日本对“一带一路”共建国家的进口额在日本对外贸易进口总额中所占的份额；贸易差额=出口额-进口额，负数为贸易逆差。

资料来源：UN Comtrade Database，http://comtradeplus.un.org/data/。

表 2. 1. 7 **日本对缅甸的商品贸易** 单位：万美元,%

年份	出口			进口			贸易差额
	金额	增长率	份额	金额	增长率	份额	金额
1976	6656. 1	/	0. 10	2739. 8	/	0. 04	3916. 3
1977	6710. 6	0. 8	0. 08	3054. 5	11. 5	0. 04	3656. 1
1978	23097. 1	244. 2	0. 24	5058. 6	65. 6	0. 06	18038. 5
1979	25319. 1	9. 6	0. 25	8841. 0	74. 8	0. 08	16478. 1
1980	21424. 9	-15. 4	0. 17	7620. 0	-13. 8	0. 05	13804. 9
1981	24967. 7	16. 5	0. 16	6308. 5	-17. 2	0. 04	18659. 2
1982	23081. 0	-7. 6	0. 17	4897. 8	-22. 4	0. 04	18183. 2
1983	17964. 8	-22. 2	0. 12	4675. 0	-4. 5	0. 04	13289. 9
1984	18099. 9	0. 8	0. 11	3224. 9	-31. 0	0. 02	14875. 0
1985	18407. 5	1. 7	0. 10	3497. 1	8. 4	0. 03	14910. 4
1986	21176. 8	15. 0	0. 10	4861. 6	39. 0	0. 04	16315. 2
1987	17535. 6	-17. 2	0. 08	3421. 7	-29. 6	0. 02	14113. 9
1988	18252. 4	4. 1	0. 07	3227. 0	-5. 7	0. 02	15025. 4
1989	10494. 1	-42. 5	0. 04	3397. 0	5. 3	0. 02	7097. 1
1990	10021. 5	-4. 5	0. 03	4160. 5	22. 5	0. 02	5861. 0
1991	8206. 8	-18. 1	0. 03	4938. 9	18. 7	0. 02	3267. 9
1992	9578. 7	16. 7	0. 03	4857. 0	-1. 7	0. 02	4721. 7
1993	9979. 7	4. 2	0. 03	7050. 5	45. 2	0. 03	2929. 2
1994	6738. 2	-32. 5	0. 02	7568. 8	7. 4	0. 03	-830. 6
1995	15643. 8	132. 2	0. 04	9305. 3	22. 9	0. 03	6338. 6
1996	25363. 0	62. 1	0. 06	10279. 0	10. 5	0. 03	15084. 0
1997	21154. 7	-16. 6	0. 05	9877. 1	-3. 9	0. 03	11277. 6
1998	18442. 1	-12. 8	0. 05	8971. 2	-9. 2	0. 03	9470. 9
1999	18568. 9	0. 7	0. 04	10114. 9	12. 7	0. 03	8454. 0
2000	19519. 7	5. 1	0. 04	11941. 7	18. 1	0. 03	7578. 0
2001	18689. 7	-4. 3	0. 05	10210. 1	-14. 5	0. 03	8479. 6

续表

年份	出口			进口			贸易差额
	金额	增长率	份额	金额	增长率	份额	金额
2002	11567.8	-38.1	0.03	10982.1	7.6	0.03	585.7
2003	12334.7	6.6	0.03	13896.0	26.5	0.04	-1561.3
2004	10492.4	-14.9	0.02	17987.1	29.4	0.04	-7494.6
2005	9181.1	-12.5	0.02	20357.2	13.2	0.04	-11176.1
2006	10374.5	13.0	0.02	24599.6	20.8	0.04	-14225.2
2007	17534.8	69.0	0.02	29506.7	19.9	0.05	-11971.9
2008	18805.8	7.2	0.02	31545.1	6.9	0.04	-12739.3
2009	20162.3	7.2	0.03	34125.6	8.2	0.06	-13963.3
2010	26185.4	29.9	0.03	38593.5	13.1	0.06	-12408.1
2011	50293.2	92.1	0.06	59001.4	52.9	0.07	-8708.2
2012	125717.0	150.0	0.16	67213.3	13.9	0.08	58503.7
2013	105742.7	-15.9	0.15	75929.6	13.0	0.09	29813.2
2014	118881.2	12.4	0.17	86066.5	13.4	0.11	32814.7
2015	106543.3	-10.4	0.17	86426.0	0.4	0.14	20117.4
2016	103563.0	-2.8	0.16	93485.2	8.2	0.15	10077.8
2017	88076.2	-15.0	0.13	106605.0	14.0	0.16	-18528.8
2018	69370.4	-21.2	0.09	128053.4	20.1	0.17	-58683.0
2019	65207.5	-6.0	0.09	141493.1	10.5	0.20	-76285.6
2020	60399.2	-7.4	0.09	130573.7	-7.7	0.21	-70174.5
2021	33639.4	-44.3	0.04	96017.4	-26.5	0.12	-62378.0
2022	44499.6	32.3	0.06	143068.2	49.0	0.16	-98568.6

说明：出口份额为日本对“一带一路”共建国家的出口额在日本对外贸易出口总额中所占的份额，进口份额为日本对“一带一路”共建国家的进口额在日本对外贸易进口总额中所占的份额；贸易差额=出口额-进口额，负数为贸易逆差。

资料来源：UN Comtrade Database，http://comtradeplus.un.org/data/。

表 2.1.8　日本对菲律宾的商品贸易　单位：万美元,%

年份	出口			进口			贸易差额
	金额	增长率	份额	金额	增长率	份额	金额
1976	111395. 7	/	1. 66	79309. 3	/	1. 22	32086. 4
1977	109993. 7	-1. 3	1. 37	89737. 2	13. 1	1. 27	20256. 5
1978	154572. 9	40. 5	1. 58	105776. 7	17. 9	1. 33	48796. 1
1979	162202. 6	4. 9	1. 57	158275. 7	49. 6	1. 43	3927. 0
1980	168333. 3	3. 8	1. 30	195142. 3	23. 3	1. 39	-26809. 1
1981	192832. 7	14. 6	1. 27	173122. 2	-11. 3	1. 21	19710. 5
1982	180296. 7	-6. 5	1. 30	157620. 6	-9. 0	1. 19	22676. 1
1983	174355. 6	-3. 3	1. 19	130649. 7	-17. 1	1. 03	43705. 8
1984	107989. 9	-38. 1	0. 63	141862. 4	8. 6	1. 04	-33872. 5
1985	93791. 6	-13. 1	0. 53	124308. 9	-12. 4	0. 96	-30517. 4
1986	108814. 2	16. 0	0. 52	122066. 3	-1. 8	0. 97	-13252. 1
1987	141470. 2	30. 0	0. 62	135285. 7	10. 8	0. 90	6184. 5
1988	174033. 5	23. 0	0. 66	204499. 6	51. 2	1. 09	-30466. 1
1989	238838. 5	37. 2	0. 87	205573. 0	0. 5	0. 97	33265. 5
1990	251247. 1	5. 2	0. 88	216758. 0	5. 4	0. 92	34489. 1
1991	265723. 0	5. 8	0. 84	235371. 6	8. 6	0. 99	30351. 4
1992	351499. 5	32. 3	1. 03	233665. 6	-0. 7	1. 00	117833. 9
1993	481231. 3	36. 9	1. 33	237366. 2	1. 6	0. 99	243865. 2
1994	589674. 7	22. 5	1. 49	265196. 4	11. 7	0. 97	324478. 3
1995	711808. 4	20. 7	1. 61	347612. 7	31. 1	1. 03	364195. 7
1996	840366. 0	18. 1	2. 04	452205. 1	30. 1	1. 30	388160. 9
1997	868963. 8	3. 4	2. 06	501762. 6	11. 0	1. 48	367201. 2
1998	726686. 3	-16. 4	1. 87	443167. 9	-11. 7	1. 58	283518. 4
1999	875545. 8	20. 5	2. 10	530401. 8	19. 7	1. 71	345144. 0
2000	1025885. 3	17. 2	2. 14	719977. 6	35. 7	1. 90	305907. 7
2001	819632. 1	-20. 1	2. 03	641406. 6	-10. 9	1. 84	178225. 5

续表

年份	出口			进口			贸易差额
	金额	增长率	份额	金额	增长率	份额	金额
2002	845845.4	3.2	2.03	654010.2	2.0	1.94	191835.2
2003	901577.9	6.6	1.91	704905.8	7.8	1.84	196672.2
2004	960230.4	6.5	1.70	825251.9	17.1	1.81	134978.5
2005	905746.1	-5.7	1.52	769998.2	-6.7	1.49	135747.9
2006	900662.5	-0.6	1.39	795997.2	3.4	1.37	104665.3
2007	947997.5	5.3	1.33	873122.9	9.7	1.40	74874.5
2008	997679.6	5.2	1.28	842618.5	-3.5	1.11	155061.1
2009	822425.2	-17.6	1.42	641252.6	-23.9	1.16	181172.5
2010	1106452.5	34.5	1.44	793580.4	23.8	1.14	312872.1
2011	1122861.2	1.5	1.36	894254.6	12.7	1.05	228606.5
2012	1184853.8	5.5	1.48	934405.0	4.5	1.05	250448.8
2013	968064.1	-18.3	1.35	924555.1	-1.1	1.11	43509.0
2014	987792.5	2.0	1.43	1017559.3	10.1	1.25	-29766.7
2015	948770.6	-4.0	1.52	887409.4	-12.8	1.42	61361.3
2016	1034533.6	9.0	1.60	902612.5	1.7	1.49	131921.1
2017	1112902.4	7.6	1.59	977079.1	8.3	1.45	135823.3
2018	1126302.2	1.2	1.53	1043035.8	6.8	1.39	83266.5
2019	1065189.2	-5.4	1.51	1060656.7	1.7	1.47	4532.5
2020	880915.8	-17.3	1.37	934470.5	-11.9	1.47	-53554.7
2021	1111273.0	26.1	1.47	1086267.1	16.2	1.41	25005.9
2022	1214732.5	9.3	1.63	1086059.4	0.0	1.21	128673.1

说明：出口份额为日本对“一带一路”共建国家的出口额在日本对外贸易出口总额中所占的份额，进口份额为日本对“一带一路”共建国家的进口额在日本对外贸易进口总额中所占的份额；贸易差额=出口额-进口额，负数为贸易逆差。

资料来源：UN Comtrade Database，http://comtradeplus.un.org/data/。

表 2.1.9　　**日本对新加坡的商品贸易**　　单位：万美元,%

年份	出口			进口			贸易差额
	金额	增长率	份额	金额	增长率	份额	金额
1976	153142.5	/	2.28	64661.3	/	1.00	88481.2
1977	171921.2	12.3	2.14	68734.6	6.3	0.97	103186.6
1978	232477.6	35.2	2.38	86908.7	26.4	1.10	145569.0
1979	267913.6	15.2	2.60	147344.0	69.5	1.33	120569.6
1980	391085.4	46.0	3.01	150721.9	2.3	1.07	240363.5
1981	446791.7	14.2	2.94	194377.8	29.0	1.36	252413.9
1982	437321.3	−2.1	3.15	182611.6	−6.1	1.38	254709.7
1983	444822.3	1.7	3.03	146750.4	−19.6	1.16	298072.0
1984	461018.4	3.6	2.71	177541.1	21.0	1.30	283477.3
1985	386338.8	−16.2	2.20	159388.8	−10.2	1.23	226950.0
1986	457660.1	18.5	2.19	146333.8	−8.2	1.16	311326.2
1987	600808.5	31.3	2.62	204756.1	39.9	1.37	396052.4
1988	831696.9	38.4	3.14	233855.8	14.2	1.25	597841.1
1989	925581.4	11.3	3.36	295467.6	26.3	1.40	630113.8
1990	1070508.3	15.7	3.73	355062.0	20.2	1.51	715446.3
1991	1222786.6	14.2	3.89	341672.0	−3.8	1.44	881114.6
1992	1296203.5	6.0	3.82	309206.3	−9.5	1.33	986997.2
1993	1655730.8	27.7	4.59	360059.1	16.4	1.50	1295671.6
1994	1959631.2	18.4	4.95	464512.8	29.0	1.69	1495118.4
1995	2301141.8	17.4	5.20	686427.9	47.8	2.04	1614713.8
1996	2075883.7	−9.8	5.05	732260.5	6.7	2.10	1343623.2
1997	2024861.4	−2.5	4.81	587472.5	−19.8	1.73	1437388.9
1998	1478853.5	−27.0	3.81	471852.1	−19.7	1.68	1007001.4
1999	1628514.5	10.1	3.90	543367.8	15.2	1.75	1085146.7
2000	2082024.9	27.8	4.34	643344.7	18.4	1.69	1438680.1
2001	1470819.6	−29.4	3.65	538308.4	−16.3	1.54	932511.2

续表

年份	出口			进口			贸易差额
	金额	增长率	份额	金额	增长率	份额	金额
2002	1419144.0	-3.5	3.41	501106.6	-6.9	1.48	918037.3
2003	1484692.9	4.6	3.15	543529.2	8.5	1.42	941163.7
2004	1798806.6	21.2	3.18	629171.8	15.8	1.38	1169634.7
2005	1843554.3	2.5	3.10	669467.6	6.4	1.30	1174086.8
2006	1933994.4	4.9	2.99	747748.3	11.7	1.29	1186246.1
2007	2183935.6	12.9	3.06	705266.4	-5.7	1.13	1478669.2
2008	2659657.7	21.8	3.40	788622.2	11.8	1.03	1871035.5
2009	2072382.5	-22.1	3.57	611472.4	-22.5	1.11	1460910.1
2010	2523021.5	21.7	3.28	816918.9	33.6	1.18	1706102.5
2011	2725342.5	8.0	3.31	867724.8	6.2	1.01	1857617.7
2012	2329391.7	-14.5	2.92	876823.6	1.0	0.99	1452568.1
2013	2098035.0	-9.9	2.93	745574.1	-15.0	0.89	1352460.8
2014	2101289.5	0.2	3.04	788374.4	5.7	0.97	1312915.1
2015	1985533.1	-5.5	3.18	790514.5	0.3	1.26	1195018.6
2016	1984198.6	-0.1	3.08	746510.3	-5.6	1.23	1237688.3
2017	2265577.5	14.2	3.25	852585.9	14.2	1.27	1412991.5
2018	2341176.4	3.3	3.17	973828.8	14.2	1.30	1367347.6
2019	2016881.4	-13.9	2.86	780936.9	-19.8	1.08	1235944.5
2020	1769705.1	-12.3	2.76	856352.6	9.7	1.35	913352.5
2021	2005055.7	13.3	2.65	885596.9	3.4	1.15	1119458.8
2022	2234225.5	11.4	2.99	982101.9	10.9	1.09	1252123.6

说明：出口份额为日本对“一带一路”共建国家的出口额在日本对外贸易出口总额中所占的份额，进口份额为日本对“一带一路”共建国家的进口额在日本对外贸易进口总额中所占的份额；贸易差额=出口额-进口额，负数为贸易逆差。

资料来源：UN Comtrade Database，http://comtradeplus.un.org/data/。

表 2.1.10　　日本对泰国的商品贸易　　单位：万美元，%

年份	出口			进口			贸易差额
	金额	增长率	份额	金额	增长率	份额	金额
1976	107021.1	/	1.59	84803.3	/	1.31	22217.8
1977	135975.4	27.1	1.69	74819.6	-11.8	1.06	61155.8
1978	152776.7	12.4	1.57	84266.1	12.6	1.06	68510.6
1979	171369.5	12.2	1.66	116939.2	38.8	1.06	54430.2
1980	191654.6	11.8	1.48	111948.3	-4.3	0.80	79706.2
1981	225055.2	17.4	1.48	106109.2	-5.2	0.74	118946.0
1982	190709.4	-15.3	1.37	104069.4	-1.9	0.79	86640.0
1983	250647.2	31.4	1.71	101865.7	-2.1	0.81	148781.5
1984	242455.7	-3.3	1.43	103964.7	2.1	0.76	138491.0
1985	203086.6	-16.2	1.15	102690.8	-1.2	0.79	100395.8
1986	202968.2	-0.1	0.97	139090.4	35.4	1.10	63877.8
1987	295326.4	45.5	1.29	179599.6	29.1	1.20	115726.8
1988	515953.2	74.7	1.95	275411.0	53.3	1.47	240542.2
1989	685517.3	32.9	2.49	358758.0	30.3	1.70	326759.4
1990	910445.5	32.8	3.17	415645.4	15.9	1.77	494800.1
1991	944696.4	3.8	3.00	525089.2	26.3	2.22	419607.2
1992	1035985.9	9.7	3.05	594513.8	13.2	2.55	441472.2
1993	1225675.5	18.3	3.40	648826.3	9.1	2.70	576849.2
1994	1467684.5	19.7	3.71	819209.2	26.3	2.98	648475.4
1995	1972998.3	34.4	4.45	1011995.6	23.5	3.01	961002.6
1996	1826348.6	-7.4	4.44	1021228.3	0.9	2.92	805120.2
1997	1458422.7	-20.1	3.46	957485.0	-6.2	2.83	500937.7
1998	936628.7	-35.8	2.41	817833.3	-14.6	2.91	118795.4
1999	1128440.3	20.5	2.70	886197.9	8.4	2.86	242242.4
2000	1363385.4	20.8	2.84	1059538.2	19.6	2.79	303847.3
2001	1187889.2	-12.9	2.95	1037998.4	-2.0	2.97	149890.8

续表

年份	出口			进口			贸易差额
	金额	增长率	份额	金额	增长率	份额	金额
2002	1318411.8	11.0	3.16	1051031.0	1.3	3.11	267380.9
2003	1604051.2	21.7	3.40	1189332.2	13.2	3.10	414719.0
2004	2027574.9	26.4	3.58	1410888.9	18.6	3.10	616686.0
2005	2245116.8	10.7	3.77	1555798.7	10.3	3.02	689318.1
2006	2290223.8	2.0	3.54	1688663.4	8.5	2.92	601560.3
2007	2561197.8	11.8	3.59	1832312.9	8.5	2.94	728884.9
2008	2943108.6	14.9	3.77	2078641.1	13.4	2.73	864467.5
2009	2218760.8	-24.6	3.82	1602564.3	-22.9	2.90	616196.5
2010	3419140.6	54.1	4.44	2101667.9	31.1	3.03	1317472.7
2011	3753210.0	9.8	4.56	2452897.4	16.7	2.87	1300312.7
2012	4370801.5	16.5	5.47	2363573.0	-3.6	2.67	2007228.6
2013	3594597.9	-17.8	5.03	2203860.0	-6.8	2.65	1390737.9
2014	3134900.4	-12.8	4.54	2173972.5	-1.4	2.68	960928.0
2015	2798435.6	-10.7	4.48	2042667.8	-6.0	3.27	755767.7
2016	2739805.0	-2.1	4.25	2013920.7	-1.4	3.32	725884.2
2017	2943207.2	7.4	4.22	2273240.5	12.9	3.38	669966.7
2018	3227613.6	9.7	4.37	2507711.5	10.3	3.35	719902.1
2019	3018401.9	-6.5	4.28	2536680.5	1.2	3.52	481721.4
2020	2552530.6	-15.4	3.98	2377921.7	-6.3	3.74	174609.0
2021	3302468.4	29.4	4.36	2635155.7	10.8	3.41	667312.7
2022	3245248.6	-1.7	4.35	2661690.1	1.0	2.96	583558.6

说明：出口份额为日本对“一带一路”共建国家的出口额在日本对外贸易出口总额中所占的份额，进口份额为日本对“一带一路”共建国家的进口额在日本对外贸易进口总额中所占的份额；贸易差额 = 出口额 - 进口额，负数为贸易逆差。

资料来源：UN Comtrade Database，http://comtradeplus.un.org/data/。

表 2. 1. 11　　日本对越南的商品贸易　　单位：万美元,%

年份	出口			进口			贸易差额
	金额	增长率	份额	金额	增长率	份额	金额
1976	16724. 0	/	0. 25	4887. 5	/	0. 08	11836. 5
1977	17466. 6	4. 4	0. 22	7183. 4	47. 0	0. 10	10283. 2
1978	21681. 9	24. 1	0. 22	5084. 8	-29. 2	0. 06	16597. 1
1979	11773. 0	-45. 7	0. 11	4822. 8	-5. 2	0. 04	6950. 3
1980	11308. 8	-3. 9	0. 09	4862. 7	0. 8	0. 03	6446. 1
1981	10944. 7	-3. 2	0. 07	3734. 4	-23. 2	0. 03	7210. 3
1982	9233. 9	-15. 6	0. 07	3601. 8	-3. 6	0. 03	5632. 1
1983	11922. 1	29. 1	0. 08	3765. 2	4. 5	0. 03	8156. 9
1984	11901. 8	-0. 2	0. 07	5120. 6	36. 0	0. 04	6781. 2
1985	14884. 1	25. 1	0. 08	6502. 6	27. 0	0. 05	8381. 4
1986	18918. 6	27. 1	0. 09	8293. 3	27. 5	0. 07	10625. 3
1987	17876. 4	-5. 5	0. 08	14354. 5	73. 1	0. 10	3521. 9
1988	19342. 0	8. 2	0. 07	19533. 5	36. 1	0. 10	-191. 5
1989	17026. 7	-12. 0	0. 06	34918. 3	78. 8	0. 17	-17891. 6
1990	21560. 9	26. 6	0. 08	58909. 5	68. 7	0. 25	-37348. 6
1991	21667. 3	0. 5	0. 07	66158. 7	12. 3	0. 28	-44491. 4
1992	45018. 0	107. 8	0. 13	86816. 4	31. 2	0. 37	-41798. 5
1993	63443. 0	40. 9	0. 18	106453. 1	22. 6	0. 44	-43010. 1
1994	64367. 2	1. 5	0. 16	134806. 5	26. 6	0. 49	-70439. 3
1995	92189. 6	43. 2	0. 21	172035. 3	27. 6	0. 51	-79845. 7
1996	113886. 3	23. 5	0. 28	201780. 2	17. 3	0. 58	-87893. 9
1997	128021. 8	12. 4	0. 30	218804. 2	8. 4	0. 65	-90782. 4
1998	133199. 3	4. 0	0. 34	175273. 8	-19. 9	0. 62	-42074. 5
1999	162561. 8	22. 0	0. 39	196029. 1	11. 8	0. 63	-33467. 3
2000	197512. 3	21. 5	0. 41	263971. 5	34. 7	0. 70	-66459. 2
2001	178192. 0	-9. 8	0. 44	260832. 5	-1. 2	0. 75	-82640. 5

续表

年份	出口			进口			贸易差额
	金额	增长率	份额	金额	增长率	份额	金额
2002	213001.7	19.5	0.51	252867.7	-3.1	0.75	-39866.0
2003	262485.8	23.2	0.56	309497.2	22.4	0.81	-47011.4
2004	318009.0	21.2	0.56	385787.6	24.6	0.85	-67778.5
2005	359165.9	12.9	0.60	454401.3	17.8	0.88	-95235.4
2006	413845.9	15.2	0.64	529292.3	16.5	0.91	-115446.4
2007	566734.2	36.9	0.79	612372.0	15.7	0.98	-45637.8
2008	781442.0	37.9	1.00	909470.5	48.5	1.19	-128028.5
2009	651600.2	-16.6	1.12	695619.9	-23.5	1.26	-44019.7
2010	817242.3	25.4	1.06	817487.1	17.5	1.18	-244.8
2011	959234.1	17.4	1.17	1155210.9	41.3	1.35	-195976.8
2012	1074022.0	12.0	1.34	1508393.7	30.6	1.70	-434371.7
2013	1055008.1	-1.8	1.48	1423300.8	-5.6	1.71	-368292.7
2014	1183016.6	12.1	1.71	1541684.9	8.3	1.90	-358668.3
2015	1253138.3	5.9	2.01	1514122.9	-1.8	2.42	-260984.6
2016	1299034.6	3.7	2.01	1623780.0	7.2	2.68	-324745.4
2017	1505375.6	15.9	2.16	1853319.9	14.1	2.76	-347944.3
2018	1643626.3	9.2	2.23	2113559.7	14.0	2.82	-469933.4
2019	1648387.7	0.3	2.34	2248450.7	6.4	3.12	-600063.0
2020	1711784.1	3.8	2.67	2204617.2	-1.9	3.47	-492833.1
2021	1910454.4	11.6	2.52	2300158.1	4.3	2.98	-389703.6
2022	1864207.0	-2.4	2.50	2642684.7	14.9	2.94	-778477.7

说明：出口份额为日本对“一带一路”共建国家的出口额在日本对外贸易出口总额中所占的份额，进口份额为日本对“一带一路”共建国家的进口额在日本对外贸易进口总额中所占的份额；贸易差额=出口额-进口额，负数为贸易逆差。

资料来源：UN Comtrade Database，http://comtradeplus.un.org/data/。

2.2 日本对南亚的商品贸易

表 2.2.1　　日本对南亚的商品贸易概况　　单位：亿美元,%

年份	出口			进口			贸易差额
	金额	增长率	份额	金额	增长率	份额	金额
1976	8.1	/	1.21	9.6	/	1.49	-1.5
1977	10.8	33.2	1.34	9.7	0.6	1.37	1.1
1978	13.9	28.4	1.42	10.8	11.1	1.36	3.1
1979	17.4	25.2	1.69	14.0	30.4	1.27	3.4
1980	21.4	23.2	1.65	13.2	-5.9	0.94	8.2
1981	24.0	12.0	1.58	13.8	4.8	0.97	10.2
1982	26.7	11.2	1.92	14.9	7.7	1.13	11.8
1983	27.2	2.0	1.85	15.3	2.6	1.21	11.9
1984	25.7	-5.8	1.51	15.3	0.2	1.12	10.3
1985	30.4	18.5	1.73	17.4	13.5	1.34	13.0
1986	38.1	25.4	1.82	18.2	5.0	1.44	19.9
1987	36.0	-5.7	1.57	21.9	20.1	1.47	14.1
1988	38.5	7.1	1.45	25.6	16.8	1.37	12.9
1989	37.6	-2.5	1.36	27.5	7.3	1.30	10.1
1990	34.9	-7.2	1.21	28.4	3.4	1.21	6.4
1991	35.4	1.5	1.12	30.5	7.2	1.29	4.9
1992	34.6	-2.2	1.02	27.9	-8.4	1.20	6.7
1993	37.0	6.9	1.02	30.3	8.6	1.26	6.7
1994	37.7	2.0	0.95	35.0	15.5	1.27	2.7
1995	46.2	22.5	1.04	39.0	11.5	1.16	7.2
1996	44.1	-4.5	1.07	38.5	-1.5	1.10	5.7
1997	37.7	-14.6	0.90	35.7	-7.1	1.05	2.0
1998	39.1	3.7	1.01	28.5	-20.4	1.01	10.6
1999	38.3	-2.0	0.92	28.3	-0.6	0.91	10.0

续表

年份	出口			进口			贸易差额
	金额	增长率	份额	金额	增长率	份额	金额
2000	41.3	7.7	0.86	32.6	15.3	0.86	8.7
2001	31.7	-23.1	0.79	27.8	-14.9	0.79	4.0
2002	33.3	4.9	0.80	25.5	-8.1	0.76	7.8
2003	41.3	23.9	0.87	26.6	4.5	0.69	14.6
2004	51.2	24.2	0.91	31.6	18.5	0.69	19.7
2005	59.6	16.3	1.00	37.0	17.1	0.72	22.6
2006	72.7	22.0	1.12	46.6	26.0	0.80	26.1
2007	87.8	20.8	1.23	48.2	3.5	0.77	39.6
2008	106.1	20.8	1.36	61.2	26.9	0.80	44.9
2009	83.8	-21.0	1.44	44.3	-27.7	0.80	39.5
2010	120.8	44.2	1.57	66.6	50.5	0.96	54.2
2011	148.8	23.1	1.81	81.4	22.2	0.95	67.4
2012	137.8	-7.3	1.73	84.5	3.8	0.95	53.4
2013	115.2	-16.4	1.61	87.6	3.7	1.05	27.6
2014	118.8	3.1	1.72	85.7	-2.1	1.06	33.1
2015	124.1	4.4	1.99	65.0	-24.2	1.04	59.0
2016	124.8	0.6	1.93	64.1	-1.4	1.06	60.6
2017	138.6	11.1	1.99	72.2	12.5	1.07	66.5
2018	160.1	15.5	2.17	75.8	5.0	1.01	84.3
2019	143.4	-10.5	2.03	75.0	-1.1	1.04	68.4
2020	122.1	-14.8	1.90	65.2	-13.0	1.03	56.9
2021	179.2	46.7	2.37	81.6	25.1	1.06	97.5
2022	183.3	2.3	2.45	88.0	7.8	0.98	95.3

说明：南亚包括孟加拉国、不丹、印度、马尔代夫、尼泊尔、巴基斯坦、斯里兰卡共七个国家。缺失 1978 年、1979 年和 1988 年日本对不丹的进口数据。出口份额为日本对“一带一路”共建国家的出口额在日本对外贸易出口总额中所占的份额，进口份额为日本对“一带一路”共建国家的进口额在日本对外贸易进口总额中所占的份额；贸易差额 = 出口额 - 进口额，负数为贸易逆差。

资料来源：UN Comtrade Database，http://comtradeplus.un.org/data/。

表 2. 2. 2　　日本对孟加拉国的商品贸易　　单位：万美元，%

年份	出口			进口			贸易差额
	金额	增长率	份额	金额	增长率	份额	金额
1976	7404. 8	/	0. 11	1309. 1	/	0. 02	6095. 7
1977	12642. 1	70. 7	0. 16	1917. 5	46. 5	0. 03	10724. 6
1978	15200. 0	20. 2	0. 16	3619. 3	88. 8	0. 05	11580. 7
1979	23057. 3	51. 7	0. 22	4694. 6	29. 7	0. 04	18362. 7
1980	32663. 3	41. 7	0. 25	2797. 0	-40. 4	0. 02	29866. 2
1981	28468. 5	-12. 8	0. 19	3438. 2	22. 9	0. 02	25030. 3
1982	21066. 6	-26. 0	0. 15	5622. 1	63. 5	0. 04	15444. 6
1983	19198. 4	-8. 9	0. 13	6473. 9	15. 2	0. 05	12724. 6
1984	24347. 6	26. 8	0. 14	7829. 9	20. 9	0. 06	16517. 8
1985	31108. 4	27. 8	0. 18	8440. 4	7. 8	0. 07	22668. 0
1986	44522. 2	43. 1	0. 21	8266. 1	-2. 1	0. 07	36256. 1
1987	35713. 7	-19. 8	0. 16	7345. 4	-11. 1	0. 05	28368. 3
1988	28308. 1	-20. 7	0. 11	8553. 2	16. 4	0. 05	19754. 9
1989	33453. 4	18. 2	0. 12	6910. 0	-19. 2	0. 03	26543. 4
1990	38095. 3	13. 9	0. 13	7167. 6	3. 7	0. 03	30927. 7
1991	24241. 7	-36. 4	0. 08	6619. 2	-7. 7	0. 03	17622. 5
1992	23979. 1	-1. 1	0. 07	6190. 9	-6. 5	0. 03	17788. 2
1993	32376. 6	35. 0	0. 09	7364. 3	19. 0	0. 03	25012. 4
1994	33437. 7	3. 3	0. 08	9056. 8	23. 0	0. 03	24380. 9
1995	34803. 3	4. 1	0. 08	14569. 0	60. 9	0. 04	20234. 3
1996	34596. 8	-0. 6	0. 08	14358. 6	-1. 4	0. 04	20238. 2
1997	31857. 9	-7. 9	0. 08	12980. 8	-9. 6	0. 04	18877. 1
1998	32276. 8	1. 3	0. 08	11412. 3	-12. 1	0. 04	20864. 5
1999	32230. 1	-0. 1	0. 08	11433. 4	0. 2	0. 04	20796. 7
2000	47245. 7	46. 6	0. 10	11715. 9	2. 5	0. 03	35529. 8
2001	44668. 5	-5. 5	0. 11	11541. 6	-1. 5	0. 03	33126. 9

续表

年份	出口			进口			贸易差额
	金额	增长率	份额	金额	增长率	份额	金额
2002	42739.1	-4.3	0.10	11235.2	-2.7	0.03	31504.0
2003	42703.3	-0.1	0.09	13173.3	17.3	0.03	29530.0
2004	44976.1	5.3	0.08	14157.1	7.5	0.03	30819.0
2005	52923.5	17.7	0.09	15191.4	7.3	0.03	37732.1
2006	57317.4	8.3	0.09	15953.4	5.0	0.03	41364.0
2007	59830.0	4.4	0.08	17450.8	9.4	0.03	42379.2
2008	79777.4	33.3	0.10	20044.6	14.9	0.03	59732.7
2009	76227.9	-4.4	0.13	26437.7	31.9	0.05	49790.2
2010	102300.2	34.2	0.13	37512.8	41.9	0.05	64787.4
2011	107433.9	5.0	0.13	56263.0	50.0	0.07	51170.9
2012	98512.2	-8.3	0.12	71879.0	27.8	0.08	26633.2
2013	87358.7	-11.3	0.12	89186.4	24.1	0.11	-1827.7
2014	116449.4	33.3	0.17	93725.8	5.1	0.12	22723.6
2015	137442.4	18.0	0.22	108085.7	15.3	0.17	29356.8
2016	158297.1	15.2	0.25	121643.4	12.5	0.20	36653.7
2017	174195.3	10.0	0.25	116783.1	-4.0	0.17	57412.2
2018	156753.1	-10.0	0.21	144266.7	23.5	0.19	12486.3
2019	142142.5	-9.3	0.20	147425.0	2.2	0.20	-5282.5
2020	150355.0	5.8	0.23	131403.6	-10.9	0.21	18951.4
2021	234869.0	56.2	0.31	144780.4	10.2	0.19	90088.6
2022	254799.4	8.5	0.34	170507.2	17.8	0.19	84292.2

说明：出口份额为日本对“一带一路”共建国家的出口额在日本对外贸易出口总额中所占的份额，进口份额为日本对“一带一路”共建国家的进口额在日本对外贸易进口总额中所占的份额；贸易差额=出口额-进口额，负数为贸易逆差。

资料来源：UN Comtrade Database，http://comtradeplus.un.org/data/。

表 2. 2. 3　　日本对不丹的商品贸易　　单位：万美元，%

年份	出口			进口			贸易差额
	金额	增长率	份额	金额	增长率	份额	金额
1976	4. 5	/	0. 00	2. 4	/	0. 00	2. 0
1977	5. 4	22. 2	0. 00	0. 1	−97. 6	0. 00	5. 4
1978	9. 5	75. 4	0. 00	/	/	/	/
1979	59. 4	526. 8	0. 00	/	/	/	/
1980	18. 4	238. 2	0. 00	2. 4	/	0. 00	16. 0
1981	32. 9	78. 4	0. 00	1. 2	−49. 7	0. 00	31. 7
1982	204. 7	523. 1	0. 00	1. 2	4. 1	0. 00	203. 4
1983	135. 6	−33. 8	0. 00	1. 1	−15. 4	0. 00	134. 5
1984	241. 5	78. 1	0. 00	4. 9	367. 8	0. 00	236. 5
1985	206. 5	−14. 5	0. 00	5. 0	1. 8	0. 00	201. 5
1986	540. 3	161. 6	0. 00	2. 5	−50. 7	0. 00	537. 9
1987	356. 9	−34. 0	0. 00	0. 3	−87. 9	0. 00	356. 6
1988	482. 3	35. 1	0. 00	/	/	/	/
1989	1089. 6	205. 3	0. 00	0. 4	/	0. 00	1089. 2
1990	627. 4	−42. 4	0. 00	57. 3	13294. 2	0. 00	570. 1
1991	907. 8	44. 7	0. 00	13. 1	−77. 2	0. 00	894. 7
1992	1076. 6	18. 6	0. 00	23. 0	75. 6	0. 00	1053. 6
1993	1252. 2	16. 3	0. 00	45. 2	96. 6	0. 00	1207. 1
1994	1134. 0	−9. 4	0. 00	8. 2	−81. 7	0. 00	1125. 7
1995	763. 3	−32. 7	0. 00	103. 5	1154. 9	0. 00	659. 8
1996	585. 3	−23. 3	0. 00	16. 3	−84. 3	0. 00	569. 1
1997	2122. 1	262. 6	0. 01	16. 0	−1. 5	0. 00	2106. 1
1998	617. 3	−70. 9	0. 00	14. 6	−8. 5	0. 00	602. 7
1999	618. 0	0. 1	0. 00	24. 5	67. 1	0. 00	593. 5
2000	827. 4	33. 9	0. 00	4. 5	−81. 7	0. 00	822. 9
2001	726. 2	−12. 2	0. 00	8. 3	86. 5	0. 00	717. 9

续表

年份	出口			进口			贸易差额
	金额	增长率	份额	金额	增长率	份额	金额
2002	1007.9	38.8	0.00	4.0	-52.1	0.00	1003.9
2003	967.0	-4.1	0.00	5.9	46.6	0.00	961.1
2004	2172.2	124.6	0.00	352.5	5920.3	0.00	1819.7
2005	1313.4	-39.5	0.00	19.8	-94.4	0.00	1293.6
2006	901.8	-31.3	0.00	18.8	-5.0	0.00	883.0
2007	1439.1	59.6	0.00	78.1	315.0	0.00	1361.0
2008	2005.7	39.4	0.00	139.4	78.4	0.00	1866.3
2009	888.5	-55.7	0.00	35.9	-74.2	0.00	852.6
2010	2021.7	127.5	0.00	312.8	770.4	0.00	1709.0
2011	1847.9	-8.6	0.00	330.7	5.7	0.00	1517.1
2012	751.8	-59.3	0.00	224.4	-32.2	0.00	527.4
2013	630.9	-16.1	0.00	215.6	-3.9	0.00	415.3
2014	1742.8	176.2	0.00	63.7	-70.4	0.00	1679.0
2015	1543.7	-11.4	0.00	16.6	-74.0	0.00	1527.1
2016	1114.7	-27.8	0.00	103.6	525.0	0.00	1011.1
2017	1056.0	-5.3	0.00	135.7	31.1	0.00	920.2
2018	884.0	-16.3	0.00	95.3	-29.8	0.00	788.7
2019	653.7	-26.1	0.00	63.4	-33.5	0.00	590.3
2020	358.0	-45.2	0.00	55.4	-12.6	0.00	302.7
2021	782.8	118.6	0.00	31.4	-43.3	0.00	751.4
2022	493.2	-37.0	0.00	46.1	46.8	0.00	447.1

说明：出口份额为日本对“一带一路”共建国家的出口额在日本对外贸易出口总额中所占的份额，进口份额为日本对“一带一路”共建国家的进口额在日本对外贸易进口总额中所占的份额；贸易差额=出口额-进口额，负数为贸易逆差。

资料来源：UN Comtrade Database，http://comtradeplus.un.org/data/。

表2.2.4　　日本对印度的商品贸易　　单位：万美元,%

年份	出口			进口			贸易差额
	金额	增长率	份额	金额	增长率	份额	金额
1976	37697.6	/	0.56	80109.7	/	1.24	-42412.1
1977	50365.8	33.6	0.63	80001.3	-0.1	1.13	-29635.5
1978	73032.5	45.0	0.75	79313.9	-0.9	1.00	-6281.3
1979	77952.6	6.7	0.76	105303.2	32.8	0.95	-27350.6
1980	91482.3	17.4	0.70	101432.9	-3.7	0.72	-9950.5
1981	119718.3	30.9	0.79	105672.9	4.2	0.74	14045.5
1982	140829.6	17.6	1.01	112210.3	6.2	0.85	28619.3
1983	143069.6	1.6	0.97	113080.9	0.8	0.89	29988.7
1984	116778.6	-18.4	0.69	113237.2	0.1	0.83	3541.4
1985	159712.5	36.8	0.91	118860.9	5.0	0.92	40851.6
1986	209939.0	31.4	1.00	129703.3	9.1	1.03	80235.7
1987	195726.7	-6.8	0.85	153006.0	18.0	1.02	42720.7
1988	208390.0	6.5	0.79	180197.2	17.8	0.96	28192.8
1989	200885.7	-3.6	0.73	197115.7	9.4	0.93	3769.9
1990	171116.8	-14.8	0.60	208721.7	5.9	0.89	-37604.9
1991	152439.9	-10.9	0.48	219252.3	5.0	0.93	-66812.4
1992	148649.1	-2.5	0.44	204330.7	-6.8	0.88	-55681.6
1993	152121.3	2.3	0.42	228326.4	11.7	0.95	-76205.0
1994	204121.0	34.2	0.52	266538.1	16.7	0.97	-62417.1
1995	253834.0	24.4	0.57	292413.8	9.7	0.87	-38579.7
1996	243160.5	-4.2	0.59	284278.6	-2.8	0.81	-41118.1
1997	221306.5	-9.0	0.53	266495.0	-6.3	0.79	-45188.5
1998	240956.1	8.9	0.62	218052.2	-18.2	0.78	22904.0
1999	242035.1	0.4	0.58	224816.9	3.1	0.73	17218.1
2000	248609.2	2.7	0.52	263598.8	17.3	0.69	-14989.6
2001	192466.4	-22.6	0.48	221768.1	-15.9	0.63	-29301.7

续表

年份	出口			进口			贸易差额
	金额	增长率	份额	金额	增长率	份额	金额
2002	187033.9	-2.8	0.45	209469.5	-5.5	0.62	-22435.6
2003	239116.9	27.8	0.51	217943.5	4.0	0.57	21173.4
2004	304367.8	27.3	0.54	261396.1	19.9	0.57	42971.7
2005	351789.7	15.6	0.59	319217.8	22.1	0.62	32571.9
2006	445296.3	26.6	0.69	405499.3	27.0	0.70	39796.9
2007	615589.2	38.2	0.86	417367.6	2.9	0.67	198221.6
2008	789549.3	28.3	1.01	525607.8	25.9	0.69	263941.5
2009	633846.2	-19.7	1.09	372811.0	-29.1	0.68	261035.2
2010	904220.7	42.7	1.17	569804.2	52.8	0.82	334416.5
2011	1107785.6	22.5	1.35	682296.2	19.7	0.80	425489.3
2012	1059054.6	-4.4	1.33	700014.2	2.6	0.79	359040.4
2013	859303.2	-18.9	1.20	707237.8	1.0	0.85	152065.4
2014	813022.4	-5.4	1.18	698749.7	-1.2	0.86	114272.7
2015	810985.5	-0.3	1.30	486516.9	-30.4	0.78	324468.6
2016	818875.9	1.0	1.27	467441.9	-3.9	0.77	351434.0
2017	885720.7	8.2	1.27	534766.8	14.4	0.80	350953.9
2018	1101037.1	24.3	1.49	549527.1	2.8	0.73	551510.0
2019	1097513.2	-0.3	1.56	537142.0	-2.3	0.74	560371.3
2020	910315.0	-17.1	1.42	472667.4	-12.0	0.74	437647.6
2021	1285657.6	41.2	1.70	614656.5	30.0	0.80	671001.1
2022	1392770.1	8.3	1.87	648317.4	5.5	0.72	744452.6

说明：出口份额为日本对"一带一路"共建国家的出口额在日本对外贸易出口总额中所占的份额，进口份额为日本对"一带一路"共建国家的进口额在日本对外贸易进口总额中所占的份额；贸易差额=出口额-进口额，负数为贸易逆差。

资料来源：UN Comtrade Database，http://comtradeplus.un.org/data/。

表 2.2.5 日本对马尔代夫的商品贸易 单位：万美元,%

年份	出口			进口			贸易差额
	金额	增长率	份额	金额	增长率	份额	金额
1976	95.8	/	0.00	236.5	/	0.00	-140.7
1977	435.6	354.7	0.01	296.6	25.4	0.00	139.0
1978	333.1	-23.5	0.00	234.0	-21.1	0.00	99.2
1979	172.4	-48.2	0.00	324.3	38.6	0.00	-151.8
1980	395.0	129.1	0.00	262.3	-19.1	0.00	132.7
1981	346.2	-12.4	0.00	287.2	9.5	0.00	59.0
1982	229.6	-33.7	0.00	312.1	8.7	0.00	-82.5
1983	657.7	186.4	0.00	87.4	-72.0	0.00	570.3
1984	1025.4	55.9	0.01	68.4	-21.7	0.00	957.0
1985	1195.8	16.6	0.01	345.0	404.5	0.00	850.8
1986	709.3	-40.7	0.00	131.3	-61.9	0.00	578.0
1987	1304.6	83.9	0.01	127.8	-2.7	0.00	1176.8
1988	1081.3	-17.1	0.00	232.0	81.6	0.00	849.3
1989	882.5	-18.4	0.00	105.7	-54.4	0.00	776.8
1990	1012.2	14.7	0.00	422.4	299.6	0.00	589.9
1991	1229.2	21.4	0.00	519.1	22.9	0.00	710.0
1992	873.8	-28.9	0.00	203.6	-60.8	0.00	670.2
1993	883.8	1.2	0.00	117.7	-42.2	0.00	766.1
1994	1102.3	24.7	0.00	381.5	224.0	0.00	720.8
1995	757.5	-31.3	0.00	369.0	-3.3	0.00	388.5
1996	721.0	-4.8	0.00	966.2	161.9	0.00	-245.2
1997	758.3	5.2	0.00	2058.0	113.0	0.01	-1299.6
1998	898.9	18.5	0.00	933.1	-54.7	0.00	-34.2
1999	894.9	-0.5	0.00	406.3	-56.5	0.00	488.6
2000	574.4	-35.8	0.00	434.9	7.1	0.00	139.4
2001	350.0	-39.1	0.00	528.6	21.5	0.00	-178.6

续表

年份	出口			进口			贸易差额
	金额	增长率	份额	金额	增长率	份额	金额
2002	369.1	5.5	0.00	1764.6	233.8	0.01	-1395.5
2003	552.3	49.6	0.00	1595.4	-9.6	0.00	-1043.1
2004	709.5	28.5	0.00	2178.8	36.6	0.00	-1469.2
2005	1085.1	52.9	0.00	2132.2	-2.1	0.00	-1047.1
2006	2220.0	104.6	0.00	2110.8	-1.0	0.00	109.2
2007	1453.4	-34.5	0.00	1161.8	-45.0	0.00	291.6
2008	1869.0	28.6	0.00	583.5	-49.8	0.00	1285.4
2009	638.9	-65.8	0.00	168.7	-71.1	0.00	470.1
2010	570.1	-10.8	0.00	163.2	-3.2	0.00	406.8
2011	2634.1	362.1	0.00	561.8	244.1	0.00	2072.4
2012	1024.2	-61.1	0.00	499.9	-11.0	0.00	524.4
2013	1237.8	20.9	0.00	751.4	50.3	0.00	486.4
2014	1351.1	9.1	0.00	1579.0	110.1	0.00	-227.9
2015	1773.2	31.2	0.00	1049.5	-33.5	0.00	723.7
2016	1715.1	-3.3	0.00	482.5	-54.0	0.00	1232.6
2017	2017.6	17.6	0.00	493.7	2.3	0.00	1523.9
2018	2508.7	24.3	0.00	317.4	-35.7	0.00	2191.3
2019	2423.3	-3.4	0.00	318.4	0.3	0.00	2104.8
2020	1952.1	-19.4	0.00	259.6	-18.5	0.00	1692.4
2021	3393.4	73.8	0.00	613.9	136.5	0.00	2779.4
2022	3422.7	0.9	0.00	328.9	-46.4	0.00	3093.8

说明：出口份额为日本对"一带一路"共建国家的出口额在日本对外贸易出口总额中所占的份额，进口份额为日本对"一带一路"共建国家的进口额在日本对外贸易进口总额中所占的份额；贸易差额＝出口额－进口额，负数为贸易逆差。

资料来源：UN Comtrade Database，http://comtradeplus.un.org/data/。

表 2.2.6 日本对尼泊尔的商品贸易 单位：万美元,%

年份	出口			进口			贸易差额
	金额	增长率	份额	金额	增长率	份额	金额
1976	924.6	/	0.01	366.3	/	0.01	558.2
1977	1355.6	46.6	0.02	519.1	41.7	0.01	836.5
1978	3258.4	140.4	0.03	687.9	32.5	0.01	2570.6
1979	2234.1	-31.4	0.02	969.2	40.9	0.01	1264.8
1980	3869.8	73.2	0.03	849.6	-12.3	0.01	3020.2
1981	4422.8	14.3	0.03	227.0	-73.3	0.00	4195.8
1982	5411.1	22.3	0.04	141.0	-37.9	0.00	5270.1
1983	4235.6	-21.7	0.03	90.3	-35.9	0.00	4145.3
1984	3937.5	-7.0	0.02	53.9	-40.3	0.00	3883.6
1985	6099.3	54.9	0.03	112.7	109.1	0.00	5986.6
1986	6540.1	7.2	0.03	160.2	42.1	0.00	6379.8
1987	7930.4	21.3	0.03	263.4	64.4	0.00	7667.0
1988	6167.0	-22.2	0.02	227.4	-13.7	0.00	5939.7
1989	7138.4	15.8	0.03	186.2	-18.1	0.00	6952.1
1990	5776.3	-19.1	0.02	264.3	41.9	0.00	5512.0
1991	9680.9	67.6	0.03	170.4	-35.5	0.00	9510.5
1992	5933.5	-38.7	0.02	221.6	30.1	0.00	5711.9
1993	6765.7	14.0	0.02	401.8	81.3	0.00	6363.8
1994	6610.8	-2.3	0.02	323.4	-19.5	0.00	6287.4
1995	5880.3	-11.1	0.01	177.7	-45.0	0.00	5702.5
1996	6549.7	11.4	0.02	199.0	11.9	0.00	6350.7
1997	3313.8	-49.4	0.01	382.1	92.0	0.00	2931.7
1998	2451.7	-26.0	0.01	375.8	-1.7	0.00	2076.0
1999	2597.6	5.9	0.01	510.5	35.9	0.00	2087.0
2000	3102.5	19.4	0.01	2834.2	455.1	0.01	268.3
2001	2148.4	-30.8	0.01	1128.1	-60.2	0.00	1020.3

续表

年份	出口			进口			贸易差额
	金额	增长率	份额	金额	增长率	份额	金额
2002	1679.7	-21.8	0.00	628.0	-44.3	0.00	1051.8
2003	1313.3	-21.8	0.00	716.2	14.0	0.00	597.2
2004	2265.6	72.5	0.00	757.0	5.7	0.00	1508.6
2005	1933.0	-14.7	0.00	1011.1	33.6	0.00	921.9
2006	2227.2	15.2	0.00	892.0	-11.8	0.00	1335.2
2007	4396.5	97.4	0.01	834.9	-6.4	0.00	3561.6
2008	5093.6	15.9	0.01	1122.9	34.5	0.00	3970.7
2009	4607.4	-9.5	0.01	1148.7	2.3	0.00	3458.8
2010	4315.0	-6.3	0.01	958.1	-16.6	0.00	3356.8
2011	3733.7	-13.5	0.00	1213.3	26.6	0.00	2520.4
2012	4618.6	23.7	0.01	1550.1	27.8	0.00	3068.5
2013	2728.5	-40.9	0.00	1537.6	-0.8	0.00	1190.9
2014	3416.0	25.2	0.00	1539.4	0.1	0.00	1876.6
2015	4383.3	28.3	0.01	1593.3	3.5	0.00	2789.9
2016	4549.7	3.8	0.01	1290.7	-19.0	0.00	3259.0
2017	3296.9	-27.5	0.00	1086.1	-15.9	0.00	2210.9
2018	5258.4	59.5	0.01	1065.3	-1.9	0.00	4193.1
2019	3852.9	-26.7	0.01	1027.4	-3.6	0.00	2825.5
2020	4543.8	17.9	0.01	738.1	-28.2	0.00	3805.7
2021	4186.8	-7.9	0.01	875.8	18.7	0.00	3311.0
2022	3442.8	-17.8	0.00	1087.7	24.2	0.00	2355.1

说明：出口份额为日本对“一带一路”共建国家的出口额在日本对外贸易出口总额中所占的份额，进口份额为日本对“一带一路”共建国家的进口额在日本对外贸易进口总额中所占的份额；贸易差额=出口额-进口额，负数为贸易逆差。

资料来源：UN Comtrade Database，http://comtradeplus.un.org/data/。

表 2. 2. 7　　日本对巴基斯坦的商品贸易　　单位：万美元，%

年份	出口			进口			贸易差额
	金额	增长率	份额	金额	增长率	份额	金额
1976	29743. 8	/	0. 44	10581. 8	/	0. 16	19162. 0
1977	35948. 9	20. 9	0. 45	9397. 4	-11. 2	0. 13	26551. 6
1978	32510. 8	-9. 6	0. 33	15571. 0	65. 7	0. 20	16939. 8
1979	54999. 1	69. 2	0. 53	20589. 9	32. 2	0. 19	34409. 3
1980	62274. 6	13. 2	0. 48	21156. 8	2. 8	0. 15	41117. 9
1981	63767. 8	2. 4	0. 42	21897. 4	3. 5	0. 15	41870. 4
1982	76534. 2	20. 0	0. 55	23613. 2	7. 8	0. 18	52921. 0
1983	76055. 2	-0. 6	0. 52	26303. 4	11. 4	0. 21	49751. 8
1984	84888. 1	11. 6	0. 50	24001. 4	-8. 8	0. 18	60886. 7
1985	78646. 3	-7. 4	0. 45	38158. 5	59. 0	0. 29	40487. 7
1986	90265. 3	14. 8	0. 43	35228. 7	-7. 7	0. 28	55036. 6
1987	93612. 5	3. 7	0. 41	49234. 9	39. 8	0. 33	44377. 6
1988	112269. 6	19. 9	0. 42	55377. 3	12. 5	0. 30	56892. 3
1989	102542. 3	-8. 7	0. 37	58651. 8	5. 9	0. 28	43890. 5
1990	100670. 2	-1. 8	0. 35	54017. 1	-7. 9	0. 23	46653. 2
1991	136129. 4	35. 2	0. 43	64965. 4	20. 3	0. 27	71164. 1
1992	129547. 8	-4. 8	0. 38	53006. 7	-18. 4	0. 23	76541. 1
1993	137534. 8	6. 2	0. 38	50087. 8	-5. 5	0. 21	87447. 0
1994	85318. 4	-38. 0	0. 22	54911. 8	9. 6	0. 20	30406. 6
1995	123077. 3	44. 3	0. 28	59385. 1	8. 1	0. 18	63692. 2
1996	115582. 0	-6. 1	0. 28	57477. 0	-3. 2	0. 16	58105. 0
1997	76272. 7	-34. 0	0. 18	48713. 0	-15. 2	0. 14	27559. 7
1998	65581. 2	-14. 0	0. 17	31056. 1	-36. 2	0. 11	34525. 1
1999	61280. 2	-6. 6	0. 15	28831. 9	-7. 2	0. 09	32448. 3
2000	60524. 3	-1. 2	0. 13	25100. 9	-12. 9	0. 07	35423. 3
2001	50120. 2	-17. 2	0. 12	22092. 6	-12. 0	0. 06	28027. 6

续表

年份	出口			进口			贸易差额
	金额	增长率	份额	金额	增长率	份额	金额
2002	71653.5	43.0	0.17	15168.3	-31.3	0.04	56485.2
2003	90326.0	26.1	0.19	13473.4	-11.2	0.04	76852.6
2004	123928.5	37.2	0.22	17053.1	26.6	0.04	106875.4
2005	151214.5	22.0	0.25	14218.0	-16.6	0.03	136996.5
2006	175947.6	16.4	0.27	20870.5	46.8	0.04	155077.0
2007	155918.6	-11.4	0.22	24658.8	18.2	0.04	131259.8
2008	145628.1	-6.6	0.19	43667.7	77.1	0.06	101960.5
2009	101481.9	-30.3	0.17	23620.3	-45.9	0.04	77861.7
2010	131693.0	29.8	0.17	35305.4	49.5	0.05	96387.6
2011	169863.4	29.0	0.21	45917.9	30.1	0.05	123945.5
2012	169129.1	-0.4	0.21	42667.4	-7.1	0.05	126461.8
2013	142376.7	-15.8	0.20	47528.4	11.4	0.06	94848.4
2014	161271.6	13.3	0.23	33119.3	-30.3	0.04	128152.3
2015	167565.2	3.9	0.27	25983.7	-21.5	0.04	141581.5
2016	193166.1	15.3	0.30	26374.7	1.5	0.04	166791.4
2017	232377.3	20.3	0.33	43179.1	63.7	0.06	189198.2
2018	209794.8	-9.7	0.28	35274.2	-18.3	0.05	174520.6
2019	123938.5	-40.9	0.18	30403.1	-13.8	0.04	93535.4
2020	116563.7	-6.0	0.18	22636.6	-25.5	0.04	93927.1
2021	230465.6	97.7	0.30	26831.2	18.5	0.03	203634.4
2022	158102.4	-31.4	0.21	30893.0	15.1	0.03	127209.4

说明：出口份额为日本对“一带一路”共建国家的出口额在日本对外贸易出口总额中所占的份额，进口份额为日本对“一带一路”共建国家的进口额在日本对外贸易进口总额中所占的份额；贸易差额=出口额-进口额，负数为贸易逆差。

资料来源：UN Comtrade Database，http://comtradeplus.un.org/data/。

表 2.2.8　　**日本对斯里兰卡的商品贸易**　　单位：万美元，%

年份	出口			进口			贸易差额
	金额	增长率	份额	金额	增长率	份额	金额
1976	5353.1	/	0.08	3671.5	/	0.06	1681.6
1977	7408.8	38.4	0.09	4710.2	28.3	0.07	2698.5
1978	14593.6	97.0	0.15	8192.9	73.9	0.10	6400.6
1979	15585.9	6.8	0.15	8435.6	3.0	0.08	7150.3
1980	23633.6	51.6	0.18	5492.0	-34.9	0.04	18141.6
1981	23365.6	-1.1	0.15	6807.2	23.9	0.05	16558.5
1982	22628.9	-3.2	0.16	7088.9	4.1	0.05	15540.0
1983	29012.6	28.2	0.20	6898.4	-2.7	0.05	22114.2
1984	25406.3	-12.4	0.15	7971.8	15.6	0.06	17434.5
1985	27075.5	6.6	0.15	7858.4	-1.4	0.06	19217.0
1986	28867.8	6.6	0.14	8928.6	13.6	0.07	19939.2
1987	25118.6	-13.0	0.11	9104.1	2.0	0.06	16014.5
1988	28601.2	13.9	0.11	11374.3	24.9	0.06	17226.9
1989	29539.3	3.3	0.11	11728.1	3.1	0.06	17811.2
1990	31240.4	5.8	0.11	13505.6	15.2	0.06	17734.8
1991	29132.8	-6.7	0.09	13154.9	-2.6	0.06	15977.9
1992	35896.1	23.2	0.11	15119.4	14.9	0.06	20776.8
1993	38867.9	8.3	0.11	16827.4	11.3	0.07	22040.5
1994	45444.1	16.9	0.11	18891.0	12.3	0.07	26553.1
1995	42964.8	-5.5	0.10	23351.0	23.6	0.07	19613.9
1996	40065.5	-6.7	0.10	27354.8	17.1	0.08	12710.7
1997	41338.8	3.2	0.10	26685.4	-2.4	0.08	14653.4
1998	48221.4	16.6	0.12	22766.5	-14.7	0.08	25454.9
1999	43441.2	-9.9	0.10	16900.8	-25.8	0.05	26540.5
2000	51799.7	19.2	0.11	22490.1	33.1	0.06	29309.5
2001	26809.4	-48.2	0.07	20453.4	-9.1	0.06	6356.0

续表

年份	出口			进口			贸易差额
	金额	增长率	份额	金额	增长率	份额	金额
2002	28421.2	6.0	0.07	16725.6	-18.2	0.05	11695.6
2003	37521.5	32.0	0.08	19490.3	16.5	0.05	18031.1
2004	33916.1	-9.6	0.06	19690.6	1.0	0.04	14225.5
2005	35511.5	4.7	0.06	17915.7	-9.0	0.03	17595.8
2006	42757.7	20.4	0.07	20641.3	15.2	0.04	22116.4
2007	39520.9	-7.6	0.06	20569.4	-0.3	0.03	18951.5
2008	37158.3	-6.0	0.05	20574.6	0.0	0.03	16583.7
2009	20384.3	-45.1	0.04	18354.2	-10.8	0.03	2030.2
2010	62980.5	209.0	0.08	21997.4	19.8	0.03	40983.2
2011	94392.5	49.9	0.11	27149.8	23.4	0.03	67242.7
2012	45273.3	-52.0	0.06	27688.5	2.0	0.03	17584.9
2013	58252.6	28.7	0.08	29713.6	7.3	0.04	28539.1
2014	90791.7	55.9	0.13	28707.8	-3.4	0.04	62083.9
2015	116903.0	28.8	0.19	26978.5	-6.0	0.04	89924.5
2016	70023.6	-40.1	0.11	24101.9	-10.7	0.04	45921.6
2017	87715.2	25.3	0.13	25232.6	4.7	0.04	62482.6
2018	125078.6	42.6	0.17	27343.1	8.4	0.04	97735.5
2019	63231.9	-49.4	0.09	33276.9	21.7	0.05	29955.1
2020	37048.7	-41.4	0.06	24553.0	-26.2	0.04	12495.7
2021	32379.6	-12.6	0.04	28534.4	16.2	0.04	3845.2
2022	19922.2	-38.5	0.03	29109.6	2.0	0.03	-9187.4

说明：出口份额为日本对“一带一路”共建国家的出口额在日本对外贸易出口总额中所占的份额，进口份额为日本对“一带一路”共建国家的进口额在日本对外贸易进口总额中所占的份额；贸易差额=出口额-进口额，负数为贸易逆差。

资料来源：UN Comtrade Database，http://comtradeplus.un.org/data/。

2.3 日本对中亚的商品贸易

表 2.3.1　　日本对中亚的商品贸易概况　　单位：亿美元,%

年份	出口			进口			贸易差额
	金额	增长率	份额	金额	增长率	份额	金额
1992	0.5	/	0.01	0.4	/	0.02	0.1
1993	0.9	83.0	0.02	0.9	152.7	0.04	0.0
1994	0.8	-8.1	0.02	0.8	-7.4	0.03	0.0
1995	1.1	39.2	0.03	1.7	99.8	0.05	-0.6
1996	1.3	15.3	0.03	1.9	15.6	0.06	-0.7
1997	1.0	-25.9	0.02	2.4	21.0	0.07	-1.4
1998	1.3	41.6	0.03	1.6	-31.7	0.06	-0.3
1999	1.7	26.1	0.04	1.2	-24.5	0.04	0.5
2000	1.5	-8.8	0.03	1.7	42.0	0.05	-0.2
2001	1.2	-19.4	0.03	1.6	-7.6	0.05	-0.3
2002	1.2	-6.5	0.03	1.9	16.1	0.05	-0.7
2003	1.8	50.0	0.04	2.7	47.5	0.07	-1.0
2004	2.9	67.5	0.05	3.4	25.2	0.08	-0.5
2005	2.3	-21.3	0.04	4.6	35.6	0.09	-2.3
2006	3.3	43.1	0.05	5.1	11.0	0.09	-1.8
2007	4.1	23.9	0.06	5.6	9.3	0.09	-1.5
2008	3.9	-3.6	0.05	11.6	106.9	0.15	-7.7
2009	2.9	-25.4	0.05	4.4	-62.5	0.08	-1.4
2010	3.6	22.3	0.05	8.0	83.6	0.12	-4.4
2011	9.3	158.8	0.11	8.3	3.0	0.10	1.1
2012	8.4	-9.5	0.11	7.0	-15.1	0.08	1.4
2013	9.8	16.1	0.14	7.5	6.6	0.09	2.3
2014	10.3	5.4	0.15	7.8	4.9	0.10	2.5
2015	5.5	-47.0	0.09	8.2	4.1	0.13	-2.7

续表

年份	出口			进口			贸易差额
	金额	增长率	份额	金额	增长率	份额	金额
2016	7.6	39.1	0.12	6.0	-27.0	0.10	1.6
2017	5.0	-33.6	0.07	12.6	112.3	0.19	-7.6
2018	9.6	90.1	0.13	16.1	26.9	0.21	-6.5
2019	6.6	-31.7	0.09	10.5	-34.5	0.15	-4.0
2020	6.4	-2.3	0.10	7.6	-27.9	0.12	-1.2
2021	6.1	-5.1	0.08	7.3	-3.1	0.10	-1.3
2022	10.7	75.5	0.14	9.1	23.6	0.10	1.6

说明：中亚国家包括哈萨克斯坦、吉尔吉斯斯坦、塔吉克斯坦、土库曼斯坦、乌兹别克斯坦共五个国家。阿富汗由于数据缺失较多，没有列入。出口份额为日本对“一带一路”共建国家的出口额在日本对外贸易出口总额中所占的份额，进口份额为日本对“一带一路”共建国家的进口额在日本对外贸易进口总额中所占的份额；贸易差额 = 出口额 - 进口额，负数为贸易逆差。

资料来源：UN Comtrade Database，http://comtradeplus.un.org/data/。

表 2.3.2　**日本对哈萨克斯坦的商品贸易**　单位：万美元，%

年份	出口			进口			贸易差额
	金额	增长率	份额	金额	增长率	份额	金额
1992	2731.2	/	0.04	1352.2	/	0.01	1379.0
1993	5830.2	113.5	0.02	3761.9	178.2	0.02	2068.3
1994	2943.6	-49.5	0.01	3656.0	-2.8	0.01	-712.4
1995	1591.6	-45.9	0.00	4034.0	10.3	0.01	-2442.4
1996	3274.9	105.8	0.01	12600.5	212.4	0.04	-9325.6
1997	3087.0	-5.7	0.01	19435.2	54.2	0.06	-16348.2
1998	5316.5	72.2	0.01	12009.8	-38.2	0.04	-6693.3
1999	6066.0	14.1	0.01	8650.5	-28.0	0.03	-2584.5
2000	6851.7	13.0	0.01	9143.9	5.7	0.02	-2292.3
2001	7307.6	6.7	0.02	10478.4	14.6	0.03	-3170.8

续表

年份	出口			进口			贸易差额
	金额	增长率	份额	金额	增长率	份额	金额
2002	9196. 3	25. 8	0. 02	9873. 3	-5. 8	0. 03	-677. 0
2003	9926. 8	7. 9	0. 02	15482. 8	56. 8	0. 04	-5556. 0
2004	18531. 5	86. 7	0. 03	24601. 0	58. 9	0. 05	-6069. 4
2005	17587. 2	-5. 1	0. 03	33437. 9	35. 9	0. 06	-15850. 7
2006	25057. 1	42. 5	0. 04	33425. 8	0. 0	0. 06	-8368. 7
2007	21610. 8	-13. 8	0. 03	40162. 8	20. 2	0. 06	-18552. 0
2008	20783. 6	-3. 8	0. 03	84938. 1	111. 5	0. 11	-64154. 4
2009	14829. 4	-28. 6	0. 03	33129. 9	-61. 0	0. 06	-18300. 5
2010	22041. 6	48. 6	0. 03	60211. 6	81. 7	0. 09	-38170. 0
2011	34093. 4	54. 7	0. 04	76198. 3	26. 6	0. 09	-42104. 9
2012	54399. 0	59. 6	0. 07	58243. 4	-23. 6	0. 07	-3844. 5
2013	69748. 4	28. 2	0. 10	64381. 2	10. 5	0. 08	5367. 2
2014	66240. 6	-5. 0	0. 10	75399. 4	17. 1	0. 09	-9158. 7
2015	24041. 1	-63. 7	0. 04	80864. 9	7. 2	0. 13	-56823. 8
2016	19056. 3	-20. 7	0. 03	59165. 5	-26. 8	0. 10	-40109. 2
2017	27426. 4	43. 9	0. 04	125755. 9	112. 5	0. 19	-98329. 5
2018	38763. 7	41. 3	0. 05	156198. 7	24. 2	0. 21	-117435. 0
2019	41773. 1	7. 8	0. 06	104475. 8	-33. 1	0. 14	-62702. 6
2020	36318. 4	-13. 1	0. 06	74714. 5	-28. 5	0. 12	-38396. 1
2021	34944. 1	-3. 8	0. 05	71624. 0	-4. 1	0. 09	-36679. 9
2022	67826. 7	94. 1	0. 09	85051. 3	18. 7	0. 09	-17224. 6

说明：出口份额为日本对“一带一路”共建国家的出口额在日本对外贸易出口总额中所占的份额，进口份额为日本对“一带一路”共建国家的进口额在日本对外贸易进口总额中所占的份额；贸易差额 = 出口额 - 进口额，负数为贸易逆差。

资料来源：UN Comtrade Database，http://comtradeplus. un. org/data/。

表 2. 3. 3　　日本对吉尔吉斯斯坦的商品贸易　　单位：万美元，%

年份	出口			进口			贸易差额
	金额	增长率	份额	金额	增长率	份额	金额
1992	14. 1	/	0. 00	1. 2	/	0. 00	12. 9
1993	3. 3	-76. 8	0. 00	5. 9	404. 8	0. 00	-2. 6
1994	230. 6	6959. 8	0. 00	19. 0	222. 9	0. 00	211. 5
1995	573. 0	148. 5	0. 00	81. 1	326. 4	0. 00	491. 9
1996	513. 7	-10. 4	0. 00	119. 3	47. 1	0. 00	394. 4
1997	244. 4	-52. 4	0. 00	120. 0	0. 6	0. 00	124. 3
1998	108. 7	-55. 5	0. 00	54. 1	-54. 9	0. 00	54. 5
1999	613. 2	464. 2	0. 00	61. 5	13. 6	0. 00	551. 7
2000	445. 2	-27. 4	0. 00	136. 5	122. 0	0. 00	308. 7
2001	98. 0	-78. 0	0. 00	69. 8	-48. 9	0. 00	28. 2
2002	130. 5	33. 2	0. 00	984. 9	1311. 9	0. 00	-854. 4
2003	571. 0	337. 6	0. 00	1713. 8	74. 0	0. 00	-1142. 8
2004	374. 2	-34. 5	0. 00	50. 1	-97. 1	0. 00	324. 2
2005	230. 8	-38. 3	0. 00	36. 2	-27. 7	0. 00	194. 7
2006	1057. 8	358. 3	0. 00	30. 2	-16. 5	0. 00	1027. 6
2007	3339. 9	215. 7	0. 00	35. 0	15. 7	0. 00	3304. 9
2008	3455. 9	3. 5	0. 00	107. 3	206. 8	0. 00	3348. 6
2009	2535. 1	-26. 6	0. 00	21. 6	-79. 9	0. 00	2513. 5
2010	3592. 6	41. 7	0. 00	18. 8	-12. 9	0. 00	3573. 7
2011	7987. 6	122. 3	0. 01	207. 3	1001. 1	0. 00	7780. 2
2012	7212. 1	-9. 7	0. 01	104. 4	-49. 7	0. 00	7107. 7
2013	10099. 2	40. 0	0. 01	79. 0	-24. 3	0. 00	10020. 3
2014	12635. 2	25. 1	0. 02	119. 0	50. 7	0. 00	12516. 2
2015	2277. 3	-82. 0	0. 00	268. 7	125. 8	0. 00	2008. 6
2016	845. 4	-62. 9	0. 00	35. 3	-86. 9	0. 00	810. 1
2017	2153. 9	154. 8	0. 00	136. 2	286. 3	0. 00	2017. 6

续表

年份	出口			进口			贸易差额
	金额	增长率	份额	金额	增长率	份额	金额
2018	1658.6	-23.0	0.00	3726.9	2636.0	0.00	-2068.3
2019	1855.7	11.9	0.00	53.5	-98.6	0.00	1802.2
2020	1499.8	-19.2	0.00	59.8	11.8	0.00	1439.9
2021	1118.1	-25.5	0.00	57.0	-4.7	0.00	1061.0
2022	3656.0	227.0	0.00	172.3	202.2	0.00	3483.7

说明：出口份额为日本对“一带一路”共建国家的出口额在日本对外贸易出口总额中所占的份额，进口份额为日本对“一带一路”共建国家的进口额在日本对外贸易进口总额中所占的份额；贸易差额=出口额-进口额，负数为贸易逆差。

资料来源：UN Comtrade Database，http://comtradeplus.un.org/data/。

表2.3.4 **日本对塔吉克斯坦的商品贸易** 单位：万美元，%

年份	出口			进口			贸易差额
	金额	增长率	份额	金额	增长率	份额	金额
1992	75.1	/	0.00	1100.2	/	0.00	-1025.1
1993	37.7	-49.7	0.00	1136.3	3.3	0.00	-1098.6
1994	99.5	163.5	0.00	1633.5	43.8	0.01	-1534.0
1995	38.4	-61.4	0.00	1993.0	22.0	0.01	-1954.6
1996	134.4	249.9	0.00	273.1	-86.3	0.00	-138.8
1997	181.3	35.0	0.00	123.2	-54.9	0.00	58.2
1998	530.7	192.6	0.00	6.0	-95.1	0.00	524.7
1999	308.9	-41.8	0.00	18.0	199.1	0.00	290.9
2000	141.8	-54.1	0.00	54.4	202.6	0.00	87.4
2001	47.7	-66.4	0.00	12.8	-76.5	0.00	34.9
2002	103.8	117.8	0.00	182.1	1322.9	0.00	-78.2
2003	43.9	-57.7	0.00	699.9	284.4	0.00	-656.0
2004	44.8	2.0	0.00	845.1	20.7	0.00	-800.3

续表

年份	出口			进口			贸易差额
	金额	增长率	份额	金额	增长率	份额	金额
2005	166.2	271.1	0.00	419.3	-50.4	0.00	-253.1
2006	54.7	-67.1	0.00	139.4	-66.8	0.00	-84.7
2007	331.6	505.7	0.00	27.7	-80.2	0.00	303.9
2008	175.1	-47.2	0.00	0.6	-97.9	0.00	174.5
2009	930.8	431.7	0.00	0.4	-35.0	0.00	930.5
2010	140.0	-85.0	0.00	2591.2	678937.6	0.00	-2451.2
2011	88.9	-36.5	0.00	1305.1	-49.6	0.00	-1216.3
2012	746.7	740.1	0.00	1087.1	-16.7	0.00	-340.4
2013	134.3	-82.0	0.00	111.4	-89.8	0.00	22.9
2014	1416.0	954.6	0.00	138.4	24.3	0.00	1277.6
2015	532.9	-62.4	0.00	223.0	61.1	0.00	309.9
2016	358.9	-32.6	0.00	116.2	-47.9	0.00	242.7
2017	590.8	64.6	0.00	145.6	25.3	0.00	445.2
2018	1259.4	113.2	0.00	69.4	-52.3	0.00	1190.0
2019	1987.3	57.8	0.00	149.9	115.9	0.00	1837.4
2020	362.5	-81.8	0.00	138.5	-7.6	0.00	224.0
2021	2505.2	591.1	0.00	201.7	45.6	0.00	2303.5
2022	2366.4	-5.5	0.00	227.6	12.8	0.00	2138.9

说明：出口份额为日本对“一带一路”共建国家的出口额在日本对外贸易出口总额中所占的份额，进口份额为日本对“一带一路”共建国家的进口额在日本对外贸易进口总额中所占的份额；贸易差额 = 出口额 - 进口额，负数为贸易逆差。

资料来源：UN Comtrade Database，http://comtradeplus.un.org/data/。

表 2.3.5　　日本对土库曼斯坦的商品贸易　　单位：万美元,%

年份	出口			进口			贸易差额
	金额	增长率	份额	金额	增长率	份额	金额
1992	639.4	/	0.00	253.7	/	0.00	385.7
1993	833.1	30.3	0.00	523.4	106.3	0.00	309.7
1994	579.0	-30.5	0.00	483.5	-7.6	0.00	95.5
1995	820.7	41.8	0.00	694.5	43.6	0.00	126.3
1996	761.4	-7.2	0.00	369.4	-46.8	0.00	392.0
1997	380.2	-50.1	0.00	301.8	-18.3	0.00	78.4
1998	787.0	107.0	0.00	4.5	-98.5	0.00	782.6
1999	1408.1	78.9	0.00	30.8	589.6	0.00	1377.3
2000	5581.8	296.4	0.01	71.8	132.9	0.00	5510.0
2001	3243.4	-41.9	0.01	41.8	-41.8	0.00	3201.6
2002	531.9	-83.6	0.00	87.6	109.5	0.00	444.3
2003	2611.9	391.1	0.01	246.7	181.6	0.00	2365.3
2004	5151.7	97.2	0.01	19.7	-92.0	0.00	5132.0
2005	1510.3	-70.7	0.00	0.7	-96.4	0.00	1509.6
2006	5220.6	245.7	0.01	10.4	1371.9	0.00	5210.3
2007	9178.3	75.8	0.01	7.3	-29.1	0.00	9170.9
2008	7433.4	-19.0	0.01	207.5	2727.1	0.00	7225.9
2009	2691.5	-63.8	0.00	13.5	-93.5	0.00	2678.1
2010	2489.1	-7.5	0.00	19.6	45.6	0.00	2469.5
2011	27165.2	991.4	0.03	68.6	250.0	0.00	27096.6
2012	12150.9	-55.3	0.02	1.6	-97.6	0.00	12149.2
2013	5542.3	-54.4	0.01	3.7	125.4	0.00	5538.6
2014	5977.7	7.9	0.01	5.9	59.3	0.00	5971.8
2015	2682.4	-55.1	0.00	8.7	46.6	0.00	2673.8
2016	39729.8	1381.1	0.06	10.9	25.2	0.00	39719.0
2017	8189.3	-79.4	0.01	10.6	-2.3	0.00	8178.7

续表

年份	出口			进口			贸易差额
	金额	增长率	份额	金额	增长率	份额	金额
2018	1749.8	-78.6	0.00	19.6	85.0	0.00	1730.1
2019	1231.5	-29.6	0.00	61.8	215.1	0.00	1169.7
2020	11579.5	840.3	0.02	7.8	-87.4	0.00	11571.7
2021	3679.1	-68.2	0.00	9.1	16.6	0.00	3670.0
2022	5056.5	37.4	0.01	17.6	93.1	0.00	5039.0

说明：出口份额为日本对“一带一路”共建国家的出口额在日本对外贸易出口总额中所占的份额，进口份额为日本对“一带一路”共建国家的进口额在日本对外贸易进口总额中所占的份额；贸易差额 = 出口额 - 进口额，负数为贸易逆差。

资料来源：UN Comtrade Database，http://comtradeplus.un.org/data/。

表 2.3.6　**日本对乌兹别克斯坦的商品贸易**　单位：万美元，%

年份	出口			进口			贸易差额
	金额	增长率	份额	金额	增长率	份额	金额
1992	1293.7	/	0.00	897.0	/	0.00	396.7
1993	1992.9	54.1	0.01	3681.4	310.4	0.02	-1688.5
1994	4142.2	107.8	0.01	2643.2	-28.2	0.01	1499.0
1995	8108.7	95.8	0.02	10053.4	280.4	0.03	-1944.7
1996	8153.8	0.6	0.02	6126.7	-39.1	0.02	2027.0
1997	5616.3	-31.1	0.01	3595.1	-41.3	0.01	2021.2
1998	6719.1	19.6	0.02	4023.5	11.9	0.01	2695.6
1999	8583.5	27.7	0.02	3397.8	-15.5	0.01	5185.7
2000	2462.0	-71.3	0.01	7858.4	131.3	0.02	-5396.3
2001	1782.4	-27.6	0.00	5342.8	-32.0	0.02	-3560.4
2002	1705.6	-4.3	0.00	7388.2	38.3	0.02	-5682.7
2003	4351.9	155.2	0.01	9166.4	24.1	0.02	-4814.5
2004	5217.5	19.9	0.01	8682.8	-5.3	0.02	-3465.3

续表

年份	出口			进口			贸易差额
	金额	增长率	份额	金额	增长率	份额	金额
2005	3586.0	-31.3	0.01	12487.3	43.8	0.02	-8901.3
2006	1643.1	-54.2	0.00	17882.1	43.2	0.03	-16239.0
2007	6472.3	293.9	0.01	16064.7	-10.2	0.03	-9592.4
2008	7623.9	17.8	0.01	31245.2	94.5	0.04	-23621.4
2009	8449.3	10.8	0.01	10511.6	-66.4	0.02	-2062.3
2010	7727.1	-8.5	0.01	17344.0	65.0	0.02	-9616.9
2011	23820.9	208.3	0.03	4837.4	-72.1	0.01	18983.5
2012	9760.3	-59.0	0.01	10737.6	122.0	0.01	-977.3
2013	12292.4	25.9	0.02	10214.4	-4.9	0.01	2077.9
2014	16803.4	36.7	0.02	2755.3	-73.0	0.00	14048.2
2015	25128.5	49.5	0.04	272.6	-90.1	0.00	24855.9
2016	16026.5	-36.2	0.02	260.1	-4.6	0.00	15766.4
2017	12095.2	-24.5	0.02	449.5	72.9	0.00	11645.6
2018	52480.0	333.9	0.07	533.0	18.6	0.00	51946.9
2019	18666.6	-64.4	0.03	465.4	-12.7	0.00	18201.3
2020	14230.2	-23.8	0.02	884.4	90.0	0.00	13345.8
2021	18474.2	29.8	0.02	1539.6	74.1	0.00	16934.6
2022	27671.6	49.8	0.04	5326.7	246.0	0.01	22344.9

说明：出口份额为日本对“一带一路”共建国家的出口额在日本对外贸易出口总额中所占的份额，进口份额为日本对“一带一路”共建国家的进口额在日本对外贸易进口总额中所占的份额；贸易差额=出口额-进口额，负数为贸易逆差。

资料来源：UN Comtrade Database，http://comtradeplus.un.org/data/。

2.4 日本对俄罗斯和蒙古的商品贸易

表 2.4.1　　日本对俄罗斯的商品贸易　　单位：万美元,%

年份	出口			进口			贸易差额
	金额	增长率	份额	金额	增长率	份额	金额
1992	107379.5	/	0.32	240442.0	/	1.03	-133062.5
1993	149662.8	39.4	0.41	275602.7	14.6	1.15	-125939.9
1994	117438.7	-21.5	0.30	347366.4	26.0	1.26	-229927.8
1995	115351.5	-1.8	0.26	473830.1	36.4	1.41	-358478.6
1996	102300.1	-11.3	0.25	393697.3	-16.9	1.13	-291397.2
1997	101394.6	-0.9	0.24	399706.5	1.5	1.18	-298311.9
1998	97766.9	-3.6	0.25	289165.5	-27.7	1.03	-191398.5
1999	48035.3	-50.9	0.12	376675.8	30.3	1.22	-328640.5
2000	56974.3	18.6	0.12	457996.4	21.6	1.21	-401022.1
2001	71661.3	25.8	0.18	385742.7	-15.8	1.10	-314081.4
2002	94497.3	31.9	0.23	327651.0	-15.1	0.97	-233153.7
2003	176517.3	86.8	0.37	423742.5	29.3	1.11	-247225.2
2004	311939.2	76.7	0.55	571004.8	34.8	1.25	-259065.5
2005	448823.1	43.9	0.75	618425.9	8.3	1.20	-169602.8
2006	705942.8	57.3	1.09	665912.4	7.7	1.15	40030.4
2007	1076976.1	52.6	1.51	1056281.9	58.6	1.70	20694.1
2008	1653409.8	53.5	2.12	1341776.5	27.0	1.76	311633.3
2009	328588.3	-80.1	0.57	884799.8	-34.1	1.60	-556211.5
2010	802607.9	144.3	1.04	1612824.8	82.3	2.32	-810217.0
2011	1181342.4	47.2	1.44	1901231.1	17.9	2.22	-719888.7
2012	1259143.5	6.6	1.58	2080882.1	9.4	2.35	-821738.6
2013	1095779.3	-13.0	1.53	2365310.0	13.7	2.84	-1269530.7
2014	917718.0	-16.2	1.33	2475566.0	4.7	3.05	-1557848.0
2015	510433.2	-44.4	0.82	1574053.6	-36.4	2.52	-1063620.4

续表

年份	出口			进口			贸易差额
	金额	增长率	份额	金额	增长率	份额	金额
2016	510032. 3	-0. 1	0. 79	1127317. 2	-28. 4	1. 86	-617284. 9
2017	600801. 3	17. 8	0. 86	1382281. 7	22. 6	2. 06	-781480. 5
2018	729755. 7	21. 5	0. 99	1559154. 8	12. 8	2. 08	-829399. 2
2019	717848. 5	-1. 6	1. 02	1431738. 1	-8. 2	1. 99	-713889. 6
2020	588602. 3	-18. 0	0. 92	1072956. 6	-25. 1	1. 69	-484354. 3
2021	785720. 0	33. 5	1. 04	1411212. 6	31. 5	1. 83	-625492. 6
2022	460623. 6	-41. 4	0. 62	1489006. 1	5. 5	1. 66	-1028382. 5

说明：出口份额为日本对“一带一路”共建国家的出口额在日本对外贸易出口总额中所占的份额，进口份额为日本对“一带一路”共建国家的进口额在日本对外贸易进口总额中所占的份额；贸易差额=出口额-进口额，负数为贸易逆差。

资料来源：UN Comtrade Database，http://comtradeplus. un. org/data/。

表 2. 4. 2　　**日本对蒙古的商品贸易**　　单位：万美元,%

年份	出口			进口			贸易差额
	金额	增长率	份额	金额	增长率	份额	金额
1976	46. 8	/	0. 00	42. 3	/	0. 00	4. 5
1977	139. 2	197. 4	0. 00	153. 4	262. 4	0. 00	-14. 2
1978	198. 5	42. 6	0. 00	175. 5	14. 4	0. 00	23. 0
1979	1435. 0	623. 0	0. 01	119. 8	-31. 7	0. 00	1315. 2
1980	429. 2	-70. 1	0. 00	124. 6	4. 0	0. 00	304. 6
1981	65. 6	-84. 7	0. 00	383. 9	208. 0	0. 00	-318. 3
1982	178. 6	172. 4	0. 00	800. 0	108. 4	0. 01	-621. 3
1983	276. 3	54. 7	0. 00	198. 9	-75. 1	0. 00	77. 5
1984	158. 6	-42. 6	0. 00	1049. 1	427. 6	0. 01	-890. 5
1985	194. 8	22. 8	0. 00	763. 3	-27. 2	0. 01	-568. 5
1986	284. 5	46. 1	0. 00	693. 8	-9. 1	0. 01	-409. 3

续表

年份	出口			进口			贸易差额
	金额	增长率	份额	金额	增长率	份额	金额
1987	194.5	-31.6	0.00	1299.6	87.3	0.01	-1105.1
1988	425.2	118.6	0.00	2628.6	102.3	0.01	-2203.4
1989	728.4	71.3	0.00	3840.9	46.1	0.02	-3112.5
1990	1462.6	100.8	0.01	1797.4	-53.2	0.01	-334.8
1991	4627.0	216.3	0.01	2146.4	19.4	0.01	2480.6
1992	3748.8	-19.0	0.01	4244.7	97.8	0.02	-495.9
1993	1939.2	-48.3	0.01	2618.3	-38.3	0.01	-679.0
1994	2461.5	26.9	0.01	5718.6	118.4	0.02	-3257.2
1995	4267.3	73.4	0.01	9006.8	57.5	0.03	-4739.5
1996	5958.2	39.6	0.01	8924.5	-0.9	0.03	-2966.3
1997	3923.6	-34.1	0.01	10997.4	23.2	0.03	-7073.8
1998	4702.2	19.8	0.01	6225.4	-43.4	0.02	-1523.2
1999	5688.6	21.0	0.01	1283.1	-79.4	0.00	4405.5
2000	2847.6	-49.9	0.01	964.0	-24.9	0.00	1883.6
2001	3743.5	31.5	0.01	1077.7	11.8	0.00	2665.8
2002	3090.0	-17.5	0.01	741.1	-31.2	0.00	2348.9
2003	4513.3	46.1	0.01	685.7	-7.5	0.00	3827.6
2004	7403.0	64.0	0.01	825.2	20.4	0.00	6577.7
2005	7339.0	-0.9	0.01	654.1	-20.7	0.00	6684.9
2006	10615.0	44.6	0.02	840.7	28.5	0.00	9774.3
2007	15406.8	45.1	0.02	1621.5	92.9	0.00	13785.3
2008	22991.8	49.2	0.03	3624.3	123.5	0.00	19367.6
2009	10652.9	-53.7	0.02	727.1	-79.9	0.00	9925.8
2010	15956.8	49.8	0.02	2295.1	215.7	0.00	13661.6
2011	32261.9	102.2	0.04	1764.3	-23.1	0.00	30497.6
2012	34483.4	6.9	0.04	2582.0	46.4	0.00	31901.3

续表

年份	出口			进口			贸易差额
	金额	增长率	份额	金额	增长率	份额	金额
2013	30031.2	-12.9	0.04	1908.1	-26.1	0.00	28123.0
2014	32644.0	8.7	0.05	1709.9	-10.4	0.00	30934.1
2015	25187.8	-22.8	0.04	5381.0	214.7	0.01	19806.7
2016	27760.4	10.2	0.04	1749.1	-67.5	0.00	26011.3
2017	35717.5	28.7	0.05	3793.3	116.9	0.01	31924.3
2018	51781.4	45.0	0.07	3237.3	-14.7	0.00	48544.0
2019	58330.0	12.6	0.08	2243.1	-30.7	0.00	56086.9
2020	34052.2	-41.6	0.05	1453.4	-35.2	0.00	32598.8
2021	49960.9	46.7	0.07	3555.7	144.7	0.00	46405.3
2022	48725.3	-2.5	0.07	3595.8	1.1	0.00	45129.5

说明：出口份额为日本对“一带一路”共建国家的出口额在日本对外贸易出口总额中所占的份额，进口份额为日本对“一带一路”共建国家的进口额在日本对外贸易进口总额中所占的份额；贸易差额＝出口额－进口额，负数为贸易逆差。

资料来源：UN Comtrade Database，http://comtradeplus.un.org/data/。

2.5　日本对欧洲的商品贸易

表2.5.1　**日本对欧洲的商品贸易概况**　单位：亿美元，%

年份	出口			进口			贸易差额
	金额	增长率	份额	金额	增长率	份额	金额
2001	704.4	-17.6	17.39	504.5	-4.3	14.37	199.9
2002	668.6	-5.1	16.08	494.5	-2.0	14.68	174.1
2003	794.6	18.9	16.91	554.1	12.1	14.52	240.5
2004	944.7	18.9	16.72	644.4	16.3	14.17	300.3
2005	939.5	-0.6	15.71	659.7	2.4	12.72	279.8
2006	1008.4	7.3	15.58	670.0	1.6	11.57	338.3

续表

年份	出口			进口			贸易差额
	金额	增长率	份额	金额	增长率	份额	金额
2007	1124.9	11.6	15.78	725.1	8.2	11.67	399.8
2008	1184.1	5.3	15.26	790.5	9.0	10.46	393.6
2009	814.6	-31.2	14.03	677.3	-14.3	12.26	137.3
2010	983.7	20.8	12.83	755.2	11.5	10.92	228.5
2011	1092.6	11.1	13.31	912.7	20.9	10.70	179.9
2012	899.8	-17.7	11.23	950.5	4.1	10.70	-50.7
2013	791.6	-12.0	11.01	892.1	-6.1	10.63	-100.4
2014	787.2	-0.6	11.34	883.4	-1.0	10.81	-96.1
2015	719.9	-8.6	11.52	814.4	-7.8	12.56	-94.5
2016	805.6	11.9	12.50	853.4	4.8	14.06	-47.8
2017	865.1	7.4	12.41	886.9	3.9	13.22	-21.7
2018	915.9	5.9	12.41	988.7	11.5	13.22	-72.8
2019	899.3	-1.8	12.74	1005.3	1.7	13.95	-106.0
2020	784.8	-12.7	12.26	894.4	-11.0	14.07	-109.6
2021	893.3	13.8	11.78	1051.5	17.6	13.58	-158.2

说明：出口份额为日本对“一带一路”共建国家的出口额在日本对外贸易出口总额中所占的份额，进口份额为日本对“一带一路”共建国家的进口额在日本对外贸易进口总额中所占的份额；贸易差额 = 出口额 - 进口额，负数为贸易逆差。

资料来源：日本貿易振興機構（JETRO）、https://www.jetro.go.jp/world/japan/stats/trade/。

表 2.5.2　　日本对欧盟的商品贸易概况　　单位：亿美元，%

年份	出口			进口			贸易差额
	金额	增长率	份额	金额	增长率	份额	金额
2005	882.5	/	14.75	592.6	/	11.43	289.9
2006	941.4	6.7	14.54	600.6	1.4	10.37	340.8
2007	1052.7	11.8	14.77	650.1	8.2	10.47	402.6

续表

年份	出口			进口			贸易差额
	金额	增长率	份额	金额	增长率	份额	金额
2008	1093.8	3.9	14.10	699.2	7.5	9.25	394.7
2009	723.7	-33.8	12.46	591.3	-15.4	10.71	132.4
2010	867.3	19.8	11.31	661.9	11.9	9.57	205.5
2011	954.1	10.0	11.62	802.9	21.3	9.41	151.2
2012	817.4	-14.3	10.20	835.2	4.0	9.40	-17.8
2013	721.7	-11.7	10.04	789.9	-5.4	9.42	-68.2
2014	720.8	-0.1	10.38	777.5	-1.6	9.52	-56.7
2015	660.0	-8.4	10.56	712.7	-8.3	10.99	-52.6
2016	733.9	11.2	11.39	749.4	5.2	12.35	-15.5
2017	771.1	5.1	11.06	779.8	4.1	11.62	-8.8
2018	834.1	8.2	11.30	879.4	12.8	11.75	-45.3
2019	821.3	-1.5	11.64	891.6	1.4	12.37	-70.3
2020	590.7	-13.5	9.23	725.6	-10.4	11.41	-135.0
2021	700.5	18.6	9.24	863.3	19.0	11.45	-162.8

说明：2012年以前统计数据包括欧盟27国，即德国、法国、英国、意大利、丹麦、爱尔兰、荷兰、比利时、卢森堡、西班牙、葡萄牙、希腊、奥地利、瑞典、芬兰、波兰、捷克共和国、斯洛伐克、匈牙利、爱沙尼亚、拉脱维亚、立陶宛、斯洛文尼亚、塞浦路斯、马耳他、罗马尼亚、保加利亚。2013年以后统计数据包括欧盟28国，即在27国的基础上加入克罗地亚。2020年，英国正式脱欧，因此2020年以后的欧盟数据不含英国，仅包含现有的27个成员国。出口份额为日本对“一带一路”共建国家的出口额在日本对外贸易出口总额中所占的份额，进口份额为日本对“一带一路”共建国家的进口额在日本对外贸易进口总额中所占的份额；贸易差额=出口额-进口额，负数为贸易逆差。

资料来源：日本貿易振興機構（JETRO）、https://www.jetro.go.jp/world/japan/stats/trade/。

2.6 日本对非洲的商品贸易

表 2.6.1　　日本对非洲的商品贸易概况　　单位：亿美元,%

年份	出口			进口			贸易差额
	金额	增长率	份额	金额	增长率	份额	金额
2001	44.5	-12.1	1.10	45.6	-8.3	1.30	-1.1
2002	49.1	10.2	1.18	56.8	24.4	1.69	-7.7
2003	55.6	13.3	1.18	64.2	13.1	1.68	-8.6
2004	76.6	37.7	1.36	87.0	35.4	1.91	-10.4
2005	82.5	7.8	1.38	99.3	14.2	1.92	-16.8
2006	94.6	14.6	1.46	132.7	33.6	2.29	-38.1
2007	116.0	22.7	1.63	147.7	11.3	2.38	-31.7
2008	133.4	15.0	1.72	207.7	40.6	2.75	-74.2
2009	95.0	-28.8	1.64	91.1	-56.2	1.65	3.9
2010	120.0	26.4	1.56	117.5	29.0	1.70	2.5
2011	131.7	9.7	1.60	171.6	46.0	2.01	-39.9
2012	129.7	-1.5	1.62	213.1	24.2	2.40	-83.5
2013	115.3	-11.1	1.60	193.2	-9.4	2.30	-77.9
2014	105.2	-8.7	1.52	169.7	-12.2	2.08	-64.4
2015	85.7	-18.6	1.37	115.5	-31.9	1.78	-29.8
2016	77.1	-10.0	1.20	72.9	-36.9	1.20	4.2
2017	75.0	-2.7	1.08	83.0	13.8	1.24	-7.9
2018	81.5	8.6	1.10	89.7	8.1	1.20	-8.2
2019	90.2	10.6	1.28	84.1	-6.2	1.17	6.1
2020	79.3	-12.1	1.24	86.2	2.5	1.36	-6.9
2021	96.4	21.6	1.27	139.3	61.6	1.80	-42.9

说明：出口份额为日本对“一带一路”共建国家的出口额在日本对外贸易出口总额中所占的份额，进口份额为日本对“一带一路”共建国家的进口额在日本对外贸易进口总额中所占的份额；贸易差额=出口额-进口额，负数为贸易逆差。

资料来源：日本貿易振興機構（JETRO）、https://www.jetro.go.jp/world/japan/stats/trade/。

表 2.6.2　　日本对南非共和国的商品贸易　　单位：万美元,%

年份	出口			进口			贸易差额
	金额	增长率	份额	金额	增长率	份额	金额
2000	186330.0	/	0.39	300098.3	/	0.79	-113768.4
2001	149496.7	-19.8	0.37	278651.1	-7.1	0.80	-129154.4
2002	155383.3	3.9	0.37	289246.5	3.8	0.86	-133863.2
2003	203166.2	30.8	0.43	359397.7	24.3	0.94	-156231.5
2004	290755.8	43.1	0.51	460894.2	28.2	1.01	-170138.4
2005	327358.1	12.6	0.55	553764.1	20.1	1.07	-226406.0
2006	405716.7	23.9	0.63	662838.6	19.7	1.14	-257121.9
2007	461055.0	13.6	0.65	773054.5	16.6	1.24	-311999.5
2008	462772.5	0.4	0.59	898338.3	16.2	1.18	-435565.9
2009	260668.0	-43.7	0.45	498784.4	-44.5	0.90	-238116.4
2010	383019.5	46.9	0.50	726602.8	45.7	1.05	-343583.3
2011	431668.0	12.7	0.52	847207.6	16.6	0.99	-415539.6
2012	406206.1	-5.9	0.51	640898.8	-24.4	0.72	-234692.6
2013	346293.5	-14.7	0.48	675073.2	5.3	0.81	-328779.7
2014	323956.0	-6.5	0.47	570940.2	-15.4	0.70	-246984.2
2015	268989.8	-17.0	0.43	494449.2	-13.4	0.79	-225459.3
2016	223050.9	-17.1	0.35	421198.3	-14.8	0.69	-198147.4
2017	251448.9	12.7	0.36	476020.0	13.0	0.71	-224571.2
2018	251943.3	0.2	0.34	514217.5	8.0	0.69	-262274.2
2019	241543.4	-4.1	0.34	512920.6	-0.3	0.71	-271377.2
2020	167118.6	-30.8	0.26	575973.4	12.3	0.91	-408854.8
2021	236228.2	41.4	0.31	1011194.4	75.6	1.31	-774966.2
2022	234981.6	-0.5	0.31	1002446.9	-0.9	1.12	-767465.3

说明：出口份额为日本对“一带一路”共建国家的出口额在日本对外贸易出口总额中所占的份额，进口份额为日本对“一带一路”共建国家的进口额在日本对外贸易进口总额中所占的份额；贸易差额=出口额-进口额，负数为贸易逆差。

资料来源：UN Comtrade Database，http://comtradeplus.un.org/data/。

2.7 日本对“一带一路”共建国家的商品贸易结构

表 2.7.1　　日本对东南亚的出口结构　　单位：亿美元

	2005	2006	2007	2008	2009	2010	2011	2012	2013	2014	2015	2016	2017	2018	2019	2020
总额	760.74	763.49	869.90	1027.99	804.49	1124.61	1227.33	1297.88	1116.71	1052.41	950.52	955.35	1057.19	1143.94	1062.21	920.46
食品	3.15	3.21	4.16	5.61	4.76	5.95	7.38	7.91	8.28	8.04	8.17	8.61	9.58	11.63	12.23	13.20
原材料	6.89	7.49	8.45	10.76	9.42	13.02	15.03	16.37	16.32	17.39	16.09	15.60	17.20	18.41	23.10	27.33
矿物燃料	3.95	4.02	18.17	47.09	39.71	42.58	53.66	37.90	39.95	37.28	26.76	18.87	24.57	23.97	19.39	16.25
化学制品	63.99	67.91	77.10	84.49	67.73	93.97	103.75	96.75	90.85	91.99	81.55	84.62	95.66	106.75	103.50	100.99
有机化合物	15.17	15.20	16.21	15.87	13.63	18.46	21.25	15.62	16.46	16.61	13.36	12.66	14.87	15.35	14.31	13.37
医药制品	0.80	0.89	1.03	1.17	1.30	1.63	1.82	1.96	1.69	1.68	1.69	1.86	1.99	2.37	2.71	2.63
塑料	21.93	23.07	25.84	28.54	24.24	33.70	35.10	34.73	32.67	32.97	29.65	31.76	35.30	39.50	36.46	33.96
工业制成品	131.63	136.85	159.79	204.14	142.28	212.78	237.95	251.73	231.04	212.33	180.06	174.84	192.73	216.61	191.10	158.56
钢铁	69.00	65.41	78.98	112.50	68.86	108.38	124.17	129.01	117.28	106.21	85.16	77.38	89.70	101.36	87.84	67.48
有色金属	15.42	23.04	28.38	30.93	22.06	36.25	36.04	37.57	38.74	34.54	31.61	28.61	32.11	37.77	29.75	31.55
金属制品	17.93	18.12	19.36	23.24	18.63	26.31	29.24	34.33	30.14	27.58	23.34	24.95	24.32	25.92	23.92	18.66
纺织纱线及纤维制品	8.71	8.88	9.31	10.33	9.23	11.75	15.26	16.45	14.96	15.49	14.52	16.41	17.36	18.63	18.58	15.13
非金属矿物制品	9.09	9.45	10.01	11.13	10.17	11.96	13.34	13.49	11.30	10.60	9.60	10.32	10.25	11.27	11.28	9.71
橡胶制品	6.20	6.35	7.41	8.80	7.87	10.78	12.92	14.82	12.41	11.45	9.36	9.51	10.40	11.32	10.70	7.98
纸及纸制品	4.98	5.31	6.04	6.92	5.21	7.05	6.58	5.62	5.80	6.01	5.92	6.82	7.60	9.30	7.94	7.16

续表

	2005	2006	2007	2008	2009	2010	2011	2012	2013	2014	2015	2016	2017	2018	2019	2020
一般机械	165.88	156.34	180.46	213.80	154.46	237.58	261.25	302.90	235.77	220.54	194.83	187.39	200.86	216.37	197.68	158.38
发动机	30.40	24.16	32.89	37.30	31.81	51.65	49.69	54.76	50.39	41.91	35.72	34.09	38.34	42.27	38.72	28.02
计算机	4.34	3.60	2.90	3.32	2.36	3.41	4.07	4.04	3.08	3.04	2.55	2.42	2.31	2.26	2.03	1.81
计算机零部件	22.23	21.01	22.07	22.78	17.38	20.96	19.70	20.12	18.32	18.70	17.74	17.27	21.57	22.21	19.04	18.61
半导体等制造装置	/	/	9.64	10.69	6.14	14.97	14.62	11.51	7.22	7.48	7.13	11.28	11.73	14.12	9.90	10.50
金属加工机械	16.14	15.60	13.40	16.45	9.00	16.40	22.25	34.69	24.23	25.56	20.93	11.45	11.85	13.26	14.04	9.88
泵及离心机	12.08	10.77	13.54	17.00	14.10	18.41	20.88	24.13	20.48	17.77	17.35	19.26	17.92	18.33	18.79	15.40
建造及矿山用机械	8.87	7.18	11.11	16.28	10.91	16.92	19.13	18.64	11.38	10.62	10.60	10.87	12.22	13.01	9.47	6.89
机械操纵装置	8.78	8.63	11.43	15.24	9.55	14.85	17.81	20.56	16.85	15.89	13.16	12.38	12.70	14.20	12.65	8.55
加热及冷却用机械	5.47	5.13	5.27	5.88	5.26	6.23	6.33	9.90	6.53	5.87	5.23	5.08	5.15	5.66	5.65	4.80
纺织机械	2.42	2.06	2.60	2.91	1.52	2.54	3.30	2.92	2.85	3.33	2.96	2.69	3.09	3.11	2.34	1.73
轴承	5.26	5.04	5.23	6.97	5.35	8.89	10.12	9.95	8.11	7.78	6.81	6.81	7.53	8.05	7.68	5.55
电气设备	212.34	217.34	221.64	226.52	180.32	249.61	244.53	261.40	215.72	208.63	184.83	191.52	211.51	233.93	217.97	214.98
半导体等电子零部件	104.92	102.40	105.98	102.26	82.69	113.86	99.34	92.66	77.30	78.85	68.51	66.76	73.22	84.52	81.41	90.76
集成电路	70.13	61.88	64.82	65.88	54.17	70.20	57.69	53.56	45.77	46.75	40.25	39.04	44.28	52.27	50.17	57.90
音频及视频设备	10.20	9.13	7.92	8.98	5.79	6.59	6.69	7.47	5.62	5.13	4.01	4.77	4.79	4.55	3.89	2.88

续表

	2005	2006	2007	2008	2009	2010	2011	2012	2013	2014	2015	2016	2017	2018	2019	2020
音频及视频设备零部件	11. 61	14. 77	10. 91	9. 27	8. 47	11. 56	8. 99	10. 44	5. 71	4. 35	3. 69	3. 94	4. 63	5. 04	4. 35	3. 94
重型电力机械	9. 37	9. 05	11. 33	10. 87	9. 63	12. 78	13. 74	15. 88	12. 75	13. 30	11. 36	12. 16	10. 83	11. 92	10. 84	10. 29
通信设备	2. 80	3. 66	7. 88	8. 49	7. 77	6. 58	5. 56	6. 06	6. 54	5. 94	5. 75	6. 57	11. 61	9. 91	7. 13	5. 89
电气测量仪器	12. 34	11. 76	11. 76	13. 59	9. 85	18. 03	21. 39	28. 39	23. 68	21. 35	18. 38	18. 49	20. 68	23. 33	21. 71	19. 55
电路设备	27. 41	29. 48	29. 48	32. 26	26. 23	37. 72	39. 48	44. 67	37. 98	35. 26	31. 95	34. 08	37. 69	40. 01	37. 55	34. 07
电池	2. 88	3. 25	3. 19	4. 37	2. 75	2. 81	2. 71	3. 46	3. 72	3. 62	3. 57	3. 69	4. 18	5. 01	4. 43	5. 26
运输设备	84. 82	73. 37	92. 57	116. 38	102. 57	142. 30	156. 28	184. 64	151. 62	129. 22	125. 38	130. 39	135. 57	140. 91	140. 63	94. 65
机动车辆	36. 34	30. 78	38. 91	47. 82	35. 38	53. 45	61. 23	84. 80	63. 29	54. 28	54. 12	56. 96	53. 55	56. 02	51. 29	34. 01
小汽车	19. 33	15. 90	18. 76	24. 12	16. 01	21. 55	24. 64	38. 11	26. 77	25. 74	27. 07	28. 21	24. 59	27. 79	25. 25	17. 01
公共汽车和卡车	13. 53	12. 05	16. 54	19. 98	15. 86	25. 49	29. 65	33. 17	26. 10	24. 57	23. 20	24. 76	25. 95	25. 54	23. 66	15. 57
机动车零部件	32. 64	29. 07	33. 88	42. 86	36. 67	59. 12	61. 69	76. 63	67. 17	52. 49	46. 27	52. 83	54. 26	61. 79	57. 69	37. 71
摩托车	0. 76	1. 05	1. 20	1. 37	0. 52	0. 67	1. 01	1. 06	1. 15	1. 51	1. 52	1. 34	1. 59	1. 62	1. 78	0. 94
飞机及航空器	0. 13	0. 14	0. 27	0. 24	0. 20	0. 33	0. 39	0. 64	0. 69	0. 69	1. 04	1. 28	1. 34	1. 23	1. 50	0. 74
船舶	12. 37	8. 63	14. 61	19. 78	26. 09	25. 37	28. 37	15. 27	15. 21	16. 26	18. 83	12. 40	21. 61	15. 75	24. 91	16. 31
其他	88. 08	96. 95	107. 57	119. 20	103. 24	126. 82	147. 51	138. 30	127. 14	127. 00	132. 86	143. 51	169. 52	175. 36	156. 62	136. 11
科学光学设备	2. 97	3. 09	3. 05	3. 15	2. 81	3. 02	29. 19	24. 31	19. 56	20. 34	17. 81	18. 47	21. 94	20. 82	20. 10	18. 98
影视器材	16. 08	16. 49	14. 96	18. 96	17. 60	24. 99	2. 78	2. 62	2. 50	2. 69	2. 69	3. 02	3. 17	3. 43	3. 40	2. 90

说明：东南亚包括文莱、柬埔寨、印度尼西亚、老挝、马来西亚、缅甸、菲律宾、新加坡、泰国、越南共十个国家。数据来自日本贸易振兴机构（JETRO），与前表使用 UN Comtrade 数据库显示的贸易额有一定差别。

资料来源：日本貿易振興機構（JETRO）、https://www. jetro. go. jp/world/japan/stats/trade/。

表 2.7.2　　**日本对东南亚的进口结构**　　单位：亿美元

	2005	2006	2007	2008	2009	2010	2011	2012	2013	2014	2015	2016	2017	2018	2019	2020
总额	730.76	799.90	868.98	1061.18	779.36	1006.19	1246.07	1296.03	1186.44	1164.99	979.53	923.01	1027.73	1121.76	1078.23	998.10
食品	56.01	56.99	58.03	72.07	71.73	77.23	97.38	98.85	89.26	87.91	82.81	83.53	87.38	89.68	90.84	87.81
原材料	59.07	85.06	105.18	93.69	72.64	111.15	121.27	91.92	79.61	81.16	73.94	69.54	77.22	88.71	69.24	71.80
木材	5.05	5.31	4.80	3.88	2.65	3.10	3.73	3.52	3.15	3.16	2.74	2.66	2.29	2.30	2.20	1.60
有色金属矿	23.49	37.79	49.74	37.30	34.62	50.42	33.55	27.08	26.09	28.83	29.44	27.84	25.84	34.75	20.44	23.44
铁矿石	2.16	3.73	4.57	0.00	0.16	0.00	0.01	0.01	0.00	0.00	0.03	0.00	0.00	0.00	0.00	0.00
大豆	0.00	0.00	0.00	0.00	0.00	0.00	0.00	0.00	0.00	0.00	0.00	0.00	0.00	0.00	0.00	0.00
矿物燃料	194.77	214.63	240.73	393.07	222.59	284.14	418.47	473.24	401.74	353.84	212.61	142.31	161.23	161.87	134.19	95.17
原油	36.89	44.99	49.88	82.34	24.62	37.46	81.86	116.41	85.09	62.56	25.78	14.42	14.73	13.06	8.15	4.10
石油制品	25.50	30.03	33.98	56.64	17.84	26.15	43.41	62.04	41.53	35.98	18.96	8.72	10.39	10.92	7.72	5.25
液化天然气	109.68	118.71	133.64	211.42	146.04	183.53	244.37	247.79	234.88	222.18	142.87	96.22	105.53	105.01	90.05	64.21
液化石油气	4.28	1.52	1.13	0.96	0.57	0.76	0.82	0.43	0.20	0.01	0.02	0.08	0.12	0.11	0.00	0.01
煤炭	18.41	19.38	22.09	41.70	33.52	36.15	47.84	46.42	39.91	33.02	24.94	22.83	30.44	32.75	28.26	21.60
化学制品	38.73	40.97	41.29	47.99	37.32	55.25	70.34	77.08	67.93	68.41	60.45	66.93	70.64	84.89	77.72	77.41
有机化合物	6.76	7.70	7.72	9.92	7.69	9.67	11.70	13.92	10.39	9.16	8.44	9.64	13.87	16.75	11.15	13.97
医药制品	0.82	0.80	1.06	1.58	2.26	8.42	10.84	13.82	12.57	11.76	11.29	16.01	11.31	13.34	13.54	14.66
工业制成品	65.55	76.50	79.78	85.67	68.00	84.87	106.26	102.79	104.36	106.12	97.33	97.33	101.93	114.74	114.60	99.98
钢铁	1.51	1.35	2.04	2.65	1.23	1.93	3.47	3.00	2.81	3.34	2.85	3.10	4.39	6.30	6.37	4.86
有色金属	6.39	9.79	13.19	14.42	7.50	12.63	15.54	13.03	12.93	10.15	8.35	8.72	10.59	12.46	10.66	8.65

续表

	2005	2006	2007	2008	2009	2010	2011	2012	2013	2014	2015	2016	2017	2018	2019	2020
金属制品	8. 72	10. 50	11. 37	12. 92	11. 01	12. 63	14. 33	13. 92	15. 51	16. 23	15. 60	15. 75	15. 67	17. 91	18. 48	16. 67
纺织纱线及纤维制品	7. 54	7. 59	8. 22	9. 36	8. 27	10. 47	14. 81	14. 32	14. 85	16. 45	16. 05	16. 14	17. 00	18. 90	19. 60	19. 06
非金属矿物制品	7. 49	8. 61	8. 48	9. 09	7. 45	8. 85	9. 78	9. 12	8. 83	10. 03	9. 19	9. 33	9. 29	9. 87	9. 66	8. 71
木制品（家具除外）	24. 34	28. 38	26. 05	24. 52	20. 14	24. 48	32. 73	32. 44	34. 72	34. 89	31. 20	30. 46	30. 69	34. 58	34. 32	28. 06
一般机械	75. 03	75. 68	71. 91	75. 38	57. 23	72. 91	76. 82	78. 94	74. 08	78. 26	76. 35	71. 45	82. 45	96. 34	86. 66	83. 32
发动机	2. 54	3. 60	4. 91	5. 00	2. 32	4. 48	5. 11	5. 60	5. 41	6. 00	5. 51	6. 09	6. 40	8. 02	7. 56	6. 38
计算机	38. 23	36. 17	31. 26	32. 60	26. 74	31. 32	27. 85	30. 08	24. 79	25. 55	23. 56	20. 79	23. 31	24. 84	24. 89	22. 87
计算机零部件	13. 95	12. 75	8. 80	8. 46	6. 56	7. 14	6. 24	6. 34	5. 94	6. 34	6. 29	6. 25	6. 36	5. 66	6. 76	6. 65
电气设备	150. 82	151. 36	161. 10	166. 32	135. 74	174. 42	182. 83	181. 86	177. 35	181. 96	174. 72	180. 04	222. 38	232. 91	240. 14	229. 37
半导体等电子零部件	53. 14	53. 01	50. 93	47. 21	37. 45	47. 26	46. 23	43. 14	40. 90	42. 71	41. 16	34. 61	41. 17	40. 24	37. 45	33. 77
集成电路	41. 63	40. 33	37. 83	33. 62	28. 11	34. 35	31. 30	27. 62	22. 02	21. 07	23. 38	20. 24	26. 43	24. 62	23. 47	22. 57
绝缘电线电缆	/	/	19. 77	21. 48	15. 05	22. 32	23. 49	29. 37	30. 86	32. 89	33. 15	34. 52	40. 49	46. 71	49. 31	46. 17
音频视频设备（含零部件）	38. 10	31. 27	28. 27	32. 10	28. 03	39. 08	38. 69	28. 53	30. 15	28. 89	24. 21	22. 76	24. 17	25. 66	29. 03	25. 86
重型电力机械	8. 50	8. 71	9. 10	9. 36	6. 57	9. 24	10. 31	11. 47	11. 68	11. 49	11. 16	10. 70	12. 08	13. 01	12. 98	11. 77
通信设备	5. 99	6. 12	16. 61	18. 96	16. 82	15. 89	19. 20	22. 52	19. 37	18. 22	17. 06	22. 66	40. 18	43. 36	45. 24	52. 05
电气测量仪器	3. 37	4. 10	4. 50	4. 78	3. 82	5. 83	6. 67	7. 06	7. 14	7. 50	7. 89	8. 71	9. 69	11. 38	11. 29	9. 97
运输设备	8. 10	9. 75	12. 30	16. 09	10. 81	20. 29	22. 12	29. 30	27. 86	29. 74	24. 78	26. 94	27. 96	30. 82	30. 44	32. 82

续表

	2005	2006	2007	2008	2009	2010	2011	2012	2013	2014	2015	2016	2017	2018	2019	2020
机动车辆	0. 66	0. 72	0. 71	1. 60	1. 16	5. 14	6. 72	9. 65	7. 02	5. 14	4. 43	4. 60	3. 93	5. 36	5. 03	11. 46
机动车零部件	6. 27	7. 75	10. 19	12. 73	8. 34	12. 94	12. 18	15. 05	15. 36	16. 62	15. 76	16. 35	17. 94	19. 99	19. 87	15. 63
飞机及航空器	0. 08	0. 11	0. 15	0. 12	0. 17	0. 35	0. 12	0. 13	0. 41	0. 88	1. 02	1. 23	1. 25	1. 09	1. 24	0. 98
其他	82. 68	88. 97	98. 65	110. 90	103. 32	125. 93	150. 59	162. 05	164. 26	177. 59	176. 54	184. 94	196. 53	221. 79	234. 38	220. 40
科学光学设备	12. 00	12. 10	12. 68	14. 95	14. 97	17. 56	20. 60	20. 96	18. 77	20. 46	20. 04	21. 38	23. 22	25. 78	25. 59	25. 37
服装及配饰	13. 50	14. 07	14. 85	17. 53	19. 94	23. 35	36. 13	44. 23	51. 18	56. 83	61. 07	66. 47	70. 50	84. 29	89. 40	82. 92
家具	10. 12	10. 02	10. 14	10. 54	10. 76	11. 46	12. 58	14. 20	14. 31	15. 43	14. 37	14. 90	15. 35	16. 26	17. 37	16. 66
包袋	1. 03	1. 01	1. 09	1. 30	1. 46	1. 79	2. 46	3. 63	4. 74	5. 87	6. 72	7. 94	8. 59	9. 25	10. 35	8. 53

说明：东南亚包括文莱、柬埔寨、印度尼西亚、老挝、马来西亚、缅甸、菲律宾、新加坡、泰国、越南共十个国家。数据来自日本贸易振兴机构（JETRO），与前表使用 UN Comtrade 数据库显示的贸易额有一定差别。

资料来源：日本貿易振興機構（JETRO）、https://www. jetro. go. jp/world/japan/stats/trade/。

表 2. 7. 3 **日本对俄罗斯的出口结构** 单位：亿美元

	2005	2006	2007	2008	2009	2010	2011	2012	2013	2014	2015	2016	2017	2018	2019	2020
总额	44. 85	70. 65	107. 38	163. 74	32. 95	80. 27	118. 01	126. 41	110. 67	93. 06	51. 16	51. 26	60. 06	72. 97	71. 74	58. 70
食品	0. 26	0. 29	0. 35	0. 49	0. 51	0. 78	0. 36	0. 29	0. 33	0. 38	0. 26	0. 25	0. 32	0. 43	0. 33	0. 63
原材料	0. 04	0. 04	0. 05	0. 26	0. 20	0. 35	0. 48	0. 57	0. 48	0. 49	0. 64	0. 26	0. 04	0. 07	0. 08	0. 11
矿物燃料	0. 16	0. 32	0. 45	0. 63	0. 32	0. 41	0. 65	0. 67	0. 66	0. 65	0. 49	0. 54	0. 45	0. 76	1. 22	0. 37

续表

	2005	2006	2007	2008	2009	2010	2011	2012	2013	2014	2015	2016	2017	2018	2019	2020
化学制品	0. 48	0. 72	0. 89	1. 32	0. 95	1. 33	1. 56	1. 55	1. 60	1. 63	1. 29	1. 21	1. 53	1. 81	1. 78	1. 87
有机化合物	0. 08	0. 10	0. 12	0. 14	0. 06	0. 14	0. 21	0. 20	0. 20	0. 13	0. 05	0. 08	0. 08	0. 10	0. 21	0. 25
医药制品	0. 01	0. 03	0. 02	0. 03	0. 03	0. 05	0. 07	0. 07	0. 09	0. 10	0. 09	0. 12	0. 17	0. 18	0. 24	0. 14
塑料	0. 16	0. 29	0. 33	0. 57	0. 25	0. 47	0. 38	0. 29	0. 43	0. 56	0. 36	0. 37	0. 45	0. 54	0. 54	0. 53
工业制成品	2. 18	3. 37	4. 95	7. 80	4. 35	8. 34	11. 14	10. 92	11. 25	8. 74	5. 56	4. 60	5. 55	6. 44	6. 34	5. 07
钢铁	0. 62	0. 80	1. 32	2. 01	0. 59	3. 32	4. 30	3. 60	3. 28	2. 01	0. 98	0. 39	0. 53	0. 78	0. 52	0. 47
有色金属	0. 09	0. 15	0. 24	0. 49	0. 04	0. 03	0. 03	0. 02	0. 02	0. 03	0. 02	0. 01	0. 03	0. 04	0. 06	0. 03
金属制品	0. 22	0. 34	0. 67	0. 87	0. 58	0. 40	0. 73	1. 00	1. 30	0. 84	0. 90	0. 54	0. 80	0. 91	0. 97	0. 77
纺织纱线及纤维制品	0. 09	0. 09	0. 10	0. 11	0. 09	0. 14	0. 21	0. 21	0. 22	0. 20	0. 20	0. 21	0. 19	0. 23	0. 21	0. 21
非金属矿物制品	0. 19	0. 19	0. 15	0. 36	0. 19	0. 33	0. 35	0. 44	0. 56	0. 56	0. 30	0. 31	0. 45	0. 48	0. 50	0. 33
橡胶制品	0. 86	1. 68	2. 26	3. 56	2. 43	3. 28	4. 44	5. 55	5. 80	5. 03	3. 08	3. 07	3. 47	3. 89	3. 99	3. 17
纸及纸制品	0. 11	0. 13	0. 20	0. 39	0. 42	0. 83	1. 07	0. 09	0. 05	0. 05	0. 08	0. 07	0. 08	0. 09	0. 09	0. 09
一般机械	5. 52	6. 95	13. 01	18. 11	6. 35	10. 74	18. 16	17. 22	16. 31	12. 35	8. 05	8. 28	10. 86	12. 28	12. 95	10. 87
发动机	0. 27	0. 31	0. 69	0. 86	0. 64	1. 80	2. 00	2. 83	3. 24	2. 56	1. 53	1. 57	2. 36	2. 49	3. 40	2. 64
计算机	0. 10	0. 09	0. 19	0. 53	0. 41	0. 46	0. 34	0. 28	0. 20	0. 09	0. 06	0. 04	0. 04	0. 05	0. 07	0. 05
计算机零部件	0. 03	0. 04	0. 02	0. 03	0. 01	0. 06	0. 06	0. 05	0. 07	0. 12	0. 05	0. 05	0. 03	0. 02	0. 02	0. 01
半导体等制造装置	/	/	0. 08	0. 04	0. 01	0. 01	0. 06	0. 01	0. 05	0. 07	0. 02	0. 06	0. 02	0. 02	0. 05	0. 01

续表

	2005	2006	2007	2008	2009	2010	2011	2012	2013	2014	2015	2016	2017	2018	2019	2020
金属加工机械	0.24	0.22	0.83	0.71	0.69	0.47	0.67	1.18	1.12	0.63	0.75	0.62	0.56	0.69	0.59	0.40
泵及离心机	0.36	0.41	0.42	0.58	0.83	1.06	0.98	0.93	1.99	1.42	1.15	1.39	1.34	1.21	1.06	1.33
建造及矿山用机械	2.87	3.75	6.79	8.84	1.35	3.47	7.23	7.26	4.68	3.47	1.70	2.14	2.97	3.62	4.05	2.81
机械操纵装置	0.87	1.17	2.51	4.66	1.40	1.89	4.08	2.85	2.19	2.04	1.21	0.97	1.19	1.54	1.61	1.30
加热及冷却用机械	0.30	0.19	0.15	0.23	0.06	0.07	0.13	0.16	0.92	0.49	0.28	0.26	0.41	0.35	0.27	0.35
纺织机械	0.01	0.04	0.03	0.05	0.01	0.07	0.06	0.03	0.05	0.02	0.02	0.03	0.04	0.01	0.02	0.02
轴承	0.02	0.02	0.04	0.05	0.04	0.07	0.07	0.08	0.11	0.11	0.06	0.08	0.10	0.18	0.18	0.15
电气设备	3.47	3.76	3.96	6.04	2.67	4.54	5.95	5.43	5.14	4.64	2.79	2.98	3.96	5.50	5.10	4.83
半导体等电子零部件	0.02	0.03	0.05	0.04	0.02	0.05	0.03	0.07	0.07	0.07	0.09	0.08	0.09	0.08	0.06	0.05
集成电路	0.00	0.01	0.00	0.00	0.00	0.00	0.00	0.02	0.01	0.02	0.01	0.01	0.01	0.00	0.01	0.01
音频及视频设备	1.23	1.21	1.12	2.64	0.74	1.87	2.05	1.53	0.75	0.54	0.17	0.18	0.23	0.45	0.25	0.24
音频及视频设备零部件	0.05	0.09	0.02	0.02	0.01	0.02	0.05	0.05	0.02	0.02	0.03	0.02	0.03	0.08	0.03	0.03
重型电力机械	0.07	0.10	0.23	0.44	0.19	0.51	0.38	0.65	0.40	0.35	0.28	0.30	0.44	0.23	0.25	0.21
通信设备	1.16	1.18	1.09	1.16	0.62	0.65	1.12	0.61	0.53	0.53	0.32	0.32	0.38	0.59	0.68	0.67
电气测量仪器	0.13	0.24	0.22	0.21	0.12	0.19	0.34	0.50	1.03	0.88	0.49	0.57	0.80	0.90	0.81	0.65
电路设备	0.04	0.04	0.07	0.06	0.12	0.09	0.11	0.14	0.42	0.36	0.26	0.30	0.27	0.34	0.32	0.25
电池	0.02	0.03	0.04	0.10	0.04	0.10	0.09	0.07	0.07	0.08	0.06	0.08	0.08	0.25	0.19	0.19

续表

	2005	2006	2007	2008	2009	2010	2011	2012	2013	2014	2015	2016	2017	2018	2019	2020
运输设备	31. 75	53. 78	82. 05	126. 62	16. 49	51. 83	77. 30	85. 49	70. 38	59. 65	29. 13	29. 94	33. 76	41. 76	40. 06	31. 55
机动车辆	30. 38	52. 56	80. 49	124. 22	14. 71	49. 40	73. 90	78. 55	60. 95	50. 76	24. 56	25. 04	26. 29	32. 74	31. 23	24. 60
小汽车	27. 87	48. 09	75. 39	115. 26	12. 91	47. 39	70. 67	74. 08	57. 73	47. 84	23. 47	23. 48	23. 60	30. 01	28. 33	22. 95
公共汽车和卡车	2. 48	4. 43	5. 03	8. 66	1. 76	1. 96	3. 12	4. 39	3. 19	2. 86	1. 06	1. 55	2. 66	2. 72	2. 89	1. 65
机动车零部件	0. 38	0. 63	0. 82	1. 28	1. 18	1. 56	2. 23	5. 99	8. 55	7. 63	4. 31	4. 70	7. 07	8. 52	8. 37	6. 45
摩托车	0. 17	0. 29	0. 57	0. 82	0. 40	0. 41	0. 60	0. 78	0. 74	0. 58	0. 20	0. 13	0. 27	0. 35	0. 38	0. 38
飞机及航空器	0. 00	0. 00	0. 00	0. 00	0. 00	0. 27	0. 00	0. 00	0. 00	0. 57	0. 00	0. 00	0. 02	0. 02	0. 00	0. 02
船舶	0. 17	0. 04	0. 01	0. 02	0. 09	0. 04	0. 03	0. 02	0. 02	0. 01	0. 01	0. 03	0. 02	0. 05	0. 02	0. 04
其他	0. 99	1. 43	1. 69	2. 48	1. 11	1. 95	2. 41	4. 27	4. 53	4. 53	2. 94	3. 20	3. 60	3. 93	3. 87	3. 41
科学光学设备	0. 41	0. 46	0. 09	0. 13	0. 03	0. 05	0. 11	0. 96	0. 75	0. 72	0. 55	0. 43	0. 51	0. 67	0. 51	0. 54
影视器材	0. 05	0. 04	0. 65	0. 78	0. 47	0. 79	0. 88	0. 14	0. 16	0. 18	0. 12	0. 10	0. 12	0. 13	0. 12	0. 10

说明：数据来自日本贸易振兴机构（JETRO），与前表使用 UN Comtrade 数据库显示的贸易额有一定差别。

资料来源：日本貿易振興機構（JETRO）、https://www. jetro. go. jp/world/japan/stats/trade/。

表 2. 7. 4 **日本对俄罗斯的进口结构** 单位：亿美元

	2005	2006	2007	2008	2009	2010	2011	2012	2013	2014	2015	2016	2017	2018	2019	2020
总额	62. 05	66. 58	105. 54	132. 81	88. 53	160. 97	189. 71	208. 41	237. 78	248. 84	157. 60	112. 85	138. 03	155. 77	143. 12	106. 99
食品	11. 45	10. 01	10. 41	12. 83	10. 44	11. 95	14. 60	15. 38	12. 45	11. 89	10. 17	11. 18	11. 97	13. 06	11. 54	10. 03

续表

	2005	2006	2007	2008	2009	2010	2011	2012	2013	2014	2015	2016	2017	2018	2019	2020
原材料	8.22	9.61	10.64	6.93	4.94	5.38	7.69	8.05	9.62	8.41	5.95	6.38	6.16	6.83	6.41	5.81
木材	7.23	8.66	9.34	5.61	3.90	4.18	5.40	4.59	5.07	4.41	3.33	4.04	4.21	4.50	4.65	3.65
有色金属矿	0.36	0.13	0.16	0.32	0.07	0.08	0.14	0.21	0.87	0.76	0.65	1.17	0.70	0.89	0.74	0.84
铁矿石	0.00	0.00	0.00	0.00	0.00	0.00	0.48	1.45	2.17	1.96	0.94	0.35	0.36	0.40	0.15	0.67
大豆	0.00	0.00	0.00	0.00	0.00	0.00	0.00	0.01	0.00	0.00	0.00	0.00	0.00	0.00	0.01	0.02
矿物燃料	20.24	19.15	52.28	78.11	60.27	121.98	142.19	161.28	195.76	204.54	122.71	78.67	95.68	107.64	99.92	63.64
原油	6.99	6.99	37.64	50.22	35.83	72.62	61.94	73.13	102.51	106.77	60.14	32.99	37.05	39.14	39.94	17.95
石油制品	4.07	4.55	5.09	11.81	3.59	9.00	13.21	7.92	15.53	15.63	9.67	6.84	10.19	12.28	6.06	4.03
液化天然气	0.00	0.00	0.00	0.00	9.61	26.33	47.40	62.05	63.30	66.89	39.30	24.88	27.70	32.37	30.94	23.40
液化石油气	0.00	0.00	0.00	0.00	0.00	0.00	0.00	0.00	0.00	0.00	0.00	0.00	0.00	0.00	0.00	0.00
煤炭	8.95	7.57	9.49	15.89	11.08	13.55	19.20	17.96	14.24	15.16	13.56	13.93	20.70	23.82	22.95	18.21
化学制品	0.80	0.80	0.93	1.35	0.84	1.16	1.07	1.38	0.63	0.89	1.45	0.58	0.73	0.90	1.54	1.53
有机化合物	0.09	0.17	0.17	0.21	0.15	0.14	0.14	0.10	0.12	0.13	0.15	0.18	0.25	0.41	0.94	1.01
医药制品	0.00	0.00	0.00	0.00	0.00	0.00	0.00	0.00	0.00	0.00	0.00	0.00	0.01	0.00	0.00	0.00
工业制成品	20.19	26.40	30.84	32.88	11.57	20.29	23.80	21.86	18.95	22.64	17.01	15.80	23.27	27.07	23.16	25.26
钢铁	1.84	2.32	2.93	5.31	1.53	3.14	3.40	2.58	2.69	2.76	2.12	1.90	2.65	3.12	2.69	1.90
有色金属	17.79	23.57	27.44	27.07	9.63	16.79	19.99	18.92	15.89	19.46	14.42	13.40	20.08	23.31	19.76	22.72
金属制品	0.00	0.00	0.00	0.04	0.05	0.01	0.01	0.01	0.01	0.01	0.03	0.01	0.01	0.01	0.01	0.01
纺织纱线及纤维制品	0.02	0.01	0.03	0.01	0.01	0.01	0.00	0.02	0.02	0.02	0.01	0.01	0.01	0.01	0.01	0.02

续表

	2005	2006	2007	2008	2009	2010	2011	2012	2013	2014	2015	2016	2017	2018	2019	2020
非金属矿物制品	0. 29	0. 26	0. 19	0. 19	0. 09	0. 07	0. 12	0. 08	0. 05	0. 02	0. 02	0. 03	0. 03	0. 04	0. 05	0. 05
木制品（家具除外）	0. 24	0. 24	0. 24	0. 25	0. 25	0. 24	0. 26	0. 23	0. 28	0. 32	0. 35	0. 41	0. 44	0. 50	0. 58	0. 49
一般机械	0. 03	0. 08	0. 01	0. 02	0. 04	0. 02	0. 02	0. 02	0. 03	0. 02	0. 02	0. 01	0. 01	0. 02	0. 08	0. 42
发动机	0. 00	0. 00	0. 00	0. 00	0. 00	0. 00	0. 00	0. 00	0. 00	0. 00	0. 00	0. 00	0. 00	0. 00	0. 07	0. 41
计算机	0. 00	0. 00	0. 00	0. 00	0. 00	0. 00	0. 00	0. 00	0. 00	0. 00	0. 00	0. 00	0. 00	0. 00	0. 00	0. 00
计算机零部件	0. 00	0. 00	0. 00	0. 00	0. 00	0. 00	0. 00	0. 00	0. 00	0. 00	0. 00	0. 00	0. 00	0. 00	0. 00	0. 00
电气设备	0. 07	0. 06	0. 06	0. 09	0. 05	0. 05	0. 11	0. 12	0. 07	0. 04	0. 05	0. 04	0. 04	0. 05	0. 06	0. 06
半导体等电子零部件	0. 01	0. 01	0. 02	0. 02	0. 02	0. 02	0. 02	0. 02	0. 03	0. 02	0. 03	0. 02	0. 02	0. 02	0. 03	0. 03
集成电路	0. 00	0. 00	0. 00	0. 00	0. 00	0. 00	0. 00	0. 00	0. 00	0. 00	0. 00	0. 00	0. 00	0. 00	0. 00	0. 00
绝缘电线电缆	/	/	0. 00	0. 00	0. 01	0. 00	0. 00	0. 00	0. 00	0. 01	0. 00	0. 00	0. 00	0. 00	0. 00	0. 00
音频视频设备（含零部件）	0. 01	0. 01	0. 00	0. 00	0. 00	0. 00	0. 00	0. 00	0. 00	0. 00	0. 00	0. 00	0. 00	0. 00	0. 00	0. 00
重型电力机械	0. 00	0. 00	0. 00	0. 00	0. 00	0. 00	0. 00	0. 00	0. 01	0. 00	0. 00	0. 00	0. 00	0. 01	0. 00	0. 00
通信设备	0. 01	0. 02	0. 02	0. 00	0. 00	0. 00	0. 00	0. 00	0. 00	0. 00	0. 00	0. 00	0. 00	0. 00	0. 00	0. 00
电气测量仪器	0. 00	0. 01	0. 01	0. 01	0. 01	0. 01	0. 07	0. 03	0. 01	0. 01	0. 01	0. 01	0. 01	0. 00	0. 01	0. 01
运输设备	0. 00	0. 01	0. 07	0. 03	0. 02	0. 01	0. 01	0. 02	0. 03	0. 03	0. 02	0. 04	0. 02	0. 02	0. 04	0. 02
机动车辆	0. 00	0. 00	0. 00	0. 01	0. 01	0. 01	0. 01	0. 01	0. 02	0. 02	0. 01	0. 00	0. 01	0. 01	0. 01	0. 01
机动车零部件	0. 00	0. 00	0. 00	0. 02	0. 01	0. 00	0. 00	0. 00	0. 00	0. 01	0. 00	0. 00	0. 00	0. 00	0. 00	0. 00

续表

	2005	2006	2007	2008	2009	2010	2011	2012	2013	2014	2015	2016	2017	2018	2019	2020
飞机及航空器	0.00	0.00	0.06	0.00	0.00	0.00	0.00	0.00	0.01	0.00	0.00	0.04	0.00	0.01	0.02	0.00
其他	1.05	0.46	0.30	0.57	0.36	0.14	0.24	0.31	0.24	0.39	0.23	0.14	0.15	0.17	0.36	0.23
科学光学设备	0.05	0.06	0.07	0.05	0.04	0.03	0.03	0.03	0.04	0.02	0.02	0.02	0.01	0.02	0.03	0.01
服装及配饰	0.01	0.00	0.01	0.00	0.00	0.00	0.00	0.00	0.00	0.00	0.00	0.00	0.01	0.01	0.02	0.01
家具	0.00	0.01	0.01	0.03	0.01	0.01	0.02	0.01	0.01	0.01	0.01	0.01	0.01	0.01	0.01	0.01
包袋	0.00	0.00	0.00	0.00	0.00	0.00	0.00	0.00	0.00	0.00	0.00	0.00	0.00	0.00	0.00	0.00

说明：数据来自日本贸易振兴机构（JETRO），与前表使用 UN Comtrade 数据库显示的贸易额有一定差别。

资料来源：日本貿易振興機構（JETRO）、https://www.jetro.go.jp/world/japan/stats/trade/。

表 2.7.5 日本对欧盟的出口结构 单位：亿美元

	2005	2006	2007	2008	2009	2010	2011	2012	2013	2014	2015	2016	2017	2018	2019	2020
总额	882.49	941.39	1052.70	1093.83	723.74	867.35	954.11	817.42	721.73	720.82	660.04	733.94	771.08	834.08	821.33	590.65
食品	1.11	1.18	1.34	1.58	1.64	1.85	1.97	1.79	1.92	2.09	2.33	2.71	2.84	3.05	3.38	2.93
原材料	4.84	5.81	7.17	7.24	4.76	7.74	9.54	10.16	9.06	7.31	6.36	6.81	7.33	8.26	7.92	5.42
矿物燃料	4.05	4.72	7.23	11.34	6.73	5.92	3.31	1.21	6.65	1.88	1.33	1.47	2.44	3.93	5.29	1.65
化学制品	65.46	69.25	73.34	78.60	63.46	75.87	81.37	72.49	65.81	65.12	59.03	60.48	67.65	78.15	78.01	75.29
有机化合物	24.43	22.70	23.25	23.97	20.40	23.18	23.00	21.31	18.51	18.74	17.02	16.77	19.88	23.32	24.27	24.07
医药制品	10.90	9.98	10.11	11.93	12.23	12.29	13.52	11.62	10.41	8.68	8.04	8.28	10.29	13.34	10.29	8.80

续表

	2005	2006	2007	2008	2009	2010	2011	2012	2013	2014	2015	2016	2017	2018	2019	2020
塑料	12. 82	14. 38	15. 96	17. 40	13. 04	17. 81	19. 20	16. 78	14. 85	15. 81	14. 03	14. 09	15. 52	17. 05	15. 99	14. 71
工业制成品	53. 70	57. 77	68. 25	72. 67	52. 74	62. 48	72. 27	65. 80	52. 70	51. 98	48. 82	48. 38	48. 32	54. 11	49. 77	36. 86
钢铁	6. 79	8. 49	10. 33	12. 72	9. 52	10. 84	11. 90	9. 88	7. 33	7. 63	9. 03	7. 32	6. 34	6. 55	6. 27	4. 93
有色金属	4. 38	5. 88	8. 32	7. 12	7. 73	6. 22	7. 69	9. 91	5. 57	5. 25	5. 78	4. 91	5. 94	7. 48	6. 07	4. 42
金属制品	11. 63	11. 67	12. 69	14. 48	9. 41	12. 17	13. 63	13. 53	11. 44	10. 95	9. 85	10. 46	10. 80	12. 38	11. 99	8. 50
纺织纱线及纤维制品	5. 08	5. 20	6. 07	6. 59	4. 48	5. 70	6. 80	6. 28	6. 05	5. 87	5. 17	5. 58	5. 50	6. 10	5. 99	4. 62
非金属矿物制品	8. 40	9. 12	9. 43	9. 66	6. 76	9. 08	10. 16	8. 39	7. 84	8. 25	7. 68	8. 75	9. 05	9. 68	8. 85	6. 86
橡胶制品	15. 35	15. 44	19. 28	19. 75	12. 60	15. 76	19. 32	15. 35	12. 54	11. 96	9. 61	9. 57	9. 00	10. 34	9. 00	6. 11
纸及纸制品	2. 01	1. 91	2. 05	2. 27	2. 16	2. 63	2. 69	2. 41	1. 86	2. 01	1. 65	1. 74	1. 63	1. 52	1. 55	1. 37
一般机械	219. 77	232. 93	277. 25	281. 64	163. 44	212. 12	248. 00	210. 86	189. 95	191. 39	162. 43	170. 17	185. 09	200. 57	185. 06	131. 29
发动机	37. 52	39. 16	45. 99	47. 72	30. 85	40. 12	47. 20	39. 93	37. 31	32. 71	28. 69	32. 37	35. 39	37. 19	35. 08	17. 02
计算机	22. 52	20. 76	21. 84	20. 28	12. 71	14. 12	14. 12	12. 87	11. 95	11. 68	10. 42	10. 97	11. 27	12. 05	11. 77	9. 40
计算机零部件	43. 98	46. 29	52. 08	51. 93	38. 39	40. 85	38. 39	34. 02	30. 06	26. 32	22. 59	21. 29	21. 65	21. 34	18. 64	16. 62
半导体等制造装置	/	/	4. 90	3. 58	2. 23	8. 61	10. 53	5. 86	5. 96	11. 47	6. 59	3. 37	6. 05	7. 58	5. 57	6. 24
金属加工机械	16. 05	15. 20	20. 93	22. 26	6. 02	8. 45	15. 61	11. 96	11. 29	12. 60	11. 95	13. 00	14. 72	16. 40	15. 34	7. 67
泵及离心机	20. 37	22. 94	26. 90	29. 14	20. 42	26. 58	31. 48	26. 76	24. 59	22. 46	17. 88	18. 83	19. 54	19. 82	18. 31	15. 70
建造及矿山用机械	13. 44	17. 61	24. 99	21. 14	4. 30	12. 03	16. 80	15. 46	13. 37	16. 56	14. 51	15. 18	17. 91	22. 49	22. 22	15. 70

续表

	2005	2006	2007	2008	2009	2010	2011	2012	2013	2014	2015	2016	2017	2018	2019	2020
机械操纵装置	7.70	8.61	10.92	10.88	3.76	4.84	6.53	5.64	4.68	5.24	4.41	5.68	6.48	7.65	6.79	4.77
加热及冷却用机械	10.33	11.23	14.07	13.01	9.95	10.09	10.61	8.58	7.80	7.01	5.42	5.73	5.73	6.34	6.32	4.10
纺织机械	1.28	1.23	1.45	1.43	0.62	0.92	1.19	0.88	1.15	1.04	0.87	1.09	1.25	1.19	0.96	0.65
轴承	5.78	6.14	7.49	9.03	5.41	8.25	10.93	8.58	7.89	8.05	6.94	6.74	7.23	7.70	7.24	4.61
电气设备	207.93	208.98	217.76	229.58	152.22	174.95	183.33	165.53	144.14	141.41	123.51	130.34	134.88	146.35	137.54	109.85
半导体等电子零部件	38.08	38.19	38.62	42.59	27.99	34.89	31.61	20.80	18.87	20.65	16.57	17.74	18.03	17.97	15.92	13.87
集成电路	17.74	17.90	18.29	16.66	11.03	13.90	13.05	11.80	11.76	12.84	9.35	9.78	9.95	9.08	7.24	5.82
音频及视频设备	55.03	49.71	46.49	45.35	30.93	25.55	23.99	26.17	16.19	12.57	9.39	9.23	8.97	8.41	7.07	5.58
音频及视频设备零部件	22.51	25.44	23.36	24.09	9.00	7.62	5.62	6.80	6.24	4.07	3.84	3.15	1.38	1.44	1.46	1.14
重型电力机械	8.63	9.31	10.22	12.26	7.81	8.94	10.30	8.80	9.10	9.31	8.26	9.07	10.83	13.06	13.73	11.03
通信设备	9.28	7.15	12.05	13.75	10.71	13.70	14.97	14.48	11.11	9.46	8.71	8.24	8.15	8.12	7.41	4.55
电气测量仪器	15.97	17.35	19.34	21.62	17.87	22.56	28.61	25.58	22.11	24.09	21.85	23.87	23.66	26.33	27.00	21.71
电路设备	15.51	17.05	18.48	17.76	11.18	14.60	16.35	14.03	13.43	13.88	11.89	12.74	13.98	14.88	12.83	9.51
电池	3.97	3.84	3.36	3.81	2.63	4.39	6.12	6.83	7.42	7.56	7.44	8.47	9.07	11.32	10.20	5.52
运输设备	219.03	237.75	273.91	269.22	162.08	193.37	207.35	168.22	145.89	155.35	163.17	197.18	203.43	215.92	224.82	143.15
机动车辆	149.30	157.63	184.81	178.05	96.72	115.58	118.12	87.96	79.85	100.05	102.47	115.12	116.74	124.74	145.81	86.13
小汽车	142.08	152.18	177.32	169.92	94.57	111.95	114.03	85.28	77.62	97.24	99.79	112.50	113.29	120.16	142.07	82.65

续表

	2005	2006	2007	2008	2009	2010	2011	2012	2013	2014	2015	2016	2017	2018	2019	2020
公共汽车和卡车	7. 21	5. 45	7. 48	8. 05	2. 14	3. 62	4. 07	2. 66	2. 23	2. 81	2. 68	2. 62	3. 45	4. 58	3. 74	3. 47
机动车零部件	35. 44	37. 08	44. 59	46. 62	29. 31	45. 45	53. 03	51. 66	43. 61	34. 51	35. 12	42. 92	45. 80	48. 34	48. 72	36. 38
摩托车	24. 32	24. 52	26. 76	22. 93	13. 18	14. 40	11. 76	10. 25	9. 29	10. 17	8. 73	9. 68	12. 57	13. 81	11. 37	8. 89
飞机及航空器	0. 56	0. 90	1. 08	1. 77	1. 55	2. 05	2. 06	1. 88	1. 93	1. 85	1. 86	1. 89	1. 70	1. 39	1. 50	1. 38
船舶	3. 79	12. 66	10. 08	12. 11	12. 85	9. 22	15. 16	9. 90	5. 84	2. 63	6. 87	11. 79	11. 16	11. 69	6. 10	3. 38
其他	106. 60	123. 00	126. 44	141. 97	116. 67	133. 06	146. 96	121. 35	105. 61	104. 30	93. 07	116. 38	119. 10	123. 74	129. 54	84. 21
科学光学设备	8. 77	8. 90	7. 93	8. 32	7. 09	8. 01	8. 93	30. 88	25. 70	25. 02	21. 91	22. 38	24. 33	26. 17	25. 66	21. 82
影视器材	29. 18	28. 49	29. 68	34. 18	28. 49	36. 11	38. 69	8. 59	8. 34	8. 00	6. 78	7. 33	7. 26	7. 24	6. 91	3. 86

说明：2020 年，英国正式脱欧，因此 2020 年以后的欧盟数据不含英国，仅包含现有的 27 个成员国。

资料来源：日本貿易振興機構（JETRO）、https://www. jetro. go. jp/world/japan/stats/trade/。

表 2. 7. 6　日本对欧盟的进口结构　单位：亿美元

	2005	2006	2007	2008	2009	2010	2011	2012	2013	2014	2015	2016	2017	2018	2019	2020
总额	592. 61	600. 64	650. 09	699. 15	591. 30	661. 87	802. 87	835. 20	789. 95	777. 49	712. 65	749. 44	779. 84	879. 39	891. 61	725. 62
食品	55. 67	53. 18	60. 23	71. 48	72. 17	75. 75	97. 71	97. 80	89. 76	85. 48	68. 40	77. 87	91. 59	98. 82	102. 78	90. 48
原材料	21. 14	21. 86	22. 63	21. 03	17. 01	21. 58	26. 59	22. 08	25. 24	23. 89	19. 98	21. 98	23. 80	26. 13	26. 94	24. 09
木材	8. 79	9. 38	10. 01	7. 57	6. 57	7. 95	9. 63	8. 35	12. 18	9. 39	7. 16	8. 35	9. 03	8. 85	8. 29	7. 18
有色金属矿	1. 48	0. 52	0. 75	0. 97	0. 17	0. 41	0. 43	0. 22	0. 10	0. 44	0. 36	0. 56	1. 16	1. 59	1. 22	1. 40

续表

	2005	2006	2007	2008	2009	2010	2011	2012	2013	2014	2015	2016	2017	2018	2019	2020
铁矿石	0.00	0.00	0.00	0.00	0.09	0.00	0.00	0.00	0.00	0.20	0.00	0.00	0.00	0.00	0.16	0.00
大豆	0.00	0.00	0.00	0.00	0.00	0.00	0.00	0.00	0.00	0.00	0.00	0.00	0.00	0.00	0.00	0.00
矿物燃料	1.41	1.50	3.80	6.69	2.29	2.30	5.28	10.37	10.04	10.09	4.12	3.39	2.63	5.39	2.52	1.45
原油	0.00	0.00	0.00	0.00	0.00	0.00	0.67	1.26	0.00	0.00	0.00	0.00	0.37	0.00	0.00	0.00
石油制品	1.30	1.38	3.66	6.54	2.13	2.15	4.43	5.81	8.33	3.78	2.60	1.35	1.62	3.04	2.37	1.28
液化天然气	0.00	0.00	0.00	0.00	0.00	0.00	0.00	3.12	1.55	6.14	1.36	1.88	0.47	2.17	0.00	0.00
液化石油气	0.03	0.02	0.02	0.01	0.01	0.01	0.01	0.01	0.01	0.01	0.01	0.01	0.01	0.01	0.01	0.00
煤炭	0.00	0.00	0.00	0.00	0.00	0.00	0.00	0.00	0.00	0.00	0.00	0.00	0.00	0.00	0.00	0.00
化学制品	142.60	143.15	156.75	178.48	190.06	208.41	254.05	256.08	228.98	207.55	231.05	231.38	220.95	251.05	252.61	236.63
有机化合物	44.30	44.34	49.63	53.00	61.53	60.31	65.61	64.15	49.79	40.73	39.95	38.72	38.51	45.70	43.91	46.59
医药制品	50.26	49.86	53.81	64.43	80.81	92.48	120.98	129.59	123.85	110.27	141.35	142.25	128.98	147.04	153.76	144.83
工业制成品	53.31	56.24	60.17	65.02	42.37	49.99	59.84	57.10	53.35	55.47	46.28	45.46	48.70	55.64	53.84	43.16
钢铁	4.25	4.36	4.66	4.61	3.49	3.27	4.49	4.45	3.92	3.93	3.35	3.05	3.54	4.21	3.98	2.73
有色金属	10.83	13.83	17.65	22.90	8.63	12.45	12.94	10.85	9.07	9.49	7.40	6.18	8.15	12.28	11.25	9.99
金属制品	8.40	8.25	8.68	9.19	7.00	8.05	9.30	9.75	10.06	11.37	9.76	9.84	9.77	10.82	10.07	7.82
纺织纱线及纤维制品	7.18	6.98	6.73	6.71	5.09	5.27	6.33	6.38	6.40	6.34	5.27	5.36	5.55	6.07	6.18	4.37
非金属矿物制品	10.90	10.36	9.79	10.02	6.94	7.62	9.50	8.91	8.52	8.83	7.58	7.85	7.44	8.23	7.65	6.02
木制品（家具除外）	3.82	4.41	4.84	3.45	3.37	4.36	6.03	5.22	5.86	5.30	4.32	4.77	5.43	5.33	4.98	5.26

续表

	2005	2006	2007	2008	2009	2010	2011	2012	2013	2014	2015	2016	2017	2018	2019	2020
一般机械	73.07	73.76	90.26	95.25	65.02	71.02	85.37	82.08	81.12	92.67	82.58	84.27	90.43	105.68	102.14	72.91
发动机	12.48	13.39	18.54	19.51	16.90	17.43	19.05	23.68	23.81	27.46	24.68	27.11	28.85	32.62	30.27	14.72
计算机	10.09	8.65	7.85	8.47	6.05	5.28	5.32	3.87	3.62	3.69	3.47	3.81	3.71	4.52	5.09	4.11
计算机零部件	3.03	2.62	2.30	1.93	1.39	1.44	1.40	1.31	1.14	1.25	1.16	1.40	1.74	1.92	1.90	0.96
电气设备	57.29	63.28	62.45	66.94	50.83	61.39	68.48	70.29	67.82	69.88	60.12	65.45	70.18	77.20	78.86	63.72
半导体等电子零部件	9.08	10.98	9.87	11.37	6.89	8.16	9.08	8.56	11.64	9.43	5.82	7.94	10.91	11.79	11.10	9.01
集成电路	7.84	9.32	8.54	9.83	5.69	6.74	7.26	6.28	5.54	5.61	3.93	6.34	9.90	10.37	8.71	7.29
绝缘电线电缆	/	/	0.85	0.96	0.59	0.68	0.86	0.84	0.98	0.88	0.91	0.84	0.89	1.05	1.18	1.21
音频视频设备（含零部件）	2.97	2.90	2.27	2.25	1.91	2.03	2.25	2.34	2.51	2.86	3.02	3.06	3.04	3.99	4.40	3.61
重型电力机械	4.21	7.10	6.29	6.90	4.87	3.84	6.10	4.33	4.94	6.40	5.83	5.78	6.92	6.43	6.94	6.05
通信设备	2.97	3.06	4.14	4.25	4.17	7.82	6.86	8.87	4.36	4.78	4.70	5.27	5.34	6.95	6.58	6.99
电气测量仪器	13.99	14.13	14.42	13.78	10.45	13.26	14.94	15.32	14.07	15.86	14.76	16.45	17.42	18.89	19.44	13.57
运输设备	82.08	81.76	89.35	82.66	59.90	73.67	96.58	118.54	120.49	120.98	99.12	113.31	121.44	139.78	148.99	94.67
机动车辆	63.34	59.29	61.38	54.81	40.11	52.60	72.81	88.01	85.86	85.87	74.34	87.49	95.39	105.26	102.75	70.01
机动车零部件	12.95	13.74	17.27	19.77	12.27	13.89	13.68	14.49	13.77	14.28	11.93	11.43	12.66	13.72	12.43	9.17
飞机及航空器	2.86	5.59	7.25	4.32	4.37	3.95	6.34	12.10	16.77	16.67	8.37	9.09	8.51	15.77	29.28	10.87
其他	106.03	105.91	104.45	111.60	91.65	97.78	108.99	120.85	113.12	111.49	101.02	106.32	110.12	119.69	122.93	98.51
科学光学设备	27.94	28.33	26.86	29.73	26.72	33.54	35.06	39.43	35.04	34.59	31.72	32.01	34.30	38.42	38.20	33.48

续表

	2005	2006	2007	2008	2009	2010	2011	2012	2013	2014	2015	2016	2017	2018	2019	2020
服装及配饰	16.82	16.58	16.40	15.77	12.42	11.79	14.44	15.47	15.94	15.63	13.92	14.43	14.28	16.00	16.71	12.80
家具	6.69	6.51	6.44	6.30	4.35	4.58	5.47	5.92	6.37	6.42	5.38	5.16	5.31	5.46	5.59	4.54
包袋	16.47	16.43	16.67	16.90	14.51	14.44	16.47	17.76	16.82	16.84	15.35	17.08	17.92	20.18	22.08	17.59

说明：2020 年，英国正式脱欧，因此 2020 年以后的欧盟数据不含英国，仅包含现有的 27 个成员国。

资料来源：日本貿易振興機構（JETRO）、https://www.jetro.go.jp/world/japan/stats/trade/。

表 2.7.7

日本对非洲的出口结构

单位：亿美元

	2005	2006	2007	2008	2009	2010	2011	2012	2013	2014	2015	2016	2017	2018	2019	2020
总额	82.53	94.59	116.02	133.44	94.98	120.01	131.67	129.65	115.31	105.25	85.71	77.12	75.03	81.52	90.19	79.29
食品	0.22	0.44	0.50	0.76	0.58	0.71	0.49	0.65	0.78	0.74	0.89	1.07	1.67	1.93	1.39	1.15
原材料	0.80	0.89	1.22	1.47	1.44	1.80	1.95	2.08	2.17	2.27	2.11	1.83	1.29	1.56	1.71	1.48
矿物燃料	0.36	0.16	0.43	0.13	0.16	0.15	0.83	0.24	0.87	0.54	0.08	0.07	0.15	0.36	0.54	0.77
化学制品	1.78	2.17	2.86	3.05	2.87	3.16	3.73	3.00	2.89	2.86	2.37	3.18	3.27	3.39	3.29	2.96
有机化合物	0.40	0.57	0.68	0.62	0.40	0.49	0.61	0.71	0.73	0.60	0.53	0.44	0.39	0.39	0.42	0.47
医药制品	0.05	0.08	0.11	0.19	0.24	0.42	0.40	0.53	0.57	0.40	0.36	0.74	1.11	0.77	0.70	0.68
塑料	0.63	0.74	1.28	1.39	1.53	1.37	1.48	0.66	0.77	0.98	0.76	0.65	0.64	1.03	1.09	0.57
工业制成品	8.95	10.09	12.38	12.59	11.53	12.57	13.74	14.08	16.86	14.77	13.18	10.77	10.78	10.83	11.13	10.21
钢铁	3.64	4.30	4.98	5.96	6.06	5.94	6.32	6.49	9.95	8.66	7.59	5.69	6.01	5.83	6.60	6.70

续表

	2005	2006	2007	2008	2009	2010	2011	2012	2013	2014	2015	2016	2017	2018	2019	2020
有色金属	0.08	0.15	0.25	0.22	0.12	0.17	0.20	0.24	0.19	0.12	0.13	0.11	0.15	0.07	0.06	0.03
金属制品	0.80	0.94	0.98	0.91	0.68	0.77	1.15	0.90	0.83	0.66	0.80	0.51	0.55	0.63	0.54	0.52
纺织纱线及纤维制品	0.30	0.39	0.41	0.55	0.35	0.53	0.70	0.61	0.48	0.42	0.41	0.42	0.41	0.46	0.39	0.35
非金属矿物制品	1.05	1.31	2.33	1.49	1.04	1.09	1.09	0.87	0.78	0.80	0.73	0.81	0.68	0.75	0.64	0.36
橡胶制品	2.94	2.86	3.23	3.29	3.16	3.92	4.16	4.87	4.55	4.00	3.41	3.13	2.89	2.98	2.81	2.18
纸及纸制品	0.14	0.15	0.20	0.16	0.13	0.15	0.12	0.10	0.09	0.10	0.10	0.09	0.09	0.11	0.09	0.05
一般机械	13.53	16.89	21.09	25.77	17.56	23.10	22.50	23.84	18.03	19.30	13.09	10.63	11.72	11.25	10.71	8.74
发动机	5.29	6.25	7.70	9.42	7.23	9.37	8.82	10.77	6.89	6.12	4.21	4.02	3.32	3.25	2.70	2.68
计算机	0.27	0.16	0.48	0.27	0.42	0.22	0.22	0.19	0.16	0.16	0.25	0.10	0.12	0.12	0.11	0.08
计算机零部件	0.05	0.06	0.15	0.16	0.15	0.18	0.24	0.13	0.11	0.11	0.09	0.09	0.12	0.11	0.12	0.10
半导体等制造装置	/	/	0.00	0.00	0.02	0.01	0.00	0.01	0.02	0.00	0.01	0.00	0.00	0.01	0.02	0.04
金属加工机械	0.27	0.44	0.29	0.35	0.24	0.21	0.21	0.24	0.14	0.20	0.28	0.15	0.15	0.14	0.23	0.12
泵及离心机	1.00	1.33	1.73	1.86	2.41	3.32	2.50	2.05	2.24	3.58	1.22	1.07	1.04	1.02	1.59	0.96
建造及矿山用机械	2.80	3.36	5.95	7.22	2.63	3.59	5.05	4.35	3.52	3.36	3.04	2.22	3.68	2.86	2.13	1.83
机械操纵装置	1.24	1.95	1.88	2.57	1.75	1.71	1.62	1.91	1.33	1.29	1.29	0.93	1.02	1.38	1.18	0.82
加热及冷却用机械	0.32	0.30	0.29	0.89	0.55	1.41	0.52	0.54	0.40	0.75	0.25	0.21	0.24	0.27	0.38	0.22

续表

	2005	2006	2007	2008	2009	2010	2011	2012	2013	2014	2015	2016	2017	2018	2019	2020
纺织机械	0.25	0.19	0.26	0.22	0.12	0.14	0.11	0.61	0.46	0.63	0.26	0.12	0.16	0.11	0.15	0.05
轴承	0.30	0.27	0.28	0.36	0.23	0.31	0.35	0.29	0.24	0.24	0.23	0.20	0.20	0.23	0.17	0.15
电气设备	5.72	6.09	6.09	7.85	7.04	8.17	6.98	8.23	5.26	5.87	4.36	4.33	4.10	4.15	4.02	3.28
半导体等电子零部件	0.15	0.20	0.22	0.31	0.19	0.30	0.28	0.26	0.19	0.09	0.11	0.15	0.09	0.07	0.04	0.06
集成电路	0.08	0.09	0.09	0.13	0.14	0.27	0.19	0.15	0.16	0.06	0.04	0.06	0.05	0.01	0.00	0.00
音频及视频设备	0.83	0.84	0.61	0.59	0.42	0.35	0.31	0.25	0.10	0.09	0.09	0.09	0.05	0.03	0.05	0.05
音频及视频设备零部件	0.11	0.23	0.05	0.06	0.06	0.05	0.09	0.23	0.06	0.20	0.27	0.04	0.03	0.04	0.02	0.03
重型电力机械	0.96	0.75	0.71	1.41	1.82	2.07	1.17	2.04	0.95	1.14	0.34	0.71	0.43	0.44	0.42	0.25
通信设备	0.90	1.02	0.98	1.19	0.81	0.53	0.60	0.51	0.36	0.56	0.35	0.34	0.28	0.34	0.33	0.19
电气测量仪器	0.45	0.49	0.71	0.66	0.52	0.62	0.92	0.93	0.84	0.86	0.67	0.58	0.56	0.56	0.73	0.64
电路设备	0.55	0.68	0.78	1.31	1.14	1.67	1.34	1.62	0.79	1.03	0.68	0.86	1.01	0.90	0.78	0.66
电池	0.03	0.03	0.04	0.03	0.05	0.02	0.02	0.04	0.02	0.02	0.04	0.04	0.03	0.04	0.04	0.02
运输设备	48.29	54.85	68.41	78.24	50.51	66.59	77.77	73.72	63.83	55.53	46.28	42.02	38.98	44.79	54.02	47.97
机动车辆	30.88	38.92	48.72	58.53	30.85	41.32	37.88	42.75	40.34	39.61	33.43	27.22	27.16	29.23	29.50	22.84
小汽车	16.96	22.90	27.48	30.45	15.53	21.07	17.61	18.11	17.89	17.81	17.00	15.10	15.56	16.60	16.08	11.54
公共汽车和卡车	13.49	15.38	20.13	26.68	14.85	19.79	19.49	24.10	21.88	21.05	15.87	11.72	11.28	12.24	12.86	10.88
机动车零部件	5.20	5.55	5.75	5.73	3.49	4.63	5.26	5.34	4.51	4.44	3.22	3.15	3.16	3.45	3.72	2.88

续表

	2005	2006	2007	2008	2009	2010	2011	2012	2013	2014	2015	2016	2017	2018	2019	2020
摩托车	1.14	1.28	1.33	1.31	1.02	1.08	1.00	0.89	0.61	0.67	0.64	0.52	0.51	0.48	0.48	0.35
飞机及航空器	0.00	0.01	0.00	0.00	0.10	0.02	0.12	0.02	0.01	0.02	0.02	0.03	0.02	0.02	0.02	0.02
船舶	10.99	8.98	12.22	12.32	14.61	18.51	32.42	22.98	18.11	10.52	8.60	10.86	7.90	11.39	20.01	20.98
其他	2.88	3.00	3.05	3.59	3.30	3.76	3.69	3.82	4.62	3.36	3.35	3.22	3.08	3.25	3.38	2.75
科学光学设备	0.78	0.73	0.69	0.68	0.58	1.03	0.84	0.87	0.53	0.56	0.51	0.44	0.36	0.34	0.40	0.31
影视器材	0.42	0.45	0.43	0.41	0.34	0.37	0.34	0.30	0.24	0.24	0.19	0.16	0.10	0.13	0.13	0.09

资料来源：日本貿易振興機構（JETRO）、https://www.jetro.go.jp/world/japan/stats/trade/。

表 2.7.8　　日本对非洲的进口结构　　单位：亿美元

	2005	2006	2007	2008	2009	2010	2011	2012	2013	2014	2015	2016	2017	2018	2019	2020
总额	99.34	132.66	147.70	207.68	91.07	117.49	171.59	213.14	193.18	169.66	115.50	72.89	82.96	89.72	84.12	86.22
食品	9.51	8.71	9.04	8.77	9.39	9.25	10.37	10.72	12.45	9.90	9.81	9.54	11.40	11.00	9.50	9.59
原材料	7.62	8.04	10.18	16.31	10.30	14.87	17.34	18.37	18.72	17.30	12.80	9.26	10.87	12.07	13.36	11.30
木材	0.09	0.09	0.11	0.06	0.11	0.04	0.07	0.08	0.11	0.07	0.08	0.07	0.07	0.08	0.08	0.06
有色金属矿	2.07	1.83	1.87	4.26	2.86	3.59	4.13	4.68	3.82	3.78	3.18	2.70	3.86	4.15	3.96	2.60
铁矿石	2.97	3.45	5.37	6.98	4.59	8.07	9.20	9.82	11.05	8.93	5.14	3.06	3.61	4.16	4.60	4.14
大豆	0.00	0.00	0.00	0.00	0.00	0.00	0.00	0.00	0.00	0.00	0.00	0.00	0.00	0.00	0.00	0.00
矿物燃料	31.23	54.00	56.53	102.52	28.69	30.42	71.15	132.24	109.32	95.41	48.81	14.88	16.29	16.69	10.86	10.76

续表

	2005	2006	2007	2008	2009	2010	2011	2012	2013	2014	2015	2016	2017	2018	2019	2020
原油	30. 12	47. 84	37. 93	51. 44	12. 70	16. 89	32. 43	46. 25	37. 09	24. 54	8. 71	1. 66	2. 67	3. 08	3. 25	1. 99
石油制品	0. 35	0. 95	2. 50	2. 95	1. 13	2. 24	4. 06	4. 95	5. 74	9. 03	5. 26	1. 70	2. 56	2. 18	1. 72	3. 46
液化天然气	0. 44	4. 93	15. 24	47. 42	13. 04	9. 55	33. 35	77. 74	62. 70	57. 47	31. 48	9. 67	9. 26	9. 71	3. 86	5. 09
液化石油气	0. 21	0. 28	0. 53	0. 56	1. 40	1. 43	0. 42	2. 55	2. 94	3. 96	2. 94	0. 75	0. 22	0. 28	0. 00	0. 00
煤炭	0. 12	0. 00	0. 33	0. 15	0. 41	0. 32	0. 90	0. 76	0. 85	0. 42	0. 43	1. 09	1. 59	1. 44	2. 02	0. 24
化学制品	1. 62	1. 38	1. 37	1. 85	1. 00	1. 45	3. 10	2. 97	2. 13	2. 05	1. 51	1. 00	0. 76	1. 09	1. 02	0. 73
有机化合物	0. 39	0. 34	0. 43	0. 48	0. 33	0. 42	0. 46	0. 37	0. 31	0. 32	0. 19	0. 33	0. 23	0. 18	0. 20	0. 17
医药制品	0. 02	0. 02	0. 01	0. 03	0. 01	0. 01	0. 00	0. 00	0. 00	0. 00	0. 00	0. 00	0. 00	0. 00	0. 00	0. 00
工业制成品	38. 00	49. 18	60. 38	69. 21	36. 36	54. 44	61. 62	41. 15	40. 53	35. 86	34. 45	30. 65	35. 51	39. 86	40. 93	48. 28
钢铁	6. 94	4. 65	5. 90	9. 57	4. 57	5. 79	5. 66	4. 94	3. 96	4. 85	3. 40	3. 01	3. 71	4. 44	3. 20	1. 95
有色金属	25. 80	39. 65	49. 82	54. 87	28. 49	45. 20	52. 35	33. 03	33. 70	27. 97	28. 22	24. 35	28. 63	32. 53	34. 50	44. 22
金属制品	0. 03	0. 03	0. 03	0. 03	0. 02	0. 02	0. 05	0. 04	0. 03	0. 03	0. 03	0. 03	0. 12	0. 02	0. 03	0. 02
纺织纱线及纤维制品	0. 11	0. 12	0. 12	0. 16	0. 11	0. 11	0. 13	0. 13	0. 13	0. 13	0. 10	0. 07	0. 10	0. 13	0. 15	0. 11
非金属矿物制品	0. 28	0. 30	0. 33	0. 32	0. 30	0. 28	0. 38	0. 37	0. 41	0. 38	0. 23	0. 35	0. 32	0. 42	0. 41	0. 35
木制品（家具除外）	4. 72	4. 32	4. 08	4. 20	2. 82	3. 00	3. 00	2. 56	2. 24	2. 42	2. 42	2. 80	2. 57	2. 29	2. 55	1. 51
一般机械	0. 32	0. 51	0. 43	0. 39	0. 48	0. 56	0. 58	0. 50	0. 36	0. 23	0. 11	0. 10	0. 11	0. 19	0. 19	0. 27
发动机	0. 08	0. 14	0. 00	0. 00	0. 03	0. 13	0. 10	0. 13	0. 10	0. 04	0. 01	0. 00	0. 00	0. 01	0. 00	0. 01
计算机	0. 02	0. 01	0. 00	0. 01	0. 00	0. 01	0. 00	0. 00	0. 00	0. 00	0. 00	0. 00	0. 00	0. 00	0. 00	0. 01
计算机零部件	0. 00	0. 00	0. 00	0. 00	0. 00	0. 00	0. 00	0. 00	0. 00	0. 00	0. 00	0. 00	0. 00	0. 00	0. 00	0. 00

续表

	2005	2006	2007	2008	2009	2010	2011	2012	2013	2014	2015	2016	2017	2018	2019	2020
电气设备	0.11	0.18	0.17	0.25	0.24	0.61	0.76	0.69	0.45	0.36	0.38	0.46	0.54	0.59	0.59	0.37
半导体等电子零部件	0.06	0.13	0.10	0.10	0.02	0.06	0.07	0.06	0.05	0.05	0.05	0.04	0.06	0.10	0.07	0.05
集成电路	0.00	0.03	0.03	0.01	0.00	0.01	0.00	0.02	0.01	0.00	0.00	0.00	0.01	0.00	0.00	0.02
绝缘电线电缆	/	/	0.01	0.00	0.00	0.00	0.01	0.00	0.00	0.00	0.00	0.02	0.10	0.15	0.18	0.12
音频视频设备（含零部件）	0.00	0.00	0.00	0.01	0.10	0.34	0.46	0.40	0.19	0.15	0.12	0.15	0.13	0.04	0.02	0.01
重型电力机械	0.01	0.00	0.00	0.00	0.01	0.01	0.03	0.02	0.01	0.00	0.00	0.00	0.00	0.00	0.00	0.00
通信设备	0.00	0.00	0.00	0.01	0.01	0.04	0.02	0.08	0.09	0.06	0.04	0.06	0.01	0.02	0.03	0.01
电气测量仪器	0.01	0.01	0.01	0.01	0.01	0.02	0.03	0.01	0.02	0.02	0.01	0.01	0.01	0.01	0.01	0.01
运输设备	10.07	9.57	8.38	6.45	2.77	4.29	4.58	4.26	6.54	6.79	6.14	5.40	5.88	6.45	6.01	3.43
机动车辆	9.86	9.46	8.11	5.75	2.68	4.18	4.46	4.10	6.47	6.73	6.09	5.33	5.82	5.78	4.59	3.36
机动车零部件	0.08	0.09	0.24	0.23	0.08	0.10	0.11	0.10	0.06	0.05	0.04	0.04	0.06	0.07	0.07	0.05
飞机及航空器	0.00	0.00	0.01	0.00	0.00	0.00	0.00	0.00	0.00	0.00	0.00	0.00	0.00	0.01	0.01	0.01
其他	0.85	1.11	1.22	1.93	1.83	1.60	2.10	2.25	2.68	1.77	1.49	1.60	1.61	1.78	1.65	1.50
科学光学设备	0.00	0.01	0.02	0.01	0.02	0.01	0.04	0.04	0.02	0.02	0.02	0.01	0.02	0.02	0.02	0.02
服装及配饰	0.44	0.62	0.78	0.89	0.88	0.85	0.93	0.96	1.05	1.18	0.89	1.04	1.10	1.13	1.17	0.98
家具	0.01	0.02	0.05	0.05	0.05	0.06	0.05	0.06	0.05	0.04	0.04	0.04	0.02	0.03	0.03	0.02
包袋	0.04	0.05	0.03	0.05	0.06	0.10	0.15	0.15	0.13	0.15	0.13	0.13	0.12	0.15	0.16	0.12

说明：数据后期进行过订正。

资料来源：日本貿易振興機構（JETRO）、https://www.jetro.go.jp/world/japan/stats/trade/。

三　日本对“一带一路”共建国家的外商直接投资

3.1　日本对东南亚的外商直接投资

表 3.1.1　　日本对东南亚的外商直接投资流量　　单位：亿美元

年份	总额	ASEAN	新加坡	泰国	印度尼西亚	马来西亚	菲律宾	越南
1996	234.43	52.38	11.19	13.37	14.94	5.22	4.83	2.94
1997	260.57	77.80	25.59	20.44	15.70	9.92	3.49	2.65
1998	246.27	44.54	7.21	16.68	9.16	4.45	5.21	1.69
1999	222.66	10.32	5.95	-1.19	1.99	-3.32	5.91	0.87
2000	315.34	2.07	-15.21	5.93	5.85	-0.04	5.10	0.39
2001	384.95	40.13	9.51	15.94	4.81	5.70	2.75	1.39
2002	320.39	42.56	18.84	5.28	3.07	2.57	10.74	2.03
2003	287.67	4.32	-4.57	6.78	4.84	-5.04	1.14	2.30
2004	309.62	28.00	1.38	18.67	4.98	1.63	0.06	1.28
2005	454.61	50.02	5.57	21.25	11.85	5.24	4.42	1.53
2006	501.65	69.23	3.75	19.84	7.44	29.41	3.69	4.67
2007	734.83	77.90	22.33	26.08	10.30	3.25	10.45	4.75
2008	1308.01	63.09	10.89	20.16	7.31	5.91	7.05	10.98
2009	746.50	70.02	28.81	16.32	4.83	6.16	8.09	5.63
2010	572.23	89.30	38.45	22.48	4.90	10.58	5.14	7.48
2011	1088.08	196.45	44.92	71.33	36.11	14.41	10.19	18.59
2012	1223.55	106.75	15.66	5.47	38.10	13.08	7.31	25.70
2013	1350.49	236.19	35.45	101.74	39.07	12.65	12.42	32.66
2014	1380.18	228.19	81.44	55.68	48.35	12.93	9.01	16.52
2015	1384.28	209.20	70.10	40.57	32.13	29.18	15.31	14.46
2016	1785.33	-52.18	-185.94	46.91	31.35	12.69	23.43	16.66
2017	1737.68	225.69	95.98	49.35	35.20	10.73	11.20	20.29
2018	1602.67	319.50	167.91	68.17	34.47	12.62	11.33	19.93
2019	2582.76	325.82	137.43	43.63	88.79	5.90	16.89	26.48

续表

年份	总额	ASEAN	新加坡	泰国	印度尼西亚	马来西亚	菲律宾	越南
2020	1461.63	181.06	76.79	37.02	16.37	14.32	10.10	23.59
2021	2107.06	364.34	211.34	43.28	29.39	25.25	11.75	41.28

说明：外商直接投资流量为净流量。总额为日本对世界外商直接投资的总额。2014 年以后外商直接投资的统计标准与此前相比有所变化。ASEAN 包括文莱、柬埔寨、印度尼西亚、老挝、马来西亚、缅甸、菲律宾、新加坡、泰国、越南，1996 年和 1997 年数据不包括柬埔寨、老挝、缅甸，1998 年数据不包括柬埔寨。

资料来源：日本貿易振興機構（JETRO）、https://www.jetro.go.jp/world/japan/stats/fdi/。

表 3.1.2　　日本对东南亚的外商直接投资余额　　单位：亿美元

年份	总额	ASEAN	新加坡	泰国	印度尼西亚	马来西亚	菲律宾	越南
1996	2586.53	532.46	114.10	157.52	171.93	57.50	28.63	/
1997	2719.67	323.44	110.00	57.23	79.07	47.09	21.07	/
1998	2709.75	340.96	94.95	57.18	115.43	44.39	24.07	/
1999	2490.71	234.80	83.75	46.16	44.26	36.18	19.58	/
2000	2784.45	249.96	88.53	47.67	47.65	40.03	20.33	/
2001	3008.68	283.93	101.90	61.13	50.29	43.16	20.88	/
2002	3055.85	299.75	104.28	62.87	55.89	39.36	29.71	/
2003	3359.11	320.35	98.26	76.50	67.38	39.59	31.61	/
2004	3717.55	357.94	111.75	99.09	65.20	40.80	32.96	/
2005	3881.97	404.78	118.10	116.77	76.81	48.03	34.96	/
2006	4496.80	498.37	142.70	148.39	74.57	77.63	42.53	/
2007	5468.39	614.35	175.86	197.76	83.15	81.84	57.80	17.11
2008	6838.72	676.54	195.11	205.29	85.28	77.43	78.00	33.07
2009	7403.64	757.46	236.08	227.48	94.91	80.17	81.86	33.53
2010	8304.64	907.49	275.02	277.89	119.46	99.72	86.87	45.01
2011	9577.03	1109.54	317.03	351.78	158.16	112.11	102.25	63.70
2012	10404.63	1222.69	360.63	350.40	184.27	133.12	103.79	84.15
2013	11172.67	1362.58	365.49	445.81	197.87	132.04	107.52	107.90

续表

年份	总额	ASEAN	新加坡	泰国	印度尼西亚	马来西亚	菲律宾	越南
2014	11854. 47	1599. 33	457. 33	525. 88	237. 70	137. 41	111. 65	120. 09
2015	12610. 20	1669. 97	504. 84	512. 72	245. 32	134. 63	123. 23	131. 56
2016	13567. 17	1672. 16	416. 27	553. 26	270. 09	128. 61	137. 25	144. 81
2017	15547. 38	2047. 62	636. 16	632. 96	304. 60	143. 15	150. 93	156. 62
2018	16474. 80	2296. 88	785. 03	688. 56	313. 58	166. 35	145. 55	169. 01
2019	18705. 31	2628. 81	885. 12	779. 37	400. 48	174. 50	157. 33	195. 81
2020	19804. 23	2772. 70	987. 32	787. 16	384. 83	185. 32	164. 53	222. 58
2021	19871. 69	2826. 42	1102. 82	714. 92	367. 03	191. 47	162. 03	246. 56

说明：外商直接投资余额为年末余额。总额为日本对世界外商直接投资的总额。2014 年以后外商直接投资的统计标准与此前相比有所变化。ASEAN 包括文莱、柬埔寨、印度尼西亚、老挝、马来西亚、缅甸、菲律宾、新加坡、泰国、越南，1996 年和 1997 年数据不包括柬埔寨、老挝、缅甸，1998 年数据不包括柬埔寨。

资料来源：日本貿易振興機構（JETRO）、https://www. jetro. go. jp/world/japan/stats/fdi/。

3.2　日本对印度、俄罗斯、欧盟、非洲的外商直接投资

表 3.2.1　**日本对印度、俄罗斯、欧盟、非洲的外商直接投资流量**　单位：亿美元

年份	总额	印度	俄罗斯	欧盟	非洲	南非共和国
1996	234. 43	2. 62	0. 18	32. 14	-1. 17	0. 23
1997	260. 57	4. 85	0. 26	25. 81	1. 36	2. 39
1998	246. 27	4. 60	0. 15	22. 68	3. 55	1. 55
1999	222. 66	2. 61	0. 18	83. 34	2. 02	0. 65
2000	315. 34	1. 75	0. 15	109. 68	-1. 92	0. 12
2001	384. 95	1. 50	0. 10	178. 86	-1. 84	0. 08
2002	320. 39	1. 46	0. 27	97. 70	2. 33	1. 08
2003	287. 67	1. 24	-0. 05	80. 29	4. 30	1. 21
2004	309. 62	1. 39	0. 49	73. 41	3. 78	1. 24
2005	454. 61	2. 66	0. 95	78. 72	0. 25	-0. 17

续表

年份	总额	印度	俄罗斯	欧盟	非洲	南非共和国
2006	501.65	5.12	1.60	179.25	8.99	4.66
2007	734.83	15.06	0.99	199.34	11.01	0.82
2008	1308.01	55.51	3.06	229.39	15.18	6.48
2009	746.50	36.64	3.91	170.39	-3.01	1.43
2010	572.23	28.64	3.50	83.59	-3.72	1.04
2011	1088.08	23.26	3.39	360.52	4.64	4.59
2012	1223.55	28.02	7.57	290.23	1.16	3.70
2013	1350.49	21.55	4.47	309.99	-5.37	1.95
2014	1380.18	24.08	3.82	270.26	15.10	17.07
2015	1384.28	-10.41	4.68	357.85	14.31	10.39
2016	1785.33	42.52	1.09	703.99	-5.50	9.08
2017	1737.68	16.43	2.42	582.10	17.17	11.16
2018	1602.67	31.65	4.78	482.17	17.05	14.59
2019	2582.76	41.45	4.14	795.10	-12.42	-13.59
2020	1461.63	15.69	4.38	-81.51	-47.10	-47.05
2021	2107.06	34.49	6.79	199.01	15.57	11.12

说明：外商直接投资流量为净流量。总额为日本对世界外商直接投资的总额。2014年以后外商直接投资的统计标准与此前相比有所变化。欧盟随着成员国的增加而相应地扩大统计范围。2020年，英国正式脱欧，因此2020年以后的欧盟数据不含英国，仅包含现有的27个成员国。

资料来源：日本貿易振興機構（JETRO）、https://www.jetro.go.jp/world/japan/stats/fdi/。

表3.2.2　**日本对印度、俄罗斯、欧盟、非洲的外商直接投资余额**　单位：亿美元

年份	总额	印度	俄罗斯	欧盟	非洲	南非共和国
1996	2586.53	7.85	0.53	435.69	4.41	0.48
1997	2719.67	7.85	9.39	526.39	6.71	2.55
1998	2709.75	9.89	7.25	491.29	9.01	5.22
1999	2490.71	9.13	0.18	481.05	8.89	4.21
2000	2784.45	11.71	0.28	547.95	7.58	3.66

续表

年份	总额	印度	俄罗斯	欧盟	非洲	南非共和国
2001	3008. 68	11. 49	0. 18	687. 21	6. 25	2. 89
2002	3055. 85	13. 11	0. 50	705. 31	12. 32	5. 19
2003	3359. 11	15. 07	0. 14	857. 91	20. 52	10. 70
2004	3717. 55	17. 56	0. 87	1014. 17	16. 28	9. 67
2005	3881. 97	18. 02	1. 57	921. 40	13. 32	7. 93
2006	4496. 80	23. 15	2. 58	1188. 52	27. 01	11. 25
2007	5468. 39	42. 18	3. 73	1452. 80	38. 95	8. 52
2008	6838. 72	94. 40	6. 68	1617. 83	73. 25	16. 73
2009	7403. 64	89. 82	9. 54	1748. 81	57. 34	17. 30
2010	8304. 64	135. 58	12. 20	1821. 94	61. 45	22. 91
2011	9577. 03	154. 16	17. 25	2154. 84	80. 81	24. 41
2012	10404. 63	151. 07	27. 34	2378. 00	68. 92	24. 50
2013	11172. 67	137. 38	24. 99	2591. 53	120. 77	87. 94
2014	11854. 47	137. 51	16. 91	2672. 83	100. 11	72. 47
2015	12610. 20	141. 01	18. 07	2909. 18	89. 14	71. 59
2016	13567. 17	178. 89	15. 00	3240. 72	99. 92	82. 08
2017	15547. 38	222. 02	15. 80	4022. 13	78. 24	62. 13
2018	16474. 80	243. 90	15. 30	4321. 55	89. 71	71. 31
2019	18705. 31	279. 53	21. 97	5114. 91	61. 01	44. 36
2020	19804. 23	298. 89	33. 43	2918. 49	48. 00	31. 81
2021	19871. 69	308. 63	35. 93	2852. 93	57. 67	35. 73

说明：外商直接投资余额为年末余额。总额为日本对世界外商直接投资的总额。2014 年以后外商直接投资的统计标准与此前相比有所变化。欧盟随着成员国的增加而相应的扩大统计范围。2020 年，英国正式脱欧，因此 2020 年以后的欧盟数据不含英国，仅包含现有的 27 个成员国。

资料来源：日本貿易振興機構（JETRO）、https://www. jetro. go. jp/world/japan/stats/fdi/。

四 日本对“一带一路”共建国家的政府开发援助

4.1 日本对东南亚的政府开发援助

表4.1.1 日本对印度尼西亚的政府开发援助 单位：亿日元

年度	日元贷款	无偿资金	技术合作
2009	1139.44	33.02	98.67
2010	438.77	37.28	96.45
2011	739.42	10.13	111.54
2012	154.90	60.97	82.87
2013	821.82	10.60	60.06
2014	/	3.19	54.08
2015	1400.51	2.68	59.70
2016	739.88	2.31	61.92
2017	1272.15	6.77	63.67
2018	700.21	29.80	54.39
2019	1551.10	88.26	56.58
2020	1000.00	21.20	24.91
累计	53235.78	2930.53	3710.35

说明：年度为日本财政年度。关于年度和金额的确定，日元贷款和无偿资金援助以交换公文为基准，技术合作援助以预算年度经费实绩为基准。

资料来源：日本外務省、「政府開発援助（ODA）国別データ集（2021 年度版）」、https://www.mofa.go.jp/mofaj/gaiko/oda/shiryo/kuni.html。

表4.1.2 日本对柬埔寨的政府开发援助 单位：亿日元

年度	日元贷款	无偿资金	技术合作
2009	71.76	106.61	47.42
2010	/	106.46	40.91
2011	114.30	65.22	46.83
2012	/	66.55	41.69
2013	88.52	74.78	39.40
2014	368.09	88.27	39.45

续表

年度	日元贷款	无偿资金	技术合作
2015	172. 98	79. 47	34. 12
2016	111. 36	107. 28	39. 69
2017	235. 02	42. 53	36. 23
2018	128. 15	75. 97	35. 00
2019	294. 17	96. 69	34. 63
2020	250. 00	75. 70	18. 33
累计	2073. 10	2263. 29	950. 54

说明：年度为日本财政年度。关于年度和金额的确定，日元贷款和无偿资金援助以交换公文为基准，技术合作援助以预算年度经费实绩为基准。

资料来源：日本外務省、「政府開発援助（ODA）国別データ集（2021 年度版）」、https://www. mofa. go. jp/mofaj/gaiko/oda/shiryo/kuni. html。

表 4. 1. 3　**日本对泰国的政府开发援助**　单位：亿日元

年度	日元贷款	无偿资金	技术合作
2009	44. 62	2. 35	46. 08
2010	239. 46	10. 87	39. 76
2011	/	3. 06	51. 60
2012	/	89. 86	49. 77
2013	/	1. 78	27. 69
2014	/	2. 31	17. 43
2015	382. 03	11. 68	23. 95
2016	1668. 60	2. 38	25. 62
2017	/	4. 30	26. 92
2018	/	1. 57	26. 78
2019	94. 34	0. 14	28. 27
2020	/	1. 74	16. 74
累计	23789. 02	1726. 90	2390. 70

说明：年度为日本财政年度。关于年度和金额的确定，日元贷款和无偿资金援助以交换公文为基准，技术合作援助以预算年度经费实绩为基准。

资料来源：日本外務省、「政府開発援助（ODA）国別データ集（2021 年度版）」、https://www. mofa. go. jp/mofaj/gaiko/oda/shiryo/kuni. html。

表4.1.4　　日本对菲律宾的政府开发援助　　单位：亿日元

年度	日元贷款	无偿资金	技术合作
2009	680.38	56.30	67.80
2010	507.59	20.16	49.98
2011	682.63	58.48	65.85
2012	618.09	36.28	58.31
2013	687.32	110.50	51.75
2014	195.05	26.93	56.26
2015	2756.80	10.69	66.33
2016	213.83	50.04	43.26
2017	1298.57	112.56	122.50
2018	2696.72	58.06	93.51
2019	44.09	9.78	86.71
2020	2540.55	36.93	54.54
累计	33725.49	3068.16	2657.92

说明：年度为日本财政年度。关于年度和金额的确定，日元贷款和无偿资金援助以交换公文为基准，技术合作援助以预算年度经费实绩为基准。

资料来源：日本外務省、「政府開発援助（ODA）国別データ集（2021 年度版）」、https://www.mofa.go.jp/mofaj/gaiko/oda/shiryo/kuni.html。

表4.1.5　　日本对越南的政府开发援助　　单位：亿日元

年度	日元贷款	无偿资金	技术合作
2009	1456.13	35.11	88.21
2010	865.68	35.41	85.50
2011	2700.38	55.20	123.91
2012	2029.26	17.10	102.77
2013	2019.85	14.65	82.71
2014	1124.14	14.81	76.67
2015	1787.61	42.85	101.57
2016	1321.42	26.35	90.40
2017	1003.04	30.43	67.10

续表

年度	日元贷款	无偿资金	技术合作
2018	/	13. 63	64. 81
2019	118. 91	30. 40	50. 15
2020	/	49. 60	42. 90
累计	27733. 70	1630. 50	1734. 91

说明：年度为日本财政年度。关于年度和金额的确定，日元贷款和无偿资金援助以交换公文为基准，技术合作援助以预算年度经费实绩为基准。

资料来源：日本外務省、「政府開発援助（ODA）国別データ集（2021 年度版）」、https://www. mofa. go. jp/mofaj/gaiko/oda/shiryo/kuni. html。

表 4. 1. 6　**日本对马来西亚的政府开发援助**　单位：亿日元

年度	日元贷款	无偿资金	技术合作
2009	/	0. 29	24. 55
2010	/	0. 19	18. 34
2011	66. 97	0. 23	20. 50
2012	/	0. 25	15. 11
2013	/	0. 31	7. 04
2014	/	0. 14	9. 43
2015	/	0. 05	11. 71
2016	/	7. 13	12. 21
2017	/	0. 04	9. 73
2018	/	0. 04	9. 43
2019	/	0. 10	8. 41
2020	/	5. 47	5. 70
累计	9238. 10	152. 45	1201. 38

说明：年度为日本财政年度。关于年度和金额的确定，日元贷款和无偿资金援助以交换公文为基准，技术合作援助以预算年度经费实绩为基准。

资料来源：日本外務省、「政府開発援助（ODA）国別データ集（2021 年度版）」、https://www. mofa. go. jp/mofaj/gaiko/oda/shiryo/kuni. html。

表 4. 1. 7　　**日本对缅甸的政府开发援助**　　单位：亿日元

年度	日元贷款	无偿资金	技术合作
2009	/	23. 03	23. 31
2010	/	13. 33	20. 24
2011	/	45. 13	21. 23
2012	1988. 81	277. 30	42. 00
2013	510. 52	199. 76	61. 59
2014	983. 44	181. 89	70. 50
2015	1257. 38	176. 05	87. 63
2016	1358. 08	156. 14	98. 12
2017	1170. 40	135. 07	92. 00
2018	/	190. 68	104. 09
2019	1688. 58	150. 14	66. 55
2020	727. 79	185. 38	48. 79
累计	13784. 72	3565. 18	1099. 49

说明：年度为日本财政年度。关于年度和金额的确定，日元贷款和无偿资金援助以交换公文为基准，技术合作援助以预算年度经费实绩为基准。

资料来源：日本外務省、「政府開発援助（ODA）国別データ集（2021 年度版）」、https://www.mofa.go.jp/mofaj/gaiko/oda/shiryo/kuni.html。

表 4. 1. 8　　**日本对老挝的政府开发援助**　　单位：亿日元

年度	日元贷款	无偿资金	技术合作
2009	15. 00	38. 62	34. 74
2010	/	31. 11	30. 69
2011	41. 73	41. 75	38. 64
2012	/	47. 06	36. 08
2013	150. 62	62. 11	30. 55
2014	/	35. 44	29. 76
2015	102. 71	44. 85	35. 14
2016	/	33. 10	28. 23
2017	/	50. 21	22. 54

续表

年度	日元贷款	无偿资金	技术合作
2018	/	44.68	23.30
2019	/	25.93	28.57
2020	/	44.51	13.69
累计	484.36	1695.06	818.98

说明：年度为日本财政年度。关于年度和金额的确定，日元贷款和无偿资金援助以交换公文为基准，技术合作援助以预算年度经费实绩为基准。

资料来源：日本外務省、「政府開発援助（ODA）国別データ集（2021 年度版）」、https://www.mofa.go.jp/mofaj/gaiko/oda/shiryo/kuni.html。

4.2　日本对南亚的政府开发援助

表 4.2.1　**日本对印度的政府开发援助**　单位：亿日元

年度	日元贷款	无偿资金	技术合作
2009	2182.17	3.89	31.94
2010	480.17	11.59	22.12
2011	2898.37	2.78	34.68
2012	3531.06	1.04	33.01
2013	3650.59	16.62	34.82
2014	1186.43	2.17	37.76
2015	3664.78	1.58	48.38
2016	3713.45	1.10	159.50
2017	3841.32	16.00	90.67
2018	4219.55	17.57	106.62
2019	3744.40	14.62	87.00
2020	3562.96	51.20	73.14
累计	65661.32	1022.87	999.94

说明：年度为日本财政年度。关于年度和金额的确定，日元贷款和无偿资金援助以交换公文为基准，技术合作援助以预算年度经费实绩为基准。

资料来源：日本外務省、「政府開発援助（ODA）国別データ集（2021 年度版）」、https://www.mofa.go.jp/mofaj/gaiko/oda/shiryo/kuni.html。

表 4. 2. 2　　日本对斯里兰卡的政府开发援助　　单位：亿日元

年度	日元贷款	无偿资金	技术合作
2009	366. 64	49. 39	28. 38
2010	331. 10	22. 84	25. 34
2011	494. 77	27. 36	22. 10
2012	411. 07	45. 82	27. 33
2013	350. 20	25. 42	13. 38
2014	137. 17	13. 39	21. 66
2015	703. 58	17. 05	21. 12
2016	331. 37	45. 74	29. 38
2017	554. 06	18. 60	24. 24
2018	300. 40	14. 04	18. 18
2019	/	34. 33	10. 34
2020	/	23. 85	9. 93
累计	11267. 07	2230. 43	866. 65

说明：年度为日本财政年度。关于年度和金额的确定，日元贷款和无偿资金援助以交换公文为基准，技术合作援助以预算年度经费实绩为基准。

资料来源：日本外務省、「政府開発援助（ODA）国別データ集（2021 年度版）」、https://www. mofa. go. jp/mofaj/gaiko/oda/shiryo/kuni. html。

表 4. 2. 3　　日本对尼泊尔的政府开发援助　　单位：亿日元

年度	日元贷款	无偿资金	技术合作
2009	/	40. 32	21. 16
2010	/	50. 55	18. 85
2011	/	34. 15	23. 76
2012	151. 37	21. 95	21. 90
2013	/	25. 28	21. 61
2014	/	39. 97	20. 77
2015	260. 00	64. 16	35. 46
2016	166. 36	36. 34	32. 93
2017	/	27. 12	20. 42

续表

年度	日元贷款	无偿资金	技术合作
2018	/	48.16	24.70
2019	/	31.34	21.10
2020	/	33.49	11.92
累计	1213.02	2225.87	819.42

说明：年度为日本财政年度。关于年度和金额的确定，日元贷款和无偿资金援助以交换公文为基准，技术合作援助以预算年度经费实绩为基准。

资料来源：日本外務省、「政府開発援助（ODA）国別データ集（2021 年度版）」、https://www.mofa.go.jp/mofaj/gaiko/oda/shiryo/kuni.html。

表 4.2.4　**日本对巴基斯坦的政府开发援助**　单位：亿日元

年度	日元贷款	无偿资金	技术合作
2009	233.00	121.11	20.87
2010	197.00	43.46	24.95
2011	49.93	78.37	20.85
2012	/	57.64	19.39
2013	/	48.08	14.53
2014	50.00	49.42	15.96
2015	50.00	54.57	24.12
2016	62.90	78.99	25.08
2017	26.65	85.23	16.59
2018	/	23.78	21.31
2019	/	59.58	18.50
2020	/	48.91	13.56
累计	8174.75	2945.93	632.01

说明：年度为日本财政年度。关于年度和金额的确定，日元贷款和无偿资金援助以交换公文为基准，技术合作援助以预算年度经费实绩为基准。

资料来源：日本外務省、「政府開発援助（ODA）国別データ集（2021 年度版）」、https://www.mofa.go.jp/mofaj/gaiko/oda/shiryo/kuni.html。

表4.2.5　日本对孟加拉国的政府开发援助　单位：亿日元

年度	日元贷款	无偿资金	技术合作
2009	387.92	12.35	33.76
2010	/	31.49	27.74
2011	599.69	11.35	37.77
2012	1663.76	22.08	36.32
2013	/	40.86	42.38
2014	1209.86	14.05	38.15
2015	1332.65	26.98	46.23
2016	1735.38	35.77	41.55
2017	1782.23	45.23	46.11
2018	2003.71	54.21	41.89
2019	2757.86	34.74	32.58
2020	3732.47	41.34	26.24
累计	23958.29	5016.00	958.01

说明：年度为日本财政年度。关于年度和金额的确定，日元贷款和无偿资金援助以交换公文为基准，技术合作援助以预算年度经费实绩为基准。

资料来源：日本外務省、「政府開発援助（ODA）国别データ集（2021年度版）」、https://www.mofa.go.jp/mofaj/gaiko/oda/shiryo/kuni.html。

表4.2.6　日本对不丹的政府开发援助　单位：亿日元

年度	日元贷款	无偿资金	技术合作
2009	/	10.38	8.56
2010	/	11.27	7.68
2011	21.87	21.59	7.39
2012	/	5.09	7.20
2013	/	2.50	9.07
2014	/	28.24	10.93
2015	/	11.52	10.39
2016	/	14.04	14.98
2017	/	13.59	10.22

续表

年度	日元贷款	无偿资金	技术合作
2018	/	5. 16	12. 80
2019	/	15. 28	8. 65
2020	/	7. 35	7. 98
累计	57. 63	418. 78	240. 58

说明：年度为日本财政年度。关于年度和金额的确定，日元贷款和无偿资金援助以交换公文为基准，技术合作援助以预算年度经费实绩为基准。

资料来源：日本外務省、「政府開発援助（ODA）国別データ集（2021 年度版）」、https://www.mofa.go.jp/mofaj/gaiko/oda/shiryo/kuni.html。

表 4. 2. 7　**日本对马尔代夫的政府开发援助**　单位：亿日元

年度	日元贷款	无偿资金	技术合作
2009	/	13. 40	2. 86
2010	/	3. 00	1. 95
2011	/	2. 50	1. 65
2012	/	0. 12	1. 68
2013	/	2. 40	1. 14
2014	/	1. 20	2. 34
2015	/	5. 10	3. 65
2016	/	36. 42	2. 67
2017	/	/	1. 94
2018	/	6. 19	0. 81
2019	/	10. 62	2. 78
2020	50. 00	23. 89	1. 43
累计	77. 33	362. 96	82. 82

说明：年度为日本财政年度。关于年度和金额的确定，日元贷款和无偿资金援助以交换公文为基准，技术合作援助以预算年度经费实绩为基准。

资料来源：日本外務省、「政府開発援助（ODA）国別データ集（2021 年度版）」、https://www.mofa.go.jp/mofaj/gaiko/oda/shiryo/kuni.html。

4.3 日本对中亚的政府开发援助

表 4.3.1 **日本对乌兹别克斯坦的政府开发援助** 单位：亿日元

年度	日元贷款	无偿资金	技术合作
2009	/	9.26	11.06
2010	274.23	7.55	9.34
2011	180.67	5.74	9.55
2012	/	3.24	9.78
2013	348.77	3.16	5.75
2014	987.11	3.30	5.88
2015	/	14.62	7.19
2016	/	5.61	6.66
2017	/	5.10	7.07
2018	/	11.17	5.26
2019	1878.90	6.78	8.83
2020	150.00	8.16	4.71
累计	4795.20	281.23	195.85

说明：年度为日本财政年度。关于年度和金额的确定，日元贷款和无偿资金援助以交换公文为基准，技术合作援助以预算年度经费实绩为基准。

资料来源：日本外務省、「政府開発援助（ODA）国別データ集（2021 年度版）」、https://www.mofa.go.jp/mofaj/gaiko/oda/shiryo/kuni.html。

表 4.3.2 **日本对哈萨克斯坦的政府开发援助** 单位：亿日元

年度	日元贷款	无偿资金	技术合作
2009	/	0.31	5.16
2010	63.61	0.25	3.78
2011	/	0.21	3.56
2012	/	0.39	2.77
2013	/	0.47	1.38
2014	/	0.51	1.97
2015	/	0.34	1.57

续表

年度	日元贷款	无偿资金	技术合作
2016	/	0.32	1.55
2017	/	0.43	1.11
2018	/	0.38	0.61
2019	/	0.33	1.13
2020	/	4.10	0.86
累计	951.49	68.24	137.08

说明：年度为日本财政年度。关于年度和金额的确定，日元贷款和无偿资金援助以交换公文为基准，技术合作援助以预算年度经费实绩为基准。

资料来源：日本外務省、「政府開発援助（ODA）国別データ集（2021 年度版）」、https://www.mofa.go.jp/mofaj/gaiko/oda/shiryo/kuni.html。

表 4.3.3　**日本对吉尔吉斯斯坦的政府开发援助**　单位：亿日元

年度	日元贷款	无偿资金	技术合作
2009	/	3.45	10.39
2010	/	19.51	8.03
2011	/	9.22	10.45
2012	/	6.92	8.68
2013	/	5.77	10.52
2014	/	37.04	9.03
2015	119.15	30.81	10.46
2016	/	24.70	8.80
2017	/	24.98	11.65
2018	/	17.06	12.61
2019	/	17.47	10.36
2020	/	14.83	5.80
累计	375.80	333.06	207.75

说明：年度为日本财政年度。关于年度和金额的确定，日元贷款和无偿资金援助以交换公文为基准，技术合作援助以预算年度经费实绩为基准。

资料来源：日本外務省、「政府開発援助（ODA）国別データ集（2021 年度版）」、https://www.mofa.go.jp/mofaj/gaiko/oda/shiryo/kuni.html。

表4.3.4　　日本对塔吉克斯坦的政府开发援助　　单位：亿日元

年度	日元贷款	无偿资金	技术合作
2009	/	24.98	4.12
2010	/	20.51	4.00
2011	/	41.83	3.67
2012	/	22.58	5.01
2013	/	14.87	7.03
2014	/	28.20	5.32
2015	/	44.16	5.24
2016	/	36.05	7.23
2017	/	8.11	5.07
2018	/	8.11	5.99
2019	/	35.59	5.40
2020	/	25.09	7.28
累计	/	420.72	97.44

说明：年度为日本财政年度。关于年度和金额的确定，日元贷款和无偿资金援助以交换公文为基准，技术合作援助以预算年度经费实绩为基准。

资料来源：日本外務省、「政府開発援助（ODA）国別データ集（2021年度版）」、https://www.mofa.go.jp/mofaj/gaiko/oda/shiryo/kuni.html。

表4.3.5　　日本对土库曼斯坦的政府开发援助　　单位：亿日元

年度	日元贷款	无偿资金	技术合作
2009	/	/	1.99
2010	/	/	0.65
2011	/	/	0.51
2012	/	/	0.44
2013	/	/	0.24
2014	/	/	0.21
2015	/	0.07	0.36
2016	/	/	0.22
2017	/	0.16	1.83

续表

年度	日元贷款	无偿资金	技术合作
2018	/	/	1.05
2019	/	/	0.72
2020	/	2.98	0.37
累计	45.05	9.41	13.34

说明：年度为日本财政年度。关于年度和金额的确定，日元贷款和无偿资金援助以交换公文为基准，技术合作援助以预算年度经费实绩为基准。

资料来源：日本外務省、「政府開発援助（ODA）国別データ集（2021 年度版）」、https://www.mofa.go.jp/mofaj/gaiko/oda/shiryo/kuni.html。

4.4　日本对蒙古的政府开发援助

表 4.4.1　**日本对蒙古的政府开发援助**　单位：亿日元

年度	日元贷款	无偿资金	技术合作
2009	28.94	28.19	18.15
2010	50.00	47.78	16.77
2011	15.50	50.09	24.47
2012	/	34.04	23.62
2013	117.36	31.85	18.21
2014	/	23.94	19.35
2015	368.50	9.91	24.05
2016	/	46.70	25.11
2017	320.00	40.97	23.58
2018	/	12.50	22.59
2019	/	15.71	22.27
2020	250.00	32.44	12.93
累计	1829.44	1238.94	533.91

说明：年度为日本财政年度。关于年度和金额的确定，日元贷款和无偿资金援助以交换公文为基准，技术合作援助以预算年度经费实绩为基准。

资料来源：日本外務省、「政府開発援助（ODA）国別データ集（2021 年度版）」、https://www.mofa.go.jp/mofaj/gaiko/oda/shiryo/kuni.html。

4.5 日本对非洲的政府开发援助

表 4.5.1　　日本对非洲的政府开发援助概况　　单位：百万美元

年份	无偿资金	技术合作	日元贷款		合计	
			总额	净额	总额	净额
2009	1040.55（43.8）	369.45（11.8）	522.87（6.8）	88.64	1932.87（14.7）	1498.65（24.3）
2010	1193.14（34.4）	463.95（13.3）	654.48（8.0）	230.59	2311.58（15.3）	1887.66（25.7）
2011	2504.83（49.8）	518.94（13.7）	508.25（6.7）	-1301.35	3532.04（21.6）	1722.45（23.9）
2012	1129.96（36.2）	680.25（18.7）	420.92（5.5）	-85.75	2231.15（15.4）	1724.45（26.9）
2013	2014.95（29.1）	492.01（17.5）	666.22（6.9）	-414.95	3173.18（16.3）	2092.01（24.6）
2014	774.69（30.2）	438.77（16.7）	728.12（9.9）	344.20	1941.59（15.4）	1557.66（25.4）
2015	746.12（28.3）	375.62（15.9）	1012.83（14.5）	661.75	2134.56（17.8）	1783.49（28.9）
2016	700.62（25.0）	433.61（15.6）	784.60（10.0）	360.50	1918.83（14.3）	1494.73（21.2）
2017	658.42（25.2）	427.77（14.8）	1029.40（10.7）	588.23	2115.59（14.0）	1674.42（20.7）
2018	597.54（22.7）	342.99（13.0）	928.79（11.6）	445.23	1869.32（14.1）	1385.76（22.7）
2019	695.24（27.2）	345.14（12.7）	1086.86（11.6）	532.12	2127.24（14.5）	1572.50（21.0）
2020	769.09（25.1）	257.85（10.7）	746.30（6.5）	221.78	1773.24（10.5）	1248.72（12.2）
累计	33612.96	10841.76	22337.59	6389.51	66792.31	50844.23

说明：括号中的数字表示非洲在日本对世界政府开发援助中所占的份额（%）。

资料来源：日本外務省、「政府開発援助（ODA）国別データ集（2021 年度版）」、https://www.mofa.go.jp/mofaj/gaiko/oda/shiryo/kuni.html。